李大根 교수의 隨想 / 評論集 I

民族主義는 더이상 進步가 아니다

이 도서의 국립중앙도서관 출판시도서목록(CIP)은 e-CIP홈페이지(http://www.nl.go.kr/ecip)에서 이용하실 수 있습니다. (CIP제어번호: 2008001515)

李大根 교수의 隨想 / 評論集 I

民族主義는 더이상 進步가 아니다

李大根 著

한울

序文

　어느덧 나이가 차 직장(成均館大)을 그만두고 나서 무엇을 할까를 생각하다가, 새로운 일을 벌이기보다는 지금까지 했던 일들을 정리하는 쪽이 낫겠다고 판단하고, 지난날 했던 일이라는 게 대부분 글 쓰는 일이었으니 지금까지 쓴 글들을 한번 모아봐야겠다고 마음 먹었다. 막상 모아놓고 보니 質은 일단 제쳐두고 量으로만 본다면 스스로도 놀랄 만큼 무척 많은 편이었다.

　'내가 언제 이런 글을 써서 이런 데 다 실었지?' 하고 스스로도 놀랄 정도로 여기저기 이런저런 原稿를 써서 많이 팔아먹었던(?) 것이다. 그렇다고 남김없이 죄다 모은 것도 아니다. 분명히 언제 어떤 잡지에 어떤 내용의 글을 쓴 일이 생각나고, 그 글이 당시 사회적으로 말썽을 불러일으킨 것까지 기억나는데도 그 잡지를 도저히 구하지 못한 경우도 있었다. 또 직장의 機關紙 – 예컨대 韓國産業銀行의 ≪調査月報≫ 등 – 에 실린 것들은 개인 名義로 쓴 것이 아니라서 일단 제외하였다.

열심히 구한다고 구한 것을 가지고 글의 성질별로 분류를 해보았다. 먼저 專攻이라 할 '經濟' 관련 글 가운데 적어도 200자 원고지 100매 이상 되는, 그래도 '論文' 형식을 갖춘 것을 일단 골라놓고, 나머지 中·短篇의 글들을 가지고 그 분량이나 성격을 기준으로 다시 評論的인 것과 隨想에 가까운 것으로 갈라보았다.

論文 형식의 글은 모두 30편 정도였는데, 그것은 東아시아경제, 中東經濟, 日本經濟 등 해외의 지역/국가경제와 국제기구 및 세계경제 등의 내용이 15편, 일반론적인 NICs(NIEs)論과 더불어, 해방 후 한국경제 발전과정에 대한 내용이 15편 정도였다. 앞의 지역경제·세계경제 관련 글은 일단 『世界經濟 시스템과 東아시아』란 이름으로 묶고, 뒤의 한국경제사(론) 관련 글은 『現代韓國經濟論』으로 묶어보았다.

隨想이나 評論 관련 글에 대해서는 먼저 원고분량 30~50매 정도의 中篇 글로서 주로 '經濟'와 '教育' 분야를 중심으로 필자의 主觀的인 주의주장을 폈다고 할 좀 그래도 무게가 있는 약 30편의 글을 골라 '評論'으로 하고, 나머지 20~30매 분량의 短篇 40여 편을 '隨想'으로 분류했다. 이렇게 하여 총 4권의 책으로 묶어낼 만한 분량이었다. 즉 경제학 전공 2권과 教養에 속하는 隨想/評論集 2권으로 묶을 수 있는 분량으로 나뉘었다. 이 가운데 주로 經濟와 教育 문제에 대한 원고지 30~50매 정도의 '評論' 격의 글로 이루어진 것이 바로 이 "隨想/評論集 I"이다.

이 책은 과거 필자가 잡지나 신문 紙上에 싣거나 초청받아

강연해준 내용 중에서 특히 '經濟와 敎育' 분야를 중심으로 발표한 약 30편의 평론적 성격의 글로 이루어졌다. 물론 30편 중 경제 관련 글이 17편으로 대부분을 차지하고, 그 밖에 敎育 관련이 7편, 역사·문화 관련 글이 나머지 5편으로 구성되어 있다. 경제 관련 17편은 다시 경제일반이라 할 경제개발계획과 경제발전 및 아시아 신흥공업국(NIEs) 관련이 5편, 세계경제 및 東아시아 경제 관련이 6편, 그리고 韓國經濟가 당면한 문제점과 과제를 다룬 것 6편 등으로 구성된다. 그리고 敎育 관련 글은 敎育改革의 課題나 國語敎育의 문제점에 관한 몇 편을 제외하면 대부분 '漢字' 문제와 관련한 것들이다. '왜 漢字를 배워야 하는가', '國際化 시대에 漢字가 얼마나 중요한가', '漢字를 배우기만 하고 직접 쓰지 않으면 무슨 소용이 있는가' 등등의 내용이 그것이다.

교육 문제 글과 관련하여 한 가지 特記해둘 것은 필자가 어느 '교과서 포럼'에 참가하여 중등학교용 교과서의 '經濟' 파트를 비판한 글을 쓴 바가 있는데, 그 글을 대폭 축소하여 여기 함께 실었다는 사실이다. 동 '교과서 포럼'은 現行 중등학교용『한국 근·현대사』교과서가 左偏向으로 흘러, 책의 내용이 事實歪曲으로 가득 차 있어 이를 고발하는 포럼이었다. 여기 함께 실은 글은 내용상으로는 經濟에 가깝지만, 교과서 문제라 일단 敎育에 포함시켰음을 밝혀둔다.

그 밖에 5편의 경제학 관련 書評의 경우는 英文 1편, 日文 2편, 國文 3편인데, 대부분 한국경제 관련 내용으로 되어 있으며, 두 번에 걸친 인터뷰 기사(≪朝鮮日報≫, ≪月刊朝鮮≫)는 지난날 필자의 저서 出刊을 계기로 책의 내용 소개를 중심으로 이루어진 것임을 밝혀둔다.

　書評과 인터뷰 기사까지를 보태어 총 38편의 글을 한데 묶어놓고 보니, 무엇보다도 과연 이 책 이름을 어떻게 짓느냐가 큰 고민거리였다. 그냥 『○○○의 經濟評論集』으로 하자니 우선 경제 아닌 글들이 걸리고, 또 자기가 무슨 대단한 경제평론가랍시고 그런 거창한 이름을 붙이느냐는 소리를 들을 것도 같았다.

　생각 끝에 글의 全篇에 흐르는 강력한 메시지가 '國際化', '글로벌화'라고 하는 관점에서, "글로벌화 시대의 經濟와 敎育"으로 잡아보았다가, 이 역시 제목이 너무 거창하다는 생각이 들었다. 그리하여 경제의 글로벌화를 가로막는 기본 理念이 곧 '民族主義'라는데 생각이 미치자 한국적 현실도 감안하여 "民族主義는 더 이상 進步가 아니다"란 제목으로 결정했다.

　21세기는 바야흐로 글로벌라이제이션 시대라 하지 않는가. 나라 간의 國境이 사라지고 국민국가-국민경제의 범주도 소멸하게 될 것이라 하지 않는가. 반면에 이런 세계사적 흐름을 거역하는 편협한 民族主義가 오히려 판을 치고 있는 것이 작금의 韓半島 정세가 아닌가. 이러한 시대역행적인 흐름에 저항하는 의미에서도 이런 이름을 달아보고 싶은 충동을 느꼈다고나 할까.

　시대에 낡고 主觀에 찬 내용의 글들을 가지고서 이처럼 굳이 한 권의 책으로 묶어낼 필요가 있겠느냐 하고 고민도 많이 했다. 심지어 책이 '公害 제1호'라고 지탄받는 세상이 아닌가. 그러나 일개 경제학교수로서 '漢字敎育 → 國語敎育'을 그렇게 강조한 사실이라든가, 民族主義를 내거는 한 經濟發展을 기대할 수 없다든가 하는 좀 색다른 얘기를 어딘가 記錄으로 남겨놓고 싶은 충동이 일었던 게 사실이다.

그렇다고 이 책이 반드시 필자의 자기욕구만을 채워주기 위해서 만들어졌다고는 생각지 않는다. 잘만 읽는다면 그 속에서 더러 챙길 만한 꺼리를 발견할 수 있다고 보기 때문이다. 예컨대, 國民經濟가 지금 완전히 해체의 길에 들어섰다든가, '內在的 發展論'이란 것이 완전히 虛構라든가, 南/北 頂上이 만나서 민족문제를 논하면서 왜 민족의 최대 비극인 '6·25전쟁'에 대해선 그렇게도 모르는 척 하는가 라든가, 北韓이 오늘날 저 모양인 것은 主體思想이란 깃발 아래 감춰진 民族主義 이념 때문이라든가, '漢字'는 결코 남의 글(中國 글)이 아니라 '한글'과 함께 엄연한 한국의 國字라든가, 지금 敎育이 안 되는 것은 바로 國語敎育 때문이고, 또 국어교육이 안 되는 것은 漢字를 버렸기 때문이라든가… 등등이 그런 읽을거리라고 할 수 있다.

필자는 지금까지 결코 성공적인 삶을 영위하지 못했다고 생각한다. 오랜 대학교수 생활에도 불구하고 이렇다 할 연구실적을 낸 바가 없음은 물론, 훌륭한 제자도 한 사람 제대로 기르지 못했기 때문이다. 어디 그 뿐인가. 더욱 중요한 것은 사회과학의 꽃이라는 '經濟學'을 붙들고 한평생 살아왔으면서도 자기 나름의 理念에 입각한 어떤 '… 이스트'로 살지 못하고 이곳저곳 기웃거리며 방황을 거듭한 삶이었다는 점에서 더욱 그러하다.

한때 젊은 나이에는 '非同盟 中立主義(non-alignment)'에 경도된 바가 있고, 그 후 4·19, 5·16 변혁 과정을 겪으면서 마르크스, 毛澤東류의 사회주의 사상에 耽溺(탐닉)한 바도 있는가 하면, 1970~80년대에는 A. G. 프랑크의 從屬理論이나 I. 월러슈타인의 世界體制論 등 제3세계 변혁이론에 魅了(매료)되기도 했다. 그럼 지금은 어떠한가. 세상을 經綸(경륜)할 理念 같은 것은 처음부터 존재하지도 않았다는 식의 생각을 갖기에 이르고, 오로지 世界는 지금 國境(울타리)을 허물고 하나의 세계시장, 하나의 글로벌경제를 만들어간다는 식의 어설픈 '글로벌리스트(?)'로 변했다고나 할까!

끝으로 그동안 産銀 調査部 시절부터 中東問題硏究所 - 國際經濟硏究院 - 成均館大學 등을 거치면서 여기저기 썼던 글들을 모으고 정리하는 데 도와준 분들, 그리고 漢字 사용 등으로 말미암아 까다로운 원고를 잘 편집하여 아담한 책자로 만들어준 도서출판 한울 金鍾洙 사장, 申仁英 편집위원, 金鉉大 팀장 및 관계 직원 여러분께 심심한 謝意를 표하는 바이다.

2008년 5월 일

冠岳山 기슭에서
著 者

〈目 次〉

序文 | 5

I부   經濟發展 / NIEs論   13

　　NIEs論의 諸見解와 韓國 | 글로벌化와 國民經濟의 장래 | 市場經濟 原理와 아시아的 蓄積方式 | 成長動力은 밖에서 온다 | 經濟와 民族主義, 어떤 관계인가

II부   世界經濟 / 東아시아경제   71

　　世界經濟의 新潮流와 韓國經濟 | 3低현상의 背景과 波及效果 | 東北亞 정세와 韓國의 座標 | 東北亞 經濟共同體 결성의 가능성 | 東아시아 經濟 危機를 보는 법

III부   韓國經濟, 어제와 오늘   131

　　文明史的 관점에서의 韓國의 經濟發展 | 李承晩의 經濟觀과 1950년대 經濟 | 5·16군사정부의 初期 改革政策 | OECD 가입의 意義 | 換率 급등의 背景과 波及效果 | IMF事態와 構造調整의 歸結

IV부   敎育改革 / 漢字를 살리자   197

　　敎育改革의 方向과 課題 | 國語敎育에 문제 있다 | 漢字敎育, 왜 필요한가 | 國際化 시대의 漢字 | 漢字, 익히는 것으로 끝날 일인가 | 大學 論述考査와 漢字敎育

V부   歷史·社會·文化 短評   265

韓國 現代史, 어떻게 볼 것인가? │ 解放 60주년을 맞는 所懷 │ 建國 60周年의 回顧 │ 4·19理念과 韓國民主主義 │ 한 局外者의 講評(I) : '文化와 全體主義' │ 한 局外者의 講評(II) : '文化와 觀光' │ 『한국 근·현대사』 敎科書에 문제 있다(經濟 편)

VI부   書評   349

書評(1) : *The Evolution of the International Economic Order* │ 書評(2) : 『北朝鮮の軍事工業化 : 帝國の戰爭から金日成の戰爭へ』│ 書評(3) : 『韓國の經濟發展とベトナム戰爭』│ 書評(4) : 『新稿 韓國經濟史』│ 書評(5) : 『박정희는 어떻게 경제강국 만들었나』│ 書評(6) : 『이념의 힘』

VII부   인터뷰 記事   403

인터뷰 記事(1) : 「保守와 進步」 그 位相이 바뀌어야 한다
인터뷰 記事(2) : 「自虐史觀에 멍드는 高度成長의 神話

索引 │ 437

제 I 부

經濟發展 / NIEs論

NIEs論의 諸見解와 韓國　15
글로벌화와 國民經濟의 장래　29
市場經濟 原理와 아시아的 蓄積方式　36
成長動力은 밖에서 온다　44
經濟와 民族主義, 어떤 관계인가　54

NIEs論의 諸見解와 韓國

東아시아 NIEs의 출현은 '奇蹟'이라 할 만큼 획기적 사건이다. 19세기 말의 日本을 마지막으로 더 이상 공업화·근대화에 성공할 나라는 없을 것이라는 역사 전망을 이들이 보기 좋게 깨뜨려주었기 때문이다.

1. NICs(NIEs)의 生成과 發展

OECD 리포트와 NICs의 出現

어느덧 경제학 교과서에서 市民權을 획득한 新興工業國(NICs ; Newly Industrializing Countries)이란 용어는 경제협력개발기구(OECD)에서 처음 만들어진 것이다. 이는 1979년에 발표된 OECD의 연구보고서, 「The Impact of the *Newly Industrializing Countries* on Production and Trade in Manufactures」를 통해 처음으로 세상에 알려졌다.

OECD는 왜 이런 보고서를 만들었을까? 1970년대 중반 OECD 선진국 경제는 엄청난 不況에 빠져들었는데, 이는 몇몇 앞서가는 개발도상국들이 마구잡이식 수출 공세를 펼치는 바람에 선진국들의 국내시장이 걷잡을 수 없이 蠶食(잠식)당하였기 때문이라고 보았다. OECD는 이에 시급한 대책 마련의 필요성에 따라 이러한 리포트를 작성하게 되었다는 것이다.

몇몇 개도국은 소위 輸出指向的인 공업화 전략을 가지고, 값싼 勞動力을 이용하여 제품을 매우 低價로 생산하여 OECD 제국에 마구 수출하려는 경향을 보였다. 그 가운데 대표적인 나라(당초에는 10개국)를 표본으로 골라 '新興工業國(NICs)'이란 이름으로 命名했다.

1973년 제1차 中東 石油사태(oil-shock) 이후, 1974~75년간의 세계적 不況에 즈음하여 당시 OECD 제국에서는 이들 개도국 工産品의 대량 수입을 놓고 그들 시장의 부당한 侵奪(침탈)이란 점에서 커다란 위협으로 간주했다는 사실에 주목할 필요가 있다. OECD 제국은 자신들의 국내 생산, 失業, 수출입, 國際收支 및 산업구조의 조정에 이르기까지 이들 개도국으로부터 중대한 영향을 받게 된 것으로 파악하고 있었다.

NICs(NIEs)의 카테고리와 分化

당초 OECD 보고서에서 NICs로 선정된 나라는 모두 10개국이었는데, 그 지역별 구성을 보면 다음과 같다.

① 아시아 NICs(4국) … 韓國, 臺灣, 홍콩, 싱가포르
② 中南美 NICs(2국) … 브라질, 멕시코
③ 유럽 NICs(4국) … 스페인, 포르투갈, 그리스, 유고슬라비아

이 가운데 ③의 유럽 NICs(4국)의 경우는 같은 개도국이라고 보기 어려울뿐더러 또 그중에는 OECD 가맹국도 들어 있어, 스스로 NICs로 취급되는 것을 좋아하지 않았다. 따라서 그 후부터 NICs 카테고리는 OECD 규정과는 상관없이 보통 ①+②의 6國으로 간주하게 되었다.

이들 10국은 경제적인 발전단계를 비롯하여, 成長率이나 수출증가율, 경제규모나 소득수준 그리고 國內農業 등과 같은 1차산업의 有無 등의 조건에서 각기 현저한 차이를 드러내고 있다. OECD 측의 시장위협이란 관점에서는 공통적일지라도, 각자가 놓인 국내 경제적 조건 자체는 너무나 상이한 점이 많았다고 할 수 있다.

그 후 1979년의 제2차 오일 쇼크를 계기로 中南美 NICs(2국)는 엄청난 外債累積에 허덕이게 되고, 1980년대에 들어서면서 이들 나라는 수출확대를 통한 NICs적 성장의 길이 사실상 막히게 되었다. 이후부터 NICs라고 하면 ①의 아시아 NICs(4국)만을 지칭하는 것으로 그 범주가 축소되었다.

이런 카테고리 변화와 함께, 1988년에는 中國의 이유 있는 抗議*를 받아들여, 그 명칭도 종전의 NICs(신흥공업국)에서 NIEs(Newly Industrializing Economies, 신흥공업경제)로 바뀌게 되었다.

---

* 여기서 중국 측의 抗議란 NICs(신흥공업국) 가운데는 홍콩, 대만이 포함되어 있는데, 그들은 어디까지나 中國의 일부이지 독립된 국가로 볼 수 없다는 것, 그럼에도 왜 '신흥공업국'이라 하여 '국가'로 취급하는가 하는 내용이었다. 이러한 중국 측의 항의를 받아들여 이때(1988년)부터 종전의 NICs 대신에 NIEs(신흥공업경제)로 명칭을 바꾸어 부르기로 하였다.

NIEs의 經濟開發政策

그럼 OECD에서 문제로 삼은 NICs 제국의 수출지향적인 經濟政策은 어떤 특징을 갖는 것인가? 대내적인 産業政策 측면과 대외적인 貿易政策 측면으로 나누어 살펴보자.

먼저 대내적 산업정책은 다시 ① 수출산업에 대한 정부의 지원정책, ② 內需 중심의 需要억제정책으로 갈라볼 수 있고, 대외적인 貿易政策은 다시 ① 수출장려와 수입억제를 주목적으로 하는 關稅政策, ② 환율의 平價切下를 통한 外換政策, ③ 금융·세제·勞動 등 측면에서의 각종 수출지원정책으로 갈라볼 수 있다.

이밖에도 기타 주요 産業 및 輸出政策으로는, ① 輸出加工區의 설치를 통한 외자도입 장려정책, ② 노동자 해외파견을 통한 해외로부터의 送金 장려정책 등을 주요 정책수단으로 들 수 있다.

2. NICs論의 諸見解

두 가지 接近方法論

일반적으로 사물에 대한 원인분석은 內因論과 外因論으로 갈라보지만, 이 NICs論의 경우에도 크게 外因論과 內因論이란 두 가지 접근방법을 생각해볼 수 있다. 이를테면 1970년대 국제경제적인 환경조건, 즉 국제적으로 '製品生産週期(product-life cycle)'의 신속한 변화와 같은 국제적 조건 속에서 NICs化의 원인을 찾고자 하는 입장을 外因論이라 한다면, 다른 편으로 NICs化에 성공한 나라들의 특수한 국내적 조건 속에서 그것을 찾으려는 입장을 內因論으로 규정할 수 있을 것이다.

이를 좀 더 구체적으로 살펴보자. 국제분업체계의 변화에 따라, 예컨대 선진국의 勞動集約的인 消費財工業 등을 신속하게 그리고 효과적으로 넘겨받는 개도국의 경우, 그들은 NICs로 올라설 수 있는 국제적 계기가 마련된다고 하는 주장을 우리는 前者의 대표적인 것으로 볼 수 있다. 그런가하면 당해 국가가 갖는 內在的인 특수성, 이를테면 ① NICs化를 가능케 할 어떤 특수한 文化的 전통, ② 과거 植民地 시대 이래의 工業化의 경험, ③ 국민의 평균적인 교육수준, 노동력의 질, 유능한 기업가와 경영자의 존재, ④ 효율적인 官僚組織의 존재, ⑤ 정치적 리더십의 존재, 특히 開發獨裁型 정치체제의 존재, ⑥ 수출지향적인 방향으로 나갈 수밖에 없는 어떤 불가피한 資源·人力 측면에서의 구조적 조건 등에서 그들의 경제성장 要因을 찾는 경우를 후자에 포함시킬 수 있다.

다음에는 政策論과 構造論으로 갈라볼 수 있다. 위의 두 가지 입장 중에서 外因論은 다시 政策論으로, 그리고 內因論은 다시 構造論으로 일단 대체해볼 수 있을 것이다. OECD를 앞세운 선진국 측은 대체로 前者의 정책론적 입장을 취한다. 즉 과감한 외자도입정책과 수출지향적인 공업화정책 등에 힘입어 NICs化에 성공했다는 설명이 그것이다. 다 같이 外向的인 정책으로 보지만, 輸入代替的 정책노선은 실패한 반면, 輸出指向的인 노선은 성공적이었다는 주장을 많이 듣게 되는데, 이들도 여기에 속한다고 볼 수 있다.

이러한 政策論은 1970년대 말 중남미 NICs가 심각한 累積債務와 경제정체에 빠지게 되자 곧장 그 설득력을 잃게 되었다. 다 같이

外向的 정책기조였음에도 왜 中南美 NICs 경우와 東아시아 NICs(NIEs) 경우는 전혀 다른 결과를 가져왔느냐에 대한 해명이 어려웠기 때문이다. 이 중남미와 東아시아의 차이에 따라 NIEs化의 원인을 그들 나라의 내부구조적인 특성에서 찾고자 하는 요구가 더욱 강하게 제기되기에 이르렀다고 할 수 있다.

NICs化에 대한 몇 가지 所論

첫째로 들어야 할 입장은 近代化論이다. 이론적으로 이는 新古典學派 경제이론에 입각한 開發經濟學의 입장이다. 국내적으로는 KDI(한국개발연구원) 그리고 미국의 한국경제 전문가인 웨스트팔(Westphal, L. E.) 등의 주장이 그 대표적이라 할 수 있다. 이는 比較優位論에 입각한 自由貿易主義 바탕 아래 외자도입을 통한 投資率의 증대 → 생산 증대 → 수출 증대 → 資本蓄積의 길을 밟는다는 것으로 요약된다. 다음과 같은 開發理論은 일단 이 近代化論의 카테고리로 묶을 수 있다.

① 미국의 거셴크론(Gerschenkron, A.)에 의한 後發者利益論
② 일본의 와타나베 도시오(渡邊利夫) 등에 의한 위 後發者利益의 內部化論
③ 國際 다국적기업(MNC ; Multinational Corporation)의 肯定的 측면에서의 역할론

近代化論은 다음과 같은 이론적 특징을 갖는다. 즉 ① 국제적

環境條件을 강조한다는 점에서 보면 철저한 外因論이고, ② 정부의 효과적인 開發戰略을 강조하는 政策論이며, ③ 發展段階說 — 예컨대 로스토(Rostow, W. W.)의 5단계 發展段階論 — 에 입각하고 있다는 점, 그리고 ④ 어느 나라나 NIEs化의 가능성을 열어놓고 있다는 점 등이 그것이라 할 수 있다.

두 번째로 들어야 할 것은 從屬論이다. 위의 近代化論에 대한 비판적 입장에서 출발하는 從屬論은 무엇보다도 근대화론에서의 擴散理論(diffusion theory) 등이 적어도 中南美 경험에 의하면 완전히 虛構라는 주장을 펴고 있다. 역사적 경험으로는 中南美의 경우, 서구적 근대화론은 완전히 실패했다고 본다. 이 종속론도 물론 다음과 같은 몇 가지 입장으로 다시 갈라볼 수 있다.

① 프랭크(Frank, A. G.)의 從屬·低開發宿命論
② 에번스(Evance, P.) 등에 의한 從屬的 發展論
③ 아민(Amin, Samir)의 周邊部資本主義論
④ 네오마르크시즘(Neo-Marxism)적 입장, 즉 프뢰벨(Fröbel, F.), 하이머(Hymer, S.) 등 底邊의 生産現場만 담당하는 NICs化 현상을 MNC의 현지 分工場化에 불과하다고 보는 입장

등이 그것이다. 이 從屬論 역시 방법론상으로 보면 일단 外因論이며, 그리고 政策論의 범주에 든다고 할 수 있다.

셋째로는 世界시스템論(Theory of World-System)을 들 수 있다. 이는 월러스타인(Wallerstein, I.)류의 '中心-半周邊-周邊'의 3元構

造 속에서 '半周邊' 범주의 존재에 특히 주목하고, 이 半周邊의 개념을 동원하여 NIEs化를 설명코자 하는 입장이다.

그럼 半周邊의 범주는 어떤 屬性을 갖는가? 역사적으로 ① 世界시스템 그 자체를 유지, 안정시키는 역할을 담당하고, ② 끊임없는 자체의 地位上昇을 추구하는 속성을 지니며, ③ 특히 그것의 二重的 성격을 강조하고 있다. 이를테면 好景氣 때는 中心部 시장을 잘 활용하고, 不景氣 때는 자기보다 못한 周邊部에 자신의 어려움을 적당히 수출함으로써 슬기롭게 위기를 극복하는 그런 이중적 행동을 잘 구사한다는 점에서 그것의 특징을 찾고 있다.

이처럼 半周邊의 지위 상승 노력 속에서 NIEs化의 배경을 찾고자 하는 이 世界시스템론은 특별히 '國家'의 역할을 강조한다는 데서 일종의 重商主義的 내지 철저한 민족주의적 國家觀을 견지하고 있다.

넷째로는 소위 文化論的 입장이다. 1980년대 이후 아시아 NIEs의 成長과 한계, 곧 NICs論 → 아시아 NIEs論으로 되면서 아시아의 어떤 지역적 특수성을 규명코자 하는 입장이 그것이다. 다시 말해 아시아 사회 特有의 어떤 역사와 전통 속에서 NIEs적 성장의 근본 원인을 찾고자 하는 입장이 그것이다.

이를 위해서는 우선 韓-中-日 3국을 중심으로 하는 儒敎文化的 전통을 잘 살펴야 할 필요가 있다. 아시아적 유교문화적 전통이 어떤 특성을 지니고 있는가 하는 점이 그것이다. 여기에는 특히 다음 몇 가지 점을 중요하게 다루어야 한다.

① 教育重視思想이다. 전통적으로 높은 敎育熱이 文盲을 없애고 노동의 질을 제고시키며 나아가 生產性 향상으로 연결되어 經濟成長의 정신적 기반으로 되고 있다는 것이다.
② 勤儉·節約·貯蓄精神이다. 오늘을 희생하고 내일을 준비하는 삶의 자세는 次世代 敎育을 위하고 나아가 財産 형성의 기틀을 마련한다는 것이다.
③ 강력한 國家 및 官僚制度의 존재이다. 전통적으로 훌륭한 官僚制度의 경험과 官의 民에 대한 啓導的 역할, 그 연장선에서의 經濟開發計劃의 원활한 수립과 집행, 민간기업의 개발계획으로의 誘導(유도) 등의 역할을 수행했다는 것이다.
④ 東洋的 家族制度(家父長制)의 전통이다. 家長에 대한 무조건적인 服從이 사회생활에서의 職場上司에 대한 복종으로 이어지고, 곧 그것이 직장 분위기를 가족적인 것으로 만들면서 生產性 향상으로 연결된다는 것이다.

이 문화론적 입장은 方法論上으로는 철저한 內因論 내지 構造論이라 할 수 있으나, 여기에는 몇 가지 풀리지 않는 문제가 있다. 첫째로 아시아 사회의 특수한 전통으로 자주 제기되고 있는 이른바 '아시아적 停滯性' 문제를 어떻게 설명할 것인가, 그리고 둘째로는 韓-中-日 3국 간에 나타나는 發展段階上의 현저한 時差를 어떻게 설명할 것인가 하는 두 가지 문제가 그것이다.

몇 가지 留意事項

NIEs의 등장과 발전은 오늘날 제3세계 開途國 경제를 인식하는 방법론에 있어 다음과 같은 변화를 초래했다고 말할 수 있다.

① 複眼的 어프로치(duplicated approach). 곧 外因論과 內因論 간의 절충론적 인식방법
② 世界資本主義論的 어프로치. NIEs化의 시대적 성격, 곧 MNC의 국제적 역할 등에 대한 새로운 인식방법
③ 發展論的 어프로치. 제3세계 경제의 資本主義的 발전의 가능성을 인정하는, 곧 지금까지의 '停滯論的 입장'으로부터 '發展論的 입장'으로의 인식상의 전환
④ 地域論的 어프로치. 곧 汎世界的인 NIEs論에서 東아시아的 NIEs論으로의 전환, 즉 특수지역론으로의 인식 전환

등이 그것이다. 이러한 NIEs論의 인식상의 전환에도 불구하고, 다음 몇 가지 추가적 사항에 대해서는 계속적인 규명이 요구되고 있다고 할 것이다. 이를테면,

① NIEs化 현상의 다른 국가 및 지역으로의 波及 가능성
② 아시아 NIEs 4국(경제) 간의 경제구조적인 성격 차이
③ 韓國 및 臺灣經濟의 장래, 곧 그들이 과연 오늘과 같은 先進國으로 올라설 수 있을 것인가 하는 역사 전망의 문제

등이 그것이라 할 수 있다. 이 가운데서도 특히 ③의 한국 및 대만이 선진국으로 될 수 있을 것인가 하는 문제가 오늘날 세계사적 관심사라 할 것이다.

3. 韓國의 NIEs化 過程

이상의 NIEs化에 관한 일반론적인 여러 설명방법을 전제로 하고, 다음에는 이야기를 한국의 경우로 돌려보자. 이를 위해서는 특히 다음 두 가지 문제, 곧 한국의 공업화가 본격적으로 이루어질 당시에는 勞動力의 존재조건이 어떠했으며, 또한 수출을 뒷받침할 內需의 기반이 어떤 조건에 처해 있었는가를 살펴볼 필요가 있다.

勞動力의 역사적 存在條件

1960년대 이후 공업화의 요인을 살피기 위해서는 먼저 그 이전단계에서의 노동력의 存在條件을 살펴볼 필요가 있다. 우선 8·15해방 당시와 내지 해방 직후, 南韓에는 약 130만 명의 都市勞動者, 그 중에서 약 48만 명의 工場勞動者가 존재하고 있었다. 이는 일본 植民地 工業化로 말미암아 자체 내에서 생성된 노동력과 그리고 해방 후 일본 등 해외로부터 돌아온 歸還同胞 및 북한에서 넘어온 越南者 등이라 할 수 있다.

이들 산업노동력은 그 후 韓國戰爭을 거치면서 상당한 수준의 질적 변화를 가져온다. 휴전 후 남한에는 엄청난 규모의 도시 不完全就業(半失業)층이 발생하게 되고, 이들은 공업화를 위한 潛在的

인 '剩餘(잉여)노동력의 풀(pool)'을 형성시키고 있었다. 이들이 바로 1960년대 이후 개발과정에서 밖으로부터 들어오는 外國資本과 자연스럽게 결합하는 형식을 띠게 되었다고 할 수 있다.

內需基盤의 존재

1950년대 美國援助의 도입은 두 가지 루트로 韓國의 내수기반을 크게 확충하는 데 기여했다. 우선 막대한 각종 소비재 원조의 도입은 韓國民의 소비패턴을 크게 변모시키고, 또한 각종 原資材 도입은 3白工業(綿紡, 製粉, 製糖) 중심의 소비재공업화를 부추기면서 국민의 소비수준을 전반적으로 크게 제고시킬 수 있었다. 이는 1960년대 공업화를 위한 需要 측면에서의 필요조건이라 할 공업제품에 대한 內需기반의 구축을 가능케 했다.

1960년대 工業化가 초기에 輸入代替的 공업화 성격으로 나타난 것도 바로 이 원조물자의 도입을 代替할 소비재 내지 원자재의 국내생산을 도모하자는 데 있었기 때문이다. 1960년대 이전의 확고한 內需基盤의 존재가 그 후 工業化를 위한 하나의 중요한 기초조건으로 작용했다고 하는 것은 두말할 필요가 없다.

工業化 과정의 特徵

이러한 두 가지 기초조건을 전제로 하여 1960년대 이후의 한국공업화과정은 그야말로 他의 追從을 不許하리만큼 눈부신 성과를 가져온다. 거기에는 정부에 의한 강력한 工業化 정책이 뒷받침되었기 때문이지만, 이러한 정부의 공업화 戰略과 目標, 그리고 중점적인 開發業種 등을 기준으로 그간의 공업화 과정을 시기별로 구분해 보면 대체로 다음 세 시기로 갈라볼 수 있다.

① 輸入代替的 공업화기 : 전기(1959~65년)/후기(1966~72년)
② 輸出指向的 공업화기 : 전기(1973~79년)/후기(1980~89년)
③ 輸出→海外投資로의 전환기(1990 ~)

여기서 ①기와 ②기를 구분하는 1972~73년이 가지는 의미가 무엇인가. 정치적으로는 維新體制의 성립, 경제적으로는 重化學工業化 政策의 추진과 특히 외자도입방식이 借款에서 直接投資로 전환되었다는 점이 중요한 의미를 갖는다. 그리고 ②기와 ③기를 구분하는 1989~90년의 중요성은 우선 안으로는 國內 노동력의 부족과 그에 따른 人件費 상승으로 수출경쟁력이 한계에 처하게 된 점과 밖으로는 1989년 東歐·中國 등 사회주의권의 開放化 바람과 선진국 측의 시장개방 압력의 가중 등으로 輸出을 위한 대외적 여건이 크게 악화되었다는 점이 중요하게 지적될 수 있다.

다음에는 한국적 성장패턴의 특징을 살펴보자. 1960년대 이후 한국의 경제성장 과정에서 抽出할 수 있는 몇 가지 특징을 간추려보면 아래와 같다.

① 不均衡 성장패턴에 입각했다는 점
② 처음에는 輸入代替的인 工業化 戰略으로 출발했다는 점
③ 借款 방식의 外資導入을 선호했다는 점, 그리고 內資조달에서는

금융기관에 의한 정책금융이나 特惠金融에 크게 의존했다는 점
④ 開發主體 측면에서 '財閥' 구조의 형성과 그리고 재벌의 주도적 역할에 의존하는 방식이라는 점

등이 그것이다.

이러한 특징과 아울러, 한국적 패턴의 특징으로 중요하게 지적해야 할 문제가 하나 더 있다. 韓國의 공업화 패턴은 이른바 '太平洋 성장의 트라이앵글 構造'에서 찾을 수 있다는 점이 그것이다. 이는 곧 아시아 NIEs化 과정의 '供給者的 역할(supplier's role)'을 담당하는 日本의 존재를 강조하기 위한 의미를 가지지만, 구체적으로 日本을 주된 供給者로 하고, NIEs를 組立/加工의 생산 담당자로, 그리고 미국을 주된 需要者로, 이들 3자 간의 분업 관련 속에서 한국을 비롯한 아시아 NIEs化의 가능조건을 찾고자 하는 설명이다.

이 주장에 따르면, 예컨대 中南美 제국의 경우, 미국이라는 수요자적 역할을 담당하는 자는 존재하지만, 중간에 日本과 같은 공급자적 역할을 할 나라가 존재하지 않았기 때문에 아시아 NIEs와 같은 공업화를 가져올 수 없었다는 논리가 상당한 설득력을 갖게 된다.

낙성대경제연구소, 月例 세미나 발표 원고, 1997년 7월 2일.

글로벌化와 國民經濟의 장래

도도히 흐르는 世界經濟의 글로벌化 추세 앞에 국민국가·국민경제의 運命은 오래지 않을 전망이다. 그 어느 경제나 오로지 하나의 市場, 하나의 經濟를 지향하는 '글로벌經濟'의 거대한 틀 속으로 통합되어갈 뿐이다.

1. 經濟學에서의 '國民經濟'

經濟學 硏究와 國民經濟

애덤 스미스 이래 경제학 연구의 토대라 할까, 그것의 기초 단위는 두말할 것 없이 '國民經濟(national economy)'였다. 하나의 國民國家가 그 구성원의 삶을 영위케 하는 경제적 영역, 다시 말하면 정치적 主權이 미치는 배타적인 市場圈을 우리가 '國民經濟'라고 정의한다면, 그 경제적 영역 안에서 생산과 소비, 저축과 투자 등이 총체적으로 어떻게 均衡을 이루며, 또 그러한 균형 조건하에서 어떻게 확대재생산을 해나갈 수 있을 것인가 하는 문제, 다른 국민경제와의 사이에 이른바 國際分業의 이익을 어떻게 향유할 수 있겠는가 하는 문제 등을 연구하는 것이 경제학의 오랜 本務였다.

우리에게 익히 알려진 왈라스(Walras, M. E. L.)의 一般均衡理論

이나 마르크스(Marx, K.)의 再生産表式 또는 리카도(Ricardo, D)에서 헥셔와 오린(Heckscher-Ohlin)에 이르는 比較生産費說 등이 모두 그런 경제학 연구의 대표적 학설이라 할 수 있다.

역사적으로 이 국민경제의 형성은 어떤 의미를 가졌던가. 여기에는 일찍이 일본의 세계적 經濟史學者 오츠카 히사오(大塚久雄)의 연구가 유명하다. 그는 국민경제의 형성과정이야말로 그 나라가 근대국가로 올라서는, 곧 그 나라의 근대화 과정이랄까, 자본주의화 과정을 성격 짓는 잣대와 같은 것으로 대단히 중요하게 인식하고, 소위 그의 유명한 3가지 '國民經濟 類型論'을 제시한 바 있다.*

또 1917년 러시아革命을 이끈 레닌은 각국의 국민경제 발전과정에는 반드시 불균등발전의 법칙이 작용하고, 그것은 나아가 필연적으로 서구 列强 간의 帝國主義 전쟁을 유발한다는 주장을 펴기도 하였다. 곧 제1차 세계대전은 바로 그러한 불균등발전의 법칙의 심화로 말미암은 무력적 충돌 정도로 규정한다.

어쨌든 19세기 말 日本이 세계 역사상 마지막으로 국민경제 형성에 성공한 이후, 적어도 1970년대까지는 지구상에서 아직 제대로 된 국민경제 형성의 事例를 찾아보기 어렵다고 하는 사실, 이 점이 우리에게는 대단히 중요한 의미를 갖는다고 할 수 있다.

---

* 오츠카 히사오(大塚久雄)에 의한 국민경제 形成의 3가지 類型論은 다음과 같다.
  ① 先發資本主義型 … 영국, 프랑스
  ② 後發資本主義型 … 독일, 이탈리아, 러시아, 일본
  ③ 國民經濟 缺如型 … 네덜란드, 홍콩

國民經濟의 解體 조짐

이 國民經濟가 그런데 20세기 말에 접어들면서 확실하게 붕괴의 조짐을 보여주고 있다. 몇몇 선진 자본주의 국가를 제외한 수많은 남측 제3세계 나라들은 역사적으로 그것을 제대로 형성해보지도 못한 채, 타율적인 힘에 의해 지금 해체의 길에 들어섰다고나 할까.

이 국민경제 解體의 길은 지금 두 가지 방향으로 전개되고 있다. 하나는 우루과이라운드(UR)협상의 타결이나 세계무역기구(WTO)체제의 성립에서 보듯이, 세계 그 어느 국가 어느 지역이든 하나의 자유시장 경제체제에 강제 편입됨으로써 그들 국민경제 障壁(장벽)을 허무는 과정으로 전개되고 있다.

다른 하나는 유럽에서의 유럽연합(EU)의 발달이나 아시아·太平洋지역에서의 아시아·태평양경제협력체(APEC)의 진전 그리고 최근 EU와 아시아 간의 이른바 아시아·유럽정상회의(ASEM)의 胎動(태동)에서 볼 수 있듯이, 국가적 지역적 경제통합을 통하여 스스로의 국민경제 울타리를 허물어가는 과정이 그것이다. 전자를 글로벌化 과정이라면 후자를 지역블록화 과정으로 구분할 수 있겠지만, 아무튼 다 같이 국민경제 울타리를 허물고 있다는 점에서는 별다른 차이가 없다.

이러한 흐름을 반영하여 가장 먼저 제기되는 문제가 이제 經濟學이 그 연구방법론을 완전히 뜯어고쳐야 할 때가 되었다고 하는 사실이다. 경제학자는 이제, 첫째로 공업화 사회로부터 해방되어야 하고, 둘째로는 國際分業의 이론을 초월해야 하며, 셋째로는 국민경제로부터 자유로워져야 한다는 것이다.

경제학자가 다루는 '經濟'란 한 나라의 國民經濟 틀 안에서 과거처럼 국민경제 기초산업으로서의 工業을 중심으로 이루어지고, 또 그것을 기초로 이웃 나라와 比較生産費에 따라 工産品 무역이나 하는 식으로 전개되는 시대는 지났다는 것이다. 상품만이 아니라 서비스, 정보, 勞動力 등에 이르기까지 모든 것이 마음대로 넘나드는 '國境 없는 經濟(borderless economy)'의 시대에 접어들었다는 설명이다.

어느 나라든 이제 自國經濟만을 잘 살게 하기 위하여 자기만의 유리한 巨視經濟政策을 쓸 수 있는 시대는 지나갔다는 것, 또 지금 경제학에서 마치 神主처럼 모시는 국민총생산(GNP)이다 국내총생산(GDP)이다 또는 國際收支다 하는 개념들도 머지않아 그 實際的 의미를 상실하게 될 것이라는 전망도 가능해지고 있다.

2. 韓國政府의 '世界化' 선언

얼마 전 金泳三 정부가 이전의 국제화, 개방화의 구호를 버리고 '세계화'란 슬로건을 내걸고 나왔을 때, 國民經濟 해체라는 세계사적 추세에 능동적으로 대처하려는 정부 의지의 표현으로 이해하고 필자는 그것을 무척 반긴 바 있다. 그러나 그 후 정부는 아무런 구체적인 後續措置를 내놓지 않아 필자로 하여금 다른 한편 무척 실망감을 감추지 못하게 한 것 또한 사실이다.

'世界化'를 위한 후속조치는 전혀 없는 가운데 엉뚱하게 한국 정부는 서기 2020년에 가면 한국이 세계 7대 경제대국에 든다는 그야말로 터무니 없는 장밋빛 전망을 내놓은 바가 있다. 한국이 소위 先進 강대국으로 구성되는 'G7 서밋(summit)'의 일원으로 되고 또 교역규모상으로도 세계 여섯 번째 交易大國으로 된다는 엄청난 빅 뉴스에 접한 바가 있다.

한국이 세계 7대 경제대국이 되는 것을 그 누가 싫어할까마는, 문제는 이런 경제전망이 얼마 전 정부가 國政의 최고 지표로 내건 '世界化'라는 슬로건하고는 어떤 관계를 가진 未來 構想인지 하는 바로 그 점이다. 經濟強國 어쩌고 하는 것을 보면 한국은 아직도 폐쇄적인 국민경제 형성과정에 처해 있단 말인가, 아니면 세계화는 어디까지나 말뿐이고 우리가 추구하는 것은 國際化 수준도 못되는, 바꿔 말하면 19세기 식의 富國強兵을 내세우는 國民經濟 강화 수준에 머물고 있다는 말인가.

유럽은 지금 금세기 안에 유럽 單一通貨를 만들어 완전히 국경을 제거하겠다고 나서고 있고, 東南亞의 동남아시아국가연합(ASEAN)이나 南美의 남미공동시장(MERCOSUR)까지 域內 경제통합을 강화하고 있는가 하면, 일본 역시 앞으로 北韓과의 修交를 전제로 한 동북아지역 經濟圈 형성에 박차를 가하겠다고 벼르고 있는 것이 오늘의 세계사적 동향 아닌가.

4반세기 후인 서기 2020년에 가서는 오늘날 G7이다, G5다 하는 강대국 경제를 포함하여 그 어느 나라 경제든 과연 어떤 모습으로 바뀌어져 있을지 그 누구도 장담할 수 없는 일이다. 이런 마당에 韓國은 여전히 국민경제를 단위로 한 장밋빛 비전이나 제시하고 있는 것이 무슨 의미를 갖는 것인지 한번쯤 심각하게 따져볼 필요가 있다. 그러한 장밋빛 비전을 가지고 우쭐대거나 기대에 부풀기 이전에 혹시 시대역행적인 發想이라 하여 앞서가는 나라들로부터 손가락질이나 받게 되지 않을까 하는 우려가 들기 때문이다.

3. 國家主義 / 民族主義를 탈피해야

한국은 지금 날이 갈수록 더욱 폐쇄적인 國家主義에 빠져들고 있는 느낌이다. 정부는 한때 '國家競爭力'(국제경쟁력이 아니라) 강화만이 살길이라고 외치다가 어디 中世 重商主義 亡靈(망령)이 되살아나는 것이 아니냐고 국제적으로 빈축을 산 일이 있다.

그런가 하면 또 韓日 간에 해묵은 '獨島' 문제가 터지자 국민의 反日감정을 한껏 자극하여 자신의 제일 큰 교역대상국인 일본을 금방이라도 때려눕힐 듯이 온통 나라를 벌집 쑤셔놓은 것처럼 만들더니, 요즘은 또 월드컵 誘致(유치)를 놓고 양국 간의 샅바 싸움에 온 국민을 또 그곳으로 몰아넣고 있다. 거기에 누가 한 마디 반대발언이라도 했다가는 영락없이 親日分子로 몰리거나 심지어 '賣國奴'란 소리까지 들을 그런 분위기에 휩싸여 있다. 지금 우리는 낡은 국가주의 煽動(선동) 앞에 숨도 크게 못 쉬고 살고 있는 그런 형국이라고나 할까.

정부는 이제부터라도 제발 국가주의 망령으로부터 하루빨리 벗어나기를 바란다. 국가주의적 劃一主義를 버리고 사람들의 다양성 있는 自由意志와 선택이 존중되는 방향으로 진일보했으면 한다. 중상주의적인 '富國强兵策'이라도 동원하여 한국을 선진 강대국으로 만들겠다는 생각일랑 아예 버려야 한다. 중요한 것은 국가 그 자체의 富强이 아니라, 사회 자체가 그야말로 선진적인 모습으로 업그레이드되어 가야 한다는 얘기이다.

끝으로 지금의 '文民政府'란 이름의 金泳三 정부가 정말 '民主化'를 밑천으로 정권을 잡았다면 이전 정권보다는 어딘가 앞서가는 측면이 분명히 있어야 한다. 오늘과 같은 글로벌 시대에 낡은 국가주의적 煽動(선동)이나 일삼고 있어서야 그것이 누구를 위한 민주화인지는 모르겠으나, 어떻게 민주화 정권이란 이름을 내걸 수 있겠는가. 정책 당국자의 猛省(맹성)을 촉구해 마지않는다.

≪문화일보≫, 1996년 6월 20일자.

市場經濟 原理와 아시아的 蓄積方式

오늘의 東아시아 경제는 자기 몸속의 '아시아적 價値'를 계속 고집할 것인가, IMF식 자유시장경제 原理를 흔쾌히 수용할 것인가, 양자택일의 岐路에 섰다. 대세는 후자 쪽으로 기울고 있는 가운데, 여기에는 韓國도 물론 예외가 아니다.

1. 東아시아 經濟의 장래

추락하는 東아시아 經濟

얼마 전까지만 하더라도 '成長經濟, 東아시아'에 대한 세계의 讚辭(찬사)가 귓전을 때리더니, 하루아침에 날개 빠진 새처럼 한없이 추락하는 신세로 되고만 오늘의 東아시아경제, 언필칭 '東아시아의 奇蹟'(OECD보고서)이라느니, '21세기는 아시아의 시대'(서방의 미래학자)가 된다느니, '멀지 않아 中國이 美國을 제치고 세계제일의 경제대국'으로 올라선다느니 등등 서양 사람들의 화려한 아시아 비전은 한낱 僞善(위선)에 찬 공치사였단 말인가.

序頭를 이렇게 장황하게 꺼내는 이유는 다음 두 가지 사정 때문이다. 하나는 이번 東아시아 경제위기 사태가 결코 韓國만의 문제가 아니라는 점과, 다른 하나는 그것이 경제적 측면에서의 위기만이 아니라, 사회 전반적인 위기임을 강조하기 위함이다. 따라서 IMF 사태에 대한 원인규명이나 해결방안의 강구도, 이를테면 정부의 정책적 대응이나 기업의 경영적 차원에서의 대응이랄까, 당시의 금융·외환 사이드에서의 어떤 잘잘못을 따지는 식의 近視眼的인 방식의 대응으로는 안 된다는 점을 강조하기 위함에 있다.

시야를 보다 넓혀서 韓國을 포함하는 東아시아 전반이 그들의 공동체적 삶의 여러 制度나 慣行이 오늘날 거침없이 전개되는 세계경제의 글로벌화 추세에 잘 부합하는지 어떤지의 與否에서 이번 위기의 원인이나 배경을 찾아야 한다는 설명이다. 그를 위해서는 단순한 경제적 접근이 아니라 좀 더 심오한 사회적, 역사적 접근이 요구된다고 함을 미리 지적해둔다.

東아시아 경제의 危機意識

東아시아 경제가 직면한 위기상황에 대한 올바른 이해를 위해서는 우선 오늘의 세계경제가 안고 있는 蓄積體制(축적체제) 문제로부터 실마리를 풀어가는 것이 좋을 듯하다. 오늘의 세계경제 축적체제상의 특징은 미국 주도의 中心的 蓄積體制에 대하여 몇 가지 異種(이종)의 축적체제가 거기에 쉽게 포섭되질 않고 충돌하고 있다는 점에서 찾아볼 수 있고, 本稿에서의 논의도 바로 이 점으로부터 풀어가는 것이 유용할 것이라는 점을 미리 밝혀두고자 한다.

여기서 말하는 '異種의 축적체제'라고 하면 다음 두 가지를 중요하게 들 수 있다. 하나는 서구적이지만 일찍이 後發자본주의형에 속하는 독일, 이탈리아, 日本 등에서 발달해온 간접금융 방식을 통한 축적체제이고, 다른 하나는 아시아적인 族閥主義 내지 緣故主義(nepotism)에 입각한 東洋的 전통을 중시하는 아시아적 축적방식이 그것이다.

이 두 가지 축적방식은 오늘날 英-美 계통의 직접금융 위주의 金融慣行이나 또는 서구식의 자유로운 시장경제 원리에 입각하는 자유무역·자유기업주의 원칙에 직/간접으로 배치된다는 데 문제의 심각성이 있다. 더욱이 UR협상이나 WTO체제의 出帆으로 이러한 자유무역·자유기업주의는 한결 강화된 데다가, 세계적으로 상품생산이나 무역 기능보다는 오히려 금융 기능이 더욱 강해진 시대 상황 속에서는 더욱 그러하다고 할 것이다.

2. 經濟危機의 原因

間接金融방식이 元兇인가?

中心的 축적방식에서는 이렇게 말한다. 일반 家計의 貯蓄이 증권시장을 통해 직접 기업으로 들어가고, 또 그를 통해 家計가 바로 기업의 주인이 되는 直線的인 저축·투자방식을 택하지 않고, 왜 중간에 금융기관(은행)을 매개로 한 迂廻的인 방식으로 가계저축을 기업에 공급하고 있는가 하고 말이다.

은행이라는 매개과정을 거침으로써 거기에는 金融非理의 溫床이라 할 말썽 많은 政經癒着(정경유착)의 고리가, 또 불공정한 官治金融 등의 소지가 마련되는 것이 아닌가, 그리하여 기업은 불필요하게 他人資本에 의존하게 되고, 또 과도한 금융비용을 물게 되어 이것이 결국 기업의 經營不實을 가져오게 하는 악순환에 빠지게 되는 것이 아닌가 하고 말이다.

그들의 논리는 간단하다. 한국을 비롯한 東아시아 금융·외환위기는 무엇보다도 바로 이 간접금융방식에 연유한다는 것이다. 여기서 말하는 간접금융방식이란 것이 지금 중심적 축적체제론에서 말하는 것처럼 그렇게 형편없는 것만은 아니었다. 그것 역시 자기 나름의 長點이 있고 또 자신에게 주어진 역사적 사명을 충분히 이행했다고 말할 수 있다.

일찍이 독일이 앞서가는 영국을 따라잡기 위해 고안해낸 이 간접금융제도는 戰前에는 물론 戰後에 들어서도 1950~60년대 패전국 독일이나 일본경제의 조속한 부흥에 크게 이바지했을 뿐더러, 일본으로부터 이 제도를 받아들인 한국에 있어서도 1960년대 이후의 고도성장 과정에서 産業金融 조달의 지렛대 역할을 충실히 수행해 주었다고 할 수 있기 때문이다. 특히 이 간접금융방식은 家計의 저축재원 조달과 배분을 둘러싸고 계획추진 主體로서의 정부개입을 용이하게 해주었다는 점에서 그러하다.

지난날 독일이나 일본의 국가주도형 軍需工業의 개발이나 또는 1960년대 이후 韓國의 수출주도형 중화학공업의 개발계획 등은 모두 정부가 책정하는 계획사업에 대해 금융기관을 통한, 다시 말해 간접금융방식에 의한 우선적인 자금공급을 가능하게 했기 때문이라는 점을 강조하지 않을 수 없다.

族閥·緣故主義가 主犯인가?

두 번째 문제는 아시아적 축적방식이라 할 소위 族閥主義, 緣故主義, 溫情主義 등과 같은 기업경영상의 慣行과 관련해서이다.

서구적인 냉엄한 自由市場 원리에 따를 때, 이 아시아적 삶의 價値라고 할 집단주의적 倫理나 사회적 諸관계가 기업경영의 일선에 등장한다는 것은 용납될 수 없는 일임에 틀림없다. 기업경영에서는 오로지 '費用-收益'(cost-benefit) 원리에 의해서만 행동할 따름임을 그들은 강조한다. 이를테면 기업이 불경기일 때는 마땅히 종업원을 내보낼 수 있어야 하는데도, 한솥밥을 먹던 식구를 경기가 좀 안 좋다고 하여 어떻게 마구 내보낼 수 있느냐는 식의 溫情主義는 매우 잘못된 처사라는 것이다.

오늘날 EU 주요국의 실업률이 평균 10.7%(1997년 11월 현재)에 달하고, 그 중에서 스페인은 무려 20%를 넘고, 프랑스, 이탈리아 등도 12.5%에 이르고 있는데, 어떻게 하여 같은 G7 국가인 東洋의 日本만은 줄곧 2%대의 실업률을 견지하고 있느냐는 것이 그들이 제기하는 문제의 핵심이다. 동양적인 溫情主義의 산물이라고 할 終身雇傭制라 할까, 종업원을 한식구처럼 대하는 고용관행 때문이라는 것이 그들 서양인들의 해석이다. 그들에게는 이런 慣行은 매우 잘못된 것으로 하루빨리 없어져야 할 弊習(폐습)이라는 주장이다.

3. 改革方案의 展望

국제통화기금(IMF) 측의 요구사항

이번 IMF 협상과정에서도 한국 측은 短縮근무를 하고 임금을 줄여서라도 가능한 한 解雇만은 막겠다고 나섰다. 그러나 IMF 측은 끝까지 이를 반대하고 '整理解雇制'를 관철시키고자 한 배경도 바로 이러한 데 있다고 할 수 있다. 이번에 IMF를 앞세운 중심부 축적체제(미국 중심) 측의 국제금융자본은 한국에 대해 다음과 같은 3가지 정도의 强度 높은 개혁을 요구해왔다.

첫째로 勞使改革의 문제이다. 아시아적 온정주의를 무너뜨리고 勞組를 무력화시키기 위한 整理解雇制의 도입이 개혁의 대표적인 사례이다.

둘째로는 금융개혁의 문제이다. 정부-은행-기업의 3자 간 결합구도를 깨뜨려 정부의 입김을 차단하고 은행의 금융 역할까지를 약화시키기 위한 이른바 간접금융방식의 해체가 그것이다.

셋째로는 기업의 지배구조의 개혁이다. 아시아적 족벌주의를 깨기 위한 '財閥' 형태의 기업경영을 해체해야 한다는 것, 곧 船團(선단)식 기업系列化 또는 서구식 純利益主義가 아닌 매출액 중시의 外形主義 경영 방식을 타개하기 위한 재벌 해체가 그것이다.

IMF 측은 왜 이러한 구조적 개혁을 강력하게 요구하고 있는가. 이것이 여기서의 주된 관심사이다. 오늘과 같은 글로벌화 시대에 중심부 축적체제가 요구하는 것은 세계를 하나의 시장으로 통합하고 그 속에서 어느 나라 어느 기업이든 마음대로 노닐 수 있는 그러한 보편적 統一守則과 經營慣行을 만들어내는 데 있다. 어떤 특정 지역이나 국가에서만 通用되는 특수한 제도나 관행은 하루빨리 폐기시켜야 한다는 것이 IMF를 앞세운 국제금융 측의 일관된 요구이다.

東아시아 經濟의 장래

앞으로 이러한 3가지 개혁사업이 순조롭게 이행된다면, 한국이나 기타 東아시아 경제는 어떤 모습으로 바뀌어갈 것인가. 첫째로는 무엇보다도 국가의 경제적 역할이 대폭 축소될 것이고, 銀行 등 금융기관의 역할도 상당히 위축될 것이 틀림없다.

둘째로는 기업의 敵對的 인수·합병(M&A) 등을 통하여 괜찮은 금융기관이나 기업에는 외국 자본(기업)이 활발하게 진출할 것이고, 비록 외국자본과 제휴하지 않은 기업의 경우도 금융 면에서는 외국 자본의 영향을 더욱 많이 받게 될 것이다. 한마디로 설령 소유 및 지배 측면에서는 한국기업이 담당한다 하더라도 기업금융 면에서는 국제금융자본에 의한 遠隔(원격) 조종을 받지 않을 수 없을 것이라는 점이다.

셋째로는 국민의 저축 및 소비관행이 바뀔 것은 물론이고, 이를테면 경제가 모든 사회적 價値에 우선하는 사회 通念으로 바뀌게 될 것이라는 점이다. 사람들이 종전처럼 한푼 두푼 은행에 예금하는 그러한 관행 대신에 증권시장에서 주식이나 채권을 사는 방식으로 바뀔 것이며, 學緣·地緣·血緣 등 기존의 여러 사회적 관계가 퇴색되고 또 명분을 앞세운 한턱내기식 같은 사회적 虛榮과 過消費

풍조도 많이 사라지게 될 것이다.

뿐만 아니라 동양적인 윤리나 도덕, 공동체적 삶의 가치나 윤리·규범 등이 밀려드는 서구적인 시장경제질서나 완전경쟁을 앞세운 경영원칙 앞에 고개를 숙이게 될 것이다.

끝으로 한마디 덧붙일 것은 아무리 IMF의 거센 요구가 있고 또 정부 당국의 改革意志가 강하다 손치더라도, 과연 이상의 3가지 개혁과제가 과연 단시일 내에 순조롭게 이행될 수 있을 것인가에 대하여 필자는 아직 유보적 입장에 머물고 있음을 밝혀둔다.

≪문화일보≫, 1998년 1월 12일자.

成長動力은 밖에서 온다
－ 南/北韓의 경제적 隔差에 부쳐 －

8·15 당시 南韓보다 월등했던 北韓의 經濟力이 이제 완전히 뒤바뀐 까닭은 어디 있는가? 그것은 지난 60년간 北이 줄곧 國內分業에 매달리는 동안, 南은 계속 國際分業에 치중해 온 때문이 아닐까. 成長動力은 國際分業에 있는데도 말이다.

1. 解放 당시 南/北韓의 경제사정

 필자는 평소 한 가지 풀리지 않는 의문을 갖고 있다. 1945년 8·15해방 당시에는 어느 모로 보나 北韓이 南韓보다 경제가 훨씬 앞섰다고 할 수 있다. 鑛工業의 발달 수준은 물론이고 電力도 북한이 훨씬 풍부하여 1948년의 '5·14 斷電조치' 때까지는 남한이 전적으로 북한 電力에 의존하여 그나마 불을 밝힐 수 있을 정도였으니 말이다.

 그러던 것이 반세기 이상 세월이 흐른 오늘에 와서는 어찌하여 남한은 세계 11~12위 경제대국으로 올라선 데 대해, 북한은 세계에서 最貧國의 신세로 전락하게 된 극단적인 대조를 보이게 되었단 말인가? 그뿐만 아니라 電力 에너지 문제에 있어서도 거꾸로 南韓이 전력을 보내지 않으면 北韓이 불을 켤 수 없을 정도로 되었으니 말이다. 이 문제를 어떻게 풀어야 할 것인가? 필자가 평소 가지는 강력한 의문은 바로 이것이다.

사람도 같고, 山川도 같고, 말도 風俗도 모두 같을진대, 아울러 사람들의 머리도 손재주도 별 차이가 없을진대, 어떻게 하여 반세기 동안에 이처럼 하늘과 땅만큼의 차이를 불러왔는가?

言必稱 자본주의 시장경제와 사회주의 계획경제 간의 제도적 차이라든가, 민주주의 대 專制主義 간의 정치적 차이라든가, 아니면 북한 特有의 世襲制(세습제) '主體思想'이라는 統治哲學 때문이라든가 하는 해석이 나온다. 필자 역시 거기에 적극적으로 同意하면서도 뭔가 그것만으로는 풀리지 않는 어떤 未盡(미진)함이 마음 한구석에 도사리고 있어온 것이 또한 사실이다.

더욱이 과거 같은 사회주의 兄弟國이라 할 중국이나 (구)소련을 비롯한 東歐 사회주의 진영이 오래 전에 이미 사회주의체제를 전환하여 개혁/개방의 길로 나아갔음에도 불구하고, 어떻게 하여 그 동생 나라(?)라고 할 北韓만은 조금도 '흔들림 없이' — 1980년대 대학 운동권의 노래 가락처럼 — 자기네식의 체제를 계속 유지해갈 수 있단 말인가?

여기에 대해 필자는 최근 들어 한 가지 위대한(?) 발견을 하게 되었다. 그것은 다름 아니라 어떤 나라든 그 놓인 시대상황 속에서 어떤 '국제적 관계'가 맺어지느냐가 그 나라 경제발전의 핵심적 關鍵(관건)으로 된다는 사실이다. 경제발전론에서의 핵심고리라고 할 필자 나름의 '국제적 契機論'이 바로 그것이다. 1945년 8월 南과 北이 서로 갈라설 때 각기 스스로에게 덮어씌워진 국제적 계기가 너무나 판이했던 탓으로 60년의 세월이 흐른 지금에 와서 이런 可恐(가공)할 만한 隔差를 가져오게 된 것이 아닌가 하는 것이 필자가 터득한 결론이다.

2. 近代化와 국제적 契機論

韓國史에서의 세 번의 국제적 契機

그렇다면 해방 후 南과 北이 직면한 국제적 계기는 구체적으로 어떻게 달랐던가. 또한 그것은 그 후 세월의 흐름에 따라 어떻게 변천해왔는가. 이 문제에 앞서 우리는 19세기 말 開港 이후 韓國의 근대화과정에서 맞게 되는 몇 가지 중요한 국제적 條約이나 事件에 대해 간략하게 살펴볼 필요가 있다.

돌이켜보면 한국은 자신의 근대화과정에서 세 번의 중요한 국제적 계기를 맞는다. 1876년의 江華島條約이 그 첫째이고, 1910년의 韓日合邦이 둘째이며, 1945년의 8·15解放이 그 셋째이다. 먼저 강화도조약의 경우부터 보자.

혹자는 江華島條約이 처음부터 일본에 의한 강압적 방법에 의해, 그리고 지극히 불평등한 내용으로 이루어졌다고 하여 그것의 역사적 의의를 과소평가하거나 심지어 부정적으로까지 보려는 경향이 있다. 그러나 우리에게 중요한 것은 그것이 어떤 형식이나 내용으로 이루어졌는가 하는 문제가 아니라, 그것을 계기로 당시 한국이 폐쇄적인 전통사회로부터 門戶를 개방하고 서구와 일본의 先進文物을 받아들이는 開化의 길을 어떻게 걷게 되었는가 하는 역사적 경험 그 자체이다.

釜山, 仁川, 元山 등 주요 港口를 개방하여 정상적인 대외무역의 길이 열리고, 또한 근대적인 기계제 외국상품이 합법적으로 들어오게 된 사실 그 자체가 얼마나 중요한 역사적 사건인가. 이 점을 무시하고 條約 체결과정에서의 형식이나 절차 따위를 트집삼아 門戶開放 자체를 반대해서는 결코 안 될 일이다. 우리가 이 江華島條約 체결을 '한국 近代의 起點'으로 잡는 이유를 다시금 되새겨볼 필요가 있다.

內在的 發展論과 韓國의 植民地化

그렇다면 한국은 왜 1876년의 門戶 개방 이후 스스로 자율적인 근대화과정을 열어가지 못하고 남의 나라 植民地로 전락하고 말았는가. 한마디로 그것은 자율적 近代化를 推動(추동)할 만한 민족 내부의 역량이 부족했기 때문이었다.

혹자는 '內在的 發展論'이라는 것을 내걸어 외세의 침략이 없었더라면 스스로 싹트기 시작한 '資本主義의 萌芽(맹아)'를 잘 가꾸어 자주적 근대화 과정을 걸을 수 있었을 것이란 주장을 펴고 있다. 그러나 이는 매우 무책임하고도 허황된 논리이다. 자주적 근대화에 실패한 탓으로 外勢의 침략을 불러온 것이지, 외세의 침략 때문에 자주적 근대화에 실패했다는 논리는 비열한 책임회피성 억지 이상의 것이 아니다. 그리고 전통사회로부터 資本制 사회로 넘어오는

移行過程은 자체 내의 自生的 요인에 의해서가 아니라, 국제무역 등을 통한 밖으로부터의 유입으로 이루어진다는 것은 이론적으로 이미 결판난 문제이다. 1950년대 한때 학계를 뜨겁게 달구었던 '돕·스위지(Dobb-Sweezy) 論爭'이 바로 그것을 말해준다.

開港 이후 1910년 韓日합방까지 약 35년간 자주적 近代化 노력의 실패는 결국 1910년의 韓日合邦으로 귀결되고 말았다. 당시 日本을 포함하는 서구 열강 간의 해외 영토분할 싸움에서 일본은 淸·日/러·日 두 전쟁의 승리를 발판으로 한국을 식민지로 만들었다.

식민지하의 朝鮮은 정치적으로는 國權을 빼앗긴 상태였지만 다른 한편 사회경제적으로는 엄청난 변혁을 겪게 된다. 韓日合邦은 전술한 江華島條約 이상의 중요한 의미를 갖는 국제적 계기였다고 할 수 있다. 1876~1910년(前期 35년)간의 開港期의 변화가 주로 日, 淸 두 나라에 의한 국제무역을 통한 유통 측면에서의 근대화과정이었다고 하면, 1910~45년(後期 35년)간의 植民地期의 그것은 일본자본의 직접 진출에 의한 생산 측면에서의 공업화과정이었다고 해석할 수 있다.

특히 후기 35년간에는 남한보다 북한 측이 워낙 격렬한 변화를 경험하였다. 그것은 총독부의 '南農/北工政策'에 의해 남한에는 농업, 북한에는 공업을 육성한다는 방침이 그렇게 만들었다고 볼 수 있다. 구체적으로 북한에서 더 많은 電力과 지하자원이 개발되고, 공업에서도 주요 중화학공업이 주로 북한 쪽에 집중적으로 육성되었던 것이다.

좀 더 구체적으로 보면, 1942년 생산량 기준으로, 철광석 99%, 石炭(무연탄) 72%, 重石 73%, 金 70% 및 電氣 92%가 각각 북한에서 생산, 채굴되고, 또한 제조업의 경우에서도 금속공업 92%, 화학공업 82%, 窯業(요업) 80% - 단, 기계공업의 경우는 남한이 72%, 북한 28% 차지 - 등으로 북한 지역 중심으로 이루어졌다는 사실에 주목할 필요가 있다. 이렇게 보면 해방 당시 북한은 남한에 비하여 훨씬 풍부하고 쓸모 있는 植民地 遺産을 물려받았다고 말할 수 있다.

3. 經濟發展과 國際的 契機

세 번째의 국제적 계기는 1945년 일본 식민지로부터 벗어난 8·15 해방에서 주어진다. 비록 연합국 측의 對日 戰爭 승리의 산물로 타율적으로 주어진 것이기는 하지만, 그래도 8·15해방은 민족사적으로 매우 중요한 의미를 가져다주었다. 우선 해방은 異民族 지배로부터 主權을 되찾았다는 측면에서 매우 중요한 의미를 가져다주고, 또한 다른 측면에서는 해방이 곧장 민족분단으로 이어졌다는 부정적 의미가 그것이다. 후자의 南北分斷으로 말미암아 南과 北은 그 출발점에서부터 너무나 판이한 국제적 계기를 맞게 되었음은 周知하는 바 그대로다.

먼저 北韓의 경우를 보자. 해방과 함께 곧장 (구)소련 주도의 사회주의 진영의 일원으로 편입된 북한은 1950년대 초 韓國戰爭을 거치고 1958년의 中蘇분쟁 이전까지는 그래도 그들 나름으로 사회주의 건설에 박차를 가하였다. 그러나 1950년대 말 中蘇분쟁을 계기로 한 사회주의권의 분열은 이들 두 나라의 틈바구니에 처한 北韓의 立地를 매우 어렵게 만들었다. 이때부터 북한은 '主體思想'이라는 統治 이데올로기를 만들어 국제 사회주의 이념으로부터 탈피하기 시작하고, 경제상호원조회의(COMECON)에의 가입을 거부하는 동시에 스스로 독자적인 사회주의 건설의 길을 걷기 시작했다.

북한은 국제 사회주의권 내에서도 그만큼 對外貿易을 비롯한 국제적 교류·협력의 길이 더욱 어렵게 되었다. 다시 말하면 1960년대 이후 中蘇분쟁의 격화가 북한의 정상적인 사회주의적 발전을 가로막는 중요한 국제적 契機로 작용하게 되었던 것이다.

반면 南韓의 경우는 어떠하였는가. 처음부터 미국 주도하의 세계 자본주의체제에 재빨리 편입하는 길이 열리고, 더욱이 세계 패권국 미국의 적극적인 지원을 받게 된 것, 곧 막대한 군사·경제원조를 받게 된 점이 매우 중요하였다.

美軍政 때부터 들어온 막대한 규모의 원조가 新生 한국경제를 떠받치는 지렛대 역할을 하였음은 물론이고, 이러한 원조는 또한 다른 서방 제국의 對韓 지원까지 이끌어낼 수 있는 국제적인 誘因(유인) 작용까지 하게 되었다. 특히 1960년대 들어 韓日 간에 국교가 재개되고 그에 따른 일본 請求權資金의 도입으로 당시 한국의 5개년계획을 순조롭게 추진할 수 있게 한 것도 기실 미국의 강력한 측면 지원에 힘입은 바가 컸다고 할 수 있다.

북한과 달리 남한의 경우에는 美, 日 양대 우방국이 상호 긴밀한 협조적 관계 아래 필요한 각종 對韓 지원을 하였으며, 이 점이야말로 1960년대 이후 남한 경제발전을 위한 매우 중요한 '국제적 契機'를 조성해주었다고 하지 않을 수 없다.

美-日 간의 협조적 관계가 한국경제발전에서 결정적인 역할을 다했다는 것은 단순한 정치외교적인 善隣(선린)관계에서 오는 의미 이상의 것이라 할 수 있다. 그를 통하여 한국경제는 1970년대 이후 소위 수출지향적인 공업화 전략을 가능케 하고, 그것으로 한국을 아시아 新興工業國(NIEs)의 일원으로 등장하게 한 이른바 韓-美-日 3국 간의 '太平洋 성장의 트라이앵글 무역구조'를 작동시킬 수 있게 되었다고 하는 점에서 특히 그러하다고 할 것이다.

4. 成長動力은 밖에서 오는 것

後發者利益과 캐치업理論

이렇게 보면 후발 공업국의 경우 스스로의 경제발전을 위해서는 외부 조건, 곧 그를 둘러싼 국제관계가 매우 중요한 역할을 하게 된다는 것을 알게 된다. 하버드대학 거셴크론(Gerschenkron, A.) 교수를 비롯한 많은 사람들에 의해 주창되고 있는 '後發者 利益論(theory of late-comer's benefits)'이나 또는 그 연장선상에서의 '雁行型 成長理論(theory of flying-wild geese pattern)'이나 '追跡理論(catch-up theory)' 등은 따지고 보면 모두 경제성장과정에서의 이러한 외부적 조건, 곧 그를 둘러싼 국제적 계기의 중요성을 강조한 것 이상의 것이 아님을 알 수 있다.

경제발전에서의 국제적 계기를 강조하는 것은 결국 경제성장을 가능케 하는 動力이 내부에서 自生的으로 솟아나는 것이 아니라, 밖으로부터 유입된다는 것을 강조코자 하는 데 그 本來의 의미가 있다. 이는 그동안 한국을 포함하는 아시아 NIEs의 경험을 통해서나 또는 전후 수많은 개도국의 여러 유형의 經濟成長 경험에 비추어서도 충분히 立證되고도 남음이 있다.

결국 경제발전을 위해서는 그 어떤 경우에도 가능한 한 대외개방적으로 나아가야 한다는 것, 바꿔 말하면 가능한 한 국제화 내지 글로벌화 방향으로 나아가야 한다는 것이 중요하다. 선진 자본과 기술의 도입에 있어서도 가능한 한 적극적으로 나와야 한다.

北韓은 지금 '제2의 江華島條約'이 필요하다

南/北韓이 지난 60년의 세월이 흐르는 동안 오늘과 같이 하늘과 땅 차이만큼이나 큰 경제적 隔差가 생기게 된 데에는 그들 내부의 제도나 사상, 그리고 사람들의 근로능력이나 자세 등 內在的 요인도 물론 중요하게 작용했겠으나, 다른 한편 그를 둘러싼 외부적 조건이라 할 경제성장을 촉진 내지 저해하는 國際的 계기에서 오는 요인이 더욱 중요하게 작용하였다는 점이 강조되어야 한다.

이런 관점에서 오늘의 북한이 처한 경제적 난관을 타개하기 위해서는 무엇보다도 1970년대 이후의 중국 鄧小平식의 개혁/개방조치가 일어나거나, (구)소련 고르바초프식의 페레스트로이카/글라스노스트 운동이 일어나야 한다. 그러나 현 단계에서 북한의 金正日 정권이 그런 개혁/개방조치를 스스로 해내기를 기대할 수 있겠는가.

內在的 發展論으로 똘똘 뭉친 오늘의 북한정권에게 스스로 破滅(파멸)을 自招할 그런 파격적인 개혁조치를 기대할 수는 없는 일이다.

그렇다면 代案은 무엇인가. 타율적 힘으로나마 개혁/개방조치를 강요하는 '제2의 江華島條約' 체결을 통하여 해결하는 길을 상정해 볼 수 있다. 지금 北核문제를 해결하기 위해 머리를 맞대고 있는 北京의 '6者 회담'이 앞으로 북한 核문제를 원만하게 해결하고 그를 바탕으로 한걸음 더 나아가 북한과의 '제2의 江華島條約' 체결로까지 이어질 수 있게 되기를 바라는 마음 간절하다.

韓國發展硏究院, ≪한국발전 리뷰≫, 2005년 12월호.

經濟와 民族主義, 어떤 관계인가
- 한국적 東北亞 '허브論'에 부쳐 -

> 한국은 지금 經濟 우선이냐, 民族이냐의 선택의 岐路에 섰다. 親美/우파는 전자를, 親北/좌파는 후자를 지지하는 형세이다. 經濟와 民族은 트레이드오프 관계에 있음을 알아야 하고, 여기서 두 마리 토끼를 한꺼번에 잡겠다는 것은 단지 기회주의자일 뿐이다.

1. 序 - 經濟냐, 民族이냐?

최근 한국사회는 두 편으로 갈라지면서 서로 對立角을 곤두세우고 있다. 左와 右로, 보수와 진보로, 改革세력 대 守舊(反개혁)세력으로, 親北·反美세력 대 親美·反北세력으로, 심지어 2030세대 대 5060세대로 등등, 형형색색의 '편 가름'이 그것이다. 그러나 필자는 오늘 이 자리를 빌려 좀 색다른 시각에서 우리 사회가 안고 있는 좀 숨겨진 '물밑 편 가르기'를 한번 시도해보고자 한다.

약간 어색한 감이 없지 않겠지만, 그것은 일단 '經濟'와 '民族', 또는 '經濟主義'와 '民族主義'로 한번 갈라보는 것이다. 필자로서도 아직 깊이 생각한 바는 아니지만, 일단 이렇게 경제 대 민족이란 양자 간 對立構圖를 설정해놓고 한번 얘기를 전개해보고자 한다.

 盧武鉉 정부 등장 이후 한국사회는 여러 가지 예상치 않았던 문제가 끊임없이 제기되고 있다. 그중에서도 가장 중요하고 풀기 어려운 문제를 들라면, 필자는 서슴없이 경제문제와 남북관계의 두 가지 과제라고 생각한다. 최근 들어 흔히 "무조건 경제부터 살려야 한다"라는 말을 자주 듣는다. 이는 前者의 경제문제의 중요성을 말해주는 것이고, 다른 편에서는 어떤 일이 있어도 "北核 문제만은 풀어야 한다"는 목소리 역시 흔히 듣게 된다. 이는 後者의 남북관계의 중요성을 강조하는 것으로 볼 수 있다.
 이밖에 反美운동의 격화와 韓美관계의 弛緩(이완), 교육개혁과 全敎組 문제, 새만금 사업과 환경보호문제, 재벌개혁과 노사관계의 안정, 심지어 정계개편문제에 이르기까지 수많은 懸案(현안)을 열거할 수 있겠으나, 이들은 아무래도 위의 경제문제와 민족관계라는 두 가지보다는 그 의미가 덜하지 않을까 생각한다.
 오늘날 우리 사회에서 이 경제문제와 민족문제가 어떠한 논리적 脈絡(맥락) 속에서 상호 대립과 갈등관계를 형성시키고 있는가. 그리고 이 두 가지 對立構圖 속에서 사람들은 言必稱 保守와 進步로 갈라져 서로 상대방에 대한 불신의 골을 갈수록 심하게 파고들고, 심지어 생각하기에 따라서는 시대적 위기의식까지 느끼게 하고 있는 것이 오늘의 현실이 아닌가 한다.
 미리 한 가지 덧붙여놓을 것은 최근 들어 우리 주위에 떠도는 소위 '東北亞 허브論'이라는 말과 관련해서이다. '허브(hub)'라는 말은 원래 '中心' 또는 '中樞'의 뜻으로 쓰이지만, 지난 대통령직 인수위원회(經濟 부문) 측에서 새 정부의 장기 발전전략을 세우는 과정에서 한국을 東北亞의 中心 내지 中樞국가로 만들겠다는 원대한 포부를 밝힌 바 있는데, 이것이 중국 측의 心氣를 건드렸다는 소문과 함께, 정부는 '中心國家'란 표현을 '中心經濟'로 바꾸기로 하였다는 얘기도 들린다. 아무튼 한국 정부가 제기한 이 東北亞 허브論을 염두에 두고 본 논의를 전개해보기로 한다.

2. 世界經濟의 두 가지 潮流

글로벌리즘과 리저널리즘

주지하는 것처럼, 오늘의 세계경제는 크게 두 가지 흐름으로 갈라 볼 수 있다. 하나는 美國과 국제기구(IMF, WTO 등) 측에서 주도하는 '汎球化(글로벌化, globalization)' 현상이고, 다른 하나는 각 지역 또는 대륙별로 경제협력체 내지 경제공동체 결성을 추구해가는 소위 '지역주의(리저널化, regionalization)' 현상이 그것이다.*

이 가운데, 앞의 汎球化(글로벌化) 현상이란 반드시 경제적 의미

---

* 이밖에도 제3의 흐름으로 世界經濟의 民族主義化(nationalization) 현상도 들 수 있다. 이는 1980년대 말 東歐 사회주의권의 붕괴 이후 체코슬로바키아의 체코와 슬로바키아로의 분리, 유고슬라비아의 여러 나라로의 분열 등에서 보는 것처럼, 民族을 단위로 국가 내지 경제가 다시 분열하는 현상을 가리키지만, 이는 어디까지나 限時的이고도 예외적인 경우라고 할 수밖에 없다. 이는 동구권의 분해과정에서 나타나는 민족별, 종교적 갈등의 산물이라 할 수 있다.

라고만 할 수는 없다. 그것은 이론적으로 일단 미국 중심의 新自由
主義(Neoliberalism) 내지 自由貿易主義 사상에 기초하는 것으로서,
전후 IMF/ GATT체제 — 1995년 이후 WTO체제 — 하에서 세계적
규모의 다국적기업(MNC)을 앞세워 국가 간의 경계, 곧 國境을 허물
고 시장을 개방하여 자유로운 경제활동을 허용함으로써, 세계를
하나의 經濟圈, 하나의 市場圈으로 만들고자 하는 현상으로 일단
풀이할 수 있다.

후자의 리저널화 현상이란 이상의 미국 주도의 글로벌화 전략과
는 달리 우선 역사적, 문화적으로 공통점을 지니는 가까운 이웃
나라끼리 먼저 市場統合을 하자는 입장이다. 전후에 프랑스, 독일,
이탈리아, 베네룩스3국 등 유럽 大陸國을 중심으로 일기 시작한
이 현상은 이미 1950년대 프랑스, 서독 등 6개국의 '유럽經濟共同
體(EEC)' 결성으로 나타난 것이 그 嚆矢(효시)라고 할 수 있다.

EEC는 당초 共同市場으로 출발하여 점차 EC(유럽공동체) → EU
(유럽연합) 등으로 확대, 발전하는 과정을 거치고, 오늘날에는 '유로
(Euro)'라고 하는 單一通貨까지 만들어 역내에 자유롭게 통용시키
는 단계에까지 이르고 있다. 이러한 地域統合化 현상은 물론 유럽에
서의 EU만이 아니라, 東南亞에서의 ASEAN이나 北美의 NAFTA
(북미자유무역협정), 南美의 MERCOSUR 등으로 갈수록 더욱 확대
되는 추세에 있다.

東아시아의 리저널리즘

이 두 가지 세계경제 조류 가운데, 그러면 한국을 포함하는 東北

亞 지역은 지금 어떤 물결을 타고 있는가. 이 점이 우리에게는 더없이 중요한 관심사이다. 이를 위해서는 우선 관심 영역을 東北亞만이 아니라 東南亞 지역까지 함께 포함하는 소위 '東아시아' 범주로 넓히는 것이 좋다고 본다. 왜냐하면 현재로선 이 동북아 지역만으로는 이 문제와 관련한 어떤 특징적 흐름을 찾아볼 수 없기 때문이다. 넓은 의미에서의 東아시아를 대상으로 할 때, 우리는 지금 대체로 다음 3가지 地域經濟統合 움직임을 찾아볼 수 있다.

첫째로 지난 1990년대부터 美國, 캐나다, 호주, 뉴질랜드 등 太平洋 제국과 그리고 東南亞의 ASEAN을 비롯한 이들 東아시아 제국 전체를 한데 묶는 무려 21개국이 참가한 대규모 'APEC'을 들 수 있고, 둘째로는 ASEAN을 중심으로 하는 이들 東아시아 나라와 EU, 15국을 한데 묶는 'ASEM'의 경우이고, 셋째로는 동남아 ASEAN 10국과 동북아의 韓-中-日 3국을 한데 묶는 이른바 'ASEAN(10)+3 회의'로 알려진 확대 ASEAN의 3가지 흐름이 그것이라 할 수 있다.

이 가운데, 첫째의 APEC의 경우는 미국 주도의 글로벌화 전략에 버금가는 광범위한 영역에 걸치는 것으로, 이것을 가지고 東아시아 域內 리저널화 현상으로 보기는 어렵다. 둘째의 ASEM의 경우 역시 미국 주도의 APEC에 대항하기 위한 일종의 유럽 측 대응전략의 일환으로 나타난 것이지만, 이 역시 순수한 東아시아 입장에서의 지역협력적 현상으로 보기는 어렵다. 셋째의 ASEAN(10)+3 회의만이 그나마 여기서 논의하는 취지에 부합하는 역내 지역협력체적 성격을 갖는다고 할 수 있다.

기존의 東南亞 지역만의 협력체제(ASEAN, 1967년 설립)에 한계를 깨달은 이들 지역이 지난 1997년 ASEAN 창립 30주년을 기념하여 韓-中-日 3국 頂上을 옵서버 자격으로 초청한 이후부터 ASEAN 정상회의는 이 ASEAN+3 회의로 확대되었고, 나아가 이는 역내 정상회의로 定例化되기에까지 이르렀다.

이런 점에서 이 ASEAN+3 회의는 지난날 말레이시아 마하티르 수상이 제창한 바 있는 東아시아 경제협의체(EAEC)의 後身格이라 할 수 있다.* 말하자면 東아시아 나라들은 미국이나 유럽(EU) 등 서구와의 관계를 떠나 아시아 나라만의 경제협력체를 만들어야 한다는 입장을 취하고 있기 때문이다.

앞으로 東北亞 지역에서의 경제협력체 논의는 일단 기존의 이 ASEAN+3체제와의 관련에서만 가능하다고 볼 수 있다. 왜냐하면 우선 대상 지역을 동북아만이 아니라 동남아까지를 함께 묶는 廣義의 東아시아 협력체로 할 것인가, 아니면 동북아 지역만의 狹義의 지역협력체로 할 것인가 하는 문제가 무엇보다도 先決과제로 중요하게 제기되기 때문이다.

---

* 東아시아 경제협의체(EAEC) 구상은 지난 1990년대 초 미국 주도의 아시아·太平洋경제협력체(APEC)에 반대하여, 마하티르 말레이시아 수상이 미국이나 호주 등 太平洋 나라를 제외하고, 순수한 아시아 나라들만의 경제협력체를 만들고자 한 것이다. 당초 마하티르 구상은 域內의 유일 선진국인 日本의 선도적 역할을 제창하였으나, 일본이 對美관계를 앞세워 이를 수용하지 않음으로써 흐지부지되고 말았다. 말레이시아를 앞세운 東南亞의 이러한 분위기는 유럽과는 ASEM, 韓-中-日과의 ASEAN+3회의를 만들게 하였으며, 또 1997년 이 지역 금융·외환위기 때에는 말레이시아가 IMF 구제금융 지원을 거절하고 독자적 해결의 길을 걷게 한 배경이 되기도 하였다.

3. 韓-中-日 3국의 位相 변화

3국 간의 심화되는 경제협력관계

여기서 만약 東南亞 지역까지 한데 묶는 廣義의 협력체 구상이라면 결국 기존의 ASEAN+3체제에다 역내의 대만이나 몽골 또는 러시아 極東지역 정도를 추가하는 식으로 더욱 확대·발전하는 길이 될 것이다. 또한 만약 狹義의 경우라면 이와는 별도로 韓-中-日 3국이 중심이 되어 어떤 형태로든 이 지역만의 경제협력체를 새로 만들어야 한다는 계산이다.

현 노무현 정부가 제창하고 있는 東北亞의 중심국가/중심경제론이라는 것도 따지고 보면 이러한 시대적 요구의 일환이라고 할 수 있다. 지면 관계상 여기서는 마지막의 동북아 지역만의 협력체 구상에 대해서만 검토해보기로 한다. 먼저 이 지역에서 경제협력체를 결성하기 위한 前提條件부터 따져보기로 하자. 이는 크게 경제적 측면과 非경제적 측면으로 갈라서 살펴볼 수 있다.

경제적 측면부터 보면, 韓-中-日 3국이 상호 협력을 강화하기 위해서는 각기 産業構造나 貿易構造 면에서의 상호 競爭性보다는 補完性이 높아야 한다는 점이 중요하다. 즉 현실적으로 상호경제적 의존도가 높아야 한다는 사실이다. 현 단계에서 3국 간에 어느 정도 차이는 있지만, 중국경제의 改革/開放化 이후 각국 간의 상호 보완성과 依存度는 갈수록 높아지고 있는 실정이다.

우선 기술적 補完性 면에서 보면 일본은 尖端技術 분야에, 한국은 중화학공업 중심의 製造技術 분야에, 그리고 중국은 소비재공업 및 농업 등 一次産業 분야에 각기 特化하는 기술적 보완성을 지니고 있다. 현실의 경제적 의존도 역시 상호 무역이나 직접투자 그리고 인적 교류나 관광 등 여러 측면에서 날이 갈수록 크게 증대되고 있음은 目前에 전개되고 있는 사실 그대로이다. 다만 중국경제의 浮上과 함께 3국 간의 경제적 位相이 서로 간에 바뀌어가고 있는 점을 중요하게 들 수 있을 뿐이다.

이들 3국 간의 경제관계는 지금 다음과 같이 바뀌고 있다. 우선 일본은 對中 수입 급증으로 중국에 대해 貿易赤字가 겹겹이 쌓이고 있고, 중국은 반대로 對日 수출 급증으로 對日 貿易黑字가 마구 쌓이고 있다. 단지 한국만은 중국에 대해서는 黑字가 쌓이고 일본에 대해서는 반대로 赤字가 쌓이는 구조로 바뀌어가고 있다. 따라서 종합적으로 보면 이들 3국 간의 收支均衡 조건은 일단 그런대로 충족되고 있는 셈이다.*

3국 상호 간의 의존도 면에서는 아무래도 한국이 가장 높은 편이고, 그런 면에서 한국의 경우가 역내 協力體 결성의 필요성이 가장 절실하다고 말할 수 있다.

---

* 2002년 중 韓-中-日 3국의 무역동향을 보면, 일본은 對美 흑자 624억 달러와 對韓 흑자 126억 달러로 對中 赤字 223억 달러를 충당한 셈이고, 중국은 對美 흑자 827억 달러와 對日 흑자 65억 달러로 對韓 赤字 112억 달러를 커버한 셈이며, 한국은 對美 흑자 89억 달러, 對中 흑자 58억 달러로 對日 赤字 166억 달러를 커버한 셈이다. 반면 美國만은 이상 3국에 대한 貿易收支가 모두 赤字를 시현하여, 4국을 같이 놓고 보면 미국만 무역불균형이 심각한 실정에 있다.

韓, 中 양국의 反日 民族主義

순수하게 경제적 관점에서만 본다면, 日本은 미국이나 유럽 및 東南亞 지역 등 域外와의 경제적 관계가, 역내의 한국이나 중국 등 동북아 지역과의 관계보다 더욱 중요하다고 말할 수 있고, 그런 면에서 日本은 경제적으로만 본다면 스스로 東아시아의 나라 또는 동북아의 일원으로 행세하기가 어려운 입장이기도 하다. 중국 역시 지리적 조건으로 보나 또한 해외의 華僑 / 華人을 통한 동남아 나라들과의 특수 관계로 보나 일본과 마찬가지로 스스로 동북아의 일원으로 행세하기란 곤란한 입장이라 할 수 있다. 즉 일본은 太平洋의 나라이기를, 중국은 汎아시아의 나라이기를 바라는 입장임을 정확히 알아야 할 필요가 있다.

다음 非경제적 측면에서의 전제조건을 보자. 여기에는 다음 두 가지를 중요하게 들 수 있다. 하나는 3국 간에 역사적으로 얽힌 민족적 감정의 골을 어떻게 메우느냐 하는 문제이고, 다른 하나는 지리적으로 東北亞의 한복판에 자리 잡은 北韓의 존재를 어떻게 다룰 것이냐 하는 문제가 그것이다.

前者의 경우는 한마디로 韓, 中 양국의 反日 민족주의 감정 문제로 귀착된다. 필자가 보기로는 이는 중국 측보다도 한국 쪽이 더욱 심각한 것 같다. 한국의 경우, 국민의 反日 감정의 골이 이렇게 깊은 한, 또는 자라나는 다음 세대에게까지 지금처럼 철저한 反日 민족교육을 계속 시키는 한, 일본을 포함하는 동북아 협력체 결성의 길은 遙遠(요원)해질 수밖에 없다는 생각을 뿌리칠 수 없다.

後者의 경우, 오늘의 北韓이 또한 어떤 형태로든 현재의 계획적

閉鎖經濟(폐쇄경제)로부터 자유로운 시장경제체제로 넘어오는 개혁/개방화의 길로 들어서지 않는 한, 첫째 조건 이상으로 이 지역 경제협력체 결성을 어렵게 하는 강력한 걸림돌로 되고 있다고 말하지 않을 수 없다.

4. 東北아시아 經濟協力體 가능성

日-中의 域內 리더십 싸움

이상의 경제적 및 非경제적 전제조건에 비춰볼 때, 東北亞 3국을 중심으로 하는 경제협력체 형성은 그 가능성이 일단 희박하다고 할 수밖에 없다. 무엇보다도 域內 양대 大國인 일본과 중국이 이의 결성 필요성을 그렇게 절실하게 느끼고 있지 않다는 데 문제가 있고, 두 나라가 기본적으로 협력관계보다도 경쟁관계로서의 상대를 의식하고 있다는 데 더욱 큰 문제가 도사리고 있기 때문이다.

지난 1997년의 IMF 사태 이후 이 지역에서도 새 역내 單一通貨圈 결성의 필요성이 제기되었을 때, 구체적으로 말해서 '아시아通貨基金(AMF)' 창설 요구가 제기되었을 때, 일본은 거기에 적극 찬성하는 편이었으나 중국은 극히 소극적인 입장을 취했다. 그것은 아마도 어느 나라 通貨를 이 지역 基軸通貨(key currency)로 삼을 것인가 하는 문제를 놓고, 분명히 일본은 강한 경제력 특히 金融力을 바탕으로 자기 나라 엔(円)을 基軸通貨로 삼고자 할 것이나, 중국은 경제규모나 成長潛在力 등을 내세워 거기에 쉽게 동의할 수 없을 것이기 때문이다. 여기서 우리는 동북아 지역문제를 푸는 데 있어 역내의 일본과 중국 관계를 마치 유럽(EU)에서의 프랑스와 독일 관계처럼 매우 협조적인 관계로 다루어서는 결코 안 된다는 점을 알아야 한다.

문제를 이렇게 접근하고 보면, 3국 가운데 오늘날 東北亞 경제협력체 결성의 필요성은 결국 한국에게 가장 절실하게 다가온다고 할 수 있다. 이 점은 현실의 한국경제의 구조적 전환의 필요성과 관련하여 더욱 그러하다고 할 것이다.

中國의 浮上과 太平洋 3角 貿易構造의 붕괴

지금까지의 한국경제 고도성장을 가능케 한 메커니즘으로 이른바 '太平洋 성장의 트라이앵글 貿易構造論'을 들먹이는 경우가 흔히 있었다. 太平洋을 사이에 두고 韓-美-日 3국 간에 3角무역 시스템이 작동함으로써 한국의 고도성장을 가능케 했다는 설명이 그것이다.

한국은 資本財와 원자재·부품 등을 주로 일본으로부터 수입하여 국내에 공장을 짓고, 국내의 값싼 勞動力을 동원하여 주로 조립/가공 工程을 거쳐 完製品(소비재)으로 만들어, 그것을 주로 미국시장에 내다 팔았다. 바로 이 3角貿易 형태가 발전함으로써 한국의 고도성장이 가능하게 되었다고 보는 것이다.

이런 점에서 볼 때 1960년대 이후의 한국 고도성장 과정은 공급 측면에서는 日本의 역할이, 수요 측면에서는 美國의 역할이 거의 절대적이었다는 것이라 할 수 있다. 안타깝게도 한국 사람들은 이 점을 제대로 깨닫지 못하거나 또는 알면서도 자존심 때문에 스스로 인정하지 않으려는 태도를 취하고 있다.

문제는 이 太平洋 성장의 3角(트라이앵글)구조가 1990년대 들어 서서히 허물어지고 있다는 데 있다. 이는 최근 중국경제의 浮上과 더불어 한국의 대외경제관계가 종전의 對美의존관계로부터 급속하게 對中관계로 바뀌어가고 있음을 그대로 반영한다. 또한 이는 1990년대 들어 (구)소련, 중국 등 사회주의권의 개방과 함께 한국 역사발전의 길이 종전의 海洋지향적인 길로부터 점차 大陸지향적인 길로 전환하고 있다는 것을 의미하는 것이기도 하다.

아무튼 한국의 미국에 대한 무역 및 투자 비중이 갈수록 급속히 저하되고 있을뿐더러, 일본에 대한 의존도도 많이 떨어지는 가운데, 중국에 대한 의존도는 놀라울 정도로 높아지고 있다는 사실만은 결코 부정할 수 없는 일이다.*

따지고 보면 이러한 경제적 측면에서의 급격한 변화가 지금 정치적으로 한국 내의 反美운동을 격화시키는 또다른 배경으로 작용하고 있다고 볼 수 있다. 이 트라이앵글 무역구조의 衰退(쇠퇴)가 바로 한국으로 하여금 이제 새로운 성장 패러다임을 모색케 하고, 그것은 곧 동북아 지역의 경제협력체 결성의 요구로 구체화되고 있다고 할 것이다. 盧武鉉 정부 들어 '東北亞 허브論'을 제창한 것이나

---

* 1990년의 한국의 對美 수출 셰어는 29.8%, 對日 셰어는 19.4%, 對中 셰어는 무시할 정도였으나, 2002년에 와서는 對美 20.2%, 對日 11.9%, 對中 14.6%로 바뀌고, 수입에 있어서도 1995년에 對美 24.3%, 對日 26.6%가 2002년에는 각각 15.1% 및 19.6%로 줄어들고 있다. 그 대신 對中 셰어는 2002년에 무려 11.4%에 달할 정도로 높아졌다. 海外投資에 있어서도 2002년에는 중국이 미국을 제치고 한국 제일의 투자대상국으로 올라섰다. 同年의 對中投資는 8억 7,400만 달러, 對美投資는 5억 2,900만 달러로 역전되었다.

또는 지난 金泳三 정부 때부터 제기되어온 韓-中-日 3국 간 협력체제를 모색해온 것은 바로 이러한 시대적 요구를 반영하고 있는 셈이다.

5. 經濟냐, 民族이냐의 갈림길

經濟는 國際主義 편이다

처음으로 돌아가서, 이제 우리는 당면한 두 가지 길 가운데 과연 어느 쪽을 택해야 할 것인가를 따져야 할 때가 왔다. APEC이나 ASEM에 대해서는 일단 論外로 하더라도, 최소한 東北亞의 일원으로 域內 협력체라도 만들려는 요량이라면, 지금과 같은 격렬한 민족주의 – 그것이 反日, 反美 또는 反中의 그 어느 것이든 간에 – 로는 아무것도 성취할 수 없다는 사실을 알아야 한다. 지금과 같은 무조건적인 反日 民族主義 감정을 앞세우고서 어떻게 우호적인 東北亞 경제협력체를 만들 수 있겠는가. 또한 지금과 같은 反美 정서 속에서 어떻게 미국이 주도하는 APEC의 일원으로 계속 발전해갈 수 있겠는가.

민족주의란 원래 外勢를 배격하고 민족 내부의 역량을 모아 민족국가든 국민경제든 민족을 단위로 한 삶의 共同體 건설을 위한 이념이라 할 수 있다. 여기에는 일본이든 미국이든 다 같이 배격대상으로서의 外勢이다. 원래 排他的 성격을 본질로 하는 민족주의 입장이라면 의당 일본이든 미국이든 배척해야 하고, 거꾸로 오로지 같은 민족인 북한과는 무조건 親北 노선으로 나가야만 한다.

그럼에도 불구하고 그동안 한국의 전통적인 民族主義는 이 점에서 跛行(파행)의 길을 걸었다. 한편으로는 철저한 反日이면서 다른 편으로는 철저한 親美 입장을 취해왔기 때문이다. 앞뒤가 맞지 않는 '似而非 민족주의'였다고나 할까.

민족주의를 내거는 한, 그것이 反日이든 反美든 경제에는 결코 도움이 되지 않는다. 앞의 제2항에서 언급한 바 있지만, 오늘의 世界經濟는 민족주의 이념을 박차고 나온 지 이미 오래일 뿐만 아니라, 한국경제도 이미 상당한 수준으로까지 그러한 단계에 이르렀다고 보아야 하기 때문이다.

수출이나 해외투자 면에서 한국경제의 높은 대외의존도를 보면 그것은 금방 알 수 있다. 뿐만 아니라 현재 한국 證券市場에서의 외국인 투자자의 비중이나 영향력을 보더라도 그것은 충분히 알 수 있는 일이다. 지금 한국의 대표적 기업이라 할 三星電子를 비롯하여 SK텔레콤, 포항제철(POSCO), 韓國電力, 국민은행 등의 경우, 대부분 전체 주식의 절반 이상을 외국인이 소유하고 있다는 사실을 알아야 한다.*

人文學이 有罪인가?

경제적으로는 이처럼 한국이 이미 상당한 수준의 국제화, 글로벌

---

* 한국 증권시장 上場企業 時價 총액 중에서의 외국인 持分을 보면, 1999년 말의 18.5%에서 2002년 말의 32.8%로 급증하고(그 밖에 기관투자가 21.8%, 法人 19.8%, 개인 25.6%), 또 上場企業 상위 6개 社의 외국인 持分을 보면, 삼성전자 53.9%, SK텔레콤 39.2%, KT 41.7%, 國民銀行 69.8%, POSCO 61.6%, 한국전력 25.0% 등에 달하고 있다.

화 단계에 와 있음에도 불구하고, 인간의 心性으로는 왜 이처럼 시대에 뒤떨어진 낡은 민족주의 이념에 깊이 빠져 있는가. 아마도 그것은 한국 人文學의 屬性과 밀접한 관련이 있는 것 같다.

우선 이름부터 보자. 언제부터 한국 人文學은 자기 이름을 國史, 國語, 國文學, 國樂 하는 식으로 붙였는가? 이런 이름을 달고서 어떻게 객관적인 학문의 연구와 교육이 되겠는가? 연구 이전에 영어나 다른 외국어로 그 이름을 어떻게 번역하여 소개하겠는가? 8·15 해방 직후의 극단적인 민족주의 물결을 반영하여 이런 이름이 붙여졌다고 하면 이제 어언 60여 년의 세월이 흐르고, 그동안 얼마나 국제화가 되었는가. 그럼에도 그동안 어느 한 사람의 인문학자도 여기에 異議를 달지 않았다고 하면 한국 人文學의 현 주소는 과연 어디일까? 폐쇄적 민족주의의 化身으로 변한 지 오래라고 해도 결코 과언이 아닐 터이다.

재미나는 에피소드가 하나 있다. 사람의 학문적 專攻에 따라 그 사람의 이념이랄까 세계관이 달라진다는 것이다. 이를테면 인문학(文-史-哲, 예술 등) 쪽은 대체로 좁은 地方主義(localism)를 선호하고, 정치-외교-軍事 부문은 그 성격상 어쩔 수 없이 民族(國家)主義(nationalism), 경제-경영 쪽은 보다 넓은 시장을 원하는 地域主義(regionalism), 마지막으로 物理·化學·生物學 등 자연과학은 오로지 無所有의 自然을 상대하는 汎球主義(globalism)를 각각 지향하게 된다는 것이다. 한낱 우스갯소리에 불과하겠으나, 오늘의 한국 人文學이 놓인 현실과 결부시켜 한번쯤 음미해볼 가치가 있다고 할 것이다.

經濟와 民族, 'trade off' 관계

지금처럼 민족주의 理念이 넘쳐나는 이유를 물론 이 같은 한국 人文學 탓만으로 돌릴 수는 없다. 그 근본적인 이유는 아마도 異民族에 의한 지난날의 식민지 지배와 그리고 남북분단체제라는 특수상황 속에서 찾아야 할 것이다. 이 점과 관련하여 필자는 다음과 같은 생각을 하고 있다.

첫째로 南北分斷이 자력으로 해방을 쟁취하지 못하고 美, 소 兩軍의 분할 점령으로 빚어진 것이라면, 분단의 극복도 내부적인 南北共助만으로는 안 되고 국제적인 共助體制하에서만 가능할 것이라는 점이다. 즉 한국의 민족주의만으로는 문제를 해결할 수 없다는 얘기이다.

둘째로 분단체제의 극복, 곧 民族統一의 문제가 모든 희생을 무릅쓰고라도 반드시 이루어내야 할 절대적 命題는 아니라는 점이다. 적어도 그것은 민족 구성원의 삶의 질을 높이지는 않는다 하더라도 적어도 저하시키지는 않는다는 소극적인 조건이나마 전제되어야 한다는 얘기이다.

셋째로는 이미 상당한 수준으로 국제화·글로벌화되었음은 물론 인정하지만, 앞으로도 계속 밖으로 뻗어나가야 할 한국경제의 진로에 '우리 민족끼리'를 앞세우는 民族共助論이 부정적으로 작용할 것은 불을 보듯 뻔한 일이다. 현재의 남북관계를 다룸에 있어 이는 매우 중요한 의미를 던져준다. 필자가 굳이 經濟와 民族을 대립적 構圖로 설정하고 이야기를 전개하게 된 이유도 바로 여기에 있다.

결론적으로 민족화합만을 앞세우고 親北的, 폐쇄적 민족주의 노선으로 치닫는 한, 그것은 글로벌화를 지향하는 한국경제의 국제주의 노선과는 정면으로 충돌하는 트레이드오프(trade-off) 관계를 형성할 수밖에 없다는 점을 강조해두고자 한다.

(社)韓國語文會 2003년도 定期總會(6월 27일)에서 행한 시사문제 特講 내용.

제 II 부

世界經濟 / 東아시아경제

世界經濟의 新潮流와 韓國經濟　　73

3低현상의 背景과 波及效果　　90

東北亞 정세와 韓國의 座標　　100

東北亞 經濟共同體 결성의 가능성　　110

東아시아 經濟危機를 보는 법　　125

世界經濟의 新潮流와 韓國經濟

1980년대 세계경제는 남측 개도국의 資源民族主義에 따른 新국제경제질서(NIEO)가 제창되고 있는 가운데, 국제무역이나 경제협력 면에서 그들의 經濟開發을 위한 북측 선진국의 전폭적인 지원이 요구되는 南北問題가 전면에 부상하는 아이러니컬한 상황에 처해졌다.

1. 世界經濟의 두 가지 矛盾

東西問題와 南北問題

오늘의 세계가 당면한 기본 문제는 東/西 간 및 南/北 간의 두 가지 문제(관계)로 압축될 수 있다. 이 중 東西문제란 전후 西方 자본주의 진영과 東歐 사회주의 진영 간의 이념적인 대립관계에서 제기되는 모순관계이고, 남북문제란 북쪽의 선진공업국과 남쪽의 후진농업국 간의 경제적 대립관계에서 제기되는 것들이다.

세계적 문제를 이와 같이 東/西 및 南/北 간의 모순과 대립관계로 설정한다는 것은 오늘의 세계를 서로 이해관계를 달리하는 3대 그룹으로 나누는 것을 전제로 한다. 즉 ① 美國을 주축으로 하는 서방 선진자본주의 진영 ② (구)소련을 주축으로 하는 사회주의 진영, 그리고 ③ 그 밖의 수많은 新生 후진국, 곧 제3세계로의 구분이 그것이다. 다분히 圖式的이고도 劃一的이라는 비판의 여지가 없지 않으나, 세계를 이렇게 3개 블록으로 구분해놓고, ①과 ② 간을 東西問題로, ①과 ③ 간을 南北問題로 보고자 하는 입장인 것이다.

1950년대 美-소 간의 극한적인 냉전체제하에서 고조되었던 동서문제는 그 후 양자 간의 平和共存 및 긴장완화의 물결을 타고, 특히 1975년의 베트남 통일을 계기로 많이 弛緩(이완)되기 시작했다. 1972년 미국 닉슨 대통령의 中國 방문 이후 개선되기 시작한 美-中 간 和解 무드 또한 지금까지의 美-소 중심의 동서문제를 새로운 차원으로 이끌어가게 만들었다.

남북문제는 일찍이 1955년 '반둥 宣言'이 제창된 이후 1964년에 유엔무역개발협의회(UNCTAD)가 창립되고, 또 석유생산국기구(OPEC) 등이 결성됨으로써 세계무역 및 천연자원에 대한 남측의 입장을 크게 강화시켰다. 다시 말하면 남측의 자원민족주의 이념, 곧 天然資源에 대한 恒久主權의 사상을 통한 다국적기업에 대한 비판을 골격으로 하는 '新國際經濟白書(NIEO)'를 제창하고 전후 선진국 중심의 국제경제체제를 기본적으로 뜯어고치려고 하는 시점에까지 이르렀다.

여기에서 우리의 관심을 끄는 것은 특히 후자의 남북문제이다. 그것은 비단 한국이 남측에 속하기 때문이라는 어떤 自己屬性的 요구에서가 아니라 이 글의 주제와 결부해서도, 오늘의 한국경제 실상에 대한 올바른 이해와 평가를 위하여 무엇보다도 남북문제에 대한 올바른 인식이 선행되어야 한다는 점에서 그러하다. 그렇다면 이 남북문제에 대해 어떻게 인식해야만 할 것인가.

南北問題에 대한 올바른 認識

현실의 남북문제에 대해 사람들은 너무 가볍게 접근하는 경향이 있다. 이를테면 헐벗고 가난한 남측 사람들이 부유한 북측 사람들에 대해 인도적 차원에서 무슨 경제적 도움이나 주고받는 것 정도로 이해하는 경향이 있다는 뜻에서이다. 그러나 거기에는 복잡한 역사적 배경과 얽히고설킨 사연들이 깔려 있음을 알아야 한다.

오늘의 남북문제는 서구사회의 근대화과정, 곧 그들의 近代資本主義 형성과정과 불가분의 관계를 갖는 역사적 맥락에서 인식해야 한다. 서구의 근세사는 곧바로 資本主義 發展史이면서 다른 편으로는 또한 해외 植民地經營史였다. 이 서구 자본주의의 해외 식민지경영사에 대한 이해가 곧 오늘날 남북문제 인식의 출발점이 되어야 한다.

선진 열강은 제2차 세계대전 이전까지 수많은 해외 식민지를 건설하고, 그들에 대한 침략과 수탈을 통하여 오늘의 先進富國으로 발전한 역사적 경험을 갖고 있다. 반면에 오늘의 남측 나라들은 거꾸로 그들의 피식민지가 되어 침략과 수탈이라는 역사적 경험을 통해 오늘의 後進貧國으로 전락하게 되었다. 이에 따른 양자 간의 어떤 因果性을 부정할 수 없다. 이러한 해석은 특히 1960년대 이후 유엔을 중심으로 한 이들 남측 후진국의 수적 優位와 더불어 더욱 강조되기에 이르렀다. 1964년 UNCTAD 결성 당시 남측 빈곤에 대한 역사적 원인규명이 강력히 제기된 것이 그를 위한 하나의 起爆劑(기폭제) 역할을 하게 되었다고 볼 수도 있다.

남측의 주장은 오늘의 남북문제에 대한 올바른 접근을 위해서는 남과 북을 가르는 기준부터 고쳐 잡아야 한다는 것이다. 단순히 GNP 통계에 따른 소득이 높은 나라는 北, 낮은 나라는 南으로 가르는 통념상의 先/後進國論을 거부하고, 제2차 세계대전 전까지 植民母國은 대체로 선진국으로, 그리고 被식민지 나라들은 후진국이라는 엄연한 사실에 유념해야 한다는 주장이다.

이러한 기본 입장 아래 그들은 한결같이 오늘의 남측 빈곤의 1차적 원인은 지난날 북측에 의한 식민지적 수탈에 있다는 것을 확인하고 북측은 이에 대한 응분의 책임을 져야 한다는 주장을 펴고 있다. 구체적으로 그들은 북측은 남측과의 무역을 확대해야 할뿐더러 여러 가지 特惠조치를 베풀어야 하며, 또한 남측 경제개발을 위한 조건 없는 지원을 아끼지 말아야 한다는 주장이 그것이다.

2. 南北問題의 展開過程

이상과 같은 기본 인식 아래 南北問題가 어떤 특징적 양상을 띠면서 전개되어 왔는가를 살펴보자. 물론 여기서 그에 대한 상세한 논의를 전개할 여유는 없고, 다만 전후의 국제경제 전개과정에서 중요한 영향을 미쳤다고 할 몇 가지 특징적 양상을 槪觀하는 것으로 만족코자 한다.

여기서는 ① 전후 新生 후진 제국의 경제개발과 근대화의 추구,

② 다국적기업의 논리와 경제적 민족주의, ③ 天然資源에 대한 恒久 主權과 新國際經濟秩序(NIEO)의 선언, ④ 로메協定(Lomè Convention)과 유럽식의 地域協力主義의 대두 등 몇 가지를 중심으로 다루고자 한다.

新生 후진국의 經濟開發

제2차 세계대전 전까지 被식민지 나라는 終戰과 더불어 대부분 정치적으로 독립할 수 있었다. 그러나 정치적 독립을 지탱하기 위한 경제적 自立條件은 충족되지 못한 상태였다. 그들은 식민지 지배체제 아래 불완전하고도 跛行的(파행적)인 경제구조가 만들어짐으로써, 독립 이후에도 어떤 형태로든 과거 植民母國과의 경제적 관계를 계속 유지하지 않으면 안 될 입장에 놓였다. 물론 전후 세계경제 재편과정에서 과거 식민모국과의 경제관계가 새로이 美國과의 관계로 많이 전환되었다고는 할 수 있다.

전후 후진국의 경제개발 요구는 우선 과거로부터 물려받은 이러한 跛行的인 경제구조를 바로잡고 자립적인 경제발전을 가능케 하는 기초조건을 마련하는 데 중점을 두었다. 그것은 정부의 계획적인 정책의지 아래 각종 사회간접자본을 구축하고 농업생산력을 높이며 工業開發計劃을 추진하는, 이른바 工業化 → 近代化 → 西歐化의 길을 추구코자 하였다. 그들도 과거 그들의 식민모국이었던 오늘의 선진국을 따라잡으려고 갖은 노력을 다 하였다.

그럼 어떻게 따라잡을 것인가. 여기서 그들이 택한 노선은 크게 두 가지로 갈라졌다. 하나는 국내 농업개발에 정책의 우선순위를 두고 국내적 分業體制 구축을 추구하는 內向的 내지 內包的 개발방식이고, 다른 하나는 이와 반대로 국내 농업개발을 뒤로 미룬 채 외국자본과 기술도입을 통한 공업화에 정책의 우선순위를 두는 外向的 내지 外延的 개발방식이다.

어느 쪽이든 그 개발이념 속에 서구적 근대화를 추구한다는 전제를 깔고 있다는 점에서는 공통적이라 할 수 있다. 그러나 다른 점은 그들의 과거 식민모국과의 경제적 관계를 어떻게 설정할 것인가에 있었다. 이를테면 후자의 경우가 식민모국과의 경제적 관계를 긴밀히 하는, 곧 형태는 다르지만 지난날과 같은 종속적 관계를 계속 유지하는 길이라면, 전자는 가능한 한 지난 식민모국과의 관계를 단절하는 것을 기본으로 하는 길이라고 할 수 있다.

식민모국과의 경제적 관계를 어떻게 설정하든, 그들의 경제개발계획은 선진국 측의 市場的 요구를 어느 정도 수용하는 것이었다. 그것은 후자의 外向的 개발방식에서 더욱 그러하다고 할 수 있다.

전후 '마셜계획(Marshall Plan)'으로 시작되는 미국의 각종 對外援助나 후진국 개발을 위한 정부·민간베이스 경제협력, 또는 1960년대 초 미국 케네디 대통령에 의해 제창된 'UN開發의 10년'(1st UUDD., U.N. Development Decade) 설정 등은 모두 따지고 보면 이러한 선진국 측 資本의 市場的 요구를 반영해주는 것이라 할 수 있다.

선진국 측은 원조 내지 경제협력이라는 이름으로 후진국 경제개발을 통하여 그들 市場의 外延的 확대를, 또한 그를 통해 과거 식민지와의 경제적 관계를 재편성코자 했다.

多國籍企業과 경제적 民族主義

처음부터 人口過剩과 資本不足이라는 조건을 안고 출발한 후진국의 경제개발계획은 그 투자재원 조달을 위해서는 어떤 형태로든 선진국과의 협력관계를 맺지 않을 수 없었다. 이 경우 선진국과의 자본협력관계는 정부 내지 민간자본을 어떤 방식으로 도입하느냐에 달려 있었는데, 그것은 보통 다음의 3단계를 순차적으로 거치는 과정으로 전개되었다.

첫째, 援助 수취국의 기초적인 民生安定을 위한 소비재 중심의
　　　無償贈與 단계
둘째, 工業化 이전의 각종 사회간접자본의 건설 및 확충을 위한
　　　政府베이스로 제공되는 유리한 조건의 財政借款 단계
셋째, 공업화 자체에 따른 자본 및 기술협력을 주된 내용으로
　　　하는 民間베이스에서의 商業借款 및 直接投資 단계

이 가운데서 마지막 단계의 民間資本의 경우는 바로 다국적기업의 대외활동을 의미한다고 볼 수 있다. 후진국에서의 다국적기업의 활동을 반드시 개발계획 그 자체의 목표와 관련된다고는 볼 수 없는 측면이 있다. 개발계획 이전단계에서도 일어날 수 있는데, 이를테면 中東地域에서의 石油 채굴, 아프리카에서의 銅鑛 및 우라늄鑛의 개발, 南美지역에서의 플랜테이션(plantation) 농장 개발 등이 그 좋은 사례라 할 수 있다. 일찍이 국제 메이저(majors)들은 세계 도처에서 중요한 전략물자개발을 先占하고 戰前에 이미 형성

된 單作經營(monoculture economy)의 후진국 경제구조를 더욱 심화·발전시켜왔음은 이미 잘 알려진 사실이다.

다국적기업의 功過에 대한 평가는 여러 가지로 되고 있다. 그것은 기본적으로 다국적기업이 자기 나라 國籍을 갖느냐 안 갖느냐 하는 문제로서 자본의 國籍 有無에 대한 입장 차이에 따른 것이라 할 수 있다.

첫째 입장은 자본에는 원칙적으로 國籍을 인정할 수 없고 오로지 그 경제적 기능만을 인정코자 하는 입장이 있다. 利潤極大化라는 자기목표에 따라 汎세계적으로 영업활동을 전개할 따름이지, 다국적기업이 자기가 속한 특정의 국가이익을 위해 봉사하지는 않는다는 주장을 펴고 있다.

多國籍(multi-nationality)이란 이름 그 자체가 말해주듯이, 결코 하나의 국적만을 갖는 것이 아니라 범세계적인 기업활동을 통하여 資本受取國에 대해 고급기술과 경영전략을 이전시켜주고 고용을 창출하는 등 경제개발에 크게 기여하게 된다는 주장이다. 이러한 주장이 바로 자본의 國籍否定論에 따른 다국적기업 옹호론적인 주장이다.

이에 대해 資本은 어떤 경우라도 國家權力의 보호를 받아야 하기 때문에 國籍이 존재할 수밖에 없고, 또 자신이 속한 특정의 국가이익에 봉사할 수밖에 없다는 것이 두 번째 입장이라 할 수 있다.

다국적기업의 대외활동이 자국의 정치외교적 내지 군사적 庇護(비호) 아래 전개되고 있다는 현실을 부정하기란 어렵다. 뿐만 아니라 그들은 흔히 진출국의 稀少性 천연자원을 무분별하게 채굴하거나 자연환경을 파괴하지 않는가. 오늘날 中南美 중심의 '從屬理論 (dependence theory)'이나 또는 '中心·周邊理論(center-peripheral theory)'이란 것도 바로 이러한 中南美的 風土 속에서 생성된 것이 아니겠는가.

여기서 주로 후자 입장을 취하는 南側 나라들은 그들의 국민경제에 미치는 다국적기업의 폐단을 규탄하고 나섰다. 그것은 天然資源 채굴을 중심으로 한 다국적기업 사업장의 國有化라든가 기타 영업활동에 대한 각종 규제조치를 취하는 방식으로 나타났다. 한 마디로 '資源主權宣言'으로서 이들 요구는 천연자원의 채굴, 생산, 처분의 전 과정에 걸쳐 자주적 결정권을 행사하겠다는 주장이다. 제3세계 資源民族主義 사상의 발로라고 할 이러한 주장은 1973년 9월 제4차 非同盟頂上會議를 통해 새로운 국제경제질서 정립을 위한 유명한 '알지에 宣言'으로 나타났다.

天然資源에 대한 恒久主權과 新國際經濟秩序

모두 75명의 南側 수뇌가 참석한 제4차 알지에 非同盟頂上會議는 여러 가지 측면에서 커다란 의의가 있었다. 우선 이 '알지에 宣言'의 요지를 보면 다음과 같다.

① 남측의 해방과 경제발전을 저해하는 外部의 제국주의적 경제침략행위의 비난
② 남측의 主權과 民族自決權을 침해하는 다국적기업 활동의 규탄
③ 모든 天然資源에 대한 國有化 조치의 지지

④ 남측이 요구하는 새로운 國際通貨體制 확립을 위한 공동전선의 형성
⑤ 기타 남측이 과거 선진국과 강압적으로 체결한 각종 條約이나 協定의 폐기

 이러한 남측의 여러 요구는 1974년 4월에 개최된 UN특별자원총회에서 정식으로 新國際經濟秩序(NIEO)의 선언과 그를 위한 行動綱領을 채택함으로써 구체화되었다. 모두 20개 항목에 이르는 同宣言의 원칙 및 행동강령의 요지는 아래와 같다.

① 新식민지주의와 人種差別主義에 대한 철저한 반대, 선진국 중심의 기존 국제경제질서에 반대
② 主權의 평등, 민족자결, 영토보전, 內政不干涉의 원칙 재확인
③ 天然資源에 대한 恒久主權의 존중
④ 다국적기업 활동의 규제와 감시
⑤ 세계경제문제 해결에 모든 국가의 참여
⑥ 독자적 정치·경제체제 선택의 자유
⑦ 국제통화제도 개혁과 開發融資의 확대, 技術移轉의 촉진, 남측의 공업화 촉진

 이 가운데 특별히 중요한 의미를 갖는 것은 ③번의 天然資源에 대한 恒久主權 조항이었다. 특히 同 조항이 갖는 중요성은 다음과 같은 내용 때문이다.
 어느 국가든 자기가 갖고 있는 모든 천연자원에 대해 恒久的인

主權을 가지며 또한 그 주권을 자유로이 행사할 권리를 갖는다고 규정하고 있다. 또 이를 위하여 각국은 ① 자국 法令에 따라 외국인투자를 규제하고 ② 다국적기업활동을 규제감독하며 그들에게 법령의 준수, 자국의 경제사회정책에 합치시킬 조치를 취할 수 있으며 ③ 외국인자산을 收用, 國有化할 수 있고, 이때 제기되는 紛爭의 해결은 전적으로 産油國 국내법에 따라야만 한다는 것 등 매우 혁신적인 내용을 담고 있다.

이 NIEO 선언과 그를 위한 行動綱領의 채택은 북측의 반대와 남측 내부의 행동통일 결여로 제대로 실천에 옮겨지지 못했다. 그러나 남측은 77개국 會議나 UNCTAD 총회 등을 통해 기회 있을 때마다 북측에 대해 이들 원칙의 실천을 줄기차게 주장해왔다. 오늘날 南北問題의 핵심 내용으로 되고 있는 이들 문제의 원만한 해결 없이는 국제경제의 균형적 발전을 기대할 수는 없다는 것이 남측의 변함없는 기본 입장이라 할 수 있다.

'로메協定'과 地域協力主義

남북문제의 해결을 둘러싼 南과 北 간의 대립과 갈등이 심화되고 있는 가운데 이의 해결을 위한 새로운 방안이 유럽을 중심으로 나타났다. 북측의 EC 제국(9국)과 남측의 ACP(Africa, Caribbean, and Pacific) 제국(46국)은 그들 나름의 地域協力主義에 입각하여 당면한 경제적 이해관계 해결을 위해 노력했다. 1975년 아프리카 토고(Togo)의 수도 로메(Lomè)에서 체결된 '로메협정'이 바로 그러한 노력의 산물이다.

여기서 우선 이 지역협력주의(regionalism)에 대한 약간의 설명이 필요하다. 전후의 IMF/GATT체제하의 미국의 세계전략은 일종의 汎世界主義(globalism)였다. 미국의 이 글로벌리즘 전략은 어떤 보편적 원칙에 입각하여 경제협력관계를 맺거나 또는 무역 면에서 특정품목 기준으로 關稅 및 非關稅障壁을 일률적으로 타개하는 일종의 일괄적 타개방식이라고 할 수 있다.

EC 측의 세계전략은 달랐다. 세계 각 지역이나 국가의 특수성을 고려하여 그 지역의 경제적, 사회적 안정을 우선적으로 해결해줌으로써 세계경제적인 안정과 성장을 이룩할 수 있다는 입장을 취하였다. 이것이 바로 EC가 내세우는 지역협력주의 기본원칙이다. EC는 지역협력기구 창설을 통하여 지역 간의 집단적인 문제 해결방식을 추구하였다. 종전의 通商 위주의 국제협력방식으로부터 産業構造 調整을 통한 경제통합방식으로 나아갔다. 이러한 원칙 아래 이루어진 로메협정은 다음 두 가지가 그 핵심 내용이었다.

첫째 EC 측은 ACP 측에 대해 무역, 금융 등에서 일체의 특혜조치를 베풀지만, 그 대신 ACP 측은 EC로부터의 수입품 등에 대해 雙務的 특혜를 베풀어야 할 의무는 전혀 지지 않는다는 점이다(逆特惠의 불인정). 둘째로는 '輸出所得에 대한 安定化制度(STABEX)'를 창설하고 ACP의 主宗 수출품 ― 주로 열대지방의 1次産品 ― 의 국제가격 변동으로 말미암은 손실을 EC 측이 보상토록 한다는 내용이었다.

이처럼 지역협력주의에 입각한 EC 측의 남북문제 해결노력은 상당한 성과를 거두었다. EC 측은 東南亞의 ASEAN이나 南美의

〈표 1〉 1950~60년대 南/北 간의 所得 및 輸出 증가율

(단위 : %)

	1950년대	1960년대	1970~73년	1974~76년
가. 1인당 GNP				
南側(후진국)	2.3	3.2	3.8	3.4
北側(선진국)	2.8	3.9	4.3	0.6
나. 수출증가율				
南側(후진국)	-	7.1	7.7	2.1
北側(선진국)	-	10.1	7.7	4.6
세 계	-	9.4	7.7	3.9

자료 : UN통계연감에 의함.

〈표 2〉 1970년대 南측의 對外債務殘額 증가 추이

(단위 : 억 달러)

	1970	1975	1978
가. 約 定 額	741	1,908	3,519
나. 實 行 額	537	1,332	2,567
공공차관	363	773	1,244
상업차관	174	559	1,323

자료 : UN통계연감에 의함.

ANCOM(안데스共同體) 등과도 같은 방식의 특수한 경제협력관계를 맺고자 노력하고 있다는 것이 그것을 말해준다. EC의 地域協力主義가 남북문제 해결을 위한 하나의 새로운 방안으로 떠오르자, 그것은 국제적으로 크게 주목을 받기에 이르렀다. 그렇다고 하여 그것은 남측의 1차산품에 대한 가격안정이나 계약재배조건을 개선하는 것 정도이지, 그것으로 뿌리 깊은 남북문제의 해결을 기대할 수는 없었다. 구체적으로 그것은 다음 몇 가지 指標를 통해서도 충분히 짐작할 수 있다.

지난 1960~70년대를 거치면서 남측은 소득증가율, 수출증가율

등 여러 측면에서 오히려 북측에 뒤졌다(<표 1> 참조). 또한 남측의 1차산품 交易條件도 기간 중 오히려 악화되어 經常收支 적자폭의 확대를 가져오고 나아가 남측의 對北 채무잔액의 급속한 누적을 가져왔다(<표 2> 참조).

3. 韓國經濟의 座標

高度成長의 한계

바깥 세계에서는 남북문제를 둘러싸고 이처럼 대립과 항쟁관계가 벅차게 전개되어왔음에도, 다른 편으로 국내에서는 지극히 조용하게 지내온 편이다. 그 조용함이 일부러 超然했던 탓이었는지 아니면 疏外(소외)당했기 때문이었는지는 분명치 않지만, 이러한 국제조류를 뒤안길로 하고 오로지 輸出立國과 高度成長에만 매진해온 것이 오히려 잘한 일인지도 모를 일이다. 어쨌든 괄목할 만한 성과를 거두었으니 말이다.

南北문제를 제기한 남측 주장의 요구조건이 대부분 한국에게는 이미 극복되었다고 볼 수 있는가? 일부에서의 주장대로 한국은 이미 中進國이라 할 NICs 대열로 격상됨으로써 남측도 북측도 아닌 中間地帶에 위치하게 되었는가? 한국은 이제 이러한 물음에 답변해야 할 시점에 이르렀다.

현상적으로 나타나는 경제 諸量의 변화, 곧 경제성장의 실적만을 놓고 본다면 일단 여기에 긍정적 답변을 내릴 만하다고 생각한다. 1950년대와 비교해보면 보릿고개다 春窮期(춘궁기)다 하는 말이

자취를 감추고, 1960년대 이후 국민의 소비생활도 얼마나 윤택해지고 또한 산업구조도 얼마나 고도화되었는가. 그러나 문제는 여기에 그치지 않는다. 外樣으로 이처럼 지극히 화려하게 나타나는 양적인 변화가 과연 경제구조적으로도 아무런 문제가 없는 것은 아니기 때문이다.

자본주의 사회에서의 직접적 생산력 담당 주체는 資本이다. 따라서 資本制 사회를 연구하기 위해서는 그 사회에서 생산활동을 전개하고 있는 자본의 성격을 파악해볼 필요가 있다. 다시 말해 적어도 그 나라 경제에서 활동하는 外國資本의 비중이 어느 정도인가 하는 점만은 한번쯤 따져볼 필요가 있다고 할 것이다.

1979년 말 현재 한국은 줄잡아 200억 달러에 달하는 外債를 지고 있다. 이는 같은 해 한국 GNP의 34%에 해당하는 규모이며, 인구 1인당 약 30만 원 꼴로 외국 빚을 지고 있는 셈이다. 국민경제의 외형적 성장 자체가 이처럼 국민 전체의 엄청난 대외채무의 累積(누적) 결과라는 사실을 어떻게 해석할 것인가. 곧 국민 전체의 福利 증진과는 별개의 의미를 갖는 것이 아닐까.

韓國經濟의 올바른 座標

많은 사람에게 金科玉條(금과옥조)로 여겨지는 GNP — 국민총생산 개념이든 국민 1인당 소득 개념이든 — 개념이나 또는 그 측정 방법에도 문제는 많다. 무엇보다도 그것으로 곧장 국민 각자의 경제적 厚生 지표로 삼아서는 안 된다. 거기에는 '로렌스 曲線'이나 '지니集中係數'와 같은 보조 지표도 함께 다루어져야 하고, 또 그

밖에 産業公害나 都市公害 문제나 자연환경의 파괴와 같은 성장의 반대급부도 함께 고려해야 하기 때문이다.

둘째로는 외자의존적인 開發戰略의 성공 여부는 형식적 요건이나마 국제수지 균형문제를 통해 따져볼 수가 있다는 점이다. 한 나라가 정상적인 輸出代錢으로 外債元利金을 자주적으로 상환할 수 있고, 머지않아 자본수출국까지는 아니더라도 적어도 자본수입국의 입장은 벗어날 수 있느냐 없느냐 하는 것이 경제개발의 성공 여부를 판단하는 주요 관건으로 될 것이기 때문이다.

이렇게 보면 한국의 경우 아직도 遞增的(체증적)인 외채도입 단계에 있을뿐더러 무역수지 자체도 계속 赤字基調를 벗어나지 못하고 있기 때문에 결코 긍정적 답변을 내릴 처지는 되지 못한다. 계속적인 성장과 景氣의 浮揚(부양)을 위해서는 또한 계속적인 외자도입과 원활한 수출증대가 양대 필요조건이라는 것은 최근의 위기적 상황만 눈여겨보아도 충분히 알 수 있는 일이기 때문이다.

셋째로는 경제구조상의 각종 二重構造 관련 문제이다. 한 나라 국민경제가 이중구조적인 성격을 갖느냐 안 갖느냐가 선진국과 후진국(北側 대 南側)을 가르는 근본적 기준의 하나일진대 이의 해소 내지 완화 여부는 그간의 개발성과를 판가름하는 좋은 논거라 할 것이다. 그간의 개발과정에서 국민경제의 이중구조적 성격, 구체적으로 都/農 간의 각종 격차문제만이 아니라 산업 내부의 기술적 二重性 등을 포함하여 그것이 과연 완화 내지 解消의 길을 걷고 있느냐 하는 문제 제기가 그것이다.

결론적으로 韓國은 아직도 후진국형 경제가 갖는 여러 특성을 벗어나지 못하고 있다. 오히려 국민경제의 主體性을 확보해야 한다는 관점에서는 다른 나라보다 뒤지는 면도 있다고 할 것이다. 한국은 아직도 남측의 일원임을 분명히 깨달아야 하고, 그러한 기본입장 아래 현재 국제무대에서 어디까지나 남측 대열에 적극적으로 참여할 수 있어야 한다. 이 점에서 또한 오늘의 세계경제 속의 한국경제의 올바른 座標가 설정될 수 있지 않을까.

慶熙大, ≪대학주보≫, 1980년 5월 13일자.

3低현상의 背景과 波及效果

1985년의 '플라자 合意'는 國際金利·國際油價·달러貨 價値의 동반 하락을 부채질하고, 이를 계기로 세계경제는 오랜 경기침체에서 벗어나기 시작했다. 한국의 경우 1980년대 중반 貿易收支가 黑字로의 大反轉을 한 것도 이 국제적 3低현상을 조건으로 하여 가능했던 것이 아닐까.

'3低현상'이란?

세계경제는 1986년대 후반 들어 어떤 基底的 변화를 가져왔다. 이를테면 국제석유 값이 예상 밖의 폭락을 거듭하고 있는가 하면, 基軸通貨로서의 美 달러貨의 가치가 계속 하락하고, 덩달아 國際金利 또한 하락세를 뚜렷이 보여주고 있는 것 등이 그것을 말해준다. 소위 '3低현상'이라 일컬어지는 이러한 1980년대 중반의 국제적 反인플레적 현상은 어떻게 하여 나타난 현상인가.

1979년의 제2차 석유파동 이후 1980년대 전반까지는 그야말로 高油價·高달러가치·高金利의 시대를 치달아오다가 1980년대 중반에 들면서 이러한 국제적 價格高 현상은 급전직하로 價格低 현상으로 선회하게 된다. 말하자면 3高시대로부터 3低시대로의 일대 基調

전환을 가져오게 된 것이다. 세계경제의 反인플레이션 – 비록 디플레이션이라고 하기는 어렵지만 – 적인 이러한 국제가격 흐름의 일대 전환이 발생하게 된 시대적 배경은 무엇인가? 이 글은 이러한 물음으로부터 출발한다.

1. 石油資源의 특성과 油價下落 배경

石油資源의 특성

국제적으로 석유값의 폭등/폭락의 원인을 알기 위해서는 우리는 먼저 石油(petroleum)라고 하는 상품이 갖는 상품학적 특성부터 살펴볼 필요가 있다. 석유는 단일상품으로는 세계 최대·최고의 戰略商品이다. 석유는 전략물자로서의 중요성만이 아니라 각종 에너지자원 가운데서 主宗 에너지원으로서의 자리를 굳건히 하고 있다.

뿐만 아니라 현대 산업의 寵兒(총아)라 할 석유화학공업의 原料源으로서의 石油의 중요성 또한 대단히 크다고 아니할 수 없다. 석유는 게다가 거래 규모가 크고 그에 따라 物動量도 매우 크기 때문에 국제 대형 油槽船(유조선) 산업의 발달을 가져오게 함은 물론, 國際金融 면에서도 돈의 흐름을 좌우할 정도의 영향력을 행사하는 등 여러 가지 특징을 동시에 갖추고 있다.

石油상품이 갖는 두 번째 특성은 그것의 賦存 및 生産이 지리적으로 매우 偏在(편재)되어 있다는 점, 특히 그것은 中東지역을 중심으로 편재되어 있다는 점에서 찾아볼 수 있다. 반면 석유를 많이 소비하는 선진국에서는 석유부존이나 생산이 절대적으로 부족하다고 하는 특징도 동시에 갖는다. 이로부터 北側 선진국은 대체로 석유소비국(수입국), 남측 제3세계는 석유생산국(수출국)으로 갈라지고, 양자 간에는 불가피하게 서로 이해관계가 맞물리는 대립적 양상을 나타낼 수밖에 없는 구조를 형성하고 있다.

셋째로는 남측에 자리 잡은 산유국들이 대부분 石油資源 한 가지에 삶을 의존하는 '石油모노컬처 經濟'(Oil-Monoculture Economy)를 형성하고 있다는 점이다. 오로지 석유 한 가지를 수출하여 살아갈 수밖에 없는 운명으로 말미암아, 그들은 일찍부터 '石油輸出國機構'(OPEC) 또는 '아랍석유수출국기구'(OAPEC)와 같은 일종의 국제 카르텔 조직을 만들어 자신들의 共同資源인 석유에 대한 생산-유통-판매 등에서의 共同戰略을 구사해오고 있다.

네 번째 특성으로는 石油資源의 탐사·채굴·생산·精製·수출 등의 모든 생산 및 분배과정이 국제 석유독점자본이라고 할 石油메이저의 손에 장악되어 있다는 점을 들 수 있다. 그것은 석유자원이 갖는 전략적 중요성과 그리고 생산국과 소비국 간의 대립적 관계에서 나타나는 현상이라고 할 수 있다.

1973년 제1차 석유파동 이후 이러한 국제 메이저의 석유산업 支配力은 크게 약화되지 않을 수 없었다. 그러나 아직도 간접적인 채널을 통하여 막강한 영향력을 행사하고 있음은 물론이다.

國際油價 하락의 배경

石油資源이 갖는 이상과 같은 여러 가지 특성이 곧 오늘날 국제적 油價 폭락의 배경을 이루고 있다. 바꿔 말하면 우리가 지난 1970년대에 두 차례에 걸쳐 경험한 油價 폭등으로서의 石油波動 때와 동일한 경제적 배경을 이번에는 油價 폭락으로서의 또 다른 석유파동을 겪게 된 것이다. 그런데 石油波動은 대체로 다음 두 가지 측면에서 상호 모순관계로의 설명이 가능하다. 하나는 상호 이해관계를 달리하는 産油國 내부의 모순관계이고, 다른 하나는 앞서 본 남측 산유국과 북측 소비국 간에 벌어지는 국제거래상 간의 모순관계가 그것이다.

첫째 문제는 石油카르텔 조직을 갖춘 OPEC 측과 그렇지 않은 非OPEC 측 간의 생산 측면에서 나타나는 모순관계를 가리킨다. OPEC 측 산유국은 대부분 앞서 본 石油모노컬처적 경제구조하에 있기 때문에 자기들이 수출하는 석유가격에 바로 그들 경제의 목을 매달 수밖에 없는 처지에 있으나, 非OPEC 나라들 — 英國, 노르웨이, 이집트, 멕시코, 말레이시아 등 — 은 석유산업이 단지 국내 주요 산업의 하나일 따름으로 석유가격 변동에 그렇게 안달할 필요는 없다는 구조적인 차이점이 있다.

이 점으로부터 세계 최대 産油國인 사우디아라비아를 비롯한 OPEC측은 1979년의 제2차 석유파동 이후 줄곧 高油價 정책을 견지하고, 그들이 제시한 公示價格을 유지시키기 위해서는 어쩔 수 없이 産油量 자체를 減量하지 않을 수 없게 된다. 왜냐하면 그들은 유일한 生命線이라고 할 석유자원을 되도록 아끼고 오래 보존하여 필요한 만큼 조금씩 채굴해 팔아먹어야 할 필요성이 강하기 때문이다.

OPEC 측의 이러한 高유가정책에 편승하여 非OPEC 측, 특히 그중에서도 뒤늦게 北海油田의 개발에 나선 英國이 홀로 생산량을 확대하고 OPEC 측이 높여놓은 가격으로 不當利益을 챙기는 떳떳치 못한 행동을 자행하기도 하였다. 그 결과 1980년대 전반 몇 년 사이에 세계석유생산 및 수출에서 차지하는 OPEC 측의 비중을 보면, 우선 생산량이 日當 3,150만 배럴에서 1,600만 배럴로 줄어들어, 세계생산에서 차지하는 OPEC 셰어가 63.6%에서 39.0%로 줄고 또한 세계석유수출에서 차지하는 OPEC 셰어도 84.6%에서 62.0%로 현저히 떨어졌다. OPEC 측의 이러한 시장 셰어의 감소는 국제석유가격에 대한 OPEC 측의 국제유가 통제기능을 크게 약화시키는 결과를 가져왔다.

1985년 12월, 제76차 OPEC총회(오스트리아 빈會議)는 종전까지의 高유가정책으로서의 價格支持政策을 포기하고 국제석유시장에서의 OPEC 측의 낮아진 占有率을 회복시키고자 하였다. 그에 따라 사우디아라비아는 日産 200만 배럴로까지 억제하던 산유량을 무려 500만 배럴로 대폭 확대하여 石油物量의 공급과잉 → 가격폭락을 적극적으로 유도한 일도 있었다.

다음 國際油價 폭락의 두 번째 배경으로는 남측 산유국과 북측 소비국 간의 모순관계를 들지 않을 수 없다. 1973년 제1차 석유파동 이후 선진국경제는 高油價시대로의 전환과 함께 심각한 스태그플레이션 현상에 빠져들고, 높은 인플레와 高失業, 그리고 國際收支 赤字라고 하는 이른바 선진경제의 3重苦 현상에 시달리게 되었다. 또한 미국-유럽-일본 3자 간의 불균등발전이 무척 심화되는 문제점도 초래하였다.

국제 석유 동향이 이처럼 동요를 거듭하는 가운데, 미국을 비롯한 선진국 경제는 스태그플레이션이라고 하는 長期停滯의 늪에 빠지고, 자체 내에서 스스로 자본주의경제 위기를 구제할 길을 찾지 못한 북측은 결국 남측 저개발국과의 관계 속에서 그 救濟策을 찾고자 하였다. 즉 세계경제 흐름에 결정적 영향을 미치는 石油價格의 操作에서 세계경제 회복을 위한 活力素를 찾고자 한 것이다.

영국, 노르웨이 정도를 제외하고 보면, 거의 모든 산유국이 남쪽에 자리 잡고 있기 때문에 南北貿易에서의 油價하락은 엄청난 不等價交換을 강요하는 결과로 되고, 그것은 또한 북측 선진국 경제에 그만큼 막대한 不當利得을 안겨다주는 결과로 되었기 때문이다.

2. 달러貨 및 國際金利 하락의 배경

美國의 高金利政策

위에서 본 油價 하락의 두 번째 배경은 곧 미국 달러 가치의 하락과 그에 따른 국제금리 하락의 배경으로도 작용하게 된다. 왜냐하면 油價 하락을 통해 세계경제의 景氣浮揚을 가져오기 위해서는 그에 상응하는 國際流動性의 뒷받침이 있어야 하고, 또한 國際流動性을 확대시키기 위해서는 국제금리 수준을 낮추어야 할 것이기 때문이다. 사실 유가의 대폭적인 하락은 국제유동성을 크게 증대시키게 되었으며, 流動性 증대는 또한 금리수준을 인하시킬 수밖에 없었기 때문이다.

國際油價의 하락과 그를 통한 국제금리의 하락은 이처럼 같은 맥락에서 이해될 수 있다. 다만 미국 달러貨의 가치가 큰 폭으로 떨어지게 된 것은 이와는 좀 별개의 현상으로 이해되어야 한다. 즉 미국 달러와 일본 엔(円)과의 밀접한 관계 속에서 엔高 현상과 달러低 현상이 동시적으로 일어난 현상이 그것을 말해준다. 1979년의 제2차 석유파동 이후, 특히 1980년대 초 레이건 정부 이후에 미국은 줄곧 高金利政策을 추구하였다. 당시 일본을 비롯한 여타 서구 선진국들의 반대에도 불구하고 미국이 이처럼 高금리정책을 고집한 데는 그럴만한 이유가 있었다.

미국은 막대한 규모의 財政赤字를 해소하고 미국 밖에서 돌고 있는 달러를 다시 미국 내로 불러들이기 위해서는 金利를 인상하는 것 외에 뾰족한 길이 없었기 때문이다. 거기다가 서방 진영 내부에서 발언권을 강화하고 또한 저개발국에 빌려준 미국의 公・私的인 각종 債權에 대한 價値補塡(보전)을 위해서도 미국은 高금리정책을 밀고 나갈 수밖에 없는 실정이었다.

미국의 이러한 國粹主義的 금융정책은 어느 정도 성과를 가져올 수 있었다. 달러貨 誘致(유치)로 국내투자가 늘고 실업이 줄었으며 財政赤字도 많이 축소되었다. 재정적자가 줄어든 대신에 貿易赤字는 크게 쌓이는 역효과도 동시에 가져왔다. 그것은 달러價値의 上昇勢를 타고 다른 나라의 對美 수출경쟁력이 높아지고, 다른 편으로는 또한 미국 내의 경기상승에 따라 輸入需要가 크게 늘어났기 때문이었다.

수치를 통해서 보더라도 1980년의 미국 무역수지 赤字는 362억 달러였는데, 5년 후인 1985년에는 1,485억 달러로 무려 4배 이상이나 급증하였다. 미국은 자신의 國際收支 균형을 위해서라도 달러화의 가치를 떨어뜨리는 방향으로 정책을 전환하지 않을 수 없었다.

각국의 換率政策

외국 상품 수입을 막고 자국 상품의 수출을 촉진시키기 위해서는 低換率政策이 필요하게 된다. 일본 円貨를 비롯한 서구 통화의 對달러 가치가 계속 높아지고 있는 것은 바로 이러한 데서 그 배경을 찾아볼 수 있다. 달러가치의 하락은 필경 미국 내 금리수준을 낮추고, 그것은 또한 국제금리와 連動되어 국제적으로 低金利 시대로 급속히 넘어가게 만들었다.

구체적으로 보면, 미국의 聯邦銀行 再割引率이 1980년의 13.0%에서 5년 후에는 7.0%로 떨어지고, 서독, 일본, 네덜란드 등도 덩달아 자국의 再割引率을 인하시켰다. 이러한 주요국의 公金利 인하 추세에 따라 국제금리 역시 하락세를 면치 못하게 됨은 두말할 나위도 없는 일이었다.

국제금리 인하의 배경을 오로지 이러한 미국 국제수지대책의 일환으로서만 설명할 수는 없다. 거기에는 현실의 IMF제도가 가지는 內在的 모순관계가 더욱 중요하게 다루어져야 함은 물론이다. 잘 알다시피 IMF제도는 그동안 수많은 수정이 가해졌지만, 기본적으로 미국 달러를 世界通貨로 승격시켜 그것을 金과 연결시켜 놓은 일종의 '金·달러本位制'를 골격으로 하고 있음에는 조금도 변함이 없었다. IMF제도하에서는 달러가치의 유지, 곧 달러의 信認性 문제와 國際流動性의 원활함 간에는 기본적으로 이율배반적인 모순관계를 안고 있다고 해야 마땅하다.

3. 3低현상과 오늘의 世界經濟

油價 하락, 달러價值 하락, 국제금리 하락의 3落이란 객관적 조건 속에서 앞으로 世界經濟는 어떻게 전개될 것인가.

우선 油價 하락과 관련하여 국제경제전문가들이 내리는 전망은 매우 장밋빛으로 물들고 있다. 배럴당 5달러의 유가 하락은 선진국 경제에게는 경제성장률을 0.4%, 수출(무역)을 1~1.5%포인트씩 증대시키고, 그 대신 소비자물가와 국제금리를 각각 1%포인트씩 하락시키게 될 것이라는 전망을 내리고 있다.

선진국경제의 급속한 회복은 또한 對선진국 수출증대를 통하여 남측 저개발국에도 유리한 효과를 미치게 될 것이라는 점도 강조하고 있다. 이렇게 되면 바야흐로 세계경제는 景氣活況을 가져올 수 있을 것이라는 기대감에 부풀게 된다. 만약 유가 하락폭이 5달러에서 10달러 선으로 높아진다면 이러한 세계경제성장의 期待値는 두 배로 증대될 것은 말할 것도 없다.

국제금리 하락과 관련해서도 國際流動性이 풍부해지고 덩달아 국제교역량이 확대되면 세계경제는 크게 성장할 것으로 기대된다. 특히 美日貿易에서 나타나듯이, 각국 간의 불균형무역이 어느 정도 해소되면 自由貿易도 다시 진전될 것이고, 그것은 세계무역의 확대 → 세계경제성장으로 직결될 것으로 기대되고 있다.

그렇다고 하여 3低현상이 世界經濟에 몰고 올 효과가 반드시 긍정적인 것만은 아니다. 무엇보다도 그것은 세계경제의 모순관계를 뒤바꾸어 다시 3高현상으로 反轉될 수도 얼마든지 있기 때문이다. 비록 OPEC 내부의 단결이나 OPEC/非OPEC 간에 여러 가지 어려움이 가로놓여 있기는 하지만, 그래도 국제유가가 오일 生産原價 수준으로까지 하락할 리는 없을 것이며, 國際金利 역시 달러값이 떨어지는 것을 번번이 방치할 만큼 계속 하락할 수는 없을 것이다.

왜냐하면 미국 스스로 산유국 측과 밀접한 경제적, 정치적 이해관계를 갖고 있을뿐더러, 또한 남측 채무국 특히 그중에서도 産油債務國의 외채상환문제 등도 미국으로서는 결코 가볍게 다룰 수 없는 해결과제이기 때문이다. 3低현상이 선진국경제, 나아가 세계경제 전체에 대해 반드시 좋은 영향만 미칠 것으로 기대할 수는 없다. 그것은 일시적인 短期效果에 그칠뿐더러, 그러한 일시적 단기효과도 天然資源의 부존상태를 훼손시키거나 천연자원 수출국인 저개발경제에 대해 일정한 희생을 강요하는 조건에서만 가능하다는 점을 잊어서는 안 될 것이란 점을 강조해둔다.

≪새 行員≫, 1986년 4월호.

東北亞 정세와 韓國의 座標

中國經濟의 급부상, 남-북한 관계와 北核문제를 둘러싼 韓半島 정세, 역내 리더십 先占을 둘러싼 미묘한 日-中관계 등 복잡한 東北亞 정세 속에서 韓-中-日 3국 간의 東北亞 경제협력체제 형성은 과연 가능할까? 거기서 韓國의 선택은 무엇일까?

1. 序 - 2005년의 歷史的 의미

2005년은 여러 측면에서 '節目의 해'라고 한다. 먼저 일본과의 乙巳保護條約 체결 100주년이라는 점, 8·15 解放 60주년이라는 점, 그리고 韓日協定 체결 40주년이라는 점 등에서 그러하다는 것이다. 이런 점에서 2005년의 역사적 의미를 다시 한 번 되새겨볼 필요가 있다.

乙巳보호조약은 잘 아는 것처럼 1904년의 러日戰爭의 산물이라 할 수 있고, 그리고 韓日合邦의 前奏曲(전주곡)과 같은 것이라 할 수 있다. 여기서 우리는 100년 전의 동북아 정세와 그리고 한반도를 둘러싼 서구 열강(日本 포함) 간의 角逐(각축)이 과연 어떠했는가를 잠깐 되돌아보자. 이를 위해서는 먼저 다음과 같은 몇 가지 당시의 역사적 사건에 대한 이해가 요구되고 있다.

① 1896년 러시아에서 러-日 간에 맺어지는 로마노프·山縣有朋 議定書
② 러日戰爭의 배경과 때맞춰 맺어진 英日同盟의 내용(1902년)
③ 태프트(Taft)-桂(가쓰라) 비밀조약(1905년 7월)과 포츠머스條約의 내용(1905년 9월)
④ 乙巳保護條約(1905년 11월)과 한국의 日本 귀속

등에 따른 역사적 진실을 제대로 밝히고 그에 대한 올바른 이해가 요구된다고 할 것이다.

둘째로 8·15해방은 美-소 연합국의 對日 승리의 산물이지만 그것이 곧바로 南北分斷을 가져왔다고 하는 점에서 또 다른 민족사적 비극을 안겨주었다. 역사를 소급해보면, 제2차 세계대전에서의 일본의 敗戰이 40년 전의 러日전쟁의 결과를 反轉시켜 놓았다고 할 수 있다. 해방과 분단은 민족의 주체적인 역량과 책임(잘못)으로 이루어진 것이 아니라, 타율적인 국제정세의 산물이라는 점을 정확히 인식해야 한다.

셋째로 韓日會談은 미국의 東北亞 전략의 일환으로 이루어진 것임과 동시에 당시 韓國의 5개년계획과 경제발전을 위한 가장 중요한 필요·충분조건으로 작용했다는 점이다. 특히 일본 請求權資金 5억 달러는 당시 감축되기 시작한 미국 원조자금을 대체하는 효과를 가지면서 일본자본과 기술도입을 통한 韓-美-日 3국 간의

太平洋을 낀 3角(트라이앵글) 무역구조를 성립시키는 중요한 결과를 가져왔다고 하는 사실이다. 그것은 朴正熙 시대 한국의 수출지향적인 공업화 戰略을 성공적으로 이끌어갈 수 있게 한 둘도 없는 기초 조건으로 되었다.

2. 21세기 韓半島와 東北아시아

韓半島의 정세 변화

한 세기 전, 곧 19세기 말~20세기 초의 東北亞·韓半島 정세와 오늘의 그것을 역사적 脈絡에서 서로 비교해볼 필요가 있다. 한국은 일본 식민지체제하에서 40년, 그리고 남북분단체제하에서 60년을 살아왔다. 그동안 南/北韓은 각기 어떤 변화를 겪고 각기 오늘에 이르렀는가. 우선 그 점을 분명히 해야 할 것이다.

植民地體制하에서 사회경제적으로 한국은 엄청난 변화를 경험하였다. 서구적인 각종 制度와 文物, 학문과 기술 등이 모두 이 시기에 일본을 통해 들어왔다. 또한 이 시기에 農業生産性이 크게 늘어나고 工業化도 상당한 수준으로 이루어졌다. 이 점을 부정해서는 안 된다.

그 후 분단체제하에서는 南과 北이 각기 다른 길을 걸었다. 南은 어떻게 보면 식민지체제와 유사한 자본주의체제하에서 엄청난 경제발전을 하게 되었고, 반면 北은 해방 후 사회주의체제를 채택하는 바람에 경제가 오히려 식민지체제 以前 수준으로 후퇴하는 심각한 난관에 빠졌다. 南과 北 사이에 이러한 심각한 발전의 隔差가 생긴 것은 南과 北 사이에 사람이나 자연환경이 달라서가 아니다. 그것은 오로지 정치체제나 경제제도가 다르고, 그로 말미암은 양자가 처한 '국제적 契機'가 달라서였다. 한마디로 남과 북은 각자가 놓인 국제적 계기의 차이로 分斷體制 60년 만에 완전히 다른 나라로 변하고 말았다.

지난 한 세기 동안 변하지 않은 것은 무엇인가? 그것은 韓半島를 둘러싼 열강 상호 간의 국제적 갈등관계 그 자체라고 할 수 있다. 그러나 이러한 국제적 갈등관계를 둘러싼 열강 상호 간의 位相은 서로 바뀌었다. 러日전쟁을 통해서도 알 수 있듯이 과거에는 러시아나 日本과의 관계가 주된 모순·갈등관계였고 미국이나 중국은 從的인 관계에 머물렀으나, 오늘에는 거꾸로 美國, 中國과의 관계가 주된 관계로 등장하고, 日本, 러시아가 종적인 자리로 밀려났다는 主·從 간의 변화를 보여주고 있을 뿐이다.

그런 가운데서 진작 당사자 격인 南과 北은 변화의 主體가 되지 못하고 예나 지금이나 여전히 변화의 客體로 남아 있다는 점이다. 盧武鉉 정부 들어 한국이 동북아 문제를 풀 均衡者論을 들고 나오고 있으나, 그것으로 한국이 변화의 主體가 될 수 없을 것임은 오늘날 北京에서 열리고 있는 北核문제를 둘러싼 '6자회담'의 歸趣(귀추)를 통해서도 충분히 알 수 있다.

그보다도 필자가 더욱 중요하게 생각하는 것은 이런 데 있다. 지난날 冷戰體制 구축과정에서 한반도 分斷體制가 성립되었다고 하면, 이제는 그 냉전체제가 걷혔음에도 불구하고 왜 한반도 분단체제는 소멸하지 않고 그대로 이어지고 있는가 하는 문제이다. 그리고 이 점이 바로 오늘의 동북아 및 한반도 정세 변화를 읽는 捷徑(첩경)이라고 생각한다.

東北亞 문제를 어떻게 봐야 하나?

이처럼 복잡하게 얽힌 동북아 내지 한반도 문제에 대한 올바른 인식을 위해서는 다음 몇 가지 사항을 분명히 해두어야 한다.

첫째, 지구상에서 유일하게 冷戰體制의 殘影(잔영)이 강하게 남아 있는 곳이 바로 이곳이라 하더라도 오늘의 한반도 문제 해결은 냉전체제의 일환으로서가 아니라, 北核 문제 해결이 관건이라는 점을 올바로 인식해야 한다는 점이다. 北核 문제의 본질은 오늘날 世界平和와 安全에 걸림돌이 될뿐더러 수백만 북한주민을 餓死(아사) 지경으로 몰아넣는 北韓體制 유지에 절대적 필요조건이라는 점에 있다. 따라서 문제의 核心은 북한체제의 유지냐 붕괴냐의 여하에 달려 있다고 해야 한다.

둘째, 오늘의 한반도 문제를 新冷戰體制 구축과 관련한 美-中 간의 헤게모니 싸움의 일환으로 인식해야 한다는 점이다. 지금의 국제정치 力學構圖로 미루어보아 중국이 미국의 요구를 얼마나 수용하느냐가 문제 해결의 관건이라 할 수 있다.

셋째, 中-日 간의 아시아전략상의 헤게모니 싸움의 성격을 갖는다는 점이다. 日本은 한국이 정치적으로 親北·親中 노선으로 돌아가 한반도 정세가 淸日戰爭 이전의 상태로 돌아갈까 봐 우려하고 있다는 점이다.

결론적으로 오늘의 한국 내부 사정은 마치 舊韓末 당시의 그것과 매우 엇비슷하다. '韓美同盟派'가 있는가 하면, '民族自主派'도 있다. 북한체제를 인정하고 무조건적인 지원을 통해 북한을 개혁 개방으로 유도해야 한다는 '햇볕정책派'가 있는가 하면, 하루 빨리 체제전환(regime change)을 이루는 것만이 유일한 해결책이란 관점에서의 '北韓孤立派'도 있다. 또 親美派가 계속 기득권을 지키고 海洋指向的인 발전의 길을 유지코자 하는가 하면, 그것을 허물고 大陸指向的인 발전의 길로 回歸(회귀)하기를 원하는 親中派가 있다. 오늘의 한국 내부사정은 매우 복잡다단한 실정에 빠져 있다고 해도 과언이 아니다.

3. 東北亞 경제협력의 可能條件

1970년대 말부터 中國, 러시아 등의 개혁/개방화 조치 이후 날이 갈수록 한-중-일 중심의 東北亞지역 經濟協力體 결성 필요성이 강하게 제기되어왔으나, 역내 국가 간의 정치적, 역사적 反目과 대립으로 지금까지 별다른 進陟(진척)을 보지 못하고 있는 실정이다. 이 지역의 경제협력을 논하기 위해서는 먼저 이 지역을 둘러싼 경제외적인 측면부터 심층적으로 고찰해볼 필요가 있다.

이 지역의 경제협력을 가로막는 경제외적인 장애요인으로는 다음과 같은 사항을 들 수 있다. 첫째, 韓-中을 중심으로 하는 민족주의에 기초한 反日감정이다. 이는 韓-中 양국의 경제발전에 따라 오히려 더욱 심화되는 경향이 있고, 그것은 두 나라 정부의 對국민 지배 이데올로기로까지 변질되고 있다. 환언하면 韓-中 양국은 국내 정치적 목적으로 국민의 反日감정을 교묘히 이용하고 있다고나 할까.

　둘째로는 홀로 개혁/개방을 거부하고 있는 폐쇄적 北韓體制의 존재이다. 북한이 어느 정도나마 시장경제로 전환하지 않는 한 이 지역 경제통합을 위한 노력은 물거품으로 될 공산이 크다. 예컨대 1990년대 이후 豆滿江(圖們江) 유역 개발계획이나 環東海경제권이나 環黃海경제권 조성 구상 등이 하나같이 말만 무성했을 뿐 실제로는 한 걸음도 진전되지 못한 것은 모두가 北韓의 존재 때문이라고도 할 수 있다.

　셋째로는 日-中 간의 헤게모니 싸움의 문제이다. 日本 측의 '아시아通貨基金(AMF)' 설치 제의는 항상 中國 측의 반대에 부딪쳐 한 걸음도 진척될 수가 없었다. 또한 중국의 ASEAN과의 FTA 체결계획은 일본의 견제에 직면하고 있다. 양국 간의 헤게모니 싸움은 최근 중국경제의 浮上과 美-中 간의 긴장 고조와 더불어 오히려 더욱 복잡하게 얽히고 있는 실정이다.

　이상과 같은 非경제적 측면에서의 3국 간의 대립과 알력관계에도 불구하고, 경제적 측면에서는 상호 교류 및 협력관계가 갈수록 확대되고 있다. 수출입 무역만이 아니라 직접투자, 기술 제휴, 人的 교류, 관광 등에 이르기까지 전반적으로 확대 심화되고 있는 실정이다. 이것은 무엇을 말하는가? 비록 경제외적인 관계 악화에도 불구하고, 현실로는 域內의 경제적 교류 협력을 더욱 필요로 하는 補完的 관계가 발전되어가고 있음을 말해준다. 경제와 非경제 간의 이러한 이율배반적인 관계, 이 점이 바로 이 지역 3국이 처한 상호관계의 참모습이라 할 수 있다.

한 가지 덧붙여놓을 것은 1997년 東南亞 ASEAN 제국과의 협력 강화를 위해 ASEAN+3체제가 성립되고 매년 13개국 頂上會談이 열리고 있지만, 東北亞 3국은 ASEAN과의 협력관계를 통합적 협력 기구의 설립을 통해서가 아니라, 각국별 ASEAN과의 FTA체결방식 으로 해결하려고 한다는 점이다. 이는 ASEAN 여러 나라들을 개별 적으로 하나하나 자기 영역으로 포섭하기 위한 헤게모니 싸움에 지나지 않는다고 할 것이다.

4. 中國經濟의 부상과 韓國의 선택

中國經濟 부상의 意味

오늘날 한국경제의 進路에 있어 가장 큰 변수는 아무래도 중국경제의 急浮上이라 할 것이다. 그렇다면 지금 中國經濟의 부상은 이 지역에 어떤 변화를 몰고 오고 있는가.

첫째로 들어야 할 것은 이 지역 각국 경제의 貿易構造를 바꿔놓았다고 하는 점이다. 한국을 비롯하여 日本, 대만 등의 수출구조를 종전의 對美 중심에서 對中 중심으로 바꾸어놓았음이 그것이다. 중국은 東아시아 제국으로부터의 수입 증대를 통해 이들 나라의 기존의 對美 수출 셰어를 자신의 그것으로 점차 바꾸어놓고 있다는 점이다. 中國은 어느새 이 지역에 절대적인 吸收者의 역할(absorber's role)을 담당하기에 이르렀다.

둘째로는 중국은 자신의 低賃金코스트 요인을 최대한 활용하여 한국 등 주변국에 대해 農産物은 물론 각종 노동집약적 제품의 수출 공세를 펼치고 있다는 점이다. 한국, 대만을 제외한 대부분 나라가 지금 對中 무역수지 赤字에 허덕이고 있음은 바로 이런 사정 때문이라 할 수 있다.

셋째로는 국제 다국적기업의 投資先을 중국 쪽으로 돌리고 또 그들의 아시아 지역 事業本部도 자연스럽게 중국으로 돌리고 있다는 점이다. 또 ASEAN(10국)과의 집단적 FTA 체결을 통하여 東南亞 경제를 중국 쪽으로 기울게 하여 중국 중심의 中華經濟圈 형성에 박차를 가하고 있다는 점도 강조되어야 한다.

이런 점을 염두에 두고, 한국경제의 진로를 생각해보자. 지난날의 太平洋을 낀 3角 무역구조를 대신하는 새 成長 메커니즘을 창출해 내어야 한다는 점이다. 미국 대신에 중국이 포함되는, 이를테면 韓-中-日 간의 '黃海를 낀 新 3角무역구조'를 만들거나 아니면 미국을 포함하는 '太平洋·黃海를 둘러싼 新 4角무역구조'를 새로 만들어내야 한다.

이와 함께 또 하나 중요한 선택의 문제가 있다. 지금 東아시아를 둘러싸고 3가지 서로 다른 地域經濟協力體가 존재한다. ① APEC, ② ASEM, ③ ASEAN+3體制가 그것이다. 이 가운데, 韓國은 어느 쪽으로 나가야 할 것인가 하는 문제가 남는다. 결국 ①의 APEC 쪽을 選好할 수밖에 없을 것인가, 아니면 ③의 ASEAN+3체제로 나아가야 할 것인가. 이 점이 바로 제1차적 당면 과제다.

韓國의 국제적 역할

결론적으로 오늘의 世界經濟는 글로벌리즘과 리저널리즘의 兩

大 흐름을 보여주고 있는 가운데, 또한 그것의 折衷型(절충형)으로서의 FTA 체결방식이 새로이 힘을 얻고 있다. 어느 쪽이든 脫國境의 하나의 시장, 하나의 경제를 지향하고 있다는 데는 의문의 여지가 없다. 이 경우 한국의 선택은 무엇일까?

한국의 경우, 東北亞 협력체 구상이 어렵다면 FTA 체결을 적극 추구하는 동시에 기본적으로 글로벌리즘 방향으로 나가야 할 것이다. 각국과 FTA를 체결하고 WTO의 도하개발협정(Doha Development Agenda ; DDA) 프로그램에도 적극적으로 참가해야 한다. 즉 국제화 단계를 넘어 汎球化(글로벌화) 방향으로 나가야 한다는 의미라 할 수 있다.

역사적으로 經濟는 언제나 國際主義 편이었다. 戰後史의 전개에서 民族을 앞세운 나라치고 경제를 제대로 발전시킨 예를 찾아볼 수 없다. 그것은 바로 오늘의 北韓 실정이 웅변으로 말해주고 있다. 지금의 한국정부의 指向은 글로벌리즘도, 리저널리즘도 아닌 내셔널리즘 방향에 오히려 가깝다고나 할까. 이러한 방향은 체제전환 후의 中國이나 東歐 여러 나라의 사례에서 보듯이 오늘의 世界史의 주된 흐름과는 분명히 어긋난다고 함을 강조해두고자 한다.

仁濟大學 초청 特講 要旨, 2005년 11월 3일.

東北亞 經濟共同體 결성의 가능성

> 경제적 측면에서의 역내 共同體 결성을 위한 必要條件은 충족돼 있다고 할 수 있으나, 非경제적 측면에서의 그를 위한 充分條件은 아직 전혀 마련되어 있지 않다는 데 문제가 있다. 그것은 무엇보다도 낡은 民族主義 亡靈 때문이라 할 수 있다.

1. 序 － 「北京大學」에서의 경험

 필자는 2000년 한때를 中國 北京大學에서 보냈다. 급부상하는 中國經濟를 직접 현장에서 체험하고자 訪問敎授의 자격으로 北京大學에서 7개월간 머물렀다. 北京에 머물면서 필자는 평소 중국에 대해 품고 있던 다음 3가지 의문사항을 풀어보고자 하였다.

 첫째, 중국이 내건 '社會主義 市場經濟論'이란 것이 도대체 무엇인가? 이론적으로 그것이 성립 가능한 얘기인가? 또 그것이 오늘의 중국 현실에 어떻게 적용되고 있는가?
 둘째, 앞으로 韓-中-日 3국 중심의 東北亞 경제협력체가 과연 형성될 수 있겠는가? 그 전제조건의 하나로 현재 중국인의 反日

민족감정은 어느 정도인가?

　셋째, 南/北韓 문제와 관련하여 지금 북한이 중국에 경제적으로 얼마나 매달려 있다고 봐야 하는가? 해방후 南韓이 미국원조에 매달려 있던 그 시절과 비교하여 그것은 어느 정도 수준인가?

　7개월이란 짧은 체류기간이라 이에 대한 충분한 회답을 얻을 수는 없었다. 그러나 때마침 그 해 6월 분단 55년 만에 처음으로 南北頂上會談이 열리고, 동 정상회담을 통해 소위 '6·15 共同宣言'이란 것이 나오고, 또한 정상회담을 앞두고 북한 金正日의 中國 극비 방문 등의 사건이 있었다. 이들 사건을 통해 필자는 비록 잠정적이지만 몇 가지 의미 있는 결론을 얻을 수 있었다.

　첫째 문제에 대해서는 중국식의 '社會主義 市場經濟論'이란 표현의 이 '異種合成語'가 예컨대 지난날 한국의 朴正熙, 대만의 蔣介石(蔣經國), 또는 싱가포르의 李光耀식의 소위 '開發獨裁論'과 그 정치경제적 성격상 큰 차이가 없다는 결론을 얻은 것은 큰 수확이었다.

　둘째 문제에 대해서는 중국의 反日 민족주의 감정이 한국의 경우와 유사할 만큼 강하다는 사실과, 또 한국에서처럼 중국 정부도 그것을 국내정치용으로 조장하는 측면도 있어 이 문제가 해결되지 않는 한 가까운 장래에 東北亞에서의 어떤 형태의 경제통합체도 그 출현을 기대하기란 어렵다는 결론을 얻었다.

　셋째 문제에 있어서는 때마침 벌어진 南北頂上會談을 앞두고 북한 金正日의 극비 訪中을 통하여 과거 한국의 對美 의존관계

이상으로 지금 북한이 중국에 군사, 정치, 경제적으로 완전히 매달려 있다고 봐야 한다는 잠정 결론을 얻을 수가 있었다.

東北亞 經濟統合의 길

이상의 北京 체류경험을 되새기면서, 위의 3가지 문제 가운데 여기서는 둘째의 東北亞 경제통합 문제에 대해 좀 더 깊이 있는 논의를 전개해보고자 한다. 다음과 같은 3가지 문제를 제기하고, 그에 대한 필자의 생각을 밝히는 것으로 문제에 접근해보고자 한다.

첫째, 1990년대 이후 중국경제의 躍進(약진)이 韓, 日 두 나라는 물론 동남아 여러 나라를 포괄하는 역내 각국 간의 경제관계(美國 포함)를 어떤 모습으로 변화시켰는가?

둘째, 이 지역에서는 유럽의 EU, 北美의 NAFTA, 中南美의 MERCOSUR 등과 유사한 그러한 經濟統合體가 나타나지 못하는 이유가 과연 어디에 있는가?

셋째, 經濟統合을 위하여 역내 국가가 극복해야 할 선결과제는 무엇이며, 그 속에서 한국이 해야 할 몫은 무엇인가?

本論에 들어가기 전에 먼저 오늘의 세계경제가 어떤 특징적 흐름을 보여주고, 또 거기에 東아시아 경제는 지금 어떻게 대처하고 있는가 하는 점부터 살펴보기로 하자.

2. 世界經濟의 新潮流와 東아시아 經濟

世界經濟의 3가지 潮流

오늘의 世界經濟(global economy)는 어떤 基底的인 변화를 보여주고 있는가. 그것은 관점에 따라 다르나, 일단 생산과 시장적 측면에서 보면 다음 3가지 변화 양상을 나타내고 있다.

첫째로 세계경제의 '汎球化 현상(globalization)'을 들 수 있다. 전후 미국 주도의 세계경제체제, 곧 IMF/GATT체제는 自由貿易主義를 근간으로 하는 글로벌리즘을 기본 이념으로 삼았다. 한마디로 이는 자유로운 國際貿易을 통한 조속한 世界經濟의 회복과 발전을 추구한다는 점에서 매우 진보적인 성격이었다. 거기다가 유럽경제의 조속한 부흥을 위한 미국 마셜計劃(Marshall Plan) 추진과정에서 나타난 민간의 多國籍企業의 발달은 이러한 세계경제의 흐름을 가일층 가속화시킬 수가 있었다. 오늘의 미국 新自由主義(neo-liberalism) 사상이란 바로 이 세계경제의 글로벌화(汎球化) 현상을 뒷받침하는 기본 이념이라고 말할 수 있다.

둘째로는 세계경제의 지역적 통합현상(regionalization)을 들 수 있다. 1958년 中部 유럽 6개국에 의한 유럽경제공동체(EEC)의 出帆(출범)으로부터 시작되는 이 지역적 통합현상은 그 후 세계 도처에서 여러 유사한 형태로 나타났다. 미국 중심의 戰後體制, 곧 앞에서 본 세계경제 글로벌리즘에 대한 하나의 代案的 성격으로 나타난 이 리저널리즘은 처음부터 美國과 유럽 간의 일정한 대립 관계를 형성하면서도 지금까지 세계적 범위로 크게 확산되었다.

셋째로는 국가 간 또는 지역별 FTA(자유무역협정)의 체결현상이다. 이상의 글로벌리즘과 리저널리즘의 두 가지 世界經濟 흐름은 상호 협조적이지만 때로는 대립적 성격도 갖는 것이었다. 1990년대 UR협상 타결과 WTO 出帆을 계기로 미국 측 글로벌리즘이 주도적 흐름으로 되자, 이에 반대하는 제3세계 및 국제 NGO 등을 중심으로 전개된 反美·反글로벌화 운동도 이런 脈絡에서 이해할 수 있다. 글로벌리즘과 리저널리즘 양자 간의 이런 대립적 관계를 비껴가기 위한 제3의 방안으로 나타난 것이 바로 이 FTA체결 방식이라 할 수 있다.

東아시아의 地域協力體 現勢

지금 東南亞, 東北亞를 함께 포괄하는 廣義의 '東아시아(East Asia)' 지역에는 경제통합을 위한 다음 4가지 유형의 地域協力體가 이미 존재하고 있다.

① 유일한 동남아 域內 협력체로서의 ASEAN(회원국 10국)
② 위 ASEAN에 韓-中-日 3국이 가담하고 있는 ASEAN+3體制(13국)
③ 아시아-太平洋 지역을 한데 묶는 APEC(회원국 21국)
④ 아시아-유럽(EU) 지역을 한데 묶는 ASEM(회원국 38국)

이 가운데, ①의 ASEAN은 泰國, 말레이시아, 베트남 등 東南亞 10개국으로 이루어지는 국가연합체적 성격이고, 여기에 東北亞 국가라고 할 韓-中-日 3국을 옵서버 자격으로 포함시킨 것이 ②의

ASEAN+3체제라 할 수 있다.

그리고 ③은 東아시아 국가에다(러시아 포함) 北美의 미국, 캐나다, 멕시코 등과 호주, 뉴질랜드 등 太平洋 국가를 한데 묶은 廣域의 '아시아·太平洋 경제협력체'이고, ④는 같은 東아시아 국가에다 유럽 EU회원국(25국)을 한데 묶은 매우 느슨한 형태의 논의단계의 조직이라 할 수 있다. 따라서 ③과 ④는 東아시아 지역의 경제협력체라고 하기에는 곤란하다.

이들 4가지 가운데 東아시아를 대변할 수 있는 기구로는 비록 정기적인 頂上會議를 개최하고 域內 각국별 FTA를 체결할 정도의 낮은 단계에 있기는 하지만, 그래도 ②의 ASEAN+3체제라 할 수 있다. 그러나 東北아시아만의 경제협력체는 아직 아무것도 만들어진 것이 없다.

3. 韓-中-日 3국 간의 經濟關係

域內 成長模型의 변화

흔히들 1980년대 후반까지의 東아시아 經濟成長 패턴을 놓고 '雁行型 模型(wild geese-flying model)'으로 설명하는 경향이 있다. 다음 <도 1>에서 보는 것처럼 선진국 日本을 先頭로 하여 아시아 NICs 4국 → 先進 ASEAN 4국 → 中國 등의 순으로 각기 그 뒤를 따르는 형태의 追跡하는(catching-up) 과정으로 이루어진다는 주장이다.

물론 이는 東아시아 국가 간의 성장패턴으로만 유효한 것이 아니

〈도 1〉 雁行型(기러기 떼) 성장 모형(例示)

```
                                    ━━━━━▶ 日本
                            ▨▨▨▨
                      ━━━━━━━━━━▶ ANI Es(4국)
                   ▨▨▨▨
              ━━━━━━━━━━▶ ASEAN(4국)
          ▨▨▨▨
   ━━━━━━━━━━▶ 中國
```

주 : '▨▨▨' 부분은 산업구조 면에서 서로 겹친다는 의미임.

고, 과거 서구에서도 독일, 이탈리아 등은 앞서 간 영국을 추적하고, 또 일본은 독일(전후에는 미국)을 추적하는 등 자본주의 경제의 일반적 成長模型이 그러하다는 일반론적 설명이라 할 수 있다.

이와 함께 이 지역 NICs(4국)의 工業化 성공의 메커니즘을 對外貿易 측면에서 소위 太平洋을 낀 3角貿易構造(美-日-NICs 간)의 형성으로 설명하는 경우도 있다. 곧 '太平洋 成長의 트라이앵글 貿易構造(Pacific triangle-trade mechanism for growth)'論이 그것이다.

최근 들어 중국경제의 고도성장으로 이런 模型의 성장 메커니즘은 허물어지고 말았다. 1990년대 이후 중국경제의 약진으로 이러한 追跡構造(추적구조)상의 기러기 편대의 序列이 흐트러지고, 또 太平洋 성장의 3각 무역구조도 여기에 중국이 끼어듦으로써 기존의 '3角模型'을 '4角模型'으로 변화시켜놓았기 때문이다.

개혁/개방 이후의 중국은 지난날의 韓-美-日 3국 간의 기본적 무역관계에다 자신을 포함시켜 4국 간 관계로 바꾸어놓았다는 것이다. 말하자면 中國經濟의 급부상이 이처럼 東아시아 성장모형을 완전히 바꿔놓았다고 하는 설명이다. <표 3>에서 보듯이

〈표 3〉 1990년대 이후 東아시아 제국의 成長率 추이

(단위 : %)

	1991-1995 평균	1996-2000 평균	2001	2002	2003	2004	2005
中 國	11.6	8.3	7.3	8.0	9.1	10.1	9.9
日 本	1.5	1.4	0.4	-0.3	2.5	2.3	2.8
ANIEs							
韓 國	7.5	4.9	3.8	7.0	3.1	3.2	1.1
대 만	7.1	5.7	-2.2	3.6	4.6	6.1	8.7
싱가포르	9.0	6.2	-2.0	2.2	4.0	4.1	6.4
ASEAN							
泰國	8.6	0.4	2.1	5.4	6.7	7.1	5.1
말레이시아	9.5	4.7	0.3	4.1	6.1	5.3	4.5
인도네시아	7.8	0.7	3.5	3.7	4.5	4.1	6.1
필리핀	2.2	3.9	3.0	4.4	5.2	5.1	5.1

자료 : 韓國銀行, 기타 각국 통계에 의함.

1990년대 이후 중국경제는 연평균 10% 내외의 높은 성장실적을 나타내고 있다.

域內 貿易構造의 변화

이상의 구조적 변화를 염두에 두고, 이 지역의 韓-中-日 3국 간에 일어난 실제 변화양상을 살펴보자. 우선 3국 간의 貿易매트릭스의 변화를 들 수 있다. 1990~2005년간을 놓고 볼 때, 3국 상호 간의 수출 셰어가 11.2%에서 20.2%로, 그리고 수입 셰어는 14.0%에서 27.7%로 늘어났다. 이것은 무엇을 의미하는가? 종전의 對美, 對유럽 등에 대한 무역의존도가 크게 줄고, 그 대신 역내 상호 간의 비중이 그만큼 높아졌음을 의미한다.

〈표 4〉 韓-中-日 3국의 주요 經濟指標
(2005년 기준)

	한 국(A)	중 국(B)	일 본(C)
1) GDP (억 달러, 2004)	6,800	1조 6,530	4조 6,639
2) 1인당 GDP (달러, 2004)	14,162	1,272	36,596
3) 무역의존도 (%, 2004)	70.3	72.1	20.3
4) 外換보유고 (억 달러, 2005년말)	2,104	8,189	8,469
5) 역내 貿易 (억 달러, %, 2005)			
수 출: 對 A국	-	351(4.6)	438(7.8)
對 B국	619(21.8)	-	753(13.5)
對 C국	240(8.4)	841(11.0)	-
수 입: 對 A국	-	769(11.6)	230(4.7)
對 B국	38.6(18.5)	-	1,019(21.0)
對 C국	484(19.6)	1,005(15.2)	-
무역수지: 對 A국	-	△ 418	208
對 B국	233	-	△ 266
對 C국	△ 244	164	-

자료 : 한국무역협회, KOTIS 자료.
주 : 貿易統計의 ( ) 내는 당해국에 대한 수출입 의존도(%)임.

다음 역내 3국 간의 貿易收支 변동을 보자. 먼저 한국은 對中, 對美 무역수지가 큰 폭으로 黑字를 보인 반면, 對日收支는 만성적인 적자구조를 면치 못하고 있다. 한국은 결국 중국과 미국에 대한 黑字를 가지고 對日 赤字를 커버하는 구조로 되어 있다. 그러면 중국과 일본은 어떠한가. 일본의 경우는 對美, 對韓 흑자를 가지고 급증하는 對中 赤字를 커버하는 식으로 되고, 중국은 계속 쌓이는 엄청난 對美 흑자를 가지고 역내의 對日, 對韓 적자를 커버함은 물론, 나아가 동남아 제국에 대한 적자까지도 모두 커버하고 있다. 따라서 중국은 미국에 대한 막대한 黑字, 곧 對美 超過輸出이 없다면 아무것도 할 수 없는 처지에 놓였다고 할 수 있다.

直接投資의 증대, 觀光 붐

중국경제의 고율성장에는 外資 및 외국기업의 기여가 결정적이라 할 수 있다. 여기에는 외국 차관방식의 투자재원 조달은 물론 雇傭과 技術 요인을 동반하는 제조업 분야에서의 외국인 직접투자가 중요한 의미를 갖는다. 직접투자의 경우, 이전에는 독일, 프랑스 등 유럽 제국의 투자가 큰 비중을 차지하였으나, 최근에는 역내의 한국, 일본, 싱가포르 등에 의한 투자로 바뀌어가고 있다.

이밖에 사람의 이동도 무척 활발해졌다. 觀光을 비롯하여, 商用·취직·留學 등을 목적으로 하는 사람의 이동이 급속도로 늘어나고 있다. 2000~2005년간의 韓-中간의 사람 이동을 예로 들면, 기간중 중국인의 한국 入國者 수가 44만 3천 명에서 71만 명으로 60.3% 늘어나고, 또 한국인의 對中 出國者 수는 103만 3천 명에서 296만 명으로 무려 2.9배가 늘어났다(한국관광공사 통계에 의함).

4. 經濟共同體 결성의 制約要因

經濟的 측면에서의 制弱要因

경제적 측면에서는 적어도 역내의 경제협력을 위한 상호 촉진요인이 제약요인보다는 훨씬 크다고 볼 수 있다. 농업부문이나 金融 등 서비스 분야에서 상호 경쟁적 요인이 없는 것은 아니지만, 전체적으로는 ① 일본은 尖端技術 제품 수출국으로서, ② 한국은 中間技術의 중화학제품 수출국으로서, ③ 중국은 노동집약적 輕工業에서의 상대적 優位란 측면에서 상호 보완 관계를 갖는다.

경제적 측면에서 굳이 역내 經濟協力을 저해할 마이너스 요인을 찾으려면 다음 두 가지 정도가 아닐까 한다. 하나는 中, 日 양국의 경제규모가 너무 커서 두 나라가 대외적으로 경제협력 없이도 충분히 살아갈 수 있는 經濟單位 — 소위 one-set economy로서의 조건 — 를 갖추고 있다는 점이고, 다른 하나는 日本은 물론 한국이나 중국까지도 미국이나 유럽(EU)과의 경제관계가 상대적으로 높고 따라서 역내 의존도가 그만큼 낮기 때문에 域內協力을 소극적으로 만들고 있다는 점이다. 域內協力보다 域外協力이 더욱 중요한 의미를 갖는다는 사실이다. 그러나 이 두 가지가 현실의 경제협력 증진을 가로막는 근본적 이유로는 되지 못하고 있다.

非經濟的 측면에서의 制弱要因

현실의 域內 경제관계가 급속하게 긴밀해지고 있음에도 그를 위한 어떤 제도적 뒷받침이 되지 못하고 있음은 오로지 복잡하게 얽힌 非경제적 측면에서의 여러 障害要因 때문이라 할 수 있다. 이들 장해요소는 다음과 같은 몇 가지로 정리해볼 수 있다.

첫째, 國家의 규모나 지리적 條件과 관련해서이다. 중국과 일본은 '東北아시아'란 지역 울타리로 묶기에는 나라 규모가 너무 크다는 점이다. 중국은 中央亞, 東南亞, 西南亞 등 아시아 전역에 걸친 나라이고, 일본 또한 아시아의 나라라지만 東北아시아로 묶기에는 곤란하다는 점이다. 특히 일본의 경우, 비록 지리적으로는 아시아에 속하지만 역사적, 문화적으로는 물론 대외무역 면에서도 '脫亞的

성격'을 농후하게 띠고 있음이 사실이다. 이런 점에서 이 지역의 경제통합의 추구는 전체 나라를 단위로 해서는 처음부터 한계가 있다고 할 수밖에 없다.

둘째, 이념적, 체제적 측면에서의 문제이다. 중국은 경제체제상으로는 市場經濟를 채택하고 있지만, 憲法 질서를 비롯한 정치사회적인 規範 등에서는 아직도 버젓이 社會主義體制 국가이다. 더욱이 北韓은 아직도 시장경제를 부정하는 강고한 사회주의 ― 대단히 왜곡·변질된 형태이기는 하지만 ― 계획경제체제를 유지하고 있는 실정이다. 이는 자유로운 市場經濟體制를 전제로 한 역내 경제협력을 논의하는 마당에 있어 근본적인 걸림돌이라 아니할 수 없다. 특히 北韓이 오늘의 中國 정도의 체제전환(regime change)을 가져오기 전에는 이 지역에서의 경제협력체 결성은 어떤 형태로든 극히 어려운 일임에 틀림없다.

셋째, 역사적, 민족적 遺産과 관련한 문제이다. 지난날 日本의 제국주의적 침략에 따른 韓-中 두 나라의 反日 감정은 좀처럼 사라지질 않고 있다. 오히려 두 나라의 경제적 지위 상승과 더불어 더욱 고조되는 경향마저 띠고 있다. 예컨대 일본의 歷史교과서 歪曲(왜곡)이나 일본 수상의 야스쿠니신사(靖國神社) 참배 문제, 그리고 領土紛爭 등 3국 간에 가로놓인 현실 인식상의 현저한 갭이 경제협력을 가로막는 중요한 걸림돌이라 할 수 있다. 경제적으론 상대방을 극히 필요로 하면서도 정치적으론 상호 간에 敵對的 관계를 계속 유지코자 하는 이 二重的 자세야말로 오늘날 東北亞 3국 관계의 성격을 말해주는 적나라한 자기 모습이 아닐 수 없다.

넷째, 日-中 두 나라 간의 역내 覇權(패권) 싸움을 들 수 있다. 여기에는 이 지역에 대한 美國의 전략이 또한 매우 중요하게 작용하고 있다. 최근 중국의 軍備擴張이나 세계 에너지源 확보를 위한 국가전략적인 접근을 놓고 미국이 문제 삼는 것도 이런 맥락에서 이해할 수 있다.

中國은 가능한 한 이 지역에서 미국 세력을 밀어내고 ASEAN 등 東아시아를 한데 묶는 '中華經濟圈' 형성을 획책하고 있는 반면, 日本은 미국을 포함시키는 조건으로 印度, 파키스탄 등 西南亞까지를 한데 묶는 廣域의 아시아 경제권 형성을 추구하고 있다.

유럽(EU)의 통합과정에서는 독일과 프랑스가 과거의 적대적 관계를 청산하고 미래 지향의 협조적 관계로 나온 것이 EU발전의 둘도 없는 성공조건이었다면, 여기 東北亞 지역에서도 이들 日-中 두 나라의 협조적 관계 형성이 역내 경제통합을 위한 필수적 조건으로 되고 있다.

5. 經濟統合의 展望

결론적으로 이 지역에 미래지향적인 경제통합체 형성의 가능성은 어느 정도인가? 앞에서 거론한 바의 경제적, 非경제적 여러 制約要因은 간단히 제거될 수 있는 성질의 것인가? 그를 위한 先決課題

는 과연 무엇인가?

첫째로 정치와 경제 간의 二律背反性을 극복하는 길이다. 오늘의 東北亞 3국 간의 기본 관계, 특히 日-中관계를 놓고 혹자는 그것을 '經熱·政冷' 현상으로 풀이하고 있다. 말하자면 경제적으로는 자유로운 市場法則에 따라 갈수록 불같이 열을 받고 있으나, 정치적으론 상호 얼음덩어리같이 차가운 관계를 유지한다는 의미이다. 이는 곧 정치가 경제발전의 발목을 잡고 있는 형국이라고나 할까. 그렇다면 이 사슬을 어떻게 풀 수 있을까? 그것은 각국이 정치를 한 단계 업그레이드시키는 길밖에 딴 도리가 없다고 생각된다.

둘째로는 과거지향적인 民族主義 욕구로부터 탈피하는 길이다. 韓-中 양국은 과거 일본의 침략에 대한 피해의식이 아직도 너무나 강고하게 남아 있다. 그러나 과거지향의 역사, 곧 민족주의가 미래지향의 經濟發展을 가로막는 걸림돌이 되어서는 결코 안 된다는 점에서 국민의식의 근본적인 전환이 요구된다.

셋째로 廣域의 東아시아 협력체제로의 확대·발전을 추구하는 길이다. 東北亞 3국 간의 이러한 첨예한 갈등관계를 완화하기 위해서는 그것의 外延을 넓힐 필요가 있다. 3국 간의 경제협력이다, 각국 간의 FTA 체결이다 할 것이 아니라, 東南亞 지역까지를 포함하여 ASEAN+3체제의 발전을 추구하거나 大洋洲까지 포괄하는 廣域의 東아시아 經濟圈 형성으로 나아가야 한다는 주장이 그것이다.

韓國의 선택

그렇다면 현실의 韓國의 선택은 무엇인가. 첫째로 지금까지의

海洋指向的 발전의 길에서 섣불리 大陸指向的인 길로 선회하려는 것은 곤란한 처사가 아닐까. 자칫 그러한 방향 선회는 19세기 말 淸日戰爭 이전으로 회귀하는 역사의 후퇴를 가져올 수도 있기 때문이다. 현 단계 한국경제에 있어서의 중국의 지위는 단순한 需要者的 역할(absorber's role)에 불과하다고 하겠으나, 반면에 미국과 일본은 수요자적 역할도 물론 하지만 그보다 더 중요한 供給者的 역할(supplier's role)을 담당한다는 점을 알아야 한다.

둘째로 北韓을 개혁/개방의 길로 인도하는 데 한국이 주도적 역할을 담당해야 한다는 점이다. 이는 역내에서의 美-中 및 日-中 패권 싸움에 어떻게 대처해야 할 것인가 하는 문제이기도 하다. 섣불리 中立的 입장에서 均衡者 역할을 自任하고 나선다는 것은 어리석은 생각일뿐더러, 국제정세를 무시하고 일방적인 북한 지원으로 문제를 해결코자 해서도 결코 안 될 것이다.

끝으로 강조해두고 싶은 것은 東北亞 3국만의 좁은 지역통합을 추구할 것이 아니라, 보다 넓은 廣域의 東아시아를 한데 묶는 ASEAN+3체제로의 발전을 추구해야 한다는 점이다. 만약 그것이 여의치 않을 경우 기존의 APEC의 길을 더욱 발전시켜나가는 방향으로 나아가야 할 것이라는 점이다.

(社)韓中友好協會, 초청 講演 要旨, 2006년 4월 14일.

東아시아 經濟危機를 보는 법
— 內因論이냐 外因論이냐 —

정책 잘못으로 危機를 自招한 것이냐 아니면 국제 헤지펀드의 음모에 말려든 것이냐? 危機의 '도미노 현상'이란 점에서는 후자의 陰謀論이 맞고, 대만, 싱가포르 등이 위기를 비껴간 것을 보면 전자의 內因論이 맞는 것 같기도 하다. 글쎄 한국의 경우는 어느 쪽일까?

1. 序 — 東아시아 經濟危機 接近法

韓國을 포함하는 東아시아 경제위기를 보는 시각은 물론 사람에 따라 다를 것이다. 그러나 그것은 대체로 國內的 요인을 중요시하는 內因論的 입장과 대외적 요인에 더 큰 비중을 두려는 外因論的 입장으로 갈라볼 수 있다. 아시아 각국의 정부나 기업 또는 금융기관 등이 일을 잘못하여 위기를 자초하게 된 것이라면 前者일 것이며, 반대로 아시아에 들어와 있는 투기적인 國際金融資本(hot money)의 투자마인드에서 그것의 원인을 찾고자 한다면 後者라고 할 수 있다.

사상 미증유의 위기를 맞은 한국의 경우는 어떠한가. 철저히 전자의 입장에 서 있다고 해도 과언 아니다. 한국은 처음부터 위기의 원인을 한국정부 측의 정책 잘못으로 몰아갔기 때문에 후자의 국제적 要因이 거기에 끼어들 여지가 없었다. 때마침 대통령 선거철이라, 당시 野黨으로서는 정부·여당을 공격하고, 그를 통한 得票工作에 더없이 좋은 好材를 만난 셈이었다. 즉 국가적 경제위기를 정치적으로 최대한 이용코자 한 것이다.

만약 누가 국제적 요인을 들고 나오기라도 한다면 그것은 영락없이 정부·여당을 편들고 야당을 반대하는 꼴로 되어 여론의 몰매를 맞을 그런 분위기였기 때문이다. 생각해보면 참 공교로운 일이었다. 대통령 선거가 한창인 시점에 하필이면 그런 엄청난 金融危機가 터졌단 말인가. 그것은 선거에 엄청난 영향을 미치고 야당 후보를 대통령으로 당선시키는 데 一等功臣이나 다름없는 역할을 했으니 말이다.

이처럼 大統領 선거전과 맞물림으로써 위기상황을 더욱 增幅(증폭)시키게 되었음은 물론이고, 위기를 보는 국민의 시각까지도 완전히 한쪽으로 偏向되는, 곧 內因論 쪽으로 기울어지게 만들어놓았다. 말하자면 東南亞 일대를 휩쓸고 난 다음 북상하여 韓國에까지 밀려온 아시아 위기의 '도미노 현상'이 틀림없음에도 불구하고 사람들이 이러한 국제적 요인을 애써 무시하고 '內憂(내우)'에만 정신이 빠져 '外患(외환)'으로서의 인식은 전혀 하지 못하게 만들었다.

모든 책임을 이처럼 정부 측에만 돌리는 內因論으로 몰아가다보니, IMF 救濟金融을 빨리 신청하지 않았다고 하여 해당부처 長官을 책임 추궁하는 '經濟聽聞會'까지 열기도 했다. 나아가 IMF는 우리에게 '神의 祝福', 바로 그것이라고 떠받드는 분위기가 연출되기도 했다. IMF의 요구조건이 우리에게 너무 가혹하다든가, 정부가 IMF와 맺은 協定 내용이 잘못되었다든가 하는 비판은 결코 허용되지 않았다. 그런 비판은 우리를 도우려고 온 IMF를 욕되게 하는 것으로 지극히 파렴치한 처사로 비쳐질 정도였다.

2. IMF는 神의 祝福인가 – 말레이시아의 경우

한편 같은 위기에 처한 東南亞 다른 나라들의 입장은 어떠했는가. 그들도 한국처럼 그들 나라 정부 탓으로만 돌리는 內因論的 입장에만 빠져 있었는가. 그들은 결코 그렇지 않았다. 한 가지 비근한 예로 홍콩의 일간지 《사우드 차이나 모닝 포스트》가 아시아 經濟危機 1년을 맞아 역내 각국의 핵심적 經濟長官을 상대로 설문 조사한 위기진단의 결과는 우리에게 시사하는 바가 크다고 할 수 있다.

처음부터 IMF 救濟금융을 스스로 거절한 말레이시아는 말할 것도 없고, 태국, 日本, 대만 등의 경우에서도 위기 촉발의 원인으로 內因論보다는 外因論 쪽에 더욱 큰 비중을 두고 있음을 볼 수 있다(《중앙일보》, 1998년 7월 18일자). 이것이 아니더라도 外信이 전하는 바로는 東南亞 여러 나라의 경우, 위기를 보는 시각이 韓國 경우와는 사뭇 달랐다는 것을 알 수 있다.

필자가 이처럼 아시아 경제위기에 대한 원인 診斷(진단)을 중요시하는 데는 그 나름의 이유가 있다. 원인을 진단하는 것 자체도 물론 중요한 일이지만 그보다도 위기에 대처하는 데 있어 올바른

方法論을 찾아내기 위해서이다.

 韓國처럼 철저한 內因論的 입장에 서면 그 方法論은 자연히 위기를 불러오게 된 국내적 요인을 제거하는 데 焦點이 놓일 것이고, 또한 그 대책도 IMF가 시키는 대로 하는 것으로 만족할 수밖에 없을 것이다. 반면 말레이시아나 태국처럼 자기 나름의 外因論的 입장을 취한다면, 그 처방 역시 위기를 불러올 외부 요인을 차단하는 데 역점이 놓일 것이며 또한 IMF가 시키는 대로 움직이지 않을 수도 충분히 있을 것이다. 최근 말레이시아가 IMF 측의 반대에도 불구하고 거꾸로 과감하게 固定換率制로 넘어간 조치는 이의 단적인 사례라 할 수 있다.

 IMF 사태 1年이 가까워지는 현 시점에서 IMF가 지금에도 우리에게 계속 神의 祝福으로 간주되고 있는가? 그동안 우리는 構造調整만이 살길이라는 슬로건 아래 그야말로 열심히 IMF식 개혁의 고삐를 다그쳐왔다고 할 수 있다. 勞使改革이 그러했고 金融改革이 그러했으며 또한 재벌개혁이 그러했다. 그러나 아직도 개혁의 성과는 별반 나타나질 않고 먼저 실행한 개혁의 後遺症(후유증)만 불거져 나오고 있다. 노사개혁에서 그처럼 어렵게 이끌어낸 整理解雇制가 現代自動車(주) 勞使紛糾 과정에서 보기 좋게 거부되고만 것만 봐도 충분히 알 수 있는 일이다.

 그런 속에서도 개혁은 가일층 강도 높게 계속되고 있다. 안타까운 것은 정부가 개혁만이 살길이라고 아무리 떠들어도 국민이 거기에 호응해주지 않으면 아무 소용이 없다는 점이다. 지금 국민은 IMF식 개혁에 대해 어떤 생각을 갖고 있을까.

무슨 改革이든 그것은 지금보다 낫게 뜯어고치자는 것이리라. 정부가 하는 짓은 무엇이든 뜯어 합치거나, 줄이거나, 없애거나 하는 것으로 이해되고, 그러다보니 개혁이란 결과적으로 '사람 쫓아내는 것' 쯤으로 이해되고 있는 실정이다. 이에 많은 사람들이 자기 직장에 대해 그리고 자기 實生活에 대해 불안에 떨게 하고 있다. 사람들로 하여금 이처럼 직장에서 쫓겨날까봐 불안에 떨고 있어서야 改革이 제대로 이루어질 수 있겠는가.

3. 構造改革의 方向

모름지기 모든 개혁에는 먼저 확고한 원칙 아래 뚜렷한 目標가 주어져야 한다. 지금 정부가 추진하고 있는 개혁 조치의 원칙과 방향 그리고 그것의 목표는 과연 무엇인가.

지금까지 드러난 바로는, ① 自由市場經濟의 원칙, ② 국제화 내지 글로벌화의 방향, ③ 외국자본 도입의 極大化라는 3가지로 보아 무방하지 않을까. 좀 더 구체적으로 풀어본다면, 경제에 대한 정부의 규제와 간섭을 줄이고, 시장경제원리에 반하는 금융제도나 勞使慣行, 또는 財閥(재벌)조직 등을 뜯어고침으로써 외국자본이 자유롭게 드나들고 또 자유롭게 장사할 수 있는 제도적, 환경적 기반을 만들어주는 데 있는 것으로 요약할 수 있다.

이상의 원칙과 방향은 결국 앞에서 본 위기진단에 있어서의 內因論的 입장을 그대로 반영하는 것이라고 할 수 있다. 또한 IMF를 앞세운 외국자본의 요구를 그대로 반영하는 결과이기도 하다. IMF

와 외국자본이 원하는 대로 무조건 그렇게 개혁하는 것, 그것이 과연 옳은 개혁방향인가 하는 것은 한번쯤 더 냉철히 따져봐야 할 시점에 이르렀다는 것이 필자의 생각이다. 지금 改革이 잘 추진되지 않는 이유나 또는 개혁의 성과가 잘 나타나지 않는 이유는 결국 改革의 원칙과 방향이 잘못 설정된 탓이 아닌가 하는 의구심에서 하는 말이기도 하다.

한마디로 外資만 많이 끌어들인다고 과연 위기를 극복할 수 있을 것인가, 또는 有數의 국내기업을 외국기업에 헐값으로 放賣(방매)하는 식으로 처분한다고 하여 과연 문제가 풀리겠는가 하는 생각을 금할 수가 없다. 무조건 외자만 많이 유치한다고 하여 IMF의 거센 波高를 순탄하게 넘을 수 있을 것으로 보거나, 또한 波高를 적당히 넘을 수 있다고 하여 그것으로 문제가 완전히 끝나는 것으로 볼 수는 없다. 언젠가 더 큰 위기를 불러올 蓋然性(개연성)은 언제나 있기 때문이다.

오늘의 경제위기를 극복하기 위해서는 무엇보다도 그 위기를 보는 사람들의 시각을 뜯어고칠 필요가 있다. 현재와 같은 內因論的 시각만으로는 안 되고 거기에 外因論的 시각도 충분히 시야에 넣는 折衷的(절충적) 입장을 취할 때, 비로소 문제 해결의 근본적인 실마리가 풀리지 않을까 하는 생각을 하게 된다.

≪국민은행소식≫, 1998년 9월호.

제 III 부

韓國經濟, 어제와 오늘

文明史的 관점에서의 韓國의 經濟發展　133
李承晩의 經濟觀과 1950년대 經濟　148
5·16군사정부의 初期 改革政策　158
OECD 가입의 意義　169
換率 급등의 背景과 波及效果　178
IMF事態와 構造調整의 歸結　187

文明史的 관점에서의 韓國의 經濟發展
－ 아직 海洋文明圈으로 남아야 한다 －

文明史的으로 본 한국경제의 高度成長은 어떻게 규정될까? 그것은 해방 후 美國 중심의 완전한 海洋文明圈으로의 전환으로 말미암아 가능하게 된 것이 아닐까. 여기에서 우리는 처음 門戶가 개방되는 1876년의 江華島條約에 특별히 주목할 필요가 있다.

1. 문제의 제기

최근 사회 일각에서는 한국이 지금까지 걸어온 해양지향적인 역사발전의 길에서 이제 대륙지향적인 발전의 길로 旋回해야 하는 것 아니냐는 주장이 나오고, 시간이 흐를수록 그것은 그 나름의 상당한 共感帶(공감대)를 형성해가고 있는 것 같기도 하다. 젊은 층을 상대로 한 여론조사에서는 물론이고 심지어 현직 나라의 국회의원을 상대로 한 조사에서도 親美나 親日보다는 親中의 입장을 취하는 議員 수가 더 많다고 하는 통계도 나오고 있다.

물론 이것을 가지고 사람들의 확고한 인식의 변화로 보기는 어려울지도 모른다. 그것이 현실의 反美, 反日的인 국민정서의 일시적 반영으로 보이기 때문이다. 그러나 한국을 둘러싼 현실의 객관적인 상황변화가 사회 분위기를 그렇게 만들어가고 있는 것만은 사실이라고 봐야 하지 않을까.

거기에는 다음 두 가지 시대상황의 변화가 중요하게 작용한 탓이 아닌가 하고 필자는 생각한다. 하나는 親北的, 左傾的 정권의 등장과 함께 민족화합과 통일이 나라 통치의 최고 목표로 설정되면서, 현실의 분단체제를 극복하기 위해서는 北韓과 대립적인 관계인 미국과는 멀리하는 한편, 그와 밀접한 관계에 있는 중국과 더욱 가까워져야 한다는 민족적, 정치적 요구가 첫 번째 상황변화라고 하면, 다른 하나는 최근 들어 중국경제의 浮上에 따라 한국의 수출입 무역은 물론 직접투자나 기술제휴 등에서도 中國이 미국이나 일본을 제치고 韓國 제일의 무역 및 투자 대상국으로 등장하게 된 현실적, 경제적 요구가 그 두 번째 상황변화라고 할 수 있다.

그러나 이 두 가지 사실은 우선 논리적 타당성을 잃었을 뿐더러, 또한 매우 피상적 관찰의 결과라고 하지 않을 수 없다. 왜냐하면 당면의 '北核' 문제만 놓고 보더라도 海洋세력인 미국을 배제한 채 大陸세력인 중국에만 의지하여 과연 그것을 풀 수 있겠는가, 나아가 南北和解와 統一의 문제에 있어서도 1953년 '停戰協定'의 당사자인 미국을 제쳐놓고서는 한 발짝도 앞으로 나갈 수 없음은 당연한 일이라 할 수 있다.

이는 미국에 대한 북한의 태도만 보더라도 명백한 일이다. 최근 南韓에 反美·親北정권이 들어선 이후 약간의 변화는 생겼다고 하겠지만, 그래도 韓半島 문제에 대한 북한의 기본 입장은 남한을 철저히 배제한 채 미국하고만 상대하려는 이른바 '封南通美' 원칙을 고수하고 있지 않는가.

다음 중국에 대한 경제적 의존관계에 있어서도 연간 거래실적 면에서 중국 비중이 날로 높아지고 있음은 엄연한 사실이지만, 그 속에는 여러 가지 따져봐야 할 변수도 많이 포함되어 있음을 알아야 한다.

우선 中國에 대한 수출이나 투자의 증대는 다른 편으로 日本으로부터의 수입증대를 조건으로 해서만 가능할뿐더러, 對中 수출·투자의 일부는 그 다음 단계로 미국에 대한 再輸出로 연결된다고 하는 사실을 동시에 감안해야 한다는 점이다. 더욱 중요한 것은 기술조건 면에서 볼 때 미국, 일본의 경우는 한국이 선진기술을 배워야 할 입장이므로 기술적으로 그만큼 중요성이 크다고 볼 수 있지만, 중국의 경우는 한국이 오히려 선진기술을 가르쳐줘야 할 입장에 있으므로 한국의 기술향상 측면에서는 앞의 미국, 일본과는 비교가 될 수 없다. 이런 점들을 모두 함께 고려하면서 중국과의 경제관계를 量的 규모로만이 아니라 質的 측면까지도 동시에 따져봐야 한다는 것이 필자의 所見이다.

이 글은 이러한 취지에서 한국이 지금의 해양지향적인 발전의 길에서 섣불리 대륙지향적인 길로 방향을 旋回(선회)해서는 안 된다는 것을 밝혀보고자 한다. 특히 '경제발전'이란 측면에서 오늘날 한국이 세계 11위(GDP 규모 기준)의 경제대국으로 올라서기까지의 발전과정이 어떠했는가를 보고자 한다.

소급해보면 1876년의 江華島條約으로 해양문명권으로 넘어온 이후 한국은 그 유례가 없는 경제발전을 이룩했다고 할 수 있다. 이 점을 무시하고 지금에 와서 쉽게 대륙문명권으로 되돌아가자고 할 수 있겠는가 하는 점, 바꿔 말해 그것의 부당성을 지적하려는 것이 이 글의 집필 취지이다.

2. 近·現代史에서의 세 번의 국제적 契機

1876년의 江華島條約

한국 근·현대사 전개에서 적어도 세 번의 중요한 국제적 계기를 겪는다고 필자는 보고 있다. 첫 번째가 1876년의 江華島條約 체결이다. 강화도조약을 놓고, 당시 일본군의 武力示威하에 강압적으로 체결된 不平等條約이라 하여 그 역사적 의미를 부정적으로 보거나 또는 소극적으로 보고자 하는 경향이 있으나 필자는 결코 그렇게 보지 않는다.

그 무렵 후진국인 일본이나 중국이 미국이나 유럽 여러 나라들과 맺은 條約치고 불평등하지 않은 조약이 세상에 어디 있었던가. 힘의 논리가 지배하는 그 시대 어느 경우나 國際條約이 정도의 차이는 있겠으나 不平等性을 띠게 되는 것은 당연한 일이었다.

생각을 바꾸어 만약 당시 斥邪衛正派(척사위정파)의 주장대로, 丙寅洋擾(병인양요)-辛未洋擾(신미양요)-雲揚號事件(운양호사건) 등으로 이어지는 열강의 문호개방 압력을 끝까지 물리치고 大院君 식의 鎖國(쇄국)의 길을 끝까지 고집했더라면 그 후의 한국역사의 전개는 어떻게 되었을까. 생각만 해도 끔찍한 일이 아닌가.

강화도조약 체결을 계기로 한국은 곧이어 미국, 청국, 러시아, 영국 등 세계 주요 열강과의 문호개방 조약을 연달아 체결하게 된다. 한국은 오랜 폐쇄적인 전통사회의 舊殼(구각)을 벗고 외국에 대해 門戶(市場)를 개방함으로써 근대적 국제무역의 길이 열리게 된다. 민족사적으로 이 얼마나 중차대한 劃期的인 사건이라 아니할 수 있겠는가. 역사학계에서 이 강화도조약을 '한국 근대의 始點'으로 잡는 이유도 바로 이런 점에 있다고 본다.

강화도조약의 체결은 韓國史 전개에서 두 가지 중요한 의미가 있다고 필자는 생각한다. 우선 국가의 正統性 변화 측면에서의 의미이다. 동 조약으로 한국은 중국에 대한 오랜 屬邦的(?) 지위로부터 벗어나 비록 타율적 힘에 의해서지만 독립국으로서의 국제적 지위를 그런대로 획득했다고 하는 사실이다. 둘째로는 경제적 측면에서의 의미이다. 이 점이 상대적으로 더욱 중요하다고 생각되지만, 이 조약으로 한국은 釜山, 仁川, 元山 등 주요 항구를 개방하여 선진국 상품 – 대부분 機械製의 工産品 – 이 수입되고 한국인에게 선보일 수 있는 길이 열렸다는 사실이다.

이상 두 가지 역사적 의미를 문명사적으로 해석해본다면, 반도국가 한국이 종전의 중국 중심의 '大陸文明圈'으로부터 새로이 일본 중심의 '海洋文明圈'으로 자리 이동함으로써 일대 문명사적 전환을 하였다는 점이다. 다시 말하자면 강화도조약으로 지금까지 대륙문명권에 속해 있던 한국이 대륙으로부터 떨어져나와 바다에 연해 있는 해양국으로 탈바꿈하는 매우 중요한 역사적 轉機가 마련되었다고 하는 의미가 그것이다.

1910년의 韓日合邦

두 번째로 짚어야 할 중요한 국제적 계기는 1910년의 韓日合邦이다. 국가주권 면에서는 나라가 외국의 식민지로 전락한 비극적 조치임에 틀림없지만, 문명사적 관점에서 韓日合邦이 가지는 의미는 대단히 크다. 이 韓日合邦을 계기로 한국은 비로소 대륙문명권에서 해양문명권으로 완전히 전환하는 계기가 주어졌기 때문이다.

開港으로부터 合邦까지의 35년간을 어떻게 성격 지을 것인가. 필자는 이 기간의 성격을 이를테면 문명사적 격동기에 처하여 국내 각 政派別로 — 예컨대 守舊派와 開化派, 민족자주파와 외세의존파 등 — 국가의 발전방향을 놓고 심한 대립과 갈등, 그리고 치열한 정치적 爭鬪가 벌어진 그런 시기라고 생각한다.

甲午改革, 甲申政變, 俄館播遷(아관파천), 閔妃(민비) 弑害(시해) 등을 거치면서 開化의 올바른 방향 모색을 위한 온갖 진통을 겪었지만 결국 자체적으로는 아무것도 이루지 못한 채, 韓半島 운명을 가름하는 淸-日, 러-日 兩次의 전쟁에서 승리한 일본에 의해 해양문명권으로 강제 편입되는 과정으로 귀결되고 말았으니 말이다.

다시 말해 문명사적으로는 한국이 몇 천 년 동안 이어져온 大陸文明圈에서 떨어져 나와 새로이 海洋文明圈으로 편입된다고 하는 점에서 중대한 민족사적 의미를 가진다고 할 수밖에 없다. 35년의 식민지 체제하에서 한국은 정치, 경제, 교육, 문화 등 사회 모든 분야에 걸쳐 엄청난 변혁을 겪게 된다. 한마디로 식민지 권력에 의한 서구적 개념의 '近代化' 과정을 밟게 된 것이다.

일본은 이런저런 이유와 목적으로 식민지 조선에 일본인 자본과 기술을 대량으로 투입하여 식민지 공업화정책을 강력히 추진한다. 그리하여 식민지 조선의 경제성장률이 식민지 모국인 일본보다도 오히려 높을 정도의 구조적 변화를 경험하게 된다.

1939~40년간의 실적을 기준으로 朝鮮의 공업생산액이 총생산의 37.4%에 이르고(농업생산 비중 39.7%), 또 공업 중에서도 철강·기계·화학·窯業(요업) 등 중화학공업의 생산 비중이 전체 공업생산에서 무려 46.3%에 이를 정도였다. 물론 이들 몇 가지 수치만으로 工業化의 실상을 정확히 파악할 수는 없지만, 이 무렵 朝鮮은 이미 상당한 수준의 공업화 단계에 이르렀음은 부정할 수 없다.

그렇다면 식민지하에서의 이러한 工業化, 近代化 과정을 우리는 어떻게 평가하고 이해해야 할 것인가. 무엇보다도 그것은 일본 식민지라는 海洋文明圈으로의 편입을 통해서 가능했다는 것을 부정해서는 안 된다는 사실이다. 만약 일본의 자본과 기술, 원자재 등이 그렇게 자유롭게 대량으로 유입될 수 없었다면 과연 그렇게 빠른 工業化 과정이 이루어질 수 있었을까. 우리는 식민지사적 관점과 아울러 이 문명사적 관점을 배제해서는 결코 안 된다고 생각한다. 海洋文明圈으로의 완전한 전환을 통한 식민지하의 공업화 및 근대화에 대한 온당한 평가가 이루어져야 한다고 본다.

3. 解放과 海洋指向的 발전의 길

8·15 解放의 민족사적 意味

세 번째로 들어야 할 국제적 계기는 뭐니 뭐니 해도 1945년 8월 일본 식민지 지배로부터 벗어나는 8·15해방에서 주어진다. 8·15해방이 가지는 민족사적 의미는 무엇인가. 그것은 정치적으로 國家主權을 되찾았다는 正統性 회복에서 우선 중요한 의미를 찾을 수 있다. 물론 그 과정에서 불행히도 국가가 남/북으로 분단되었다는 사실도 동시에 강조되어야 한다.

 이 남북분단의 결과 南韓은 종전과 같은 해양문명권으로 그대로 남게 되지만 - 日本문명권으로부터 美國문명권으로 바뀌는 성격 변화는 가져오지만 - , 北韓의 경우는 대륙(중국, 구 소련)의 사회주의 진영으로 넘어가는 바람에 이전의 대륙문명권으로 다시 回歸하는 결과를 낳았다. 남과 북이 이처럼 출발지점에서 서로 다른 문명권으로 갈라섰다고 하는 사실, 이 점이야말로 그 후에 전개되는 엄청난 민족적 비극의 씨앗을 孕胎(잉태)하게 된 결정적 계기였다고 할 수 있다.

 南韓의 경우를 놓고 보면, 지난날 日本에 의해 해양문명권으로 편입된 이후 비록 식민지적 성격을 지니기는 하지만 그래도 엄청난 사회경제적인 변혁을 경험하게 되고, 그러한 변화의 토대 위에서 해방과 더불어 다시 美國이 주도하는 또 다른 성격의 海洋文明圈으로 넘어가는 길을 밟게 되는 것이다.

 해방 후 남한이 북한과는 달리 이처럼 미국 주도하의 해양문명권으로 전환된다고 하는 사실은 무슨 의미일까. 여기에는 두 가지 중요한 의미가 있다고 생각한다. 하나는 지난날 일본식의 軍國主義와 統制經濟體制로부터 벗어나 새로운 서구적 議會民主主義와 市場經濟體制로 전환한다는 의미이고, 다른 하나는 전후 세계질서 재편을 주도한 覇權國(패권국) 미국에 의해 직접적으로 한국이 세계자본주의 체제에 편입되었다고 하는 의미가 그것이다.

美軍政과 世界經濟에의 편입

우선 전자를 위하여 미국은 1945년 9월 美軍 進駐와 더불어 곧장 일본 식민지체제하에서 만들어진 모든 억압·통제장치를 철폐함과 동시에, 쌀의 供出制를 없애고 封建的 地主制를 廢絶(폐절)시키기 위한 土地改革 등의 일대 혁명적 조치를 단행하였다. 또한 議會制 민주주의를 도입코자 미군정 치하에서도 한국인으로 구성되는 '民主議院'을 설치하였는가 하면, 1948년 8월 국민의 보통·직접선거에 의한 초대 李承晚 정부의 등장을 가능케 했다.

여기서 한 가지 반드시 지적해둘 일이 있다. 그것은 전후 세계적 覇權國으로 등장한 미국은 제일 먼저 戰前 植民地體制(colonialism)를 붕괴시키고 수많은 피식민지 나라들로 하여금 민족해방을 하도록 하였으며, 또한 지난날의 블록경제(bloc economy)와 보호무역주의를 철폐하고 그 위에 자유무역주의를 根幹(근간)으로 하는 IMF/GATT 體制를 성립시켰다고 하는 사실이다. 이러한 측면에서 미국은 전후 세계사적 전환기에서 그 누구보다도 가장 진보적인 국가로 평가받을 수 있었고, 한국이 이처럼 진보적 성향의 미국을 통하여 세계자본주의체제에 쉽게 편입되는 길을 밟았다고 하는 사실이다. 한국으로서는 그야말로 행운이라면 크나큰 행운이었다.

미국은 또한 美-소 냉전체제가 구축됨에 따라 서방 資本主義 시장경제체제의 확립을 위하여 서방 진영에 대한 막대한 원조를 제공하게 된다. 미국의 이러한 대외원조 프로그램 속에 한국도 주요 원조대상국으로 편입됨은 물론이다. 한국은 미국의 이 援助프로그램을 지렛대로 세계자본주의 시장경제체제에 편입되는 과정을 밟게 된다. 이 점이 바로 지난날 일본 치하에서와는 다른 새로운 성격의 海洋文明圈으로의 진입을 의미하는 것이었다.

아무튼 해방 후 한국이 패권국인 미국에 의해 서방 자본주의 세계체제에 편입되는 해양문명권으로 계속 남게 되었다는 사실에 우리는 특별히 주목할 필요가 있다. 그것이 곧 오늘의 韓國을 있게 한 제일차적인 국제적 계기를 마련해주었기 때문이다.

4. 韓日會談과 태평양 3角貿易시스템

美國 援助政策의 전환

한국이 이처럼 세계체제에 깊숙이 편입하게 된 데에는 아무래도 미국의 막대한 군사/경제원조를 통해서였다고 함은 부정할 수 없다. 우리가 군사원조의 규모나 내역에 대해서는 제대로 알 길이 없지만, 경제원조의 경우는 1945년 9월 미군정 시절에서 시작하여 1960년대 이후 無償원조가 有償차관과 직접투자로 바뀔 때까지 줄잡아 42억 달러(UN 관련 원조 포함)에 달하는 규모였다.

미국의 원조는 미군정 당시의 순수한 민간 구호를 위한 GARIOA /EROA원조로부터 시작하여 6·25전쟁 당시의 전쟁 罹災民(이재민)대책을 위한 원조, 그리고 휴전 후의 파괴된 산업시설의 복구와 경제부흥을 위한 ICA원조에 이르기까지 여러 가지 형태로 들어왔다. 그 중 가장 규모가 크고 중요한 것은 1950년대 경제부흥을 위한 ICA원조였다. 이 ICA원조를 가지고 1950년대 한국경제를 조속히 복구하고 산업시설을 한 단계 더 업그레이드할 수 있었다. 구체적으로 철도, 전력, 항만, 통신, 灌漑(관개)사업, 水理사업 등 사회간접자본이 확충되었고, 제조업에서도 1950년대 대표적 투자사업인 忠州肥料工場 등이 건설될 수 있었다.

　미국의 이러한 대외원조정책은 1950년대 말에 오면 미국경제의 침체와 국제수지 赤字累積으로 더 이상 지탱하기 어려운 상황에 처하였다. 미국은 당면의 國際收支 방어대책으로 종전의 무상원조를 유상차관 방식으로 바꾼다든가, 특별히 한국에 대한 원조의 경우에는 일본으로 하여금 일정 부분을 떠맡게 하는 방안 등이 강구되었다. 후자의 경우, 미국은 韓日會談을 통하여 두 나라 간에 조속한 국교정상화를 실현하고, 그를 통해 일본자본의 한국진출을 강력히 慫慂(종용)하기에 이르렀다.

　미국 측의 강력한 요구에 따라 한-일 두 나라는 1965년 6월 급기야 韓日會談을 성사시킨다. 이 한일협정에 의한 일본자본의 한국진출이야말로 1960~70년대 5개년계획을 통한 한국의 급속한 경제발전을 가능케 한 기초 조건을 만들어준 셈이었다.

韓日會談과 請求權資金

　한일회담의 타결은 請求權資金 – 일본 측에서는 경제협력자금이라 함 – 으로 알려진 일본 공적자금 5억 달러(무상자금 3억 달러, 유상자금 2억 달러)와 민간상업차관 3억 달러 이상(3억 달러+ α)에

달하는 일본자본의 한국 진출을 의미한다. 대부분 그것은 5개년계
획상의 경제개발자금으로 투입되었다. 청구권자금 5억 달러는 浦項
綜合製鐵, 경부고속도로, 昭陽江(소양강) 댐 건설 등과 그리고 철도,
도로, 전력, 통신, 上/下水道 등 사회간접자본 확충을 위하여 사용되
었다. 그리고 3억 달러 이상의 민간상업차관의 경우는 대부분 광공
업 분야에 대한 투자로 들어왔다.

제조업 중에서도 일본자본이 많이 들어온 업종은 지금까지 미국
원조자금으로 수입되던 化學肥料, 철강재, 시멘트, 화학섬유, 合成
樹脂(PVC) 등 이른바 기간산업에 속하는 분야였다. 처음에는 미국
원조로 수입되던 재화를 일본자본에 의한 국내 공장 건설로 수입을
代替하는 형식으로 이루어졌다가 점차 시설확장과 생산능력 확대
에 따라 수출 쪽으로 방향을 틀게 되었다. 정부가 제2차 5개년계획
(1967~71년) 때부터는 輸出第一主義 슬로건 아래 적극적인 수출
장려정책을 폄으로써 일본자본의 진출대상도 자연히 한국의 수출
산업 쪽으로 바뀌었다고 할 수 있다.

太平洋 성장의 3角무역시스템의 성립

여기에 바로 1960년대 후반 한-미-일 3국을 잇는 '太平洋 성장의
3角(트라이앵글) 무역구조'가 형성되는 기틀이 마련된다. 한국은
제1차로 일본으로부터 수출용 상품생산을 위한 공장 건설용 시설재
를 도입하고, 그 위에 또한 공장 가동에 필요한 소요 원자재도 일본
으로부터 도입한다. 제2차로 한국은 그것을 가지고 국내에서 組立/
加工工程을 거쳐 완제품을 만들고, 제3차로 그것을 주로 미국시장

에 내다파는(수출), 이른바 3단계의 조립/가공 무역 메커니즘을 성립시키게 된다.

요약건대 지난 1960~70년대 한국의 '수출지향적인 工業化 전략'이란 바로 이를 두고 하는 말이다. 그리고 이 3단계 무역메커니즘이 바로 흔히 인용되는 '太平洋 성장의 3角(트라이앵글) 무역구조'인 것이다. 이 3角 무역구조가 바로 지난 1960~70년대 소위 朴正熙 開發年代에 있어서의 史上 그 유례가 없는 超高速 성장을 가능케 한 한국형 경제발전 메커니즘이라고 말할 수 있다. 참고로 이를 간단히 圖解해보면 다음과 같다.

〈도 2〉 太平洋 成長의 트라이앵글貿易構造

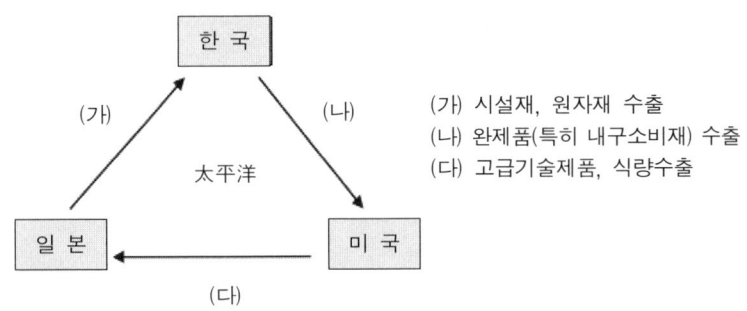

그렇다면 이상과 같은 韓-美-日 3각 무역구조, 즉 수출지향적인 성장 메커니즘은 韓國現代史 전개에서 어떤 의미를 가지는가. 그것은 한국을 둘러싼 양대 해양세력이라고 할 美, 日 두 나라 간의 굳건한 제휴와 同盟關係의 성립을 기초로, 정치·안보 면에서는 韓美 군사동맹체제, 그리고 경제 측면에서는 이 韓-美-日 3角 무역체

제 구축이라는 2개의 바퀴를 단 雙頭馬車(쌍두마차)에 올라탄 격이 었다고나 할까.

5. 結言 – 北韓을 反面敎師로 삼아야

이상의 한국경제 발전 메커니즘은 최근 들어 중국경제의 급부상과 더불어 하루아침에 흔들리기 시작했다. 말하자면 앞에서 본 圖解상의 트라이앵글 무역구조에 금이 간 것이다. 수출의 경우, 중국이 미국을 제치고 한국의 제1 수출대상국으로 올라선 것은 이미 오래 전 일이고, 수입에 있어서도 2006년 하반기부터 中國이 日本을 제치고 한국의 제1 수입대상국으로 바뀌었다.

사정이 이러하고 보니 과거 수출·입 모두 美, 日 두 나라에 절대적으로 의존하고 있던 한국의 무역구조는 根底로부터 흔들리기 시작했다. 상품무역만이 아니라 금융·자본거래에 있어서나 기술·관광 분야에 이르기까지 중국은 한국에 대해 모든 면에서 제1위의 자리를 굳히게 되고, 여기에 지금까지의 韓國型 성장 메커니즘이라 할 太平洋成長의 3角 구조도 함께 解體의 단계에 접어들게 되었다고 말할 수 있다.

그럼 代案은 무엇인가. 경제적 측면에서만이 아니라 北核 문제와 같은 남북관계 해결에 있어서도 中國을 論外로 하고는 아무 일도 할 수 없는 처지로 되고 만 셈이다. 그렇다고 지금까지의 해양지향적인 역사발전의 길에서 대륙문명권으로 섣불리 回歸(회귀)하고 말 것인가. 19세기 후반의 江華島條約 이전으로 말이다. 아무리 중국이 우리에게 위력적인 존재로 다가온다고 해도 결코 그렇게 되어서는 안 될 일이라고 생각한다.

왜냐하면 머리말에서도 지적된 바이지만, 해양세력으로서의 美-日과의 관계를 대륙세력인 중국 및 러시아와의 관계로 선회한다는 것은 문명사적 관점에서 엄청난 역사의 후퇴를 의미하는 것으로 되기 때문이다. 그것은 오늘의 北韓 실정이 우리에게 더할 나위 없는 反面敎師로 되고 있다.

돌이켜보면, 8·15 당시 공업화 수준이나 에너지 사정 등 여러 측면에서 남한보다 월등 앞섰던 북한이 아니었던가. 그러한 북한이 대륙문명권으로 전락한 지 60년 만인 지금 해방 전 日政시대보다도 더 못살게 되었다고 하지 않는가. 폐쇄적 민족주의의 극치라고 할 主體思想에 물들어 지금까지 철저한 反美/反日主義 깃발 아래 해양문명권으로의 指向을 끝까지 거부한 데서 오는 당연한 歸結(귀결)일 것이다. 이런 북한의 처참한 실정을 눈앞에 두고 어떻게 섣불리 대륙문명권으로 되돌아가자는 소리를 할 수 있는가. 일부 몰지각한 좌경적 민족주의 세력의 猛省(맹성)을 촉구해 마지않는다.

철학문화연구소, ≪철학과 현실≫, 2007년 봄호.

李承晩의 經濟觀과 1950년대 經濟

李承晩은 자유시장경제 신봉자로서 計劃經濟는 반대했지만, 經濟의 계획적 運用에는 그렇게 반대하지 않았다. 李承晩 시대, 곧 1950년대 경제 퍼포먼스는 크게 좋았다고 말할 수 없으나, 그 시대 재빨리 시장경제제도를 定着하게 된 것만은 그의 功으로 돌려야 마땅한 일이다.

1. 初代 대통령 李承晩의 經濟觀

이 물음에 대답하기란 결코 쉽지 않다. 李 대통령은 미국에서 오래 산 탓으로 자유로운 資本主義 시장경제제도를 신봉하는 自由主義 經濟觀을 가졌을 것이란 막연한 대답으로 일단 받아넘겨놓고 볼 일이다. 아울러 그는 6·25전쟁을 겪는 등 激動의 남북 대치상황 속에서 북한식의 사회주의 計劃經濟(planned-Economy)는 철저히 반대했음에 틀림없다.

이런 에피소드가 있다. 어떤 장관이 우리도 다른 나라처럼 5개년계획 같은 것이라도 추진해야 되지 않겠느냐고 했더니, 李承晩은 일언지하에 '그런 것은 北韓 共産主義者들이나 하는 짓이야, 자유로운 민주사회에서 계획은 무슨 계획이야' 하면서 一笑에 붙이더라는 것이다. 그래도 印度나 파키스탄, 대만까지도 열심히 경제계획을 하여 工場도 짓고 道路도 닦고 하는데 우리라고 가만히 앉아 있을 수는 없지 않겠느냐고 했더니, 李承晩은 이렇게 되받았다고 한다. "이 사람아 걱정 말게나. 우리에겐 통일이 급하네. 통일만 되면 옛날에 일본 사람들이 北韓 땅에 지어놓고 간 공장이 많아. 그것을 인수하여 쓰면 되네. 빨리 統一할 생각이나 하게나 …."

李承晩의 경제관이 그렇다고 완전한 自由放任主義에 가까웠던 것은 아니었다. 사회주의식 계획경제는 반대하지만, 시장경제원리를 지키면서 계획 요소를 일부 가미하는 소위 混合經濟 스타일의 '經濟計劃(Economic Planning)' 방식은 수용하였다고 볼 수 있다. 이러한 사실은 1946년 당시 언론에 밝힌 이승만 자신의 '建國構想' 가운데 나오는 경제부문의 내용을 보면 알 수 있다.

① 주요 기간산업(기계, 철강, 석탄 등)이나, 銀行, 교통, 통신부문은 國有化하고, 대외무역도 직접 국가통제하에 둔다.
② 日本人 재산 및 親日派 土地는 물론이고 不在地主의 토지도 몰수하여 小作農에게 분배하는 農地改革을 추진한다.
③ 失業 및 사회보장제도의 도입, 최저임금제 도입, 累進率에 따른 相續法 제정, 高利貸金業의 금지를 통해 不勞所得을 막고 사회적 衡平을 추구한다.
④ 農民·노동자·貧民 층의 생활조건을 적극 개선한다는 것 등등

이렇게 보면, 초기 李承晩의 경제정책 구상은 상당히 진보적 성격을 띠고 있었다고 말할 수 있다(柳永益 편, 『이승만 대통령 재평가』, 연세대출판부, 2006에 의함).

그리고 정부 수립 후 실제로 채택한 경제정책 내용을 통해서도 경제의 계획적 요소를 상당히 많이 발견할 수 있다. 우선 사회혼란을 틈탄 인플레를 수습하고 雇傭 및 民生 안정을 위한 '經濟安定 15원칙'을 수립하여 강력히 집행하였는가 하면, 미국원조 당국과도 언제나 원조물자 구성을 놓고 신랄하게 대립했던 사실 등을 들 수 있다. 즉 이승만은 가급적 그때그때 먹어치우는 소비재 供與를 줄이고 施設材 비중을 늘려 공장을 짓게 해달라는 것이었지만, 미국은 당장의 인플레를 진정시키기 위해서는 두말할 것 없이 消費財를 주로 공급해야 한다는 것으로 서로 대립했던 것이다.

2. 1950년대의 經濟政策

政府樹立 初期의 주요 시책

李承晩의 경제관을 포함한 당시의 정부정책의 성격을 이해하기 위해서는 무엇보다 制憲(建國)憲法의 정신과 그 구체적 내용을 파악할 필요가 있다. 制憲 헌법상의 경제조항을 들여다보면 사회주의 성격을 상당히 가미했다고 할 정도로 혼합경제적 요소를 많이 내포하고 있다는 점을 알 수 있다.

헌법 제85~89조의 내용을 보면, 주요 自然資源 및 기초산업은 國/公有 내지 國/公營制로 할 것을 규정하고, 또 헌법 제15~18조에는 국민의 기본적 財産權 보장과 권리행사 留保를 규정하고 있다. 필요에 따라서는 정부가 개인의 私有財産을 광범위하게 제약할 수 있는 법적 근거를 마련해두고 있다는 점이다. 이와 함께 制憲헌법에는 農地改革事業이나 歸屬財産(귀속재산) 처분에 관한 규정 등도 구체적으로 摘示되어 있다.

이 가운데 농지개혁사업의 경우 이승만은 사회주의 이념의 소유자로 알려진 曺奉岩과 姜廷澤을 長, 次官으로 임명하여 동 개혁사업을 맡겼다. 그 결과 改革은 지주층에게 불리하고 小作人에게는 유리하게 이루어졌다고 할 수 있다. 또한 과거 일본인 소유였던 歸屬財産(vested property) 처리에 있어서도 처음부터 歸財 처분에 대한 국회의 반대를 무시한 채 빠른 시일 내에 가능한 한 많은 재산을 민간에게 拂下토록 조처했다. 그는 귀속재산을 國有財産으로 남기는 것에 극력 반대했다.

李承晩은 농업에서는 전근대적인 地主制를 반대하면서도 공업에 있어서는 처음부터 私有財産制를 강화하면서 민간기업을 육성코자 하였다. 이 과정에서 그는 농지개혁으로 토지를 잃은 지주층을 근대적인 산업자본가로 전환시키기 위한 노력도 기울였다. 이승만의 이러한 市場經濟 우선정책은 당시 원조 당국인 미국이 바라는 바와 일치하는 것이었다.

특기할 만한 1950년대 經濟政策

첫째로 들어야 할 것은 6·25전쟁으로 파괴된 경제를 신속히 복구하고 미국원조자금을 효과적으로 사용하기 위하여 1955년에 이승만정부는 정부조직을 개편했다고 하는 점이다. 즉 종전의 企劃處를 復興部로 승격시키고 원조자금 운영을 총괄케 함과 동시에, 산하에 5개 경제부처 장관으로 구성되는 '復興委員會'(위원장 부흥부 장관)를 설치하여 復興部가 각 부처 간의 정책을 총괄 조정하는 기능을 담당케 하였다.

휴전 후 1954년부터 각 부처별로 경쟁적으로 復興·增産計劃 등이 실시되었는데,* 부흥부에서 이러한 부흥·증산계획을 총괄하는 역할을 담당한 것이다. 이 復興部가 1960년대 초 開發年代에 들어 '經濟企劃院'으로 다시 승격하게 되고, 당시의 '부흥위원회'는 경제기획원 산하의 '經濟長官會議'로 탈바꿈하게 되었다.

1958년부터 미국의 원조가 현저히 감소하고 또한 無償援助가 有償借款으로 바뀌게 되자, 한국도 어쩔 수 없이 경제개발계획을 수립해야 할 필요성이 제기되었다. 이에 부흥부는 산하에 '産業開發委員會'를 설치하고 '經濟開發 3개년계획'(1960~62년)을 수립토록 하였다. 한국 최초의 종합 경제개발계획이라 할 이 3개년계획은 1960년 4월 국무회의에 上程될 단계에서 '4·19사태'를 만나 빛을 보지 못하고 흐지부지되고만 아쉬움을 남기게 되었다.

둘째로는 1950년대 換率制度 및 李承晚의 외환정책과 관련한 문제이다. 1950년대 부흥기에 있어 한국정부로선 원조 당국인 미국과 항상 첨예하게 대립한 분야가 換率문제였다. 한국은 원화의 對달

---

* 예컨대 農林部의 '農業增産 5개년계획'(제1차 : 1953~57년, 제2차 : 1958~62년), 商工部의 '電源開發 3개년계획'(1954~56년) 등이 그 대표적인 것이었다.

러 환율을 정부가 정하는 公定換率로 할 것을 주장했으나, 美國은 끝까지 자유시장에서의 實勢換率을 적용코자 했다. 거기에는 양측의 이해관계가 첨예하게 대립하는 바가 있었기 때문이다.

만약 한국 측의 주장대로 공정환율을 적용하게 되면 달러 베이스인 미국원조를 한국 원화로 바꾸어 韓國銀行의 '對充資金計定'(counterpart fund account)에 예치되는 원화 규모가 작아지게 된다. 따라서 한국정부에 대한 원조당국의 영향력도 그만큼 줄어든다. 또 한 가지 중요한 의미를 갖는 것은 駐韓 유엔군사령부에서 작전상 필요한 원화를 韓國銀行으로부터 차입, 사용한 소위 '유엔軍 貸上金'을 다룸에 있어서도 한국정부가 나중에 달러 베이스로 돌려받을 때 그만큼 많이 받을 수 있게 되는 환율효과이다.

그 대신 만약 미국의 요구대로 환율 결정을 市場換率 기준으로 하게 되면 이상의 공정환율의 경우와는 환율효과가 정반대로 나타나게 된다. 즉 여러 가지로 미국 측에는 유리하지만 한국 측에는 불리하게 될 수밖에 없게 된다.

뿐만 아니라 이승만은 在任 기간 중 보유 外換(달러)의 사용을 철저히 통제하였다. 1950년대 중반에 약 1억 달러 수준에 불과한 외환보유고를 놓고, 李 대통령은 언제나 '外換이 곧 國力'이란 신념으로 군사 목적 이외의 외환 사용은 극력 억제하였다. 예컨대 10달러(?) 이상 달러 사용에는 대통령이 직접 裁可할 정도였다. 이런 분위기에 편승하여 당시 卞榮泰 외무부장관이 해외출장 때마다 여비를 아껴서 귀국 후 잔여분을 國庫에 반납한 逸話(일화)는 유명하다.

3. 李承晩과 韓日會談

李承晩 대통령은 일본을 무척 싫어했다. 일본을 어느 정도로 싫어했느냐 하면 어떤 사람의 이름이 꼭 日本 사람 이름 같다고 하여 그를 장관에 登用하는 것을 거부할 정도였다. 당시 産業銀行 총재를 지내고 한국 금융계에서는 내로라할 전문가로 알려진 '林松本' 씨를 주위에서 재무부장관으로 천거하자, 李 대통령은 그 사람 실력은 인정하지만 이름 때문에 안 된다고 퇴짜를 놓았다고 한다 — '林松本'은 영락없이 '하야시 마쓰모토'란 일본 이름으로 비침 —.

어디 그뿐이랴. 6·25전쟁이 한창일 때 맥아더사령부에서는 아마 일본군을 參戰시키려는 계획을 갖고 있었던 것 같다. 이 소식을 접한 李 대통령은 만약 일본군이 玄海灘(현해탄)을 건너오면 우리는 곧장 총부리를 38선에서 현해탄으로 돌려 일본군과 싸우겠다고 선언할 정도였다.

이런 李承晩 대통령이고 보니, 미국이 일본과 하루빨리 國交를 정상화하고 잘 지내라는 식으로 나오는데 李承晩으로서는 화가 날 수밖에 없었다. 1951년 9월 제2차 세계대전의 마무리를 위한 '샌프란시스코 講和條約'이 체결되자 미국은 곧바로 韓日 양국에 대해 會談을 열어 양국관계를 정상화하고 미국의 東北亞 전략을 적극 지원토록 요구하고 나섰다. 그러나 이승만은 여기에 매우 부정적이었다. 당시 미국의 압력으로 한일회담을 열기는 하였으나, 이승만은 가능한 한 遲延(지연)작전으로 나와 틈만 있으면 회담을 결렬시키고자 했다. 평소 이승만은 한일회담은 20년 후쯤 가서 하거나 또는 지금의 40대 이상이 다 죽은 다음에나 하는 것이 좋다는 식으로 얘기하고, 심지어 회담차 일본으로 떠나는 수석대표(裵義煥)에게 적당히 시간만 끌다 돌아오라는 식으로 訓令을 내릴 정도였다.

1951년 10월 예비회담이 시작된 이래 자신이 4·19사태로 대통령직을 그만둘 때까지 8년 반 동안이나 회담을 끌다가 결국 미국의 눈 밖에 나는 바람에 대통령 下野라는 극한 상황으로까지 내몰린 것이 아닌가 하고 필자는 생각한다. 4·19사태가 터지기 직전 李承晩은 미국의 압력이 너무 강해 아무래도 이제 한일회담을 더 이상 끌지 못할 시점에 온 것 같다면서, 이제 자기도 너무 지쳐 대통령직을 사임하고 좀 쉬었으면 좋겠다는 심정을 측근에게 토로한 바가 있었다고 한다. 이승만의 이 마지막 푸념과 그의 下野 사이에는 한 가닥 因果應報(인과응보)의 고리가 엮어져 있는 것이 아닌가 하는 생각을 뿌리칠 수 없다.*

4. 李承晩과 1950년대의 再認識

첫째, 李承晩은 극단적인 反日·用美의 민족주의자였다. 이러한

---

* 韓日會談은 민주당(張勉)정권을 거쳐 朴正熙 군사정권에 와서 정치적으로 '金-오히라 메모', '6·3데모 사태와 戒嚴令 선포' 등 숱한 우여곡절을 겪고서, 1951년 10월 이후 장장 14년 만인 1965년 6월에 와서 극적인 타결을 보게 된다. 당시 韓日會談 타결을 통한 韓日 간의 국교 정상화 요구는 비단 두 나라만의 문제가 아니라, 당시 極東 정세를 둘러싼 韓-美-日 3국 간에 얽힌 焦眉(초미)의 당면과제였다고 할 수 있다.

규정은 미국의 강력한 요구에도 불구하고 韓日會談을 그렇게 오래 끌고 온 것만 봐도 충분히 알 수 있다. 그 밖에도 李承晩은 일본에 대한 무역적자가 너무나 많이 쌓여 對日 '淸算計定(open account)' 까지 설치, 운영해야 할 처지임에도 불구하고 걸핏하면 對日 通商斷絶조치를 취하는가 하면, 1952년 海洋主權宣言이란 이름으로 '平和線(李라인)'을 설치하고 일본의 漁船과 漁夫를 불법으로 拿捕(나포), 억류하는 등으로 한국의 국제적 신용을 크게 잃게 했다. 이승만의 이러한 지나친 反日 민족주의는 오늘날까지도 한국민의 反日감정을 고조시키게 되고, 獨島문제 등에서 보듯 韓日관계를 이처럼 꼬이게 하는 端緒를 제공해주었다고 할 수 있다.

둘째, 末年에 老齡(노령) 등의 탓으로 미국의 東北亞 지역안보전략에 대한 인식 부족은 물론, 미국의 무상원조가 유상차관으로 전환되면서 일본자본의 한국 상륙이 불가피하다는 국제정세에 대해서도 너무나 鈍感(둔감)했다. 그리하여 한일회담 타결의 시대적 요청에 부응하지 못함으로써, 아깝게도 1950년대 경제부흥기에 가일층의 경제발전 기회를 놓치게 되었을 뿐만 아니라, 자신의 政治生命까지도 단축시키는 결과를 불러온 것이 아닌가 생각한다.

셋째, 1950년대 경제정책, 곧 이승만 최대의 失政이라면 아마도 1950년대 農業과 農村을 정체와 파탄으로 몰아간 것이라는 점이다. 한국농업은 6·25전쟁 동안 '冷戰의 十字軍' 노릇을 하는 사이 일방적인 희생만 강요당했다고 할 수 있는데, 李承晩은 이에 대해서도 너무나 둔감했다.

따지자면 미국 PL 480호에 의한 잉여농산물의 초과도입이 그것의 原罪라고도 할 수 있으나, 그 밖에 농지개혁에서의 償還穀(상환곡) 부담이나 임시토지수득세의 現物悅 제도, 그리고 각종 農家雜賦金 등의 강제 징수 등을 통한 對農家 수탈 메커니즘이 작동하고 있었음을 부정할 수 없다. 흔히 1950년대 농촌을 표상하는 보릿고개, 春窮期(춘궁기), 絶糧農家, 立稻先賣(입도선매) 같은 암울하기 짝이 없는 말들을 유행시키게끔 만들었다.*

그렇다고 하여 1950年代가 정치적으로나 경제적으로 그렇게 형편없는 시기는 결코 아니었다는 것을 잊어서는 안 된다. 1950년대에 대한 깊은 穿鑿(천착) 없이, 예컨대 4·19세력은 自由黨(이승만)의 정치적 독재를 문제 삼고, 그리고 5·16세력은 이승만의 경제적 실패를 문제 삼아, 양 세력은 1950년대에 대한 평가를 정략적으로 왜곡해온 측면을 무시할 수 없다. 그러나 1950년대의 備蓄(비축), 곧 그때의 資本蓄積 토대 위에서 1960년대 이후의 고도성장이 가능하게 된 시대사적 脈絡(맥락)을 결코 잊어서는 안 된다. 어떤 역사든 斷絶(단절)이란 있을 수 없다는 평범한 진리를 강조하면서 글을 마무리한다.

雩南 李承晩硏究會 月例 콜로키움에서의 발표 내용, 2007년 5월 21일.

---

* 拙著, 『解放後-1950년대의 經濟』-工業化의 史的 背景 硏究 -, 삼성경제연구소, 2002) '終章'을 참고하기 바람.

5·16군사정부의 初期 改革政策
- 農漁村 高利債 정리사업을 중심으로 -

해방 후 진보적 개혁사업이 가장 활발하게 이루어진 시기는 아마도 1961년 5·16군사정부 2년간이 아닌가 한다. 이 시기 농촌사회의 암적 존재였던 '農漁村 高利債 정리사업'을 비롯하여, 경제기획원, 농촌진흥청의 설립과 계획경제 체제로의 전환, 그리고 檀紀를 西紀로, 陰曆을 陽曆으로 고치는 등 가위 혁명적 조치가 거침없이 단행됐기 때문이다.

1. 序 - 過去事 정리와 朴正熙 비판

朴正熙의 두 얼굴

지금 우리 주변에는 난데 없이 '過去事 整理'란 구호가 난무하고 있다. 지난 역사에 대해 지금 기준으로 다시 裁斷(재단)해보자는 것이다. 특히 그중에서도 해방 직후의 李承晩 시대와 1960년대 朴正熙 시대를 다시 재단하자는 목소리가 높다. 이웃 나라 日本에서 유행한다는 '自虐史觀(자학사관)'이란 것의 韓國版이랄까. 자신의 역사를 있는 그대로 보지 않고 자신의 이데올로기적 잣대로 다시

헐뜯고 짓밟겠다는 것인가.

李承晩 시대에 대해서는 일단 論外로 하고, 여기서는 朴正熙 시대에 대해서만 논의를 좀 해보기로 하자. 현실로 朴正熙와 그 시대를 비판적으로 보는 세력은 주로 다음 두 가지 측면에서 문제를 삼는 것 같다.

하나는 朴正熙 시대에 설령 경제적으로 나라가 부강해지고 국민이 좀 잘살게 되었다고 하더라도 그것이 어찌 朴正熙 개인의 능력이나 리더십 때문이겠느냐, 어디까지나 수많은 노동자·농민들의 피땀어린 노력의 結晶으로 봐야 한다는 것이고, 다른 하나는 그런 경제적 업적도 정치적으로 獨裁를 反對給付로 한 것이므로 큰 의미를 부여할 수 없다는 주장이 그것이다. 만약 그런 정치적 독재가 없었더라면 그 시대 경제가 더욱 많이 발전했을 것이란 주장도 곁들이고 있다. 여기에 필자는 다음과 같은 反論을 펴보고자 한다.

첫째로 朴正熙 시대의 경제적 성과가 많은 노동자·농민의 피땀어린 노력의 결과라는 것에 감히 그 누가 반대하겠는가. 그렇다고 하여 그 시절에 朴正熙 아닌 다른 사람이 그 자리에 앉아 있었더라도 노동자·농민의 피땀에 의한 동일한 그 같은 성과를 가져왔을 것이라는 해석에는 결코 동의할 수 없다. 왜냐하면 역사적으로 경험해보지 않은 일을 내세워 자신의 주장을 反證하려 드는 것은 처음부터 잘못된 논리에 근거하고 있기 때문이다.

둘째로 정치적인 독재를 反對給付로 한 것이기 때문에 경제개발의 의미를 인정할 수 없다든가 또는 그런 독재가 없었더라면 더 좋은 성과를 가져왔을 것이란 주장에는 더더욱 동의할 수 없다.

왜냐하면 그런 주장이 설득력을 가지려면 그런 獨裁 없이도 그 정도 또는 그 이상의 경제적 성과를 가져온 외국의 事例를 적어도 한두 가지 들 수 있어야 할 것이기 때문이다. 그런데 필자가 알기로는 제2차 세계대전 후 그런 경제적 성과를 이룬 나라는 아직까지는 하나도 찾아볼 수 없다.

北韓 金日成/金正日 獨裁와 朴正熙 비판

필자는 여기서 또 한 가지 반드시 짚고 넘어가야 할 문제가 있다고 생각한다. 朴正熙는 물론 李承晩 시대 독재를 얘기하는 사람들 치고 이상하게도 北韓의 金日成·金正日 독재에 대해서는 한마디 언급도 없다고 하는 사실이다.

극단적인 南/北 對峙(대치) 상황하에서 남쪽의 독재가 북쪽의 독재와 서로 맞물려 이루어진다고 하면 남쪽 독재를 문제 삼기 이전에 북쪽의 독재도 마땅히 문제 삼아야 하지 않겠는가. 예컨대 사회주의 국가에서도 그 유례를 찾을 수 없는 父子世襲制(부자세습제)나 악명 높은 政治犯收容所 정도는 분명 문제 삼을 법도 한데 한마디 언급도 없는 것은 무슨 緣故(연고)인가?

흔히들 박정희 시대 獨裁에 대하여 '암울했던 그 시절' 식으로 표현한다. 마치 박정희 치하에서는 사람들이 숨도 제대로 못 쉬고 산 것처럼 얘기하지만, 따지고 보면 그건 극히 일부 정치인이나 이데올로그에게나 해당될 뿐이지, 평범한 일반 국민의 삶과는 아무런 상관도 없는 일이었다. 朴正熙 시대에 대한 진정한 평가는 그의 시대가 당시 국내외적으로 어떤 상황에 놓여졌는가를 먼저 알고

난 다음에 구체적으로 어떤 일이 어떻게 추진되고 또 어떤 결과를 가져왔는가 하는 것을 따져봐야 한다.

이 글에서는 이런 관점으로 1961년 5월 '5·16軍事政變' 직후에 朴正熙 군사정권에 의해 추진된 몇 가지 초기 개혁조치를 되새겨보고자 한다. 지면 관계상 대표적 케이스로 농업·농촌 관련의 '農漁村 高利債 정리사업'을 중심으로 간략히 살펴보고자 한다.

2. 1950년대 農業/農村 실정

6·25전쟁과 農業/農村의 파탄

돌이켜보면, 6·25전쟁은 한국의 사회와 경제 구석구석을 마음껏 할퀴고 지나갔다. 그것은 한국 농촌과 농업에 대해서도 예외가 아니었다. 전쟁은 다른 산업보다도 오히려 농업에 대해 더욱 가혹한 파괴를 가져왔다. 田畓은 황폐화되고 農器具나 肥料 등의 농업기자재는 전혀 조달할 길이 없었으며, 심지어 농촌에서는 없어서는 안될 農牛까지 마구 잡아먹어 농촌의 일손을 묶어놓게 된 그런 실정이었다. 그러나 당시 농업의 문제점은 이런 농업 내부에 있는 것이 아니고, 오히려 농업/농촌의 바깥에 있었다.

한국농업을 破綻(파탄)으로 이끈 가장 큰 원인은 뭐니뭐니해도 막대한 미국의 剩餘農産物 원조였다. 당시의 국내 사정에 비춰 외국 농산물 도입의 긍정적 효과를 충분히 인정하면서도, 그것이 너무나 과잉 도입됨으로써 국내 농업에 결정적인 피해를 가져왔음을 인정하지 않을 수 없다. 그것은 국내 穀價의 폭락과 농가수지의 赤字

누적, 나아가 농민의 營農意慾 상실을 통한 농가경제의 파탄으로 이어졌다.

둘째로는 전시 하의 불가피한 조치였다고는 하지만, 軍糧米는 물론 공무원 봉급용 양곡을 조달하기 위한 '臨時土地收得稅' 제도를 통한 對농민 收奪 메커니즘을 들 수 있다. 당시 모든 조세가 現金納 제도로 되어 있었는데, 유독 이 조세만 現物納으로 되어 戰時 인플레로 말미암은 피해를 고스란히 농민에게 轉嫁(전가)시키는 결과를 가져왔다. 이를 좀 더 구체적으로 보자.

당시 정부의 歲入구조에서 이 임시토지수득세 수입이 차지하는 비중은 정부의 公定(收買)米價 기준으로는 약 30%, 그리고 市中米價 기준으로는 무려 80% 수준에 이르렀다. 이 얼마나 농민수탈을 통한 政府財政 운용인가. 이에 휴전이 되자마자 이의 폐지를 위한 노력이 농촌 출신 국회의원을 중심으로 부단히 전개되었으나, 항상 정부(재무부) 측의 물가대책이란 덫에 걸려 번번이 물거품으로 되고 말았다. 결국 '임시'라는 꼬리표를 달고서도 이 租稅는 전쟁이 끝난 지 7년이 넘은 1960년 말까지 이어졌다.

農漁村 高利債의 跋扈(발호)

셋째로는 이러한 제도적인 농촌 수탈 메커니즘은 농가경제를 窮乏(궁핍)으로 몰아넣었다. 絶糧農家를 양산해내고, 대부분의 농가를 惡性高利債에 허덕이게 만들었다.

당시 農業銀行에서 실시한 농가부채 실태조사에 의하면, 부채농가가 전 농가의 90%에 이르고, 총부채 가운데 高利債가 차지하는 비율이 또한 80% 정도였다. 그리고 부채규모가 휴전 당시인 1953년의 201억 圜 규모가 6년 후인 1959년에는 1,504억 圜으로 무려 7.5배 늘어났다. 농가 1戶當 부채액도 1953년의 8,971圜에서 1959년에는 67,788圜으로 7배 이상 늘어났다.

그렇다면 일선 농가는 이런 악성 부채의 跋扈에 어떻게 대처하였을까. 무슨 뾰족한 방도가 있을 리가 없었다. 한 가지 궁여지책으로 가을 秋收期에 채권자가 벼를 논에 세워둔 채 수확해가는 조건으로 舊債를 상환하거나 또는 신규 起債를 하는 이른바 '立稻先賣(입도선매)' 방식의 窮迫販賣(궁박판매)를 성행하게 만들었다. 시간이 지날수록 농가부채는 눈덩이처럼 늘어날 수밖에 없었다. 1950년대 후진국 개발론의 권위자 라그나 넉시(Nurkse, R.) 교수의 '貧困의 惡循環(vicious circulation of poverty)' 명제가 당시의 한국농촌에 그대로 들어맞는 식이었다고나 할까.

당시 농촌에서의 立稻先賣 행위의 盛行(성행)은 농촌사회를 완전히 절망과 파탄으로 몰아갔다. 이는 정치문제로 飛火하게 되고, 정부는 절량농가에 대해 특별 융자를 실시하는 등 여러 가지 수단과 방법을 강구하였으나 별다른 성과를 내지 못하였다. 국회까지도 이 문제의 해결을 위해 臨時休會까지 하면서 농촌실태조사에 나섰는가 하면, 당시 동 조사단에 참여한 申翼熙(신익희) 국회의장은 "참담한 농촌현실을 더 이상 방치할 수 없다"는 내용의 특별 談話를 발표한 바도 있다.

3. 5·16 직후의 農漁村 高利債 정리사업

軍事政權, 農漁村 高利債 정리 추진

1960년 3·15 正·副統領 선거에서 당시 야당(民主黨)이 내걸었던 "못살겠다 갈아보자"란 선거구호는 바로 이런 농촌실정을 여실히 반영하는 것이었다. 그러나 전례 없는 부정선거로 되어 4·19사태가 터지고 그 결과 여당인 自由黨이 몰락하고 그 대신 야당인 民主黨이 정권을 잡게 되었다. 민주당 정권이 들어서고도 비참한 농촌현실은 조금도 개선될 기미를 보이지 않았다. 오히려 극심한 정국 혼란은 문제를 더욱 심각하게 만들뿐이었다.

이런 시대상황에서 民主黨 정권을 뒤엎고 등장한 5·16군사정권이 그들의 혁명과업으로 가장 먼저 손을 댄 것이 바로 이 농어촌 高利債 정리사업이었다. 5·16 정변 이후 불과 9일 만인 5월 25일 혁명정부는「농어촌 高利債 整理令」을 공포하고 농어민의 高利債 貸借관계의 효력을 전면 중지시킨 다음, 6월 10일자로「농어촌 高利債 整理法」을 제정하고 본격적인 정리에 착수하였다. 동 고리채 정리사업의 개요는 다음과 같았다.

첫째, 農漁民이 年利 20% 이상의 이율로 借入한 일체의 금전적 내지 現物 채무를 모두 '高利債'로 규정하고,

둘째, 채권·채무자 쌍방이 동시에 채권·채무 내용을 당국(고리채 정리위원회)에 신고토록 하고,

셋째, 高利債로 판정된 분에 대해서는 당국(農協)은 채무자에 대

해서는 연리 12%의 신규 융자를 행하고,
넷째, 채권자에 대해서는 연리 20%의 農業金融債券을 발행하여 그것으로 1년 거치 4년 분할상환 조건으로 채무자를 대신하여 '代位辨濟(대위변제)'를 행한다.

군사정권은 대체로 이런 방식으로 농어촌 고리채의 貸借관계를 정리코자 하였다. 물론 農協의 융자금리 12%와 농업금융채권 금리 20%와의 차이 8%는 정부예산으로 부담하는 조건이었다.

1950년대 이래 줄곧 농촌사회의 발전을 가로막은 마치 癌的(암적) 존재와 같았던 農漁村高利債 문제가 1961년 군사정부에 의해 해결되는 실마리를 찾게 되었다. 물론 여기에는 일부 부작용도 없던 것은 아니다. 농촌의 전통적인 信用사회에 정부가 끼어들어 혼란을 가져왔다는 점, 또한 그를 통해 私的인 농촌금융의 梗塞(경색)을 가져왔다는 점 등을 불러왔기 때문이다. 그러나 이 고리채 정리사업으로 당시 농촌사회가 안고 있던 최대의 골칫덩어리를 깨끗이 해결해준 것만은 틀림없는 사실이다.

아무튼 이 고리채 정리사업은 5·16군사정부가 그 등장과 함께 快刀亂麻(쾌도난마)격으로 실천에 옮긴 대표적인 개혁조치로 추켜세울 만한 快擧(쾌거)라고 아니할 수 없다. 아울러 그 부속조치로서 군사정부는 高利貸 금융관행을 정상적인 制度金融으로 전환시키기 위해 종전의 農業銀行과 農業協同組合의 두 기구의 통합계획을 추진하여 1961년 7월에는 새 農業協同組合으로 통합한 조치도 획기적인 농촌 개혁사업의 일환으로 높이 평가할 만한 일이다.

農漁村 高利債 정리사업과 함께, 농업/농촌 관련 양대 기구를 통합하여 농어민으로 하여금 종전의 고질적인 高利私債 重壓(중압)으로부터 벗어나게 하였고, 그들의 영농의욕 고취와 농촌의 부흥을 가져올 수 있는 일대 전기를 마련하게 된 셈이었다. 이 한 가지 개혁사업만으로도 5·16군사정부의 초기 개혁정책이 얼마나 進步的 성격을 띠었는가를 가늠할 수 있다.

農業 관련 法令/制度改革

5·16군사정부의 진보적인 개혁조치는 이것만이 아니었다. 여러 측면에서 정부의 제도적인 지원이 요구되는 분야에 대해서는 시급히 입법 조치를 취하였다.

예컨대, ① 시급을 요하는 林産物 단속을 비롯한 토지개량사업, 화학비료의 거래 단속, 蠶業(잠업)의 장려, 농산물 창고업, 植物防疫(식물방역) 등에 관한 제반 법령의 즉시 제정, ② 1962년 초에는 農家貸與糧穀法을 비롯한 수산업협동조합법, 砂防사업법, 開墾사업법, 農産種苗法(농산종묘법) 등 관련 법령의 제정, ③ 1962년 4월에는 農村振興法의 제정과 아울러 農村振興廳 설립 등이 그것이었다. 특히 마지막 농촌진흥청의 설립은 營農 機械化는 물론 種子개량 등을 비롯한 영농의 科學化를 통한 한국농업의 획기적 발전을 위한 터전을 마련해주었다고 해도 과언 아니다.

이 같은 획기적인 농업/농촌진흥정책에 힘입어 1963년 제5대 대통령 선거에서 朴正熙 후보가 야당의 尹潽善 후보를 이길 수 있었다고 볼 수 있다. 왜냐하면 불과 15만 표 차로 當落이 결정된 이 선거에서 朴 후보는 오로지 嶺/湖南 지역의 농촌 표를 많이 얻어 당선되었기 때문이다.*

4. 기타 改革조치와 示唆点

이상의 農業 관련 개혁조치 외에도 5·16군사정부는 등장과 함께 곧장 많은 개혁조치를 단행하였다. 예컨대, ① 1961년 중에 근로자 단체활동이나 물가조절, 수출장려보조금 교부 등 당면의 경제문제와 관련한 여러 '임시조치법'을 제정하고, ② 復興部를 經濟企劃院으로 확대, 개편시켜 종합적인 경제계획 담당부서로 승격시켰으며, ③ 경제계획을 위한 외자도입 및 外國換 관리체계 정비를 위한 관련 법규도 제정하는 등 제도적 측면에서의 제반 조치를 신속히 강구하였다.

이는 물론 경제개발 5개년계획 실시를 위한 전단계 조치들이라 할 수 있지만, 일련의 이들 조치를 통해서도 5·16군사정권의 改革的 성격이 얼마나 강력하였는가를 짐작할 수 있다.

뿐만 아니라 여타의 사회적, 문화적 측면에서도 군사정권은 개혁적 조치를 과감히 단행하였다. 그 중에서도 전통적인 '檀紀' 年號를 '西紀'로 바꾼 일이나, '陰曆'을 '陽曆'으로 바꾼 일, 그리고 당시까

---

* 1963년 제5대 대통령 선거결과를 보면, 朴 후보는 서울—釜山—경기지역에서는 37.0% 대 63.0%로 尹 후보에 크게 뒤졌으나, 嶺/湖南 지역에서 61.4% 대 38.6%로 尹 후보를 크게 눌러 가까스로 당선되었다(『合同年鑑』, 1964년판, p. 164).

지만 하더라도 터부시되어온 '産兒制限'을 통한 家族計劃事業 도입 등은 東洋的 전통이나 가족제도에 비추어 그야말로 혁명적 개혁사업이라 할 만한 것이었다. 왜냐하면 이들의 개혁조치는 한국으로 하여금 폐쇄적인 전통사회로부터 개방적인 근대사회로 넘어가는 데 있어 주춧돌을 놓아준 셈이나 다름없었기 때문이다.

이밖에도 군사정부는 각종 사회적 부정부패 척결을 내용으로 하는 社會淨化運動, 그리고 '再建國民運動本部'를 설치하여 국민생활상의 舊態(구태)와 여러 불합리한 요소를 剔抉(척결)하기 위한 거국적인 국민의식 개조운동을 전개한 것도 중요한 의미를 갖는다.

결론적으로 이상과 같은 여러 개혁조치가 당초 기대한 바의 효과를 얼마나 거두었는가는 별개의 문제이나, 그것이 그 후의 한국사회 발전과정에 하나의 뚜렷한 里程標를 세워주었다는 것만은 부정할 수 없는 사실이다. 아울러 이 군사정부 初期 개혁조치가 오늘날 우리 사회에서 전개되고 있는 개혁의 내용이나 성격을 짚어보는 데 하나의 試金石(시금석)이 될 수 있을 것이란 생각을 하면서 글을 끝맺는다.

박정희대통령기념사업회, 계간 ≪朴正熙 대통령≫ 제6호(2006년 1월 1일자)

OECD 가입의 意義

OECD 가입으로 한국경제가 형식적으로는 開途國 지위를 벗어난 셈이지만, 그렇다고 곧장 선진국으로 진입한 것은 아니다. 오히려 개도국으로서의 혜택은 없어지고 선진국으로서 對개도국 援助 의무만 크게 늘어난 셈이라고나 할까. 그러나 OECD 가입은 잘한 일이다.

1. OECD란 어떤 機構인가?

韓國이 그 29번째 회원국으로 된다고 하여 온통 세상을 떠들썩하게 한 OECD란 도대체 어떤 기구인가. 지금까지 서방 선진국만으로 이루어진 국제기구로 알려진 OECD에 어떻게 한국 같은 개도국 수준의 아시아 나라가 가입할 수 있단 말인가.

國際經濟協力開發機構, 즉 OECD(Organization for Economic Cooperation and Development)는 1948년 제2차 세계대전으로 황폐화된 유럽경제를 조속히 복구·부흥시키기 위해 만들어진 유럽경제협력기구(OEEC)의 後身이다.

전후 유럽경제는 미국 '마셜計劃(Marshall Plan)'에 의한 막대한 미국원조를 지렛대로 戰災(전재) 복구와 경제 회복과정을 걷게 되는 데, 이 미국원조의 효율적인 관리를 위하여 영국, 프랑스 등 유럽의 被援助國은 상호 協力機構를 만들 필요성이 제기되었고, 이 미국원조의 유럽 내 공동관리기구로 나타난 것이 바로 위의 OEEC이다. 물론 이 OEEC의 결성 배경에는 이러한 경제적 목적만 있는 것이 아니라, 당시 東西 冷戰體制 구축과정에서 동구 사회주의권에 대응하기 위한 西方 진영의 단결이라는 일종의 정치적 목적도 동시에 깔려 있었다고 할 수 있다.

1950년대를 거치면서 유럽경제는 조속한 회복과정을 거치게 된다. 1958년경 영국, 프랑스 등 대부분의 나라가 戰前 수준으로 생산력이 회복되고, 國際收支도 적자에서 흑자로 돌아서게 된다. 반면 1960년대 세계경제는 다시 새로 등장하는 개도국 경제의 조속한 貧困 退治(퇴치)와 경제개발이란 또 다른 이슈에 직면하게 된다. 1950년대 말부터 아프리카를 비롯한 여러 지역에서 수많은 新生 독립국이 생겨나지만 이들은 하나같이 심각한 경제적 빈곤에 처하게 된다.

이러한 시대상황에서 UN을 중심으로 1960년대를 'UN開發의 10년(UN Decade of Development)'으로 설정하고 남측 개도국의 경제개발 문제를 지원하기 위해 노력을 기울이게 된다. 이러한 개도국 경제협력을 위한 목적으로 1961년 미국, 캐나다 등이 회원국으로 추가로 가입하면서 기존의 OEEC가 지금의 OECD로 탈바꿈하게 된다. 종전의 유럽 국가만의 기구로부터 汎세계적 기구로 바뀐 것이다. 또 서방 내부의 경제협력적인 성격 이외에 후진국 經濟開發의 문제도 동시에 다루는 보편적 國際經濟機構로 확대 발전하게 되었다. 1994년 미국의 후원으로 멕시코가 신규 가입될 때까지는 OECD 는 명실상부한 선진국만의 국제기구로 행세해왔다.

2. OECD의 役割과 課題

그렇다면 OECD란 기구는 국제경제적으로 어떠한 權能을 가지며 또 어떠한 역할을 수행하고 있는가.

OECD는 세계적 상호 관심사에 대하여 각국 정부 차원에서의 협의·조정 및 상호 협력을 촉구하는 일종의 '協議機構的' 성격을 띠고 있다. GATT나 WTO 또는 EU나 NAFTA처럼 회원국이 어떤 强制性을 띠는 決議機構的인 성격의 기구가 아니다. 强制性은 없다 하더라도 OECD에서 합의된 내용은 회원국에게 어느 정도 '相互壓力'(peer pressure)을 가하는 식으로 영향력을 행사하게 되고, 누구나 그것을 이행하게끔 하는 분위기가 조성된다.

OECD에서 논의되고 결정된 내용이 GATT나 WTO 등의 國際機構를 통하여 세계 각국에 공통된 하나의 國際規範으로 될 수도 있다. 예컨대 현재 OECD에서 심도 있게 논의되고 있는 문제인 國際貿易과 환경문제를 연계시킨다는 그린 라운드(GR)라든가, 國際貿易과 勞動條件을 연계시킨다는 블루 라운드(BR) 등의 이슈는 여건이 성숙되는 대로 언젠가 WTO에서 반드시 다루어야 할 성질의 것이라 할 수 있기 때문이다.

OECD 역할과 관련하여 또 한 가지 강조해둘 사항이 있다. OECD 는 산하에 開發援助委員會(DAC)란 기구를 설치하고 이 DAC 활동을 통하여 회원국으로부터 일정액의 對개도국 開發資金의 공여나 기술의 제공 등을 행하는 임무를 수행하고 있다는 점이다. OECD 회원국은 누구나 GNP의 0.7% 이상에 해당하는 對開途國 개발자금을 내놓아야 한다는 일종의 의무조항도 이런 취지에서 운영되고 있는 제도이다.

3. OECD 加入의 意味

OECD의 성격 변화

이러한 성격의 OECD는 시간이 흐름에 따라, 또 국제경제 여건의 변화에 따라 자신의 성격 변화는 물론 국제기구로서의 位相까지도 크게 변화하였다. 우선 1975년 당시의 中東石油事態(제1차 오일쇼크)에 즈음하여 OECD 내의 주요 7대국이 별도로 'G-7會議'를 만들어 OECD에서 하고 있던 각종 국제적 조정기능 등을 상당 부분 이 7대 선진국 頂上會議로 가져갔다는 점이다. 기실 오늘의 G-7회의는 OECD의 축소판 代行機構나 다름없다고 할 수 있다.

세계경제가 최근 지역별로 地域主義化(regionalization)의 경향을 강하게 띰으로써 세계 전체를 대상으로 하는 OECD의 역할은 상대적으로 축소될 수밖에 없게 되었다. 그 결과 오늘날 OECD의 權能이나 位相은 많이 약화되었다고 하지 않을 수 없다.

OECD는 회원국 수를 늘리는 등 기구의 확대, 강화를 모색하게 되고, 그 일환으로 1994년부터 멕시코를 비롯하여 東歐의 체코, 헝가리, 폴란드 등을 가입시켜 회원국 수가 28개국으로 늘어났다.

이처럼 못사는 나라들의 加入에 따라 지금까지 '富者의 機構' (Richmen's Club)로 알려진 OECD의 성격도 동시에 변질되기에 이르렀다. 이러한 OECD의 성격 변화 속에서 韓國이 29번째 회원국으로 가입하게 된 것이다.

한국이 OECD에 가입한다고 하여 그렇게 놀랄 일이 아니다. OECD 가입으로 나라가 하루아침에 선진국으로 올라서는 것도 아니며, 또 경제적으로 큰 혜택을 보게 되는 것도 물론 아니다. 그럼에도 불구하고 우리 주변에서는 마치 OECD에 가입하면 무슨 살판이라도 나는 것처럼 떠드는 사람이 있는가 하면, 또 반대로 거기에 가입되면 나라 경제가 거덜 난다는 식으로 한사코 막아야 한다는 사람도 있다. 두 가지 모두 OECD에 대한 이해부족에서 오는, 좀 한심한 처사라 아니할 수 없다.

OECD 加入의 意識

필자 생각으로는 韓國이 OECD에 가입되더라도 별반 달라질 것은 없다고 본다. 이미 UR협상이다 WTO出帆이다 하여 한국경제 스스로가 대외개방화될 만큼 되었고, 또 멕시코 정도의 나라가 가입하는 마당에 한국이 가입한다고 그렇게 놀랄 일도 아니라고 생각하기 때문이다. 그렇다고 아무런 변화도 없을 것으로 보지는 않는다.

한 가지 크게 기대할 수 있는 것은 오늘날과 같은 地球共同體 시대에, 이를테면 OECD 가입을 계기로 한국이 자기보다 앞선 다른 나라나 또는 다른 나라 사람들과 더불어 사는 공동체적 삶의 지혜를 배울 수 있지 않을까 하는 기대감이다. 韓國人은 유별나게 국제적 삶의 지혜가 부족한, 이를테면 國粹的(국수적), 排他的 성격이 유별히 강하다는 점에서 그럴 필요성이 제기된다.

그 누구의 지적처럼, 오늘날 너무나 폐쇄적인 日本 國民性을 타율적으로나마 뜯어 고치기 위해서는 세계적인 强者, 미국이 주기적으로 '日本 매질하기(Japan Bashing)'를 해야 한다는 얘기가 있듯이, 한국도 스스로의 힘으로는 건전한 국제사회의 일원으로 변할 수 있는 능력이 부족하다면, OECD 같은 국제기구에 가입하여 타율적으로나마 그렇게 바뀌어야 한다는 주장이 설득력을 갖는다고 할 수 있다.

한국은 지금 말로는 국제화니 글로벌화니 하고 떠들지만 행동으로는 전혀 그렇지 못하다는 것이 필자의 솔직한 심정이다. 도처에 '身土不二'라는 간판을 내걸고 국산 농산물 애용을 부추기고 있는 것만 보아도 알 수 있는 일이다. 뿐만 아니라 정부가 앞장서 國家競爭力 강화니, 世界一流化니 하는 식으로 진정한 의미에서의 국제화·글로벌화와는 결코 부합할 수 없는 폐쇄적 슬로건을 내걸고 있는 실정이다. 마치 실제로는 낡은 重商主義的인 近隣窮乏化(근린궁핍화) 정책을 펴면서도 말로는 개방화니 국제화니 하는 소리를 외치고 있다고나 할까.

이번에 한국이 OECD에 가입하게 되면 OECD 회원국의 주요 임무 가운데 하나인 남측 개도국에 대한 政府開發援助(ODA; Official Development Assistance) 프로그램에 적극 참여해야 한다. OECD는 현재 회원국으로 하여금 각자 GNP의 0.7% 이상의 對개도국 원조자금을 醵出(갹출)해줄 것을 요구하고 있다. 한국은 1995년에 GNP의

0.03%에 해당하는 1.2억 달러를 내고 있는 데 불과하다.

앞으로 OECD에 가입하게 되면 이를 적어도 OECD 평균치인 0.33%까지 끌어올려 현재의 11배인 13.2억 달러 정도는 매년 부담해야 한다. 이렇게 함으로써 한국이 지금 자기 분수에 넘치는 過消費 풍조를 줄이고, 그대신 남는 돈을 국제사회에 ODA資金으로 내놓게 된다면 그것 이상으로 좋은 OECD 가입 효과가 또 어디 있겠는가.

4. 加入에 따른 利害得失

加入의 플러스效果

OECD 가입에 따라 어떤 당장의 可視的인 효과를 기대할 수는 없는 일이다. 단지 다음 몇 가지 측면에서 우리에게 플러스效果를 가져다줄 수 있지 않을까 생각된다.

첫째로는 한국의 국제적 位相이 상당히 제고될 수 있을 것이라는 점이다. 아직도 OECD가 선진국 그룹으로서의 이미지를 갖고 있기 때문에 OECD 가입은 韓國으로 하여금 선진국 대열에 끼게 된다는 대외적 이미지 개선효과가 있을 것이다. 그리고 이로 말미암아 정부의 외교활동은 물론 기업의 해외진출에 있어서도 긍정적인 효과를 가져올 것은 물론이다.

둘째로는 이와 관련하여 OECD를 통한 세계적 懸案(현안)문제에 대한 회원국 간의 정책조정과정에 한국이 직접 참여함으로써 선진국 측의 정보와 지식, 기술 등을 직접 접하고 또 그것을 습득하고

傳受할 수 있는 기회를 포착할 수도 있을 것이라는 점이다.

셋째로는 국제금융시장에서의 海外資金 차입의 경우, 상대적으로 借入조건이 유리해질 것이라는 점이다. 현재 OECD 회원국은 국제금융시장에서 보다 유리한 대우를 받고 있기 때문이다. 일부 국가는 OECD 회원국에 한하여 자기 나라에 銀行支店 설치를 허용하고 있어 국내 금융기관의 해외진출에도 도움이 될 수 있을 것이다.

이 밖에도 OECD 가입은 정부의 각종 행정규제조치 등을 없애는 계기를 마련해주고, 또 環境·勞動문제나 女性·雇傭문제 등에 이르기까지 제반 사회경제적 삶의 조건을 선진국型(?)으로 고쳐나갈 수 있는 계기도 마련해줄 수 있을 것이라는 점이다.

加入의 마이너스效果

다른 한편 OECD 가입으로 말미암아 한국이 져야 할 부담이나 잃게 될 것은 어떤 것이 있을까. 무엇보다도 OECD 가입은 한국의 대외개방을 가속화시킬 것이므로 상대적으로 劣惡한 조건에 있는 국내 농업이나 기타 산업부문은 자유로운 競爭의 激化에 따라 상대적으로 손해를 보게 될 것이라는 점이다. 그것은 한편으론 국내기업의 對外競爭力을 높이는 계기로 작용하겠지만, 거기서 살아남지 못하는 자는 결국 스크랩되고 말 것이므로 이것이 가장 큰 경제적 부담으로 제기될지도 모른다.

이 점과 관련하여 흔히들 지난날 멕시코의 OECD 가입 때의 선례를 앞세워 국내 금융시장의 攪亂(교란) 가능성을 강하게 제기하고 있다. 1994년 멕시코의 OECD 가입 직후, 멕시코는 국제 핫

머니의 대량유입으로 심각한 금융위기를 겪게 된 선례가 있다. 미국의 주선으로 가까운 시일 내에 수습되기는 하였으나, 한국의 경우도 이러한 國內外 金利差를 노리는 投機性 자금이 대량 유입될 전망이고, 그에 따라 국내 금융시장을 교란시키게 될 가능성도 충분히 있다고 할 수 있다.

투기성 자금만이 아니라 中/長期 산업자금의 유입도 크게 일어날 것으로 보여 국내 금융계에는 이런저런 복잡한 영향을 받게 될 것이 틀림없다. 이리하여 국내 신용 있는 대기업은 싼 금리의 海外借入을 늘릴 것이고 외국기업의 국내활동도 보다 자유로워지면서 國內外 기업 간의 引受·合倂(M&A)도 크게 늘어날 전망이다.

끝으로 OECD 가입의 利害得失은 결국 한국기업과 금융기관, 나아가 나라 전체가 가일층 치열해질 수밖에 없는 國際競爭體制에 어떻게 대응할 것인가에 달려 있다고 할 것이다. 그것은 또한 한국경제 스스로의 成長潛在力을 어떻게 배양하느냐 하는 문제에 달렸다는 얘기나 마찬가지이다.

成均館大 貿易學科, ≪學生會 消息誌≫, 1996년 11월 23일자.

換率 급등의 背景과 波及效果

換率 급등현상은 국민경제의 대외 信認度의 반영이다. 그만큼 국민경제의 체질이 脆弱(취약)하다는 것을 말해준다. 金利差를 노리는 국제투기성 핫머니 유입을 경계해야 하고, 금융 불안의 '도미노 현상'을 미리 차단해야 한다는 자세가 필요한 시점이다.

1. 序 - '複合不況'의 징조인가?

1997년 7월 태국 바트貨의 폭락을 계기로 불붙기 시작한 東南亞 각국의 금융·외환위기는 이 지역 경제를 완전히 瀕死(빈사) 상태로 몰아넣은 다음, 10월 말경에는 韓國을 비롯한 대만, 홍콩 등 동북아 지역으로까지 밀려왔다. 한때는 미국 證市의 주가폭락을 선두로 유럽, 일본, 中南美 등 세계 전역에서의 동시적 주가폭락현상을 가져와 마치 1930년대 초 미국 월街에서 촉발된 世界大恐慌의 惡夢(악몽)을 연상케 하는 위기감까지 불러왔다.

한국의 경우, 1990년대 들어 1달러당 800원대의 비교적 安定勢를 유지해오던 원화 換率이 금년 하반기부터 야금야금 오름세를 나타내더니 1997년 10월 말~11월 초에는 급기야 1달러당 1,000원선까지 육박하였다. 거기다가 證券市場에서는 주식값이 대거 폭락하고 또한 財閥급 대기업까지 不渡가 이어지면서 금융·실물경제 양 부문에서 동시에 위기적 양상을 보였다. 설상가상으로 부실해진 대기업이 팔려고 내놓은 不動産 賣物이 한꺼번에 쏟아져 나와 부동산시장까지 침체의 늪에 빠지고 말았다.

한국경제는 지금 日本 스타일의 소위 '複合不況(복합불황)'에 빠져들고 있는 형국이다. 혹자는 오늘의 한국경제 어려움을 놓고 밖으로부터 수입된 3가지 요소의 合作品으로 해석하고 있다. 첫째 東南亞로부터의 金融危機의 수입, 둘째 일본의 버블(거품)경제의 수입, 셋째 미국의 슈퍼 301조를 앞세운 通商壓力의 수입이 그것이다.

複合不況이든 景氣不況이든 한국경제가 지금 심각한 난국에 처한 것만은 숨길 수 없는 사실이다. 이 글에서는 이러한 위기의식을 염두에 두고 그 중에서 특히 환율 급등현상과 관련하여 다음 몇 가지 문제를 중요하게 다루어보고자 한다.

첫째로 작금의 환율급등을 가져오게 한 배경이 어디에 있는가 하는 점, 둘째로 이러한 국제적 환율급등현상이 국내경제에 미치는 波及效果가 무엇인가 하는 점, 셋째로는 거기에 어떻게 대응할 것인가 하는 점 등과 같은 국내적 정책과제에 대해 검토해보고자 한다.

2. 換率變動의 '도미노 현상'

　1996년 말 1달러 844원으로 마감한 원貨 換率은 1997년 9월 말까지만 하더라도 1달러=914원이라는 완만한 상승세(8.29%)를 보였다. 7월 이후 東南亞 외환위기가 고조됨에도 불구하고 국내 환율은 크게 동요하지 않았다. 또 그간의 국내물가 상승세에 비추어 換率이 어느 정도 저평가된 것 아니냐는 일반의 비판에도 불구하고 환율은 그런대로 안정세를 유지해왔다.

　그 후 급작스런 환율폭등은 이러한 潛在的 인상요인을 훨씬 넘어서는 예상 밖의 급상승이라고 할 만한 것이었다. 그것은 국내 금융의 不實化, 株價 폭락 등과 맞물려 나타난 총체적인 금융·외환위기의 일환이란 점에서 그러하다. 그동안 東南亞 금융위기의 한국 上陸을 저지하기 위한 정부의 노력이 국제금융자본의 줄기찬 압력 앞에 결국 굴복하고 만 형국이다. 東아시아 전역을 휩쓸다시피 한 각국의 연이은 通貨 가치의 폭락현상이 한국에까지 파급된 것은 통화위기의 국제적 '도미노 현상'으로 보아야 할 것이다. 이런 도미노 현상은 언젠가 일본에까지 파급될 것이 아닌가 하는 전망이 나오는 것도 이런 사정 때문이다.

　다른 한편, 국제경제제도 측면에서도 문제를 제기할 수 있다. 말하자면 1995년 1월 新국제통상제도(WTO) 出帆에 따른 국제경제여건의 변화가 그것이다. 종전의 GATT체제로부터 새 WTO체제로의 전환은 自由貿易 이념의 실현에 한층 더 박차를 가하였으며, 또한 國境 없는 경제(borderless economy)의 실현이라는 모토 아래 각국으로 하여금 다투어 자국경제를 개방하도록 강요하였다. 그 결과 새로 등장한 WTO체제는 경제적 强者에게는 이익을, 경제적 弱者에게는 손해를 가져다주는 결과를 가져왔다. WTO체제 2년여 동안 예상 밖으로 '西高東低' 현상을 뚜렷이 露呈(노정)시켰다는 사실이 바로 이런 사정을 말해준다.

 미국, 영국 등 西方 선진경제의 그간의 실적은 무척 높은 반면, 동쪽의 아시아 제국의 실적은 눈에 띄게 낮았다는 사실이다. 이 경우 동쪽 나라는 두말할 것도 없이 한국을 비롯한 아시아 NIEs, ASEAN제국 및 日本을 가리킨다. 그렇다면 왜 WTO體制가 이들 東아시아 나라에게 특별히 불리하게 작용했는가, 이 점이 바로 WTO 체제 출범과 더불어 제기되는 문제의 핵심이라 할 수 있다.

3. 換率變動의 要因과 그 波長

과도한 金融市場 開放

 WTO체제 자체가 어디까지나 선진국의 논리를 반영한 국제기구라는 점을 올바로 이해해야 한다. 또 이들 東아시아 나라들이 이 新體制에 부합한답시고 자기 분수에 걸맞지 않게 대외개방을 과도하게 추진함으로써 아직 幼稚産業 단계의 자국경제를 마치 弱肉强食의 荒野나 다름없는 세계시장에 내던져놓고 보니 국제 投機資本(핫머니)의 좋은 먹잇감으로 만들어준 셈이 아니냐는 해석이다.

 이 점과 관련해서는 미국의 제프리 삭스(Sachs, J.) 교수가 적절히 지적한 바 있다. 그는 오늘날 東南亞 지역의 금융위기는 그들 내부의 정책적 잘못에 기인한다기보다는 미국 등의 선진국이 너무 빠른 속도로 개방화를 촉구한 나머지 각종 국제자본의 流入과 離脫이 마치 潮水처럼 急流를 타게 한 결과라는 지적이다. 아무튼 우리는 지난 수개월간의 東南亞 위기에서나, 9월 말 이후 한국 주가폭락, 환율폭등 때의 이런저런 외국자본이 밀물처럼 빠져나간 경험에 비추어 삭스 교수의 지적은 그럴 만한 현실적 근거를 가진다.

한국의 경우 특히 이러한 지나친 대외개방이란 국내적 요인에 주목할 필요가 있다. 구체적으로 보면 금년 들어 有數의 재벌기업이 줄줄이 경영부실에 빠져 主거래은행은 물론이거니와 관련 금융기관의 債權 회수가 어려워짐에 따라 금융기관 자체의 부실화 문제까지 크게 클로즈업되었다는 점 등이 그것이다. 금융기관이 부실화됨에 따라 期日 도래하는 外債 元利金의 상환부담이 가중되고, 반면 新規 借入은 더욱 어려워지게 되어 결국 保有外換으로 갚을 수밖에 없는 처지로 되고 말았다.

이 점이 바로 환율급등을 가져오게 하는 주된 배경을 만들어주었다는 해석이다. 바야흐로 1달러당 환율이 1,000원 대를 넘어서게 되어 高換率 시대의 開幕(개막)을 선언한 셈이나 다름없다. 그럼 이러한 환율폭등이 국민경제에 어떠한 영향을 가져올 것인가.

換率變動의 波長

원론적으로 보면 환율의 상승은 곧장 그 나라의 수출을 촉진하고 수입을 억제하는 직접적인 효과를 미친다. 환율상승은 현재 만성적인 貿易收支 赤字와 또 奢侈性 소비재의 過多 수입으로 過消費가 큰 문제로 되고 있는 현실에 비추어 일단 바람직한 현상이라고도 할 수 있다. 價格條件이란 측면에서만 보면 그것은 어느 정도 國際收支 개선효과를 가질 것이기 때문이다.

그럼에도 불구하고 이번의 환율폭등 현상을 놓고 볼 때, 그러한 期待效果 이전에 경제위기 국면으로 파악코자 하는 불안감이 앞서는 것은 무엇 때문일까. 이 점이 종전과는 뚜렷이 달라진 측면이다. 예나 지금이나 수입보다는 수출에 정책의 역점이 놓이고, 수출증대를 위한 환율상승에는 政府나 財界 할 것 없이 다 같이 환영하는 편이었다. 때로는 정책적으로 환율인상을 부추기는 경우도 많이 있었던 것이 사실이다. 그러나 이번에는 사정이 완전히 다르다고 보아야 한다.

우선 환율상승으로 말미암은 수출촉진효과를 크게 기대할 수 없다는 데 문제가 있다. 그동안 한국의 지역별 輸出構造가 이전의 선진국으로부터 개도국 쪽으로 많이 옮겨지고(1996년 중 선진국 셰어 44.2%, 개도국 셰어 55.8%), 개도국 중에서도 東南亞 및 중국 시장에 대한 수출비중이 무척 높아졌다는 점, 그 중에서도 이번에는 이 동남아 시장에 대한 수출촉진효과를 크게 기대할 수 없기 때문이라 할 수 있다.

東南亞에 대한 수출이, 1997년 상반기에 총수출의 28.1%나 차지하여 미국, 일본을 합한 26.8%보다도 더 많은데, 이 지역이 최근의 위기상황으로 오히려 輸入需要가 크게 감소하고 있는 실정이고 보니 어떻게 수출촉진을 기대할 수 있겠는가.

물론 업종별 또는 재화별로는 환율상승의 수출촉진효과가 달리

나타날 수도 있다. 예컨대 造船이나 자동차 등 덩치가 큰 重化學工業品의 경우 환율상승 효과는 크게 나타난다. 그러나 중화학공업품이면서도 원자재에 대한 수입의존도가 높은 기계제품이나 석유화학제품의 경우는 그렇지 않을 수도 있다는 데 문제가 있다.

이처럼 換率上昇이 수출 증대에는 별반 기여하지 못하면서 오히려 시설재나 원자재 또는 石油에너지 등의 수입부담만 가중시키게 된다는 것, 나아가 전반적으로 제품의 코스트 푸시(cost push) 현상을 통해 國內物價만 등귀시킬 가능성이 크다는 것이 일반적 평가이다.

그렇잖아도 오랜 경기침체로 설비투자가 바닥인 데다가 거기에 환율상승으로 말미암은 설비투자까지 위축된다면 경제는 두말할 것 없이 加一層의 침체국면으로 빠져들지 않을 수 없다. 따라서 환율상승으로 말미암은 설비투자 위축을 가로막는 데에 정책의 최우선을 두어야 할 것이다.

1997년 상반기 資本財 수입은 前年 동기 대비 0.3% 감소하고, 또한 총수입에서 점하는 비중도 이전에 비하여 크게 줄어들었다. 즉 환율상승으로 말미암은 輸入抑制效果가 소비재나 內需用 원자재 수입 쪽에 나타나는 것은 좋지만, 산업용 기계·시설 등과 같은 資本財 수입에 나타나서는 곤란하다는 얘기이다.

이 점과 관련하여 현실적으로 貿易代理業(오퍼商)의 임무가 특별히 중요해진다. 1997년 3월 현재 전국 무역대리점 업체 1만 3,557개 사 가운데 약 58%에 해당하는 7,863개 사가 자본재 수입에 종사하고, 거기에 수출용 원자재 수입까지를 포함하면 무려 전체의 90% 이상에 달하게 된다. 이들 貿易代理業이 가지고 있는 國內外 정보망을 최대한 활용함으로써 환율상승에 따른 경제적 추가부담을 最少化함은 물론, 경기침체기에 오히려 설비투자를 미리 확보해두는 대비책이 강구되어야 할 것이기 때문이다.

4. 結 - 貿易代理店 업계의 課題

 한걸음 나아가 금번 환율폭등이 무역대리점 업계는 물론 전 수출업계에 미치는 효과는 지대하다. 輸入單價 상승으로 인한 수입절대액의 감소는 물론, 輸入마진도 크게 축소될 것이 틀림없으므로, 결과적으로 수입부담의 증대가 업계의 收支악화를 가져올 것은 명백한 일이다. 여기에 限界企業이 살아남기 어려울 것도 분명한 사실이다.

 이번 기회에 한국 貿易代理店業의 당면과제인 업계의 전문화 및 대형화 계획을 적극적으로 추진할 필요가 있다. 지금과 같은 업체별 零細性을 벗어나지 못하는 한, 수입마케팅 기능의 專門化 내지 情報化의 목표는 실현되기 어려울 것이기 때문이다. 한마디로 이번 환율폭등으로 인한 수입 측의 어려움을 무역대리점 업계의 체질개선을 위한 轉禍爲福의 好材로 삼았으면 하는 바람이다.

 끝으로 韓國經濟가 지금 複合不況에 빠졌다든가 심각한 위기국면에 처했다는 등의 비관적 평가가 있지만, 필자는 그렇게 심각하게 볼 필요는 없다는 생각이다. 몇 가지 주요 매크로 경제지표를 보더라도 東南亞 여러 나라의 경우나 또는 1994년의 멕시코 금융위기 때와 비교하면 한국은 아직 상황이 그렇게 나쁜 편은 아니기 때문이다. 중요한 것은 경제 전망에 대한 정부 당국의 확고한 신념과 대응 능력이라 할 수 있다.

≪월간 무역대리점≫, 1997년 11월호.

IMF事態와 構造調整의 歸結
－ 삶의 모습은 어떻게 바뀔까? －

'外換危機(換亂)'로 촉발된 IMF사태는 노사관계·금융구조·기업조직(財閥)·公共부문의 4가지 개혁을 강요하고, 그를 통해 한국인의 전통적 삶의 價値와 慣行을 크게 변모시키고 있다. 한국인은 지금 이른바 '글로벌 패러독스(globalization paradox)'를 경험하고 있다.

1. 危機事態를 불러온 背景

制度的·構造的 측면

한국을 비롯한 東南亞 주요국의 未曾有의 경제위기는 어떤 배경 아래 초래되었는가. 이를 알기 위해서는 먼저 이들 나라의 경제구조적 特性이 어떠한가를 살펴봐야 하고, 다음에는 이들 나라의 최근의 금융·외환정책을 중심으로 현 상황적 측면을 조명해볼 필요가 있다. 그 속에서도 또한 한국만이 가지는 특수한 사정이 무엇인가를 찾아내어야만 정확한 답변을 얻을 것이다.

한국을 포함하는 이들 위기 국가의 경제는 後發資本主義 유형에 속한다. 바꿔 말하면 서구 자본주의 발달 유형 가운데서 영국이나 프랑스 등 先發資本主義 유형이 아니라 독일이나 이탈리아 및 일본 등과 같은 後發資本主義 유형에 속한다는 것이다. 後發型에 속하기 때문에 이들은 株式會社 제도 도입이나 금융기관(은행)을 통한 産業金融 조달이라는 間接金融制度의 발달, 그리고 정부의 직접적 경제개입을 통한 중화학공업 등의 국가 기간산업 육성이 가능했던 것이다.

아울러 이들 동남아 나라들은 한국을 비롯하여 대체로 아시아 新興工業國(NIEs)으로 자리매김 되고 있다. 경제개발 5개년계획 등을 통한 外資도입형 개발패턴을 채택한 나머지 경제의 대외의존도가 높고 수출지향적인 開發戰略을 취하며, 또 내부적으로는 한국의 財閥型과 같은 大企業主義를 선호하는 산업조직을 갖기에 이르렀다. 이런 점이 바로 東아시아 경제개발의 전형적 模型이라고 할 NIEs型의 특징이라고도 할 수 있다.

한국의 경우는 이러한 독일, 일본 등의 후발자본주의 유형과 東아시아 NIEs型을 한데 묶은 複合型이라고 말할 수 있다. 태국이나 말레이시아 등 東南亞의 다른 위기 국가들과 비교해서는 적어도 충분히 그렇게 말할 수 있으리라고 본다.

政策的 · 狀況的 측면

다른 한편 위기 당시의 국내 경제사정은 어떠했는가. 국내경제의 상황적 측면을 살펴보자. 첫째로 당시의 경제사정으로 중요하게 들어야 할 것은 서툰 개방화 정책의 결과로 국제수지 赤字가 누적되고 短期外債가 급증되는 추세에 놓였다는 사실을 우선 들어야 한다.

특히 1994년 이후 국제수지 赤字幅이 급증하기 시작하였고, 그에 따라 대기업과 금융기관을 중심으로 해외로부터의 기존의 원리금을 상환하기 위한 短期借入이 급증하게 되었다. 특히 대기업이나 은행 등이 설립한 現地法人에 의한 현지차입의 형태가 급증하였다. 이 경우에도 元利金 상환 의무는 본국의 母企業이나 保證銀行이 져야 함은 당연한 일이다.

둘째로 상황적 내지 정책적 측면에서 중요하게 들어야 할 것은 준비 없는 OECD 가입으로 금융을 비롯한 한국경제 전반이 급작스런 국제화 소용돌이에 휘말렸다는 점과, 그리고 정부가 특히 '綜合金融社'의 亂立(난립)을 마구 허가해줌으로써 그들로 하여금 金利差를 노리는 단기성 海外借入의 방만한 운영을 하도록 했다는 점이다.

셋째로는 1997년 중 일부 大企業(三美, 韓寶, 起亞 등)의 부도사태로 말미암은 去來銀行의 경영압박이 현실로 나타났을 때, 이에 대한 한국정부의 상황대처능력에 대한 外國資本의 신뢰를 크게 잃게 되었다는 점, 그로 말미암아 한국경제에 대한 국제적 신용이 많이 떨어졌다는 점을 들 수 있다.

당시의 국제경제 상황도 한국경제에 매우 불리하게 돌아가고 있었다. 우선 들 수 있는 것은 1995년 1월 WTO(세계무역기구) 出帆 이후 예상치 않은 '西高東低' 현상을 가져와 동쪽의 日本이나 NIEs 등 東아시아 제국의 경제가 예상 밖으로 심한 不況국면에 빠져들었다는 점이고, 둘째로는 때마침 1997년 7월 1일자로 홍콩의 中國 반환을 계기로 東南亞 지역의 華僑/華人資本의 세력 강화를 가져오게 되었다는 점, 셋째로는 이런 시대적 흐름을 반영하여 이 지역내에서의 금융·외환 측면에서의 위기적 상황의 도미노 현상이 강하게 나타났다는 점 등이 그것이다. 이리하여 처음 泰國 바트貨의 폭락에서 촉발된 위기 양상이 점차 北上하여 홍콩, 한국 등으로 擴散되는 과정을 밟았던 것은 주지하는바 그대로다.

2. 構造調整의 方向과 實際

政策의 基本方向

IMF식 구조조정의 기본 방향은 앞에서 살펴본 것처럼 독일이나 일본식 後發자본주의형이 갖는 제반 특성을 英-美식의 先發型으로 뜯어고치자는 데 주어진다. 즉 IMF식 構造調整(restructuring)이란 한마디로 自由市場 經濟原理에 더욱 철저키 위한 개혁으로 볼 수 있다. 구체적으로 그것은 다음과 같은 조치를 담고 있다.

① 기업의 신규 進入과 退出을 자유롭게 하는 것
② 경제에 대한 정부 規制와 干涉을 최대한 축소, 폐지하는 것
③ 勞組 등 각종 사회단체 및 기구의 영향력을 배제하는 것
④ 기업 간 M&A 허용, 減量經營(downsizing), 解雇의 자유 및 人件費 절감, 外部發注(outsourcing) 등을 자유롭게 하는 것

등이 그것이다.

두 번째로는 일본식을 모방한 한국의 경우는 자체 내의 아시아적 내지 한국적 特殊性을 뜯어고쳐 국제적인 일반 룰에 맞추고자 하는

데서 찾아볼 수 있다. 다시 말하면 지난날의 일본식 經營技法이나 慣行 등을 과감히 뜯어고쳐야 한다는 요구이다. 이를 위해서는,

① 경제의 전반적인 開放化 내지 글로벌化의 심화
② 정부의 지도 및 행정적 規制의 철폐
③ 金融制度의 개혁 및 일본식 유통구조의 개혁
④ 간접금융제도에서 오는 소위 '거품經濟' 요소의 제거

등이 그것이다.

세 번째로 들 수 있는 개혁방향으로는 1990년대 후반 변화하는 국제경제질서, 곧 WTO체제 이후의 새로운 국제경제 규범과 관행에 맞추는 것이다. 그것은 다음과 같은 내용으로 정리될 수 있다.

① WTO체제하에서 일반적으로 요구되는 공통의 제도, 규범, 慣行에 맞게끔 아시아적 여러 제도와 관행의 改造
② 東西 냉전체제 이후 통일되다시피 한 자본주의 시장경제질서에 모든 것을 맞추는 것, 특히 국가 간에 일어나는 국제적 M&A의 허용
③ 기업 레벨에서의 경쟁력 강화를 위한 '親資本/反勞動' 원칙의 英-美 중심의 新自由主의 추세에 맞추는 것, 그 중에서도 특히 恒常的 高失業의 수용

등이 그 대표적인 것이라 할 수 있다.

改革措置의 주요 內容

IMF는 韓國에 대해 긴급 救濟金融을 제공하면서 위에서 지적한 4가지, 곧 노사관계, 금융제도, 財閥, 공공부문에 대한 근본적인 개혁을 요구하였다. 물론 이들 개혁과제는 IMF 요구 이전부터 이미 한국 스스로 주요 政策課題로 삼고 고치려고 노력해온 것들이기도 하다. 이상 4가지 개혁과제에 대한 보다 구체적인 내용을 살펴보면 다음과 같다.

첫째, 고용관행 및 노사관계의 개혁이다. 여기에는 이른바 整理解雇制라든가 派遣(파견)근로제 등의 새로운 고용 시스템의 과감한 도입과 일본식 고용관행이라 할 終身雇傭(종신고용), 年功序列型 임금제 등의 과감한 철폐, 그리고 한국적 특성이라 할 家族經營 방식의 철폐 등이 그 주요 내용이라 할 수 있다.

둘째, 금융관행 및 금융제도의 개혁이다. 전통적으로 독일, 일본식 간접금융방식을 미국식 직접금융방식으로 전환하는 것을 비롯하여 국민의 貯蓄慣行을 종전의 銀行을 통한 저축예금방식으로부터 증권시장을 통한 株式이나 債券을 매입하는 방식으로 전환하는 것을 골자로 한다. 따라서 금융기관(은행)은 長期 산업금융의 공급 기능은 증권시장으로 넘기고, 短期性 소비금융만 취급하는 것으로 기능을 바꾸어야 한다. 특히 종전과 같은 부동산담보를 조건으로 한 금융기관의 산업자금 대출이나 재벌그룹 내부의 기업 간의 상호 支拂保證制度 등과 같은 제도는 일거에 철폐토록 해야 한다.

셋째, 企業組織의 형태, 곧 재벌구조의 개혁이다. 韓國型 내지 東아시아형의 재벌구조를 개혁하는 것, 다시 말하면 각 단위 기업별로 시장에의 進入과 退出이 자유로운 독립경영체제로 바뀌어야 한다는 것이다. 이러한 요구는 여러 업종에서 여러 기업이 하나의 財閥 그룹으로 묶여 있기 때문에 공정한 시장경쟁을 저해한다는 논리에 입각하고 있다.

 구체적으로 보면, ① 그룹 내 개별 기업 상호 간의 支拂保證制度 및 船團式 경영체제를 철폐하고, ② 그룹의 結合財務諸表 작성 등을 통한 경영의 公正性과 투명성을 확보해야 하며, ③ 그룹의 中樞기능을 담당하는 會長 비서실 내지 綜合企劃調整室과 같은 기구를 철폐해야 한다는 것 등으로 이루어지고 있다.

 끝으로 이상에서 살펴본 3가지 개혁사업에 추가하여 또 한 가지 지적해야 할 것은 정부/공공 사이드에서의 公企業의 민간 拂下 및 각종 行政改革 문제이다. 정부의 경제 介入을 대폭 축소하고 금융, 외환, 資本市場 등을 가일층 개방해야 한다. 이를 위해서는 구체적으로 다음과 같은 조치가 이루어져야 한다고 본다.

 ① 정부 소유 公企業의 민간 불하
 ② 이자율 上限制 및 外換管理法 등의 폐지
 ③ 국내 기업이나 은행 등에 대한 외국기업의 敵對的 M&A 허용
 ④ 不實銀行이나 기업 등에 대한 정부의 救濟金融 금지

 이상의 4가지 改革課題는 당초 IMF측의 강력한 요구와 그리고 한국정부의 그 나름의 개혁의지에도 불구하고 계획대로 실행되기

가 어려웠다. 무엇보다도 거기에는 한국적인 삶의 가치와 양식이 걸림돌로 작용했기 때문이다. 일례로 勞使改革에서의 '整理解雇制'의 경우를 보자. 기업이 지금까지 자기 회사 종업원에 대하여 '한지붕 밑의 한 가족', 예컨대 '大宇家族, 三星家族' 식으로 취급해 오다가 세상이 좀 바뀌었다고 어느 날 갑자기 종업원에게 회사를 그만두라고 할 수 있겠는가. 그것은 雇傭慣行으로 보거나 社會通念상으로 도저히 용인되기 어려운 일이 아닐 수 없기 때문이다.

3. 展望과 課題

經濟主體別 할 일

먼저 政府 측이 해야 할 일을 생각해보자. 정부는 우선 경제 개입을 최소화하고, 자유로운 시장 기능을 살리고 발전시키는 정도로 만족해야 한다. 조금 심하게 말하면 敎育과 環境을 책임지는 정도로 정부 기능을 축소해야 한다. 그 밖에 정부는 經濟剩餘(economic surplus)를 정부 및 家計로부터 기업으로 이전시켜주는 역할을 담당해야 한다. 오늘날 한국은 이 중요한 經濟剩餘가 가계부문에 집중되어 있어 非생산적인 浪費와 奢侈, 사회적 부정과 부조리를 조장하는 源泉으로 되고 있다는 것을 정확히 인식해야 한다. 따라서 정부는 이러한 퇴폐와 부조리를 剔抉(척결)하는 의미에서도 이 경제잉여의 사회적 이전을 적극 추진해야 한다.

둘째, 企業 부문이 해야 할 일이다. 먼저 기업자금 조달에 있어 지금과 같은 과도한 他人資本 의존방식으로부터 탈피하여 自己資

本 비율을 높이고, 아울러 종전의 간접금융방식 대신에 직접금융방식으로 전환해야 할 필요성이 요구된다. 또한 업종의 專門性을 높이고 무분별한 업종 다양화 전략보다는 한 업종에 전문화하여 기술을 개발하고 노하우를 획득하는 전문적 경영전략으로 나아가야 할 일이다. 기업경영에 있어서도 外形主義에 치중하여 市場셰어만을 넓히려고 할 것이 아니라, 경영목표를 純利益의 증대에 두는 일종의 '실속주의'로 전환해야 할 필요가 있다.

셋째, 소비주체로서의 家計가 해야 할 몫이다. 앞에서도 지적한 바와 같이, 가계소비를 절약하고, 耐乏(내핍) 生活化를 통한 가계의 축소균형을 도모해야 한다. 女性의 사회참여와 勞動力化 — 비록 비정규직이든 파트타임制든 간에 — 를 통하여 가계의 남성노동에의 의존도를 낮춰주어야 한다. 그를 통해 사회적으로 무리한 賃金引上 압력으로부터 벗어날 수 있는 길을 찾아야 한다.

IMF 이후의 삶의 條件

첫째, 구조조정과 더불어 外國資本에 의한 국내 有數의 은행, 기업, 부동산(빌딩)의 買收나 적대적 M&A 등이 盛行하게 되면, 앞으로 한국인은 外國系 기업이나 은행에서 직장생활(밥벌이)을 하게 되는 경우가 무척 많아지게 될 것이라는 점이다.

둘째, 경기동향 여하에 따라 整理解雇가 일반화된다면 失業, 半실업, 계절적 실업 등이 항상적으로 존재하게 될 것이고, 뿐만 아니라 賃金을 비롯한 근로조건도 노동자에게 더욱 불리하게 돌아가게 될 것이다. 따라서 男子 한 사람의 수입으로는 5人 가족의 生計를 부담할 수 없게 되어 女性도 직업을 갖지 않으면 안 되게끔 家計收支가 타이트하게 돌아갈 것이라는 점이다.

셋째, 아시아적 특성이라 할 사회적 諸관계, 곧 地緣, 血緣, 學緣 등의 관계가 많이 약화될 것이고, 나아가 冠婚喪祭 행사를 비롯한 각종 同窓會나 친목회 등의 모임도 현저히 줄어들 전망이다. 그리하여 사회 전반적으로 虛禮虛飾에 찬 낭비적 消費慣行이 현저히 줄어들 것이라는 점이다.

결론적으로 아시아적 價値(Asian value)라 일컬어지는 각종 緣故主義, 情實主義, 集團主義, 相扶相助 정신 등은 물론 심지어 평범한 인간적 의리까지도 많이 약화될 것이고, 그 대신 각종 法規와 制度에 더욱 구속되는 동시에 경쟁적인 市場原理와 나아가 자유주의, 개인주의 등 서구적 價値와 慣行이 더욱 확산될 것으로 전망되고 있다.

경제가 인간 삶의 모든 가치를 지배하게 되고 효율과 경쟁을 앞세운 '經濟第一主義' 앞에 道德이나 倫理 등의 정신적 가치가 종속되는 결과를 가져올 것이다. 그리하여 사람들의 경제적 삶의 기준과 정신적 의식 사이에 심한 乖離(괴리)와 갈등을 유발하게 되는 이른바 '글로벌라이제이션 패러독스(globalization paradox)' 현상을 철저히 경험하게 될 것으로 전망된다.

1998년 5월 11일 '기간회' 모임에서 발표 내용.

제 IV 부

敎育改革 / 漢字를 살리자

敎育改革의 方向과 課題　199
國語敎育에 문제 있다　214
漢字敎育, 왜 필요한가　224
國際化 시대의 漢字　235
漢字, 익히는 것으로 끝날 일인가　245
大學 論述考査와 漢字敎育　256

敎育改革의 方向과 課題

敎育은 萬人의 萬人에 대한 실천이요, 搖籃(요람)에서 무덤까지 행해져야 할 평생의 課業이다. 나라마다 경제가 어려워질수록 敎育改革에 열을 올리고 있음은 왜일까. 그것은 敎育이야말로 국제경쟁력을 높이는 둘도 없는 무기요, 지름길이기 때문이 아닐까?

1. 敎育改革의 시대적 要求

오늘날 세계 각국은 선/후진국을 막론하고 하나같이 敎育改革에 열을 올리고 있다. 여기에는 한국도 결코 예외가 아니다. 한국도 이미 지난 1980년대부터 나름의 교육개혁을 추진해왔다. 5共 全斗煥정권 때의 교육개혁심의회, 6共 盧泰愚정권 때의 교육정책자문회의, 현 金泳三정권의 대통령 직속 '敎育改革委員會'의 설치 등이 그것을 말해준다.

그러면 너나 할 것 없이 왜 이처럼 敎育改革에 열을 올리고 있는가. 경쟁원리를 근본으로 삼는 資本主義體制하에서의 인간 本然의 교육적 욕구가 날이 갈수록 강력해지고 있는 탓이 아닐까. 그 외에 또한 경제가 至高의 가치로 인식되면서 각국이 자국경제의 國際競

爭力을 강화하기 위하여 무엇보다도 '사람(人材) 기르기'에 열을 올리지 않을 수 없게 되었기 때문이리라.

종전에는 정부가 자국 기업이나 산업을 직접 지원하거나 육성하여 국제경쟁력을 강화하는 길을 택하였으나, 이제는 어릴 때부터 사람을 여러 방면으로 有能하게 잘 길러냄으로써 장기적이고도 간접적인 방법으로 경쟁력 강화를 도모하자는 논리를 펴고 있다. 정부의 역할이 '경제적인 것'으로부터 '교육적인 것'으로 바뀌어가고 있다는 주장이기도 하다. 敎育改革을 제대로 추진하기 위해서는 무엇보다도 다음 3단계 작업이 먼저 이루어져야 할 것이다.

첫째, 교육의 理念과 目標를 올바로 定立하는 일이다. 시대상황에 맞는 敎育理念의 정립 없이는 그를 위한 개혁의 방향을 올바로 잡을 수가 없기 때문이다.

둘째, 분야별로 優先順位에 따른 개혁의 과제를 抽出해내는 일이다. 이 경우, 개혁의 과제별 추진상의 우선순위도 제대로 매겨져야 함은 물론이다.

셋째, 개혁과제를 수행하기 위한 구체적인 政策手段의 개발이다. 교육개혁을 위해서는 정부에 의한 行政的, 財政的 지원이 필수적인 전제조건이기 때문이다.

2. 敎育理念과 敎育目標

現行의 국가주의 敎育理念

1968년에 제정된 '國民敎育憲章'이 사실상 死文化된 마당에 국민교육의 올바른 이념을 創案한다는 것은 매우 어려운 일이다. 또한 敎育基本法상의 '弘益人間'像도 지금의 우리 교육이념으로 삼기에는 곤란하다고 해야 한다.

敎育部가 지금 내세우고 있는 현행의 교육목표는 '新韓國 창조를 위한 新韓國人의 양성'에 두고, 이 '新韓國人'의 개념으로서 다음 두 가지를 들고 있다. 첫째로 도덕적, 창의적 및 건강한 민주시민으로서의 의미를 담고 있으며, 둘째로는 미래의 이 나라, 이 사회를 이끌어갈 유능하고도 우수한 생산적 人間型을 가리킨다.

해방 후 지금까지의 우리 敎育理念은 한마디로 철저한 反共敎育에 기초한 국가주의 교육이념이었다고 해도 과언이 아니다. 1970년대 유신체제 하의 '國籍 있는 교육' 슬로건도 바로 이런 국가주의 교육이념의 일환이었다. 국가주의 교육이념 아래서는 다양하고 개성 있는 人格體 형성이나 민주시민의 양성이라는 교육목표를 실현하기란 일단 어렵다고 할 것이다.

時代狀況과 敎育課題

교육이란 그 사회 구성원들에게 그 사회가 직면하고 있는 시대적 과제를 풀 수 있는 총체적 능력을 길러주는 데 그 참뜻이 있다. 다가오는 21세기 未來社會는 갈수록 인간을 重視하는 사회로 되고, 또한 인간의 문제는 곧 교육의 문제로 귀착된다고 할 만큼 교육의 문제는 그 중요성이 갈수록 높아지고 있다. 이러한 시대적 추세에 따라 세계 각국은 선/후진국을 막론하고 앞 다투어 敎育改革에 열을 올리고 있는 것이 작금의 현실이다.

敎育改革을 위해서는 먼저 그 사회가 부딪치고 있는 시대적 과제를 정확히 파악해야 한다. 또 그 사회가 안고 있는 시대적 과제를 정확히 抽出(추출)하기 위해서는 현실에 대한 올바른 狀況認識이 요구된다. 지금 한국사회는 어떠한 時代狀況에 처해 있는가.

첫째, 한국사회는 지금 중진국에서 선진국으로 넘어가는 過渡期的 단계에 처해 있다고들 얘기한다. 아시아 新興工業國(ANIEs)의 일원으로서 한국은 그동안 나름의 산업혁명 및 기술혁명 과정을 겪었다고 할 수 있다. 그러나 다른 한편 그에 걸맞은 정신적 측면에서의 意識革命, 곧 市民革命 과정은 제대로 겪지 못한 것이 사실이다.

지금 한국사회에서 터져 나오는 수많은 難題들은 이 두 가지 사회변혁 과정상의 不調和 내지는 間隙(간극)에서 파생되는 것으로 볼 수 있다. 이런 관점에서 敎育改革의 1차적 과제는 바로 이 국민의 높아진 物質生活에 걸맞지 않은 전근대적인 의식구조를 뜯어고치는 일로부터 시작해야 한다. 사람들의 의식구조를 先進國型의 구조로 바꿔야 한다는 주장이다.

둘째, 지구상의 그 어느 나라나 마찬가지로 한국도 글로벌화의 거센 물결에 직면하고 있다는 점이다. 이제 그 어느 나라도 國境을 높이 쌓고 홀로 살아갈 수는 없는 세상이다. 경제적 의미에서의 국경이 급속히 벗겨지고, 그 대신 汎세계적인 相互依存性(global interdependence)이 한결 높아져가고 있다. 이러한 글로벌화의 물결은 한편으로는 UR協商에 따른 농산물 시장, 그 가운데서도 특히 쌀市場 개방 압력으로 나타나고, 다른 편으로는 東아시아 내지 東北아시아 지역에서의 경제협력체 결성 요구로 나타나고 있다.

셋째, 남/북한 간의 모순 및 對峙(대치)관계를 풀고 나아가 南北統一이라는 민족적 과업을 적극적으로 추진해야 할, 또는 적극적으로 대비해야 할 그런 시점에 처해 있다는 점이다. 통일과업에 대비하기 위해서는 지금까지의 분단체제하에서 상호 歪曲(왜곡)된 민족공동체 의식을 회복시키는 통일지향적 교육이념의 定立이 무엇보다도 急先務라고 할 수 있다.

미래지향적 敎育內容

올바른 교육개혁을 위해서는 먼저 그 사회가 처한 시대상황을 정확히 읽어야 할 것은 두말할 것도 없다. 왜냐하면 그 시대가 요구하는 未來指向的 교육을 위해서는 올바른 상황인식이 전제되어야 하기 때문이다. 미래지향적인 人間像을 만들어내기 위해서는 최소한 다음 3가지 조건이 구비되어야 할 것으로 믿는다.

첫째로 모든 면에서 선진적인 意識構造와 行動規範을 갖추게 되는 민주시민으로서의 인간, 둘째로 적어도 한 가지 이상의 전문적인 技術이나 能力을 갖춘 직업인으로서의 인간, 셋째로 국제화·글로벌화 추세에 부응할 수 있는 글로벌한 마인드를 갖춘 개방적 인간이 그것이라 할 수 있다. 이러한 인간형의 양성을 위해서는 적어도 다음 4가지 교육목표를 내걸어야 할 것이다.

① 민주시민 意識敎育 강화 ~ 공동체 의식 및 질서교육의 강화
② 科學·技術 및 직업교육의 강화 ~ 英才교육 및 進路교육을 가급적 早期 실시

③ 국제화·글로벌화 교육의 강화 ~ 地球村 공동체적 삶의 기본 素養을 위한 교육의 강화
④ 統一 대비 교육의 강화 ~ 北韓 바로 알기, 民族 同質性 회복 등을 위한 교육

이 가운데 가장 중요한 것은 첫째의 民主市民으로의 성숙을 위한 意識敎育의 강화라 할 수 있다. 이를 위해서는, ① 더불어 사는 共同體意識을 함양하는 것, 곧 秩序·양보·善意의 경쟁 등을 위한 교육, ② 前근대적인 血緣·地緣·學緣 등 각종 緣故主義의 타파를 위한 교육, ③ 法과 사회규범에 기초한 각종 社會契約의 존중, 정당한 게임룰의 준수 등을 위한 질서교육 및 규율교육이 강조되어야 한다.

둘째, 과학·기술교육 및 職業敎育의 강화와 관련해서는 무엇보다도 早期 英才敎育이 필요하고, 또 국제적 경쟁력 강화를 위해서는 專門人力 양성 등 직업교육의 강화가 필요하다. 이를 위해서는 또한 적성에 맞는 조기 진로교육이 뒷받침되어야 한다.

셋째, WTO체제 出帆과 더불어 경제적 國境 개념은 소멸해가고 있다. 모든 기업, 모든 상품이 世界市場을 향하여 세계적 기업, 세계적 상품으로 변해가고 있다. 여기에 부응할 수 있는 개방형 글로벌 교육방향의 정립이 시급히 요구된다. 지금까지와 같은 국가주의 내지 민족주의적 교육방향의 일대 전환이 필요하다. 韓國史나 한국경제보다는 世界史나 세계경제를 먼저 알아야 하고, 한두 가지 정도의 會話 가능한 外國語 교육이 이루어져야 한다.

넷째, 統一 대비교육의 강화 문제이다. 언젠가 다가올 統一에

대비한 내부적 국민統合教育이 우선 요구된다. 國民統合을 위해서는 또한 民族共同體 의식의 회복이 요구된다고 하는 점에서, 이는 앞의 국제화 교육 강화와 일면 상충되는 측면이 있다. 그러나 統一과업이 국제적 관계 속에서 비로소 가능하게 될 것이란 시각에서 두 가지 教育理念을 서로 조화시켜야 한다.

學校 級別 教育內容

이상의 4가지 공통적인 교육의 기본 방향 아래, 각 學校 級別 교육의 주요 내용을 좀 더 구체적으로 제시해보면 다음과 같다.

① 就學前 교육(幼稚園 교육 포함) ~ 食事法, 睡眠法(수면법), 놀이法 등 단체생활의 기초질서를 익히고, 어린이 情緒教育 중심으로 실시. 단 文字教育 등 지식교육은 가급적 배격해야 한다.
② 國民學校(初等教育) ~ 公衆秩序 준수와 예절교육, 국어교육, 체육교육 중심으로 실시한다.
③ 中等教育 ~ 進路 및 직업교육, 국제화교육, 어학교육 중심으로 실시한다.
④ 大學教育 ~ 國/公/私立 대학별 상호 교육기능의 전문화, 다양화를 추구한다. 예컨대,
　　ㅇ 研究中心大學 ~ 기초 학문 및 과학/기술교육 중심
　　ㅇ 産業人力養成大學 ~ 기술/기능 人力의 양성 중심
　　ㅇ 社會指導者養成大學 ~ 專門大學院 중심으로 운영

이상의 교육목표와 내용을 종합해볼 때, 지금 韓國敎育이 당면하고 있는 문제점을 각 분야별로 정리해보면 다음과 같다.

① 學制 ~ 획일적, 단선적 學制의 止揚, 즉 단선적인 6-3-3-4學制의 재검토
② 교육내용 ~ 盲目的 知育 중심 교육, 특히 入試爲主敎育의 止揚
③ 교육방법 ~ 暗記式·注入式 교육방법의 止揚
④ 평가방법 ~ 성적 위주의 總點制 평가방법의 止揚
⑤ 看板교육 ~ 졸업장이나 學位 취득을 위한 요건 갖추기 교육의 止揚
⑥ 平準化敎育 ~ 下向平準化敎育의 止揚

3. 敎育改革의 방향과 課題

文字敎育의 개혁방향

교육의 基本은 文字교육에 있다. 교육은 기본적으로 '말과 글'로써 행해지기 때문이다. 교육을 바로 세우기 위해서는 먼저 말과 글의 원칙을 바로 세워야 한다. 이 점에서 모든 교육의 기본은 그 나라 '國語敎育'에 있다고 해도 과언이 아니다. 그리고 國語敎育의 기본은 또한 그 나라 文字敎育 여하에 있다고 해야 한다.

그럼에도 불구하고 韓國의 文字敎育은 1945년 8·15해방 후 지금까지 줄곧 갈 지(之)자 跛行(파행)만을 거듭해왔다. 일찍이 美軍政의 압력으로 '한글專用主義'가 잘못 정해진 이후, 지금까지 가속도로 漢字 사용이 제한되고 한글專用으로 흘러왔음이 그것을 말해준다.

한글專用이 가져온 得失은 무엇인가. 그것의 '得'으로는, 빠른 시일 내에 '한글 文盲'을 退治시킬 수 있었다는 점과, 한글 打字器의 활용 등을 통한 문자생활의 機械化에 이바지한 점 등을 들 수 있다. 그러나 이러한 '得'보다는 '失'이 워낙 컸다고 봐야 한다. 한글전용의 失을 여기서 枚擧(매거)할 수는 없는 일이다. 단지 한글專用으로 한국어의 荒廢化(황폐화)를 가져왔다고 하는 점만을 강조해두고자 한다. 오늘날 도도히 흐르는 글로벌화의 추세 속에서 韓-中-日 3국 중심의 동북아 지역의 共通文字라 할 漢字 사용을 기피한다는 것은 한국으로서는 일종의 자살행위나 마찬가지라고 할 것이다.

그 밖에도 영어-일본어-중국어 등 外來語 表記문제에 있어서도 통일된 規則이 제대로 만들어져 있지 않다는 점도 문제이다. 예컨대 『資本論』의 저자 Karl Marx를 마르크스(일본식)와 맑스(유럽식)로 자기 멋대로 쓰는가 하면, 現地音 발음 존중이란 원칙에 따라 '漢字' 표기를 거부하고 東京을 '도쿄', 北京을 '베이징'으로 적고 있다. 사람 이름도 마찬가지이다.

국민생활상의 규범은 語文生活에서부터 시작된다. 지금 한국에서 사용되고 있는 사람들의 아침 인사말에서부터 편지 문틀, 초청장이나 청첩장 등의 문틀 등 어느 하나 제대로 되는 것이 없다. 이 모두가 語文정책의 無定見性에 기인한다고 할 수 있다.

국어생활의 醇化(순화)를 비롯하여 전문적인 고급 학문의 연구에서는 물론, 전통문화의 올바른 계승을 위해서나 급변하는 東北亞 정세에 발맞추기 위해서는 하루빨리 初等學校에서부터 열심히 한자를 가르쳐야만 한다. 그리고 가르친 것을 익히기 위해서는 漢字를 써야 한다. 이를 위해 정부는 조속히 관계 法令을 고쳐 國民常用漢字(2,000字 정도)를 제정하고, 누구나 그것을 의무적으로 쓰고 익히게끔 조처해야 한다.

敎師 養成/訓練制度의 개선

학생을 가르치는 敎職이 매력 있는 직업으로 되지 못함은 어제 오늘의 일이 아니다. 우수인력이 교직을 기피하고, 특히 초등학교의 경우 남자교사의 부족현상은 극에 달하고 있는 실정이다. 다른 한편 私立 師範大學의 亂立(난립)으로 수많은 예비교사를 배출시켜 놓고도 몇 년씩 채용을 못해 놀고 있게 만들고 있다.

이러한 악조건 속에서 교사의 자질이 저하하고 사기도 저하될 수밖에 없음은 당연한 일이다. 오늘날 上級學校로 갈수록 교육의 질적 저하가 일어나는 원인이 모두 여기에 있다. 교육을 직접 담당하는 교사의 자격조건을 강화시키지 않고 교육의 정상화를 기대한다는 것은 緣木求魚(연목구어) 격이나 다름없다. 대학의 경우도 지금처럼 외국대학의 學位 취득을 교수 채용의 제일의 자격조건으로 삼는 이상 大學敎育의 올바른 발전은 기대하기 어렵다.

良質의 교육을 위해서는 우수교사 확보가 절대적이다. 師範系 학교의 수준을 높이고 훌륭한 교사를 배출할 수 있는 제도적 장치가 마련되어야 한다. 전반적인 高學歷 추세에 따라 師範系 대학을 6년제 大學院 수준으로 格上시킬 필요도 있다.

교사의 職級과 승진에 대한 제도적 개선은 물론, 전문직으로서의 신분보장과 응분의 처우개선도 이루어져야 한다. 교직사회에 엄격한 경쟁원리를 도입할 필요도 있다. 교원의 再敎育 시스템을 확대·강화하고 중등학교 교원의 해외연수 기회도 대폭 확대해야 한다.

결론적으로 學校 및 敎師 사회의 현장에서부터 제대로 된 교육개혁의 물결이 일지 않고서는 아무것도 성공할 수 없을 것이라는 점을 강조해두고자 한다.

'6-3-3-4 學制'의 개편

現行 기본 學制, 6-3-3-4制는 너무 단선적이고 劃一的이라고 아니할 수 없다. 다양한 사회 욕구를 충족시키기 위해서는 학생들에게 다양한 진로를 선택할 수 있는 기회가 주어져야 한다. 또 人文系·實業系 간의 경직적인 이분법으로 인문계 선호-실업계 기피란 현상을 심화시키고, 실업계 출신과 산업현장과의 乖離(괴리)를 심화시켜 산업인력 수급에 일대 蹉跌(차질)을 초래시키고 있다.

수많은 大入 낙방생에 대한 적절한 사후조치가 마련되어 있지 않아 쓸데없는 再修·3修과정을 재촉하고 있을 뿐만 아니라, 여러 가지 사회문제까지 유발시키고 있다. 현행 學制의 특징은 人文系 중시의 획일적 學制라고 말할 수 있다. 이는 기본적으로 한국사회의 오랜 전통인 學歷(學位) 위주의 文民社會(?) 풍토에서 오는 과잉 교육열이 빚어낸 결과라고 할 수 있으나, 다른 편으로 해방 후 줄곧 이어져온 單線的 學制에도 분명 문제가 없지 않다고 할 것이다.

이러한 관점에서 學制 개편의 기본 방향은 오늘의 한국사회에 만연되고 있는 이런 學歷 위주 교육으로부터 산업사회가 요구하는 전문지식(實力) 위주 교육으로 전환될 수 있도록 해야 한다. 구체적으로 ① 幼兒敎育의 제도교육화(公敎育化), ② 초등학교 年限 조정, ③ 중등학교의 單一化, ④ 全敎育期間의 學年次制로의 전환, ⑤ 英才敎育, 예/체능계 교육 등을 위한 특별 學制 마련 등이 거기에 포함되어야 한다.

私敎育의 公敎育化 추진

우선 여기에서는 두 가지 영역이 있다. 하나는 初·中·高校를 중심으로 한 사립학교(소위 私學)의 公敎育化 문제이고, 다른 하나는 私設 학원교육(각종 課外 포함)의 制度敎育化 문제가 그것이다. 현실적으로 두 가지 모두 중요한 의미를 지니고 있음은 물론이다.

첫째 문제의 경우, 중등교육의 義務敎育化 추세에 비추어 初·中學은 물론 고등학교까지도 私學 측의 요구에 따라서는 公敎育化하여야 하고, 이에 따라 정부는 막대한 교육재정 부담을 져야 한다.

둘째 한국의 총교육비 중 61.5%(12조 8,000억 원)가 私敎育費인데, 다시 그 중 26.4%(3조 3,900억 원)가 私設 학원비라고 한다(敎育開發硏究院 자료에 의함). 이 가운데 후자의 私設 학원비 등 비정규적인 교육비는 공교육비로 지출케 하여 制度敎育을 정상화해야 할 필요가 있다. 이렇게 해야만 지금의 亡國的인 課外 열풍을 잠재울 수 있다.

이밖에도 중요한 개혁과제로는 대학입시를 비롯한 각종 입시제도의 개혁 문제를 들 수 있다. 大入制度 개혁에서는 우선 學制의 개혁과 국민 교육열의 개선이 선결되어야 한다. 예컨대 本考査나

'3不政策'의 폐지 등은 문제의 근본적인 해결책이 되지 못한다.

教育改革을 위한 政策手段

이밖에도 개혁해야 할 과제는 수없이 많다. 高校平準化制度의 개혁, 敎科書制度의 개편, 법학·의학교육 개편 등이 그것이다. 그러나 문제 해결의 관건은 이들 개혁과제를 제대로 실행에 옮길 수 있는 정책수단의 개발이다. 여기에는 기본적으로 다음 두 가지가 중요하다.

첫째로 敎育財政의 확충문제이다. 여기에는 대통령 선거 公約事項인 '교육예산의 GNP 5%' 확보문제가 있다. 1993년도 정부의 교육예산 규모는 GNP 대비 3.84%였다. 이를 가까운 시일 내에 GNP의 5% 수준으로 끌어올려야 한다. 한국의 국가예산은 1960년대 이후 줄곧 ① 經濟開發豫算과 ② 國防豫算의 두 가지를 축으로 편성되어왔다. 東西냉전체제 붕괴와 WTO체제 출범으로 이제부터는 제3의 교육예산이란 軸이 거기에 보태져야 한다. 무한경쟁시대를 맞이하여 위의 경제개발예산과 교육예산은 하나의 축으로 묶어야 할 필요가 있다. 국가예산 확충만이 아니라, 그 밖의 다양한 새 敎育財源의 개발방안도 동시에 마련되어야 한다.

둘째로는 교육행정의 刷新(쇄신)문제이다. 쇄신의 원칙으로서는, ① 각급 학교경영의 自律性 제고, ② 주민에 의한 敎育自治의 확대, ③ 중앙행정의 지방 이전 등을 들 수 있다. 그리고 敎育部 고유의 교육행정 기능은 축소하고, 그 대신 유관 정부 부처의 교육적 기능을 오히려 확대할 필요가 있다.

이를테면 과학기술처, 勞動部, 문화체육부 등의 유관 부처의 교육 기능은 마땅히 확대되어야 한다. 중앙정부의 경제적 기능은 약화되는 것이 세계적인 추세이지만, 반면 교육 기능은 결코 약화되고 있지 않다는 점을 강조해두고자 한다.

4. 結 - 요람에서 무덤까지의 敎育

이상의 설명을 종합하는 식으로 하여 다음 몇 가지를 당면의 교육개혁의 核心사항으로 강조하면서 결론으로 삼을까 한다.

첫째, 오늘의 知育 중심의 '知-德-體' 순위의 교육이념을 東洋 본래의 '德-體-知' 순위로의 回歸(회귀)까지를 포함하는 교육이념의 근본적 再定立 필요성이다.

둘째, 국민의 높은 敎育熱 자체는 나무랄 수 없으나, 그것을 지금처럼 오로지 개인의 立身揚名을 위한 교육열로서가 아니라, 더불어 사는 사회적 共同善을 위한 교육열로 바꿔야 한다는 점이다.

셋째, 경제에서는 '작은 政府論'이 많은 호응을 받고 있으나, 교육에서는 아직도 큰 정부론이 설득력을 얻고 있다는 점이다. 어느 나라나 정부의 교육적 역할은 계속 강조되고 있는 실정이다.

넷째, 경제의 선진화와 함께 소위 3D 업종기피 현상 등에 대한 교육적 대책이 마련되어야 한다. 高等敎育까지도 일부 기초학문 분야를 제외하고는 대부분 직업교육 강화로 방향전환을 해야 한다는 점이다.

다섯째, 社會敎育이나 平生敎育, 여성교육 등에 대한 제도적 개선이 하루빨리 이루어져야 한다는 점이다.

끝으로 한마디 덧붙이고자 하는 것은 1980년대 이후 선·후진국을 막론하고 세계 각국은 저마다 敎育改革을 위해 온갖 노력을 경주하고 있다. 그들 교육개혁의 비록 구체적인 목표와 내용은 다르지만, 21세기 글로벌 시대에 대비하는 질 높은 교육을 추구하고자 한다는 점은 거의 공통적이다.

교육은 누구의 말대로 '萬人의 萬人에 대한 實踐'이요, 사회 전반이 매달려야 하는 일종의 國民運動이라 할 수 있다. 이런 점에서 결코 제도적인 학교교육 개혁만으로 교육개혁 전반을 성공시킬 수는 없는 일이다. 가정교육과 社會敎育까지 모두 포함하는 총체적인 교육개혁운동으로 昇華(승화)될 때에 비로소 기대한 바의 성과를 가져올 수 있을 것으로 믿는다.

韓國敎員大, 敎育改革 관련 特講 내용, 1995년 12월 12일자.

國語敎育에 문제 있다

韓國語(한글+漢字)는 視覺文字라서 聽覺文字인 西洋語(알파벳)와는 다르다. 그러므로 소리를 듣고 의미를 알아내기보다는 글자를 보고 의미를 파악하는 쪽이 훨씬 빠르다. 그리고 글자를 보여줄 때는 한글뿐만 아니라, 한글과 漢字를 동시에 보여주는 편이 훨씬 효과적이란 사실이 여러 면에서 立證되었다.

1. 國語敎育은 禮節敎育

사람과 사람 간을 연결하는 고리는 일차적으로 말과 글이다. 말과 글이 통하지 않을 때는 행동이 그것을 어느 정도 대신해줄 수 있다. 그러므로 우리네 공동체 생활에서 말과 글이 없으면 共同體 그 자체가 성립되기조차 어렵다고 봐야 한다.

말과 글을 갈고 다듬고 가르치는 것이 한 나라의 '國語敎育'이라면, 국어교육은 적어도 공동체 생활에서 절대적으로 없어서는 안 될 필수조건일뿐더러, 아울러 그것은 다음 두 가지 조건을 충족시켜 주어야만 한다.

첫째로 그것은 공동체 생활에서 우선 사람들이 자기의사를 올바로 표현할 能力을 길러주어야 한다는 것, 곧 자신의 생각과 뜻을 남에게 정확하게 전달하고 남의 생각과 뜻을 정확히 받아들일 수 있는 능력을 길러줘야 한다는 점이다.

둘째로는 말과 글이 대상에 따라, 입장에 따라, 또 시간과 장소에 따라 그 내용과 형식이 달라질 것이므로, 이 경우 그것이 어떻게 달라져야 할 것인가를 판단하는 능력을 길러줘야 한다는 것이다. 후자의 경우는 공동체 생활에서 서로가 서로에게 지켜야 할 최소한의 人事요 禮儀에 속하는 문제라고 할 수 있다.

이리하여 國語敎育은 공동체 생활에서 공동체 구성원 상호 간의 意思疏通(의사소통) 능력과 함께, 구성원 상호 간에 지켜야 할 禮儀範節(예의범절)에 관한 능력을 동시에 가르쳐야 하는 것이다. 이런 중요성을 갖는 국어교육이 지금 한국의 경우 어떤 방식으로 이루어지고 있는가? 우리들 관심의 초점은 바로 여기에 있다.

지금 한국의 국어교육, 곧 '韓國語' 교육이 얼마나 엉터리로 행해지고 있는가를 알아보기 위해, 우리가 평소 자주 주고받는 '結婚請牒狀(청첩장)' 문틀을 가지고 한번 거론해보기로 하자.

請牒 → 모시는 말씀 → Wedding Invitation로 둔갑

한국인은 누구나 結婚 請牒狀이란 것을 자주 받는다. 어떤 때는 한 달에 몇 통씩이나 받는다. 받을 때마다 편지 겉봉을 뜯고 보면 청첩장 표지에 '請牒'이란 표지는 온데간데없고 대부분 '삼가 모시나이다'라든가 '모시는 말씀'이나 또는 영어로 'Wedding Invitation' 등으로 적혀 있음을 발견하게 된다.

이게 웬일인가. 청첩장이라면 그 안에 분명히 '請牒(狀)'이란 이름의 편지가 들어 있고, 또 거기에는 청첩을 하는 '請牒人'의 이름이 나와 있어야 할 일 아닌가. 그런 내용은 온데간데없고 난데없이 삼가 모신다는 등 이상한 이름의 편지가 튀어나온다.

이게 웬일인가? 한국의 書札(서찰)문화랄까 請牒文化가 이 정도로까지 형편없이 타락했단 말인가? 참으로 이해할 수 없는 일이다.

한국의 書札文化가 이렇게까지 타락하게 된 것은 그동안 한국의 국어교육이 너무나 심각하게 망가졌기 때문이다. 다시 말해 한국의 국어교육이 자기가 마땅히 해야 할 '禮節교육'을 전혀 담당해주지 못했기 때문이라는 것이 필자의 所見이다. 그렇다고 하여 물론 그 책임을 국어교육 한 가지 만으로 돌릴 생각은 없다. 청첩장을 받는 사람 쪽의 태도에 더 큰 문제가 있다고 보기 때문이다.

대개의 경우 청첩장을 받으면 편지 겉봉에 쓰여 있는 보낸 사람의 이름과 편지 내용에서는 아들인가 딸인가 정도, 그리고 결혼날짜와 장소 정도를 확인하는 것으로 끝난다. '삼가 모시나이다', '삼가 모시는 말씀'이나, 'Wedding Invitation' 같은 表題의 글귀에는 눈길도 주지 않는다. 오로지 이 자리에 과연 내가 가야 하나 말아야 하나 또는 간다면 祝儀金(축의금)은 얼마나 해야 하나 하는 생각이 나 하는 것이 보통이다.

남이 애써 보낸 書札(서찰)을 한번 읽어볼 성의조차 갖고 있지 않는 이런 태도, 하다못해 本文은 죄다 한글인데 왜 제목만 英語로 썼느냐 하는 데 대한 최소한의 문제의식도 없는 사람들을 앞에 놓고 과연 국어교육 탓만 하고 있을 수 있겠느냐 말이다. 언필칭

告知書(?)로 불리는 請牒狀을 마구 찍어 돌리면서 '삼가 정중히 모신다'는 식의 기만적(?) 표현을 쓰는 주최 측도 문제지만, 그런 파렴치한 편지를 받고도 불쾌해할 줄 모르는 받는 사람 측의 沒知覺에도 그에 못지않은 문제가 도사리고 있다고 보기 때문이다.

더구나 그 편지 속의 글귀를 보면 더욱 가관이다. 참고로 대표적인 문틀 하나를 소개해본다.

"… 여기 두 사람 / 믿음과 사랑으로 만나 / 이제 한 길을 가고자 합니다. 하나 되어 가는 앞길 / 환하게 밝혀 주시고 …."

이건 도대체 누가, 누구에게, 무슨 일로, 왜 보내는 편지(문틀)인지 전혀 가늠할 길이 없다. 兩家의 婚主가 그들의 친지에게 보내는 것인지, 또는 신랑/신부가 그들 친구에게 보내는 것인지 밑도 끝도 없는 문틀이다. 게다가 문장이 어디 3류 코미디 臺詞(대사)도 아니고 이렇게 유치할 수가 있단 말인가. 이것이 바로 오늘의 한국 국어 교육의 현주소다.

2. 표현상의 誤謬는 어디서 오는가?

誤謬(오류)투성이의 고약한 표현들

저녁 뉴스나 일기예보를 듣고 있노라면 언제나 어처구니없는 표현(들)이 계속 흘러나온다. 아나운서 왈, "… 주말 行樂客들의 車輛들이 도로들을 꽉 메우고 …", 또는 "… 中小企業들이 자금난들을 겪고 倒産들을 하는데 …."

 이 무슨 난데없는 '들' 字 타령인가. 언제부터 한국 사람이 이렇게 複數 표현을 좋아했는가. '들' 자 타령은 여기서 끝나지 않는다. 어떤 대학 敎材(共著) 序文에 이런 글이 올라와 있다. "… 우리 筆陣들은 동일한 課題들을 도출하고 동일한 展望들을 내리고 있는 것은 아니다…"(여기서 필자는 물론 대학교수임). 아무리 '外製 박사'라지만 筆者와 筆陣의 구분도 못하는 한국어 실력으로 어떻게 대학교수 노릇을 한단 말인가. 專攻 실력 이전에 남을 가르치려면 우선 최소한의 국어 실력이 뒷받침되어야 하지 않겠는가?

 이것만이 아니다. 대학원 碩/博士 學位論文을 읽노라면 어떻게나 이 '들'자가 많이 나오는지, 理論들, 현상들, 원인들, 女性들 심지어 儒林들, 동문들 등등, 솔직히 말해 글을 읽어 내려갈 수가 없을 지경이다. 언제부터 우리말에 이런 類의 복수 표현 '들'자가 횡행하게 되었는가. 더구나 女性이나 男性, 車輛, 筆陣, 儒林, 同門 등은 그 자체가 複數 개념이 아닌가. 그리고 구름이나 바람, 사랑, 전망, 현상 등은 추상명사가 아닌가. 어떻게 하여 '들'자를 이처럼 아무데나 마구 붙일 수 있단 말인가.

복수 표현 '들'자의 용례

 필자는 西洋 말과 東洋 말의 기본적 차이점의 하나가 바로 이 複數 표현의 有無라고 알고 있다. 그러나 西洋語에도 예컨대 추상명사나 집합명사 등에는 복수 표현을 하지 않는 것으로 알고 있다. 수적으로 셀 수 없거나 또는 셀 의미가 없기 때문일 것이다. 그런데 요즘 한국에서는 이런 것을 모두 무시하고 추상명사든 집합명사든 자기 멋대로 '들'자를 가져다 붙이고 있다. 마치 '들'자를 붙여야 有識하게 되는 것처럼 말이다.

우리말에 '들'자를 쓰는 것은 특별한 경우다. 예컨대 "잘들 놀고 있네"라든가, "웃기고들 있네", 또는 '깡패들', '도적들' 등의 用例에서 보는 것처럼 대개의 경우 좋지 못한 감정으로, 그중에서도 특히 빈정거리는 투의 표현으로 쓴다.

이런 식이라 할 수 있다. 좋은 감정으로 인사할 때는 "여러분 참 고맙습니다"라고 하지, "여러분들 참 고맙습니다"라고는 하지 않는다. 또 나쁜 감정으로 꾸짖을 때는 "여러분들 이러면 안 돼요"라고 하지, "여러분 이러면 안 돼요"라고 하지 않는다. 따라서 한국어에서는 이 복수 표현 '들'자를 넣느냐 안 넣느냐에 따라 현저한 의미상의 차이가 있는 법이다.

'國語敎育=한글敎育' 틀 깨야!

국어를 훼손하는 사례가 어디 이것뿐이겠는가. 가장 대표적인 표현으로 '부분'이란 말을 들 수 있다. 이 부분, 저 부분 하면서 아무데나 '부분(들)'이란 표현을 남용하는가 하면, 그 바람에 이 '部分'과 유사한 표현이라고 할 点, 線·路線, 面·側面, 部門·섹터 등이나, 또는 무슨무슨 대목, 경우, 입장, 문제, 상황 등으로 나타내야 할 데를 모조리 이 '부분'이란 말로 대체함으로써, 결국 '부분'이란 말이 이들 수십 가지 표현의 代名詞 꼴로 되고 말았다. 그렇지 않아도 한국어의 語彙(어휘)가 부족해서 탈인데, 거기에 다시 이

'부분'이란 말이 마치 '황소개구리'처럼 주변의 모든 낱말을 다잡아 먹어버리는 꼴로 되고 있는 실정이다. 어디 그뿐인가.

아무 곳에나 주어(명사) 뒤에 '경우'를 붙여서 主語의 1, 2, 3人稱 구분을 아예 없애놓은 일이며, 또 아무 곳에나 '~化'자, '~的'자, '~性'자 등을 붙여서 '差別化'니 '活性化'니 '세계화'니 '역동적'이니 '참고적'이니 '責務性'이니 '秀越性'이니 하는 語法상 맞지 않는 말을 제멋대로 만들어 濫用(남용)하는 경우 등등 일일이 枚擧(매거)할 수조차 없는 실정이다.

이러한 우리말의 毁損(훼손)은 어디서 오는가. 여러 가지 이유가 있겠지만, 필자가 보기론 한글專用에 입각한 소위 北韓의 '文化語'의 영향을 우선 들 수 있을 것 같다. 위에서 든 몇 가지 사례는 특히 1980년대 이후 운동권 학생층을 중심으로 한 민주화 투쟁과정에서 급속히 보급되었다는 것을 상기할 필요가 있다. 언어민족주의적 입장에서 한자어 '諸'나 '等' 대신에 '들'을 쓰고자 한 것이 마구잡이식 '들'자 타령으로 남용케 된 것이 아닌가 한다.

다른 한 가지 이유로는 무비판적으로 유입되는 외국어, 특히 英語式 표현의 영향을 들 수 있다. 英語에 복수가 있으니 우리도 문장의 정확성을 기하기 위해 單/複數 표현을 구사하자는 식으로 말이다.

이보다도 더욱 기본적인 이유는 아무래도 현재의 '한글專用 국어교육' 때문이라고 할 수밖에 없다. 한국말을 나타내는 글(文字)은 원래 한글과 漢字 - 최근에는 漢字를 中國 글자로서가 아니라 '東方文字'로 불러야 한다는 주장도 나오지만 - 두 가지이고, 그 속에서 특히 주요 名詞나 槪念語는 漢字語로 되어 있다. 그럼에도 불구하고 한글만을 國語로 간주하여 기실 '韓國語'의 카테고리 속에서 漢字를 추방한 데 더욱 근본적인 문제가 있다고 생각한다.

게다가 한국의 글은 서양의 알파벳과는 구조적으로 다르다. 한국어, 곧 한자나 한글은 聽覺言語(청각언어)라기보다는 視覺言語(시각언어)에 가깝다. 따라서 먼저 듣고 이해하기보다는 보고 이해하는 편이 워낙 유리하게 되어 있다. 보고 이해하기 위해서는 아무래도 한글만의 表記보다는 '한글+漢字 倂記가 문장 이해력을 높이는 데 훨씬 유리하다는 점을 강조해두고 싶다.

3. 大學에서의 論述考査

論述考査는 왜 치르는가?

대학 입시에서 '論述科目'이 중요해지고 있다. 금년에도 서울大學을 비롯한 많은 대학이 온갖 사회적 물의를 일으키면서까지 論述科目만은 本考査로 치렀다. 앞으로도 수학, 영어, 국어 등과는 달리 論述만은 그대로 본고사로 남을 것이라고 한다. 그러나저러나 왜 굳이 대학입시에 이 '論述'이란 과목이 들어와야 하는가?

그것은 고등학교까지의 國語 교육이 제대로 안 되어 있기 때문이다. 고교 졸업생들의 국어실력이 형편없어 대학으로서는 그 정도 국어실력으로는 학생들이 정상적인 대학교육을 받을 수 없다고 판단했기 때문이라고 한다. 그러나 여기에도 문제는 있다.

우선 논술고사의 문제를 어떤 방식으로 내느냐이다. 학생들의 논리적 사고와 文章力을 테스트한다지만, 어디 그게 그렇게 쉬운 일인가. 각 대학 國文科 교수가 아니라 哲學科 교수들이 문제를 내고 있다. 이것도 크게 잘못된 일이지만, 어쨌든 논술고사 문제가 얼마나 어려운지, 그 대학 채점교수들이 봐도 도대체 무슨 소린지 알 수 없을 정도라고 한다. 그러니 점수를 어떻게 매길 것인가? 게다가 正答이 한 가지일 수가 없다. 채점교수마다 답이 달라지는 해프닝이 벌어진다. 오늘의 한국 대학이 왜 이런 쓸데없는 짓을 하고 있는가.

고등학교 定規科目에 '論述'이란 것은 없다. 그런데 왜 대학입시에서 그런 짓거리를 하고 있는가. 事理에 닿지 않는 논술고사 같은 것은 당장 걷어치우고 처음부터 고등학교에서 국어교육이나 잘 시킬 생각을 해야 한다.

文字는 萬人 共有의 것!

지금 정부는 世界化(?)란 슬로건과 함께, 영어를 초등학교 3학년부터 必須科目으로 넣으려고 한다. 여기서 早期 영어교육을 반대할 생각은 결코 없다. 다만 한 가지 이번 정부의 敎育改革案에서도 한국어 교육만은 여전히 기존의 한글專用 교육의 틀을 깨지 못하고 있다는 데 문제의 심각성이 있다. 국어교육이 계속 절름발이 상태로 있는 상황에서 앞에서 본 禮節敎育은 말할 것도 없고, 국어실력이 없는 마당에 외국어 교육인들 제대로 될 리가 있겠는가.

글(文字)이란 그것을 만든 나라나 민족의 專有物일 수는 없다. 더욱이 사람들의 삶이 하나의 地球村으로 좁혀지고 있는 요즘, 누구나 자기 말, 자기 글이라고 고집하거나 또는 자기 글이라고 남에게는 못 쓰게 할 排他的 권리도 없다. 거기에는 특별히 知的所有權이나 로열티를 요구할 수도 없다. 이런 점에서 계속 한글만을 쓰자고 우기는 사회 일각의 '文字鎖國主義' 내지 폐쇄적 언어민족주의의 탈을 쓴 한글전용주의는 오늘의 세계사적 시대조류를 거역하는 그야말로 우물 안 개구리 격이나 마찬가지이다.

우리 祖上이 과거 2천 년 이상이나 사용해온 漢字를 이제 와서 왜 남의 글이라 하여 배척하겠다는 것인가. 더욱이 21세기 東北亞 시대가 열린다는 이 마당에, 그리고 우리 후손이 漢字文盲으로 빠져들지도 모를 이 엄청난 역사적 불행 앞에, 누가 그 책임을 지겠는가. 정부는 하루빨리 국어교육 정상화를 위한 根本부터 바로잡아야 마땅할 일이다.

사람은 누구나 말과 글이 바로 서지 않으면 행동이 바로 설 수 없고, 또 행동이 바로 서지 않고서는 사회질서나 예절 그리고 문화적 전통이 바로 설 수 없다는 것을 여기 다시 한 번 강조해둔다.

1996년 3월 草稿, 2007년 10월 修正, 미발표.

漢字敎育, 왜 필요한가

漢字를 왜 배우고 써야 하는가? 한글이 갖는 불완전성을 보완하고, 전통문화를 보존하며, 또 글로벌화 시대에 國際競爭力 향상을 위해 배워야 한다는 등의 論調를 편다. 그러나 필자가 보기론 단 한 가지 '漢字'도 엄연히 우리 글(文字)이기 때문이라는 사실이다.

1. 최근의 漢字復興運動

최근 漢字를 열심히 배우고 써야 한다는 움직임이 활발히 전개되고 있다. 晚時之歎의 감이 없지 않으나 다행한 일이 아닐 수 없다.

국민에게 한자를 가르치지 않는 것은 憲法에 보장된 국민의 '알 權利'를 빼앗는 것이나 다름없고, 이런 입장에서 한글專用主義에 입각한 현 정부의 語文政策이 憲法 위반이라고 할 수 있다. 한자교육을 주장하는 사회 여러 단체들이 憲法 소원을 하는가 하면 '語文바로잡기 汎國民運動協議會' 등을 통해 國會에 관련 법규의 개정을 請願(청원)하는 등 여러 갈래로 한자교육에 대한 국민여론을 환기시키고자 노력하고 있다.

뿐만 아니라 國學 연구에 남다른 비중을 두고 있는 成均館大學에서는 30여 명의 교수들이 '漢字使用 勸獎을 위한 敎授모임'이란 자발적인 단체를 만들어 스스로 한자사용에 솔선수범함은 물론 학생들에게도 漢字를 적극 가르칠 것을 선언하고, 또한 학교 당국에 대해서도 한자교육을 촉구하는 無言의 압력을 가하고 있다. 또한 대기업이나 언론기관 등에서도 신입사원 채용이나 내부 승진 때에 직원들에게 한자실력을 테스트하여 그것을 考課에 반영한다는 소식도 들려오고 있다.

이러한 시대적 公論을 반영하여 국내 유력 일간지 ≪朝鮮日報≫에서는 드디어 "漢字를 배웁시다"라는 題下의 특집을 마련하였다. 여기에는 앞으로 아시아·太平洋 시대가 열릴 것에 대비하여 이 지역의 共通文字인 漢字를 외면하고 도대체 어떻게 하겠다는 소리인가 하는 절박한 취지를 담고 있다.

신문은 오늘날 중국, 일본은 물론이요, 北韓까지를 포함하는 모든 이웃 나라들이 한자공부를 어떻게 하고 있는가를 소상히 알리면서 한국도 이 대열에서 낙오하지 않기 위해서는 하루 빨리 한자를 부활시켜 열심히 배우고 써야 한다는 주장을 펴면서, 정부나 뜻있는 사회단체 및 일반 국민의 大悟覺醒(대오각성)을 촉구하고 나섰다.

2. 한글專用論·漢字倂用論의 論理

한글專用論, 民族的 콤플렉스의 産物

그렇다면 왜 이처럼 한자부활운동이 일어나야만 하는가. 바로 시대상황의 변화를 반영하는 것이다, 해방 후 잘못된 '한글專用論'에 밀려 줄곧 추방되다시피 해온 漢字를 새삼스럽게 되살려야 할 필요성이 강조되고 있기 때문이다. 어떻게 하여 漢字가 한글전용주의자들에 의해 추방되어야만 한단 말인가. 우선 이 점부터 검토해보기로 하자.

8·15해방 직후 美軍政 시대부터 이상하게도 한글전용주의가 得勢하기 시작하였다. 민족해방으로 진정한 國權의 회복을 가져오기 위해서는 植民母國 언어인 일본어/일본말을 추방하고 우리말/우리글을 되찾아야 한다는 것은 너무나 당연한 일이었다. 따라서 당시의 한글전용주의는 지난 식민지 시대의 한국어 抹殺政策에 대한 민족적 抗拒(항거)의 뜻을 담고 있었다고 볼 수 있다. 즉 민족적 감정의 발로로 한글專用의 시대적 요구가 제기되고, '우리글'의 카테고리에 漢字를 배제시키고 한글만을 넣었다는 사실이 바로 그것을 말해준다.

漢字는 한국의 國字가 아니라고 하는 사람들의 인식 속에서 곧바로 한글전용주의가 '민족적 콤플렉스'의 所産이라고 하는 논거를 찾을 수 있다.

해방 후의 한글전용론은 일본으로부터 한국어를 되찾는다고 하는 反日的 민족주의 발로만이 아니라, 다른 편으로는 역사적으로 중국의 오랜 지배와 예속으로부터도 탈피하려고 하는 反中的 민족주의 감정이 동시에 底邊(저변)에 깔려 있은 것으로 봐야 한다. 다시 말해 해방 후의 한글專用論은 反日·反中의 이중적 의미에서의 한국적 '言語民族主義' 산물이라고 봐야 한다는 것이다.

강대국의 틈바구니에서 살아가는 한국 같은 약소국이 자주적인 삶을 위한 민족주의 사상을 견지함은 그 자체로는 하등 나쁠 것이 없다. 그러나 이 한글전용주의에 담겨 있는 민족주의는 처음부터 잘못 제기되었다고 할 수밖에 없다. 과거 韓民族이 무려 2천 년 이상이나 사용해온 한자를 이제 와서 남의 글, 남의 文字라고 하여 버리겠다고 하는 태도, 어디 그것을 정상이라고 말할 수 있겠는가. 더욱이 日本이 이 한자를 사용하고 있기 때문에 韓國은 그것을 사용해서는 안 된다고 하는 주장은 너무나 터무니없는 對日 콤플렉스의 극치가 아닌가.

朴正熙 대통령과 한글專用論

1948년 10월 정부 수립 직후 '한글專用法'을 만들어 한자를 추방하기 시작한 李承晚 대통령은 한편으로는 한자를 버리면서도 다른 편으로는 역시 남의 나라 글인 英語는 열심히 받아들이고자 했다. 또 1968년 5월 '한글專用 5개년계획'을 공포하여 어느 날 갑자기 우리 주변에서 한자를 일소해버린 朴正熙 대통령도 日本語는 고등학교 제2外國語로 지정하면서 유독 한자만은 추방하려는 태도로 나왔다. 이 얼마나 지도자들의 한자에 대한 沒理解와 폐쇄적인 민족주의적 발상인가.

1980년대 민주화운동 과정에서 또 한 차례 民衆民主主義 노선에 따른 한글전용주의가 물결쳤다. 그들은 해방 직후 북한에서 한 것처럼, 한글만이 우리글일 뿐만 아니라 역사적으로 民衆의 글(諺文)이었기 때문에 貴族의 글인 한자를 배격하고 한글만 써야 한다는 논리를 전개했다. 主體思想에 의한 북한의 영향만이 아니라 남한 내부에서도 컴퓨터 보급 등으로 쉽고 편리한 것을 좇는 경쟁원리를 반영하여 南韓의 문자생활은 재빨리 한글전용의 물결에 휩쓸려들었다. 거기다가 정부와 언론, 특히 출판계가 앞장서 한글전용을 先導해나갔다.

이런 과정을 거치면서 한글전용의 추세는 민족적, 민중적 콤플렉스의 복합산물로서 빠른 걸음으로 우리네 語文생활을 누비게 되었다고나 할까!

한글/한자 倂用論의 論理

이상에서 본 한국인의 민족적 콤플렉스에서 벗어나기 위하여 필자는 종전의 國/漢混用論을 '한글/漢字倂用論' ─ 여기서 混用과 倂用은 어감상의 차이일 뿐임 ─ 으로 바로잡을 필요가 있다고 생각한다. 漢字가 남의 글임을 전제로 하고 그래도 한자를 섞어 쓸 필요가 있으니 한자를 混用하자는 종전의 國/漢혼용론으로부터, 한자도 한글과 마찬가지로 완전히 우리글(國字)이라는 것을 스스로 인정하고, 그를 토대로 한글/漢字혼용론으로 바꿔야 한다는 주장이다.

漢字도 우리글이라고 하는 확고한 국민적 인식의 전환이 먼저 이루어져야 한다는 것, 다시 말해 수천 년 동안 한자와 더불어 살아온 歷史와 文化를 가진 한국이 이제 와서 굳이 그 出生을 따져서 한자를 남의 글이라고 배척해야 할 이유가 어디 있는가.

뿐만 아니라 여기서 또 한 가지 극복해야 할 민족적 콤플렉스가 있다. 오랜 기간 외국에서 공부하고 돌아온 親서구적인 지식인의

漢字 기피현상이 그것이다.

그들은 오랜 외국생활 탓이기도 하지만, 한자만이 아니라 한글도 매우 서툰 경우가 흔하다. 그들은 한자를 추방하는 그 자리에 英語나 기타 외국어를 대치코자 하고 있다. 그들은 순수한 국내파 한글전용주의자와는 그 성격이 다르다. 그들은 오히려 한글/英語混用주의자라고 함이 타당할지도 모른다. 이렇게 보면 이들 역시 英語를 사용하는 서양 강대국에 대한 일종의 민족적 콤플렉스를 갖고 있는 셈이다. 한글전용주의의 시대에 걸맞지 않은 민족적 콤플렉스를 극복하는 일, 이것이야말로 지금 우리에게 주어진 가장 중요한 시대적 과제가 아닐까.

한자, 가르치고 반드시 써야 한다

두 번째로 중요하게 따져야 할 문제는 한글전용론 가운데서도 漢字를 열심히 배우기는 하되 직접 쓸 필요는 없다고 하는 입장에 대해서이다. 국어교육과 국민의 문자생활을 철저히 구분하자는 이 주장은 漢字도 英語와 마찬가지로 학교에서 열심히 가르치기는 하되, 일상생활에서 직접 노출시켜 쓰지는 말고 어려운 單語의 경우는 영어 등 외국어처럼 괄호 안에 넣어 처리하면 될 것이라는 주장이다. 얼핏 보기로는 상당히 그럴듯하게 들리는 얘기이다.

엄밀히 따져보면 이러한 주장은 말이 안 된다. 생활 속에서 한자를 직접 쓰지 않는다면, 누가 공들여 한자를 열심히 배우겠는가. 英語는 영어책을 읽기 위하여 또 영어회화를 하기 위하여 배운다고 하지만, 한자는 한자로 된 책도 없고 말도 없는데 무엇 때문에 열심히 배우려고 하겠는가 말이다. 우리는 이 점을 명심해야 한다.

經濟原理에 의하더라도 需要가 없는데 供給이 계속 이루어질 리가 없다. 한자의 경우도 쓸 필요가 없다면 굳이 배울 필요도 없을 뿐더러 또한 배운다 하더라도 곧 잊어먹고 말 것은 자명한 이치이기 때문이다.

지금 한글전용론 가운데는 처음부터 한자를 가르칠 필요가 없다고 주장하는 사람보다 이처럼 가르치기는 하되 실제 생활에 쓸 필요는 없다고 주장하는 쪽이 오히려 더 우세한 것 같다. 이런 류의 잘못된 虛僞意識을 바로잡아주어야 한다. 즉 한자는 실생활에서 직접 사용해야만 비로소 한자교육이 제대로 될 수 있다는 당연한 논리를 관철시키는 일, 이것이 오늘의 한글/漢字倂用論이 해결해야 할 두 번째 과업이다.

3. 國際化 시대의 語文政策

國際化의 시대적 요구

민족적 콤플렉스를 극복하고 떳떳이 한자도 한글과 동일하게 常用하자고 하는 이러한 필자식의 한글/한자倂用論도 얼마든지 한글전용론 쪽의 반대에 부딪칠 수 있다. 해방 후 지금까지 이들 專用論과 混用論 간의 해묵은 싸움이 단적으로 그것을 말해준다.

한쪽에서 한글만으로는 윤택한 문자생활을 할 수 없다고 아무리 주장해도 다른 쪽에서는 한글을 자꾸 가꾸고 개발해나가면 안 될 것이 없다고 應酬(응수)할 것이고, 또 전통문화를 올바로 익히고 계승하기 위해서는 한자가 반드시 필요하다고 주장하면 그런 것은 몇 사람의 漢文 전문가를 양성하여 번역, 보급하면 된다고 반박한다. 인간 본연의 倫理/道德敎育을 위해서도 한자교육이 필수적이라고 주장하면, 그러한 한자를 통한 禮節敎育은 前근대적인 것으로 오늘과 같은 '글로벌' 시대에 부합되지 않는다는 反論을 펼 수도 있다.

이상의 한글/漢字論爭은 대체로 인문과학 영역에 속하는 문제라 할 수 있다. 한글의 불완전성이나 傳統文化의 계승론 또는 禮節敎育의 필요성 등이 모두 그러한 성질의 것이기 때문이다. 그런데 최근 들어 사회과학 쪽에서 이 문제가 더욱 심각하게 제기되기 시작했다는 데 우리는 주목할 필요가 있다.

경제와 기술의 발달은 보다 큰 市場을 요구하게 되고, 그러한 大市場의 論理는 자연스럽게 각 나라의 國境을 허물게 되었다. 최근 커다란 국제적 이슈로 등장한 UR協商 타결의 여파로 한국도 어쩔 수 없이 쇠고기나 쌀시장 등을 개방하게 될 國際化 소용돌이에 휘말리게 된다.

어디 그뿐인가. 국내 중소기업이 장사가 안 된다고 공장을 팔아 죄다 中國으로 이전해가도, 또 거꾸로 중국의 노동자가 돈벌이를 위해 죄다 韓國으로 건너와도 현실적으로 그걸 막을 방도를 찾을 수 없게 될 것이 분명하다. 지금 우리 주위에 '身土不二'를 강조하는 간판이 즐비하지만 머지않아 소멸하고 말 것이다. 왜냐하면 세계경제의 흐름이 國産品의 개념을 점차 사라지게 만들 것이기 때문이다.

국제화 시대의 한자

경제는 정말 빠르게 국제화·글로벌화되어가고 있다. 그 누구도 이 물결을 막을 도리가 없다. 이러한 국제적 대세에서 낙오하지 않고 그 물결을 타기 위한 필요조건은 무엇일까.

國際化의 필요조건으로는 여러 가지를 들 수 있다. 그중에서 가장 중요한 것이 바로 문자생활의 국제화를 조속히 실현하는 일이다. 문자생활의 국제화를 위해서는 다시 국제적 言語를 가능한 한 많이 익히는 도리밖에 없다. 英語는 말할 것도 없고, 사정이 허락한다면 중국어나 일본어, 심지어 스페인語 등까지 많이 익힐수록 좋을 것은 당연하다. 이런 점에서 우리는 이미 존재하는 漢字를 굳이 버려야 할 이유가 아무데도 없다. 혹자는 국제화에 대비하기 위해서는 英語만 열심히 익히면 될 것 아니냐는 주장을 펴면서, 없는 시간에 굳이 어려운 漢字까지 익힐 필요가 있겠느냐는 얘기를 한다.

그러나 이런 주장은 옳지 않다. 세계경제는 하나의 세계시장으로 빠르게 통합하는 글로벌화의 경향을 띠지만, 그 속에서 다른 편으로는 몇 개 지역별로 다시 뭉치는 리저널化 경향도 동시에 띠고 있음을 알아야 한다. 리저널化 경향은 우리에게 앞으로 東北亞 經濟圈의 형성 가능성에 주목케 하고, 이 경우 우리는 반드시 漢字의 필요성을 깨닫게 된다.

중국과 일본이란 漢字文化圈 속에서 한국만 그걸 벗어나 '漢字文盲國'으로 전락하게 된다면 무슨 재주로 이들과 더불어 살아갈 수 있겠는가. 또 무슨 재주로 이들과 경쟁할 수 있겠는가.

語文政策, 일대 改革이 필요하다

필자가 보기로는 오늘날 국제화 시대에 가장 뒤처진 곳이 정부 부처 중에서 敎育部(오늘의 敎育人的資源部)가 아닌가 한다. 그것은 국제화를 거역하고 가장 민족주의 입장을 취하는 곳이 교육부이기 때문이다. 次世代 교육을 위해서는 지금 세계가 흘러가는 국제화, 글로벌화의 흐름에 가장 앞장서야 할 敎育部가 이처럼 가장 뒤처져 있다면 어디 그게 말이나 되는 소린가.

지금 정부 각 부처 가운데 가장 한글專用을 애써 고수하고 또 영어 표현도 기피하는 곳이 교육부인가 하면, 국제화 시대를 先導해 간다고 할 경제부처(한국은행 포함)나 또한 財界 쪽에서 그것도 大그룹일수록 한자 사용은 물론 영어 등의 사용도 많다고 하는 사실에 특별히 주목할 필요가 있다. 이것 한 가지만 보더라도 지금 앞서가야 할 교육부가 얼마나 시대에 역행하고 있는가를 여실히 알 수 있다.

교육부가 국제화 시대에 대처하기 위해 기껏 내놓은 아이디어가 초등학교에서의 조기 英語敎育이다. 그럼 영어는 조기교육시키면서 왜 漢字는 교육시킬 필요성을 느끼지 못하는가. 아직도 8·15해방 당시의 그 '나라사랑 한글사랑'의 亡靈(망령)에서 헤어나지 못하고 있단 말인가. 생각할수록 한심한 작태가 아닐 수 없다.

교육부가 해야 할 焦眉(초미)의 과제는 하루 빨리 국민의 문자생활에 원칙과 기준을 세워주는 일이다. 그것도 급변하는 世界史의 進運에 순응하여 우리 민족이 어떻게 살아가야 할 것인가 하는 장기적이고 개방적인 역사의식을 기초로 해서 말이다.

끝으로 해방 후 지금까지 半世紀에 걸친 문자정책의 無定見한 誤謬(오류)가 바야흐로 경제의 급속한 국제화 추세에 떠밀려 財界측의 요구로 말미암아 바로잡히게 될 날이 왔다고 믿으면서, 전공을 달리하는 필자가 주제넘게도 이런 내용의 글을 쓰게 된 것에 대해 自塊感(자괴감)을 금할 수 없다.

成均館, ≪儒林文化≫, 1994년 3월호.

國際化 시대의 漢字
－ 經濟的 측면에서 본 漢字의 중요성 －

經濟가 국제화/글로벌화될수록 가장 먼저 부딪치는 문제가 바로 言語 사용의 문제다. 외국어를 어떻게 익히고 활용할 것인가가 가장 중요한 輸出戰略이요 경제발전전략이다. 英語와 더불어 동시에 동북아 共通文字인 漢字를 익히면 錦上添花가 아닌가.

1. 經濟의 글로벌化와 漢字

한국인의 語文生活에서 漢字를 추방해서는 안 되는 이유는 여러 측면에서 살필 수 있을 것이지만, 우선 들어야 할 것은 일상생활 속의 漢字語가 70%나 된다는 점을 생각하면 한글만으로는 우리 語文生活이 매우 불편해진다는 사실이 아닐까 한다.

둘째로는 고급의 학술연구를 위해서는 주요 槪念語(개념어)가 대부분 漢字語로 되어 있기 때문에 한글만으로는 語彙(어휘) 부족으로 그것을 제대로 해낼 수 없다고 하는 점을 들 수 있고, 셋째로는 우리의 역사적 傳統과 文化를 계승, 발전시키기 위해서도 대부분의 歷史記錄이 한자어(漢文)로 되어 있기 때문에 필요한 한자를 모르고서는 그 올바른 이해와 계승이 될 수 없다는 점일 것이다.
 漢字를 추방해서는 안 되는 이유는 이밖에도 또 있다. 오늘과 같은 國際化·글로벌화 시대에 보다 풍부한 文字生活을 영위하기 위해서나 또는 域內 경제협력을 강화하기 위한 필요성 때문에라도 한자를 배우고 쓰지 않으면 안 된다고 하는 시대적 요구가 그것이다.
 혹자는 아무리 글로벌화 시대라 하더라도 세계적 公用語로 되어 가고 있는 '英語' 한 가지만으로 충분하지 않느냐고 强辯할지도 모른다. 그러나 그것이 결코 간단하지 않다는 것을, 英語와 더불어 漢字도 반드시 배워야 한다는 것을 미리 강조해두고자 한다.
 다가오는 국제화·글로벌화 시대에 우리가 왜 漢字를 배우고 또 써야만 하는가를 경제적인 관점에서 밝히고자 하는 것이 이 글의 집필 목적이다.

2. 世界經濟의 두 가지 흐름

글로벌化 · 리저널化의 동시 진행

 잘 알다시피 오늘날 世界는 급속히 한지붕 밑으로 모여드는 '장벽허물기'(脫國境) 추세를 보이고 있다. 이를 두고 사람들은 글로벌라이제이션(globalization) 현상이라고 부른다. 그런데 이러한 글로벌화 추세는 무엇보다도 경제적 측면에서의 요구를 강력히 반영하고 있다.
 경제가 발전하고 기술이 발달할수록 그것은 보다 넓은 市場을 요구하게 된다. 경제의 발전은 갈수록 국가 간의 國境 장벽을 허물고 하나의 시장, 하나의 分業圈으로 통합되기를 바란다.

오늘의 세계는 하나의 세계시장, 하나의 世界經濟로의 통합을 급속하게 진행시켜가고 있다. 이러한 무조건적인 統合 추세는 그렇다면 어떠한 과정으로 전개되고 있는가. 그것은 현재 서로 다른 2개의 과정으로 전개되고 있음을 볼 수 있다. 汎世界主義라고 할 글로벌리즘(globalism)의 길과 地域協力主義라고 할 리저널리즘(regionalism)의 길이 그것이다.

前者의 글로벌리즘의 길은 현재 미국이 주도하고 있다. 미국은 지금 지구상의 크고 작은 나라나 지역을 하나의 제도적인 틀 속으로 묶고자 하고 있다. 지난날의 UR협상이나 새로 만들어진 世界貿易機構(WTO) 등은 바로 이를 위한 國際協定 내지 國際機構의 재편성에 지나지 않는다. 말하자면 新自由主義 시장경제질서 속에서 상품이나 자본 또는 각종 서비스나 사람(노동력)까지도 자유로운 국제적 이동을 허용코자 하는 취지에서 말이다.

경제학에서는 이를 두고 '國境 없는 經濟(borderless economy)'의 추구라고 부르고 있다. 1995년 WTO 出帆(출범) 이후 세계경제의 이러한 글로벌화 현상은 우리가 모르는 사이에 빠른 속도로 진전되고 있다.

리저널리즘의 길은 오늘날 유럽이 앞장서 추진해가고 있다. 상품이든 자본이든 그것의 이동을 자유화하고 또 국경장벽을 허물고자 하는 데는 앞의 글로벌리즘의 입장과 결코 다르지 않다. 그러나 유럽聯合(EU)의 추진과정에서 잘 나타나듯이, 역사적 전통이나 문화적 價値가 서로 통할 수 있는 인접한 나라 — 또는 지역 내지

生活圈 — 끼리 먼저 시장을 트고, 그러한 인접 지역 간의 統合體를 매개로 다시 상호 간 협력관계를 추구한다는 점에서 앞의 글로벌리즘과는 현저한 차이가 있다.

물론 이러한 후자의 지역별 통합 움직임은 오늘날 유럽에서만이 아니라 세계 여러 지역으로 번져가는 추세에 있다. 1994년에 미국, 캐나다, 멕시코 등이 결성한 北美自由貿易地域(NAFTA), 그리고 太平洋 및 아시아 지역까지를 한데 묶는 아시아·태평양 經濟協議體(APEC)의 확대 강화 등이 그 좋은 사례일 것이다.

이상 두 가지 세계경제의 흐름은 지향하는 바의 궁극적인 目標는 같다고 할 수 있다. 다같이 自由貿易主義와 市場經濟原理에 따라 각국의 국민경제 간의 障壁(장벽)을 허물고 하나의 세계경제 울타리로 통합을 추구한다고 하는 점에서 그러하다. 다만 양자 간에 차이가 있다면 세계경제 통합이란 목표를 달성하는 구체적인 방법과 戰略상의 차이일 뿐이다.

앞의 글로벌리즘의 입장이 지구상의 모든 나라가 한꺼번에 각자의 시장을 개방하여 하나의 世界市場, 하나의 世界經濟를 만들고자 하는 1단계 통합전략이라면, 뒤의 리저널리즘의 그것은 상호 통합이 손쉬운 이웃 나라, 이웃 경제끼리 먼저 통합하고, 다음 단계로 지역별 경제통합을 해가는 제2단계 통합전략이라는 점에서 그러하다.

두 가지 흐름의 世界史的 意義

이상의 두 가지 統合化 전략을 놓고, 어느 쪽이 더 지배적인 흐름인가를 말하기란 어렵다. 다만 현실적으로 두 가지 추세가 거의 동시적으로 진행되고 있다고 말할 수 있을 뿐이다.

한국을 포함하는 東南亞 지역의 경제위기를 비롯한 러시아, 브라질 등 경제위기의 세계적인 도미노 현상은 전자 쪽의 흐름이 지배적임을 말해주는 것이기도 하다. 世界經濟는 지금 貿易·投資·金融 등 여러 측면에서 급속히 개방화·국제화되어가고, 또 제조업이든 금융업이든 모든 영업활동이 一國的 영역을 벗어나 급속히 多國籍化(multi-nationalization)되어가고 있음이 그것이다.

그런가 하면 유럽에서는 유럽만의 통합, 예컨대 1999년부터 유로貨라는 단일통화의 창출에 성공하고, 또한 아시아에서도 ASEAN의 확대, 강화는 물론이고 EU와의 제휴를 모색하는 ASEM(아시아-유럽 회의)의 결성까지 진행 중인 것으로 전해지고 있다.

세계사의 발전 전망과 관련하여 이상의 두 가지 흐름이 우리에게 던져주는 의미는 다르다고 할 수밖에 없다. 만약 앞의 글로벌리즘이 世界史의 지배적인 추세로 돌아간다면, 序頭에서 제기한 국제화 시대에 있어서의 언어 사용의 문제와 관련하여 이를테면 英語 한 가지만으로 충분하다고 할 수 있고, 漢字의 필요성은 그만큼 희박해질지도 모른다. 그러나 만약 후자의 리저널리즘이 世界史의 지배적 조류가 된다면, 그것은 앞으로 한국을 포함하는 東아시아 지역의 位相을 크게 바꾸어놓을 것이므로, 그에 따라 英語 이상으로 漢字의 필요성을 더욱 클로즈업시키게 될 것이 분명하다.

글로벌리즘하에서는 오늘과 같은 미국 한 나라에 의한 覇權(패권) 시스템이 계속 작동한다는 점에서 기존의 팍스 아메리카나의 單極體制가 계속될 것으로 보지만, 반대로 리저널리즘 추세하에서는 예컨대 北美(美國)·유럽(EU)·아시아(東아시아) 간의 3極體制로 변해갈 것이라는 전망도 가능해지기 때문이다. 물론 이 경우에도 반드시 아시아를 또 하나의 독립적 축으로 하지 않고 北美나 유럽의 어느 한쪽에 아시아가 편입됨으로써, 세계가 北美-유럽 간의 2極體制로 변모하게 될 가능성도 배제할 수 없는 일이다.

3. 東아시아 經濟와 아시아적 價值

東아시아 리저널化는 어디로!

어쨌든 현실의 리저널리즘 전개방향에 비추어 앞으로의 세계가 東아시아를 한 축으로 하는 3極體制로 지향해간다고 할 때, 이 지역 사람들은 무엇으로 이 지역을 하나의 共同體로 묶을 수 있을 것인가 하는 매우 어려운 과제에 봉착하게 된다. 여기에는 경제적인 측면과 문화적인 측면의 두 가지로 접근할 필요가 있다.

우선 경제적으로는 지역 내 시장을 어떻게 해서든 빨리 통합하는, 곧 배타적인 역내 통합체를 만드는 일이라 할 수 있다. 지금의 유럽의 EU나 北美의 NAFTA 또는 東南亞의 ASEAN과 같은, 말하자면 어느 정도 排他的 성격을 갖는 역내 經濟統合體를 빨리 만들어야 한다는 주장이다. 이 경우 새로 만들어지는 통합체는 이 지역에 있던 기존의 APEC이나 ASEM과 같은 아시아 바깥의 지역까지도 포함하는 廣義의 지역협력체와는 그 성격을 분명히 달리해야 한다. 그것은 이 지역만의 경제통합체로 되어야 한다는 점에서 그러하다.

왜냐하면 현재와 같이 環太平洋的인 통합기구로서의 APEC이나 또는 아시아·유럽機構로서의 ASEM처럼 되어서는 결코 이 지역이 세계시스템의 獨自的인 한 축을 이룰 수 없게 될 것이기 때문이다.

문화적 측면에서는 이 지역의 역사적, 문화적으로 대표적인 共通性이 무엇인가를 찾아내고 또 그것을 발전시켜나가야 할 필요가 있다. 그 경우 우리가 쉽게 제기할 수 있는 것으로는 뭐니뭐니해도 이 지역의 儒敎文化 내지 漢字文化 전통에서 찾게 될 것이다.

東南亞 나라들은 처음부터 儒敎文化圈에 속했다고 볼 수는 없지만, 그러나 역사적으로 중국인(華僑)의 대량 이주로 말미암아 이 지역은 일찍부터 대륙의 漢字文化와 밀접한 관련을 맺어온 것이 사실이고, 또 오늘날 이 지역에서의 華僑/華人의 경제적 역할의 중요성에 비추어 결코 이 지역도 대륙의 儒敎/漢字文化 전통으로부터 자유롭다고는 말하기 어려운 것도 사실이다.

앞의 경제적 통합을 원활하게 추진하기 위해서는 무엇보다도 그를 둘러싼 文化的 요소가 뒷받침되어야 한다. 문화적 공통성이 경제통합에 얼마나 중요한가는 그간의 유럽(EU)의 경험에서도 잘 드러난 바다. 이러한 관점에서 최근 東아시아 경제위기를 맞아 클로즈업된 바 있는 소위 '아시아적 價値(Asian Values)' 논의는 현 단계 이 지역의 경제통합체 형성과 관련하여 우리에게 매우 중요한 의미를 던져주고 있다.

아시아적 價値와 漢字文化

넓은 개념으로 아시아 내지 東아시아의 經濟統合이라고 하지만, 현실적으로 그것은 경제적으로나 문화적으로 절대적인 비중을 갖는 韓-中-日 3국을 중심으로 추진될 수밖에 없는 일이다. 바로 이런 관점에서 이들 한-중-일 3국의 共通文字인 漢字의 시대적 중요성에 특별히 주목하지 않을 수 없다.

지금 뜻 있는 사람들이 21세기 국제화·글로벌화 시대에 대비하기 위하여 漢字敎育 및 그 사용의 중요성을 강조하는 까닭은 바로 여기에 있다. 序頭에서 제기한 것처럼 국제어로서의 英語 하나만으로는 부족한 바가 있고, 그와 더불어 漢字의 사용이 불가피하다는 當爲性 역시 여기에서 찾아볼 수 있다.

東北아시아에서 지역적으로 그 한복판에 자리 잡고 있는 韓國은 어떤 입장인가. 다가오는 21세기 3極構造로의 변천을 알리는 世界시스템의 한 축으로서의 이 지역에서의 한국이 담당해야 할 역할은 무엇인가. 지금 20세기를 마지막 보내는 이 시점에서 우리가 풀어야 할 시대적 과제가 있다면 바로 이 문제가 아닐까.

韓國人은 지금 무엇보다도 시대적 흐름을 정확히 읽어야 할 때라고 생각한다. 지금 한국을 둘러싸고 있는 국제적 여건은 급속하게 변해가고 있다. 1990년대 이후 北美(美國)와의 경제적 의존관계는 현저히 줄어드는 대신, 중국을 비롯한 東南亞 지역과의 그것은 놀랄 만큼 늘어나고 있다. 구체적으로 보면, 1990~97년간 對美 수출의 존도는 29.8%에서 15.9%로 줄고, 반대로 중국의 그것은 0.9%에서 10.0%로, 동남아의 경우(홍콩 포함)는 14.8%에서 23.7%로 늘어나, 양자를 합친 이 지역 수출의존도는 기간 중 15.8%에서 무려 33.7%로 늘어나 對美 의존도의 2배 이상에 달하고 있다.

수출만이 아니라 수입이나 또는 直接投資의 경우도 정도의 차이는 있으나 변화의 기조만은 마찬가지이다. 뿐만 아니라 미국, 日本, 유럽 등 先進圈에 대한 무역수지 赤字를 그나마 이들 중국이나 동남아 나라들에 대한 黑字로 커버하고 있는 것이 오늘의 한국경제 실상이다.

이렇게 본다면 경제적 측면에서의 대외의존도는 지난날의 北美 市場으로부터 이제 東아시아시장으로 급속히 바뀌어가고 있음을 알 수 있다. 지금 한국 사회에서 어느 분야보다도 대규모 재벌기업이나 韓國電力 등 국영기업, 그리고 全經聯 등 경제단체에서 앞장서서 漢字敎育을 적극 강조하고 있는 것도 현실의 이러한 사정을 그대로 반영하는 것이 아니겠는가. 정부(교육부)나 學界 일부 그리고 出版/文化界에서 그렇게도 열심히 한글專用을 주장하고 있는 마당에, 이처럼 경제계에서 앞장서서 한자 사용을 들고 나오는 것은 정말 아이러닉한 현상이 아닐 수 없다.

4. 한글專用, 이제 그만둘 때다

한국은 경제적으로든 문화적으로든 결코 이 지역으로부터 離脫(이탈)할 수도 없고, 또 이탈되어서도 안 될 운명에 처해 있다. 이탈되어서는 안 될 절실함은 韓-中-日 3국 중에서 한국의 경우가 오히려 가장 강하다는 점에 있다. 그것은 경제적으로나 문화적으로 한국의 처지가 3국 중 가장 취약하다고 함을 말해주는 것이기도 하다.

사정이 이러함에도 불구하고 한국이 스스로 漢字를 추방하고 이 지역 한자문화권으로부터 이탈하고자 하는 것은 한마디로 자살

행위나 다름 없다. 文字鎖國主義(문자쇄국주의)라고 할 한글專用主義는 곧 세계사의 발전 전망에 대한 沒理解에서 오는 어리석기 짝이 없는 자살행위나 마찬가지이다.

　결론적으로 오늘의 세계경제 흐름이나, 앞으로 東아시아 경제권 형성 전망에 비추어 이 지역 경제통합의 일차적 媒介(매개)수단이라고 할 漢字를 하루빨리 되살려야 한다는 것은 아무리 강조해도 모자람이 없는 시대적 요구이다.

全國漢字敎育推進總聯合會, ≪한글+漢字문화≫, 1999년 4월호.

漢字, 익히는 것으로 끝날 일인가

漢字敎育 운동가들은 지금 두 가지 중대한 誤謬를 범하고 있다. 하나는 漢字를 가르치기는 하되 쓰는 것은 자유에 맡기자는 주장이고, 다른 하나는 한자교육을 동네 書堂/學院에 맡겨놓고 자기들은 級數시험에만 매달리고 있음이 그것이다. 이 두 가지 문제에 대해 그들은 응분의 해명을 해야 할 의무가 있다.

財界의 漢字 테스트 선언

人文學과는 거리가 먼 필자가 故 蘭汀 南廣祐 선생의 권유로 어문개혁운동에 한발 들여놓은 지도 어언 江山이 한 번쯤 변한 10년 세월이 흘렀다. 그동안 자기 나름의 소임을 다한답시고 漢字敎育 관련 발표회나 集會 같은 데 열심히 쫓아다닌 일 말고는 별로 내세울 만한 일이 없는 처지에, 최근 필자에게 반갑기 그지없는 朗報(낭보)가 하나 흘러들었다.

그건 다름 아닌 全經聯 등 경제 5단체가 공동으로 2004년부터 산하 會員社의 신입사원 채용 때 수험생의 '漢字' 실력을 테스트하겠다는 계획을 발표함으로써 우리 사회에 신선한 충격을 주고 엄중한 警鐘(경종)을 울린 일이 그것이다. 이는 마치 언젠가 高校平準化

가 기업의 대외경쟁력을 떨어뜨리고 있다는 지적처럼, 經濟 쪽에서 이 나라의 敎育이 크게 잘못되고 있음을 비판하고 나선 대표적 케이스로 간주될 법도 한 일이다.

그동안 경제학을 하는 주제에 한자운동을 한다는 것이 아무래도 격에 어울리지 않는다는 생각에서 몇 번이나 그만둘까 하고 망설이던 필자에게 이 경제 5단체의 충격적인 宣言은 마치 가뭄에 단비를 만난 격이었다고나 할까.

왜냐하면 날이 갈수록(정권이 바뀔수록) 우리 사회는 시대에 낡고 편협한 民族主義가 더욱 판을 치고 ― '한글專用主義' 역시 극단적인 言語民族主義의 發露(발로)로 보기 때문에 ― , 그 연장선에서 일부 몰지각한 국회의원들이 의사당의 자기 名牌(명패)까지 한글로 바꿔치기 하는가 하면, 심지어 정당이나 은행 이름까지도 '열린우리당'이니 '우리은행'이니 하는 고약한 이름을 달고 나서는 마당에, 과연 이 漢字運動이 성공할 수 있겠느냐 하는 깊은 懷疑(회의)에 빠져 있었는데, 역시 믿을 곳은 그래도 필자가 전공하는 經濟(財界) 쪽밖에 없구나 하는 생각 때문이다.

1. 漢字를 배워야 하는 理由

한국 사람이 왜 한자를 가르치고 배우고 또 써야 하는가? 필자가 그동안 어깨 너머로 터득한 바로는 대체로 그것은 다음 3가지로 갈라볼 수 있을 것 같다.

첫째로는 漢字를 추방하고서는 한국인의 語文生活이 제대로 될 수 있을 것 같지 않다는 이른바 語文學的 관점에서의 이유이다. 흔히 인용되고 있는 바이지만, 우리가 사용하는 語彙(어휘)의 약 70%, 그것도 주요 槪念語를 중심으로 하는 名辭의 경우 그것은 더욱 더 漢字語로 되어 있기 때문에 한자를 버리게 되면 주요 개념의 전달이 분명치 않아 전문적인 학문을 함에는 물론, 사람 간의 日常 의사소통까지도 제대로 될 수 없다고 하는 주장이 그것이다.

둘째로는 고유한 傳統文化의 계승과 발전이란 측면을 들 수 있다. 漢字가 만약 완전히 退出된다면 현재 전국 도서관에 쌓여 있는 그 많은 한자 表記 서적이나 자료 등이 하루아침에 無用之藏物로 변해버릴 것이니 말이다. 그렇게 되면 한국 고유의 전통이나 문화는 전승될 길이 없게 될 것이라는 점, 곧 한자를 추방하게 되면 지난날 우리가 겪었던 IMF경제위기 이상의 몇 배 더한 심각한 文化危機(?)를 맞게 될 것이란 주장이 그것이다.

이상의 두 가지 이유가 人文學 내지 語文學 쪽에서 내세우는 한자교육의 필요성이라면, 셋째로는 경제적 관점에서의 한자교육의 필요성을 들 수 있다. 경제적으로는 오늘날 한 나라 안의 국내시장만을 상대로 장사하던 시절은 이미 지난 지 오래이다. 경제활동에는 國境이 사라지고, 기업이나 상품에는 國籍이 없어지는 그런 시대에 우리는 살고 있다. 최근 어렵게 국회를 통과한 '韓·칠레 FTA'라는 것도 따지고 보면 두 나라 사이에 물건(상품)이나 돈(금융)의 흐름을 國境 없이 자유롭게 하자는 것에 다름 아니다.

뿐만 아니라 지금 많은 한국기업이 장사하기 좋은 中國이나 東南아시아 등으로 너도나도 빠져나가는 바람에 국내 산업의 空洞化(공동화) 현상이 갈수록 심화되고 청년실업이 하늘높이 치솟고 있는 것도 모두 이러한 경제적 측면에서의 글로벌화 현상의 반영이라고 할 수 있다.

혹자는 21세기는 東北亞 시대가 열린다고들 하고, 또 머지않은 장래에 韓-中-日 3국이 낮은 단계의 경제협력체라도 만들게 될 것으로 내다보고 있다. 그런 상황에 처한다면, 한국이 이 지역의 共通文字인 '漢字'를 배격하고 어떻게 무역을 하고 투자를 하고 경쟁력을 유지하면서 살아남을 수 있겠는가. 漢字 사용에 따른 절박한 시대적 요구에 직면했다고 할 수 있다. 아마도 이번 全經聯 등 경제단체가 신입사원에게 漢字 실력 테스트를 하겠다고 들고 나선 것도 바로 이러한 절박한 시대상황의 변화에 부응하기 위한 몸부림으로 볼 수도 있다.

2. 經濟와 語文 간의 갈등

아무튼 한자교육을 통한 語文正常化 운동에 제일 먼저 和答하고 나선 곳이 어찌 위에서 든 첫째의 語文 쪽이나 또는 둘째의 文化 쪽이 아니고, 엉뚱하게도 셋째의 經濟 쪽이었을까. 참 신기하다는 생각이 들기도 하지만, 그것은 사람들에게는 目前의 경제적 삶의 요구가 언어생활상의 불편함이나 文化 遺産의 계승 문제보다 훨씬 절실하기 때문이 아닐까. 또는 첫째, 둘째의 요구가 다분히 復古的인 민족주의 성향을 띠는 데 대하여, 셋째의 경제 쪽은 다분히 前向的인 국제주의 성향을 띤다고 하는 점에서 사람들에게는 지나간

복고적인 것보다는 다가올 전향적인 것에 더욱 관심이 많을 것이기 때문이 아닐까.

이유야 어디 있든, 필자로서는 이번 財界의 한자실력 테스트 선언으로 그동안 셋째 입장을 견지하고 일반 어문학자들하고는 달리 財界를 상대로 필자 나름의 漢字運動을 펼쳐온 데 대해 一抹의 보람을 느끼게 되었다고나 할까. 아울러 한자운동은 인문학을 하는 사람들에게만 맡겨놓을 성질의 것이 아님도 또한 확인하게 된 셈이기도 하였다.

사정이 이러함에도 나라의 어문교육과 어문생활을 책임지는 정부 쪽의 敎育人的資源部나 文化觀光部에서는 이번 경제 5단체의 입장 선언에 대하여 아직까지 이렇다 할 대꾸가 없다. 이를테면 시대의 요구를 받아들여 지금부터라도 漢字敎育을 열심히 시키겠다든지, 너희들이 아무리 떠들어도 우리는 우리 갈 길만 가겠다든지, 뭔가 한마디 解明性 발언이라도 있을 법한데 전혀 들은 척도 하지 않고 묵묵부답으로 나오고 있다. 이 무슨 배짱놀음이요 해괴한 처사인가. 아직도 한글專用이란 시대에 낡은 外套(외투)를 과감히 벗어던질 준비가 안 돼 있다는 뜻인가.

이번 경제 5단체의 한자실력 테스트 선언을 계기로 우리 사회는 폐쇄적 民族主義 입장의 교육과 문화 쪽과 개방적 國際主義 노선의 경제 및 기업 쪽 사이에 한판 힘겨루기를 위한 事端(사단)이 벌어진 것이나 다름없다고 해도 좋을 일이다.

여기서 우리가 한 가지 되새겨두어야 할 일은 비록 경제계가 한자교육의 필요성을 제기했다고 하여 그것만으로 바로 一喜一悲

할 일은 결코 못 된다는 사실이다. 그들은 단지 社員 채용시험에서 한자실력을 테스트하겠다고만 했지, 정부더러 대놓고 학교에서 학생들에게 한자를 가르치라고 직접 요구한 사실은 없기 때문이다. 학생들이 어디서 어떻게 漢字를 배우고 오든 자기네 기업에 들어오기 위해서는 일정한 수준 이상의 漢字 실력을 갖추어야 한다는 일종의 漢字實力 자격조건을 제시한 데 불과하기 때문이다. 이 또한 얼마나 무책임하기 짝이 없는 소행인가.

3. 漢字敎育과 使用은 별개 문제인가?

漢字 私設學院과 漢字級數試驗

정부(교육인적자원부)가 재계의 이러한 요구를 선선히 받아들여 定規 교육과정에 과연 漢字를 집어넣어줄 것인가? 이것이 문제의 관건이지만 필자 생각으로는 아마 정부가 그렇게는 안 할 것으로 판단된다. 왜냐하면 지금 한국사회를 움직이는 세력판도를 보면 人文 쪽의 민족주의 이념이 經濟 쪽의 국제주의 노선을 완전히 제압하고 있는 형국으로 되어 있기 때문이다.

정부가 학교교육에서 정식으로 한자교육을 도입하지 않는다면, 그러면 학생들은 어디 가서 어떻게 한자를 배울 것인가. 가정에서 獨學을 하거나 아니면 동네 私設 書堂이나 學園 같은 데서 한자를 배울 수밖에 다른 길이 없다. 이렇게 되면 천차만별의 '漢字 私敎育'이 성행하게 될 것이 불을 보듯 뻔한 일이다. 그리하여 그것이 비공식의 교육인 만큼 公認機關이 시행하는 '漢字能力級數試驗'을 치

르고 그 실력(級數)을 인정받아 그것을 취직시험 같은 데에 자격조
건으로 제출하게 되는 과정을 밟아야만 할 것이다.

　이번 경제 5단체의 선언이 있기 이전부터 이미 학생 스스로의
필요에 따라 개별적으로 학원 등을 통한 한자공부가 왕성하게 이루
어져왔음은 물론이고, 지금도 또한 활발히 이루어지고 있는 실정이
다. 소문에 의하면 漢字能力(級數)시험 응시자가 최근 들어 폭발적
으로 늘어나고, 그 바람에 자격시험을 치르는 것이 하나의 큰 利權
사업으로 되어 私設 시험기관이 부쩍 늘어나고 경쟁도 매우 치열해
졌다고 한다. 참으로 한심한 처사가 아닐 수 없다.

　이러한 잘못된 풍조는 아마 이번 財界의 漢字테스트 선언으로
私設學院에 의한 漢字 공부에 가일층 熱氣를 불어넣을 것으로 전망
된다. 이는 財界의 요구가 기존의 비정상적인 漢字敎育의 폐단을
바로잡는 계기로 되기는커녕, 오히려 현실의 잘못된 한자교육 바람
을 더욱 조장하는 逆機能을 불러올 것으로 우려되는 바도 없지
않다고 할 것이다.

漢字敎育과 그 使用이 전제되어야!

　필자가 그동안 한자운동을 하는 과정에서 터득한 두 번째 문제는
한자교육 主唱者 간에도 漢字의 사용문제를 둘러싸고 여러 갈래의
다른 입장을 발견할 수 있었다는 점이다.

　첫째로 漢字를 일단 가르치기는 하지만, 배운 사람이 실제 그것을
사용하는 것은 각자의 판단에 맡기자는 입장이 있다. 둘째로는 배우
고 또 사용은 하되 주요 槪念語를 중심으로 한자를 직접 노출하지

않고 괄호 안에 넣어 같이 쓰자는 입장이 있는가 하면, 셋째로는 법으로 '國民常用漢字'를 제정하고 그 범위 안에서는 한자를 직접 노출시켜 반드시 한글과 混用해야 한다는 입장이 있다.

이 3가지 입장은 漢字敎育을 해야 한다는 점에서는 같으나, 기실 교육의 목적이나 활용 등의 관점에서는 현저한 성격 차이가 있음을 발견할 수 있다. 즉 우리가 漢字敎育을 왜 하느냐 하는 근본적 물음과 관련하여 중대한 입장 차이가 있다고 보아야 한다.

예컨대 첫째와 둘째의 경우는 다 같이 한글로 되어 있는 글을 읽을 때 그것을 漢字로 되새기면서 읽음으로써 그 뜻을 보다 쉽고 정확하게 이해하도록 하기 위한 데에 한자교육의 目的을 두고 있다. 따라서 첫째 경우는 엄격히 따지면 漢字의 현실 사용 면에서는 한글專用主義와 마찬가지라 할 수 있다. 왜냐하면 한글전용주의 가운데서도 漢字를 배우기는 해야 한다는 측이 많이 있고 — 오늘의 北韓 입장이 바로 그러하다 —, 또한 둘째의 괄호 처리 입장은 漢字를 영어나 일본어처럼 외국문자로 간주하여, 예컨대 '漢字로는 이렇게 쓴다'라는 것을 보여줌으로써 그 단어 뜻을 모르는 독자에게 辭典 찾는 데 도움을 주는 정도의 의미가 있을 뿐, 기본적으로는 첫째의 한글전용 경우와 별반 입장 차이가 없기 때문이다.

뿐만 아니라 괄호 안에 한자를 넣는다는 것은 발음이 같은 이상 사실상 同語 중복 표현에 지나지 않고, 영어나 불어 등 외국어를 괄호 안에 넣는 것하고는 그 뜻을 완전히 달리한다는 것을 알아야 한다. 그리고 그 단어가 語源상으로 볼 때 漢字語로 먼저 만들어진 다음에 한글 표기가 이루어졌기 때문에, 정확히 표현하자면 먼저 한자를 노출시켜 쓴 다음에 괄호 안에 한글 표기를 하는 것이 이치에 맞다고 할 수 있다. 그러나저러나 이렇게 되면 漢字敎育의 취지는 사실상 무의미해지고 만다.

漢字 需要[사용]가 供給[교육]을 부추긴다!

셋째 경우는 어떠한가. 이는 앞의 두 가지 입장과는 그 성격이 확연히 다르다. 여기서는 漢字敎育의 궁극적인 目的이 처음부터 문장을 漢字로 쓰고 실생활에 한자를 사용하기 위한 데 있다고 보기 때문이다. 漢字를 직접 노출시켜 쓰지 않을 바에야 뭣 때문에 그걸 고생스럽게 배우느냐 하는 입장이다.

쓸데없는 辭說(사설)일지 모르지만, 경제학 이론에 이런 것이 있다. 어떤 財貨에 대한 사회적 需要가 있는 한 그것의 供給은 저절로 따라오게 되어 있다는 주장 말이다. 그런가 하면 재화의 공급이 거꾸로 수요를 창출해낸다는 이론도 있다. 이를 우리의 어문생활에 적용해보면 前者의 경우, 사회적으로 漢字를 필요로 하고 또 많이 쓰고 있는 한[需要], 그것의 供給[敎育]은 저절로 이루어진다는 논리이고, 後者의 경우는 한자를 열심히 교육시켜놓으면 저절로 한자가 많이 쓰이게 된다는 논리이다.

여기서 한국은 지금 漢字敎育을 制度敎育을 통해 공식적으로는 시키지 않고 있으므로 공급이 수요를 창출한다는 後者의 논리는 처음부터 거론할 여지조차 없다. 그러나 오늘날 私敎育을 통한 한자교육 붐이 일고 있는 현상은 바로 수요가 공급을 창출한다는 前者의 법칙이 강렬하게 작용하고 있기 때문이라 할 수 있다.

우리 사회는 지금 官公署 公文을 비롯하여, 출판, 언론, 교육 등 사회 전반에 걸쳐 온통 '한글專用' 일색으로 되어 있다고 해도 과언이 아니다. 한자에 대한 사회적 需要가 전혀 없다보니 학생들이 없는 시간을 쪼개어 漢字工夫를 할 리가 없고, 또 중등학교에 '漢文' 과목이 들어 있기는 하지만 수업이 제대로 되지 않는 이유도 바로 漢字(漢文)에 대한 사회적 需要(대학입시, 취직시험 등에 出題)가 없었기 때문이라 할 수 있다.

최근 들어 비록 私敎育 방식이지만 한자교육 熱風이 불고, 한자 급수시험에 수험생이 구름같이 몰려오는 이유는 어디 있는가? 이것은 아마도 국제화·글로벌화를 지향하는 財界의 한자 수요 때문이 아니겠는가. 얼마 전 財界의 漢字能力 테스트 선언이 바로 이러한 사회적 漢字需要를 불러일으키는 데 결정적인 觸媒劑(촉매제) 역할을 하게 된 것이리라.

4. 結 - 需要[사용]가 전제된 供給[교육]이어야 한다

필자는 확고하게 漢字를 노출시켜서 써먹지 않을 바에야 굳이 배우고 가르칠 필요가 없다는 입장이다. 이 점에서 앞의 첫째, 둘째 입장과는 확연히 다르다. 경제학적으로는 이들 앞의 두 입장은 논리적으로 설명이 안 된다. 왜냐하면 배운 다음에 쓰고 안 쓰고를 각자의 자유에 맡긴다고 하면, 처음부터 배우고 안 배우고도 각자의 자유에 맡겨야 할 일이 아닌가. 선택의 자유는 공정하게 이루어져야 할 것이기 때문이다.

우리가 漢字敎育을 힘주어 강조한다면 어디까지나 학생들로 하여금 한자를 배운 다음에 사회에 나가 써먹을 수 있게 할 책임도 동시에 져야 한다. 즉 이에 대한 책임을 지고 大學入試에서나 취직시험에서는 물론이고 지금처럼 한글專用으로 된 學術·언론·출판문화 등을 '한글+漢字' 병용으로 혁신시켜야 한다는 점이 매우 중요하다.

결론적으로 이번 財界의 漢字能力 테스트 선언에 즈음하여, 한글+漢字混用論者나 또는 한자교육 主唱者는 이제 이 문제에 대한 어떤 명쾌한 자기입장을 밝혀야 한다. 다음 두 가지 문제에 대해 분명한 입장을 밝혀야 한다는 것이다. 하나는 지금 財界 등에서 필요로 하는 한자를 어디서 어떻게 가르칠 것인가 하는 교육방법의 문제이고, 다른 하나는 가르친 다음에 그것을 어떻게 써먹게 할 것인가 하는 사용방법에 대한 문제다.

이 점과 관련하여 끝으로 한 가지 강조해둘 문제가 있다. 그것은 오늘의 한자운동가들은 지금과 같이 동네 漢字書堂이나 私設學院 같은 데서 적당히 한자를 가르치게 하고, 또 거기서 배운 한자실력으로 漢字級數試驗이나 치르게 하여 필요한 級數를 따게 하며, 그것으로 여기저기 취직이나 승진하는 데 적당히 써먹게 하는 식으로, 다시 말해 수험생으로부터 受驗料나 적당히 챙기는 데 만족하여 漢字敎育 본래의 참뜻을 저버리는 過誤(과오)를 범해서는 결코 안 될 것이라는 점을 강조해둔다.

≪한글+漢字문화≫, 2004년 3월호.

大學 論述考査와 漢字敎育
－ 論述考査는 왜 치르는가 －

論述考査는 학교에서의 (韓)國語 교육이 엉망이기 때문에 생겨난 제도이다. 그렇다고 大學入試에서 論述考査를 본다고 학생들의 국어실력이 늘어나겠는가. 턱도 없는 소리다. 문제는 대학 新入生의 국어실력에 있는 것이 아니라, 大學敎授의 국어실력에 있다.

1. 論述考査의 등장

언제부터인가 大學入試에 '論述考査'란 과목이 등장했다. 어릴 때부터 '4枝選多型' 방식의 正答 고르는 일이나 하고, 單答型의 객관식 시험으로 길들여진 고교 졸업생이 그와 똑같은 시험 방식으로 대학에 들어오다 보니, 대학에 들어온 후에 대학이 요구하는 수업내용을 따라갈 수 없음은 물론, 문장력이나 표현력 등이 모자라 자신의 생각을 제대로 표현하지도 못하는 처지로 되고 말았다.

대학 新入生들에게 공부하는 기초 자질을 닦아주고, 또 역으로는 高校授業 내용을 다소나마 개선시켜주는 反射이익을 누리고자 일종의 窮餘之策(궁여지책)으로 도입된 제도가 이 대학입시에서의

'論述考査'라는 것이었다.

대학에 들어온 新入生이 대학이 요구하는 수업내용을 제대로 따라가지 못하는 이유가 어디 고교까지의 客觀式 시험제도 때문이라고만 할 수 있겠는가. 그 이전에 敎課내용이나 수업방식 등에 더욱 근본적인 문제가 도사리고 있다고 봐야 한다. 어쨌든 그들이 대학에 들어와 자신들이 원하는 專攻 공부를 하는 데 요구되는 자격조건을 제대로 갖추지 않고 대학에 들어왔다고 하는 데는 다들 공감하는 바이다.

이를테면 학생들이 우선 사물을 인식하는 데 있어 理解力이나 論理性이 너무 부족하고, 또 글이나 말로써 자신을 나타내는 표현력이 너무 결여되어 있으며, 심지어 아주 간단한 文章마저도 主語와 述語조차 제대로 맞추지 못하는 作文 실력 등 그야말로 대학에서 고급 학문을 履修(이수)하는 데 요구되는 수준은 말할 것도 없고, 한 사람의 평범한 生活人으로서 살아가는 데도 이 정도 國語실력으로는 도저히 안 되겠다고 하는 비판의 소리가 높았던 것이 사실이다.

2. 論述考査의 變質

論述學院에서 모범 答案 만들어

이처럼 고교 교육에 대한 비판의 목소리가 높아지자, 처음에는 전국 대부분의 大學이 의욕을 가지고 이 論述考査를 치르게 되었다. 또 전체 성적에서 차지하는 논술고사의 비중도 人文·社會계열의 경우는 꽤나 높게 반영함으로써, 수험생으로 하여금 논술고사의 중요성을 인식케 하고 거기에 철저히 대비케 하는 적극적인 효과도 거둘 수 있었다.

처음 몇 년간 초기에는 논술고사를 치르고 들어온 학생들이 그 이전의 선배 학생들에 비하여 期末 리포트나 시험답안지 작성에 있어 文章力이나 표현력 등이 눈에 띄게 향상되었음을 발견하고 한때 대학은 크게 만족하는 분위기를 보이기도 했다.

그러나 論述考査의 意義는 오래가지 못했다. 거기에는 다음과 같은 문제점이 제기되었기 때문이다. 우선 시험 당국인 大學이 '主觀式으로' 치러지는 논술고사를 출제함에 있어 수험생들로 하여금 다소나마 '객관적인' 답을 이끌어낼 수 있는 문제를 내야 하는데, 아무리 出題委員(교수)이 머리를 짜낸다 하더라도 나중에 채점과정에서는 많은 採點委員(교수)들로부터 答案의 客觀性이 보장되지 않는다는 비판이 일고, 이렇게 채점위원에 의한 恣意的인(?) 採點이 될 바에야 논술고사를 아예 치르지 않는 편이 수험생을 위한다는 비판의 목소리까지 터져 나오기 시작했다.

이처럼 대학 論述考査의 중요성이 더해지자, 高3 수험생을 대상으로 한 論述課外가 성행하게 되고, 학생들은 학교나 논술학원을 통해 주요 시사문제 등을 중심으로 몇 개의 예상문제를 골라 模範答案을 만들고, 그 뜻을 제대로 이해하지도 못하면서 문장을 달달 외워서 시험에 임하는 식으로 돌아갔다. 참으로 要領 만점의 시험 준비라고나 할까. 실제 논술시험에서 무슨 문제가 나오든 자신이 준비한 몇 가지 예상 문제 가운데 가장 비슷하다고 생각되는 것을 골라 자기가 외운 대로 답안지에 옮겨놓는 식이었다.

처음부터 시험문제는 제쳐놓고 자기가 외운 답안을 어떻게 정확히 옮기느냐에만 관심을 가지는 시험으로 변해갔다. 참으로 한심스러운 일이었다.

이건 필자도 여러 해 논술시험 채점위원으로 들어가 직접 겪은 경험담이지만, 필자도 이래가지고서는 논술고사를 치를 이유가 없다는 생각이 들 정도였다. 우선 많은 수험생이 出題者의 의도에 전혀 걸맞지 않은 東問西答식 내용을 쓴 경우가 허다할뿐더러, 그러한 東問西答의 내용이지만 그 자체로는 거의 完璧(완벽)에 가까우리만큼 매우 훌륭한 答案 — 그것은 학원에서 배운 대로의 模範答案을 옮겨놓은 것이니까 — 이었다. 또 그러한 答案이 마치 커닝이나 한 것처럼 한 採點場(약 40명) 안에서도 여럿이나 튀어나오는 진풍경이 벌어지기도 하였으니 이 일을 어찌하랴. 다 같이 빵점을 주겠는가 아니면 다 같이 만점을 주겠는가.

사정이 이쯤 되고 보니, 論述考査 無用論이 다시 고개를 들기 시작했다. 당초 학생들로 하여금 論述이란 主觀式 시험과정을 한번 어렵게 거치게 함으로써, 평소 부족한 論理性이나 추리력, 나아가 文章力 등 자신의 국어실력을 다소나마 배양토록 해보자는 데 시험의 참된 의미가 있었던 것 아닌가. 당초 정부 당국이나 대학의 순수한 의도는 論述까지도 객관식으로 준비하는 學院街의 약삭빠른 요령으로 철저히 거부당하고 말았다고나 할까.

論述考査가 '英語 本考査'로 변질

大學은 여기에 대처하는 방법으로 논술고사의 出題 스타일을 완전히 바꾸었다. 종전에 한 가지 主題를 주고 수험생으로 하여금 그 주제에 대하여 자기 의사를 자유롭게 開陳(개진)토록 하는 스타일로부터, 이를테면 몇 개의 의미가 있는 문장을 '例示文(또는 提示文)' 이름으로 먼저 수험생에게 던져주고, 그것을 토대로 例示文 상호 간의 연관성이나 矛盾관계 등에 대해 수험생의 의견이나 판단을 요구하는 방식으로 바꾸었던 것이다.

그렇게 함으로써 수험생들이 사전에 몇 개의 객관적인 모범답안을 준비하여 시험에 임하는 식의 폐단을 예방하고, 또 가급적 문제의 영역을 한정시킴으로써 答案내용이나 採點과정에서 제기되는 주관적 판단의 여지를 배제시키고자 했다.

이를테면 수험생으로 하여금 例示文 속에 나오는 주된 單語(概念語)를 몇 번 이상 또는 몇 개 이상을 반드시 引用해야 한다든가, 아니면 例示文 속에 나오는 주인공의 말이나 주장을 몇 번 이상 인용해야 한다든가 하는 식의 조건을 달아 答案을 작성토록 하는 出題者로서도 궁색하기 짝이 없는 시험방식을 동원했다.

여기에 한 술 더 떠서 이상의 例示文을 韓國語로 된 것만이 아니라 英語로 된 文章도 동시에 제시하여, 우선 그 영어 문장을 辭典 없이 해석하지 못하면 아예 答案을 작성조차 할 수 없게 만들어놓았다. 더구나 英語 문장과 한국어 문장을 종합하여 먼저 내용부터 요약한 다음에 그에 대한 본인의 생각이나 입장을 밝히게끔 만들어놓았기 때문에, 따지고 보면 이는 본래적 의미의 論述考査가 아니라, 한낱 영어시험 성격으로 변질되고 말았다. 논술고사가 아니라 영어 과목 本考査(?)로 둔갑했다고나 할까.

3. 論述考查의 限界

論述考查로선 問題 해결 안 돼

당초 대학입시에서 論述고사를 도입하게 된 배경은 그 나름의 충분한 이유가 있었을 뿐더러, 또한 도입 초기에는 그 나름의 상당한 성과도 있었던 것이 사실이다. 그럼에도 불구하고 논술고사가 도입된 지 6~7년이 지난 지금에 와서 그것이 進一步하기는커녕 오히려 거꾸로 후퇴하게 되고, 歪曲(왜곡), 변질되다가 어쩌면 廢止(폐지)될 운명에 처하게 된 것은 무엇 때문일까(기실 현재 서울의 일부 우수대학을 제외하고는 전국 각 대학이 대부분 논술고사를 이미 폐지한 상태이다).

그에 대한 回答은 간단명료하다. 처음부터 대학 新入生이 대학에서의 고급 학문을 할 기초 資質을 갖추지 못하고 대학에 들어온다고 하여 그것을 論述考查와 같은 입시과목을 덤으로 하나 추가함으로써 해결코자 한 당초의 발상에 큰 잘못이 있었다. 입시 당국의 당초 발상 자체에 근본적인 문제가 있었다는 얘기다. 더욱이 논술이 전체 入試成績에서 차지하는 비중이 극히 미미한 마당에, 그 시간에 학생들은 다른 과목 준비에 더 신경 쓸 일이지, 비중도 얼마 안 되는 論述과목에 뭐 그렇게 많은 시간을 들여 논술준비를 하겠는가.

대학에 들어오는 新入生이 고급 학문을 할 수 있는 기초 자질을 닦지 못한 것은 무엇보다도 학생들에게 고등학교까지의 공부를 제대로 시키지 못했기 때문이라 할 수 있다. 그 가운데서도 국어교육의 잘못이 매우 크다고 할 수 있다. 학생들로 하여금 사물에 대한

理解力이나 推理力, 자신의 의사를 나타내는 표현력(文章力) 등이 그렇게 허약하다는 것은 기본적으로 고등학교까지의 (韓)國語 교육의 잘못이라고 할 수밖에 없기 때문이다.

어느 나라나 그 나라 國語는 다른 학문 공부를 위한 기초적인 道具 科目이라 할 수 있다. 그 나라 국어를 제대로 익히지 않고서는 무엇이든 다른 과목을 제대로 履修(이수)할 수 없을 것은 당연하다. 정확히 읽고, 듣고 또 쓸 수 없다면 어느 과목인들 제대로 공부를 해낼 수 있겠는가. 물론 여기에 反論이 제기될 수도 있다. 세계가 한지붕 밑으로 모여드는 요즘 학문을 반드시 自國語로만 하라는 법이 어디 있는가 하고 말이다. 지금 한국에서도 자연과학 계통은 대학에서 수업은 물론 논문집필 등도 대부분 英語 등 외국어로 하고 있지 않는가.

그러나 여기서 말하는 대학 신입생의 경우 대학에서 배우는 공부를 위해서는 반드시 수준 높은 국어 실력이 요구된다. 학생들의 理解力이나 推理力, 문장력, 표현력 등이 약하다면 그건 바로 國語 교육의 책임이고, 그런 국어실력으로는 어떤 과목이든 대학이 요구하는 고급 학문을 제대로 이수하기 어렵다는 주장에는 하등 잘못이 없다.

그렇다면 현실에서 한국의 국어교육, 곧 韓國語 교육은 어디가 어떻게 잘못되었는가?

國語敎育부터 바로잡아야!

필자는 한국의 國語敎育은 애초 그 이름부터 잘못되었다고 본다. 마땅히 '韓國語'(Korean language)라는 객관적인 고유명사로 이름을 달고 가르쳐야 할 것을 처음부터 '國語'(national language)라는 이름으로 國籍도 밝히지 않은 채 어문교육을 시키고 있었으니 말이 되는가. 아마도 거기에는 식민지 시대부터 내려오는 民族主義 이데올로기를 듬뿍 담아 교육을 시키겠다고 하는 교육이념적 의도가 깊이 내포되어 있었으리라.*

이 점과 아울러 또 한 가지 중요하게 제기되어야 할 문제는 오늘의 한국 국어교육이 한국말과 한국 글을 일치시켜 가르치지 않는 데서 찾아볼 수 있다. 다시 말해 한국말은 기본적으로 '漢字語'와 '固有語'의 두 가지로 되어 있는데 — 기타 外來語/外國語를 제외하고 볼 때 —, 한국말을 적는 글은 모두 '한글'로만 적게끔 가르치고

---

* 한국은 왜 '韓國語'를 '國語'로, '韓國史'를 '國史'로, '한국문학'을 '國文學'으로, '한국음악'을 '國樂' 등으로 이름붙이고 있는가. 學科 편제에도 영어영문학과나 東洋史學科란 이름과는 달리 '국어국문학과', '국사학과'로 이름붙이고, 심지어 '한국사편찬위원회'로 해야 할 것을 '국사편찬위원회'로 하고 있지 않는가.

아마도 그것은 해방 후 남의 식민지 상태로부터 벗어나면서 강력한 민족주의적 意志의 발로로 이런 이름을 붙였을 것으로 생각된다. 그러나 바로 이런 이름짓기(作名法)가 해방 후 60여 년이 흐른 지금까지 무비판적으로 이어져오는 사이, 한국 人文學은 학문으로서의 客觀性을 견지하지 못하고, 主觀的 偏見(편견)에 사로잡힌 채 발전은커녕 퇴보를 거듭하게 된 것이 아닌가 한다. 國語는 한글專用만을 소리높이 부르짖고, 國史는 過去事 캐기에나 매달리는 꼴로 되지 않았는가.

오늘날 한국 人文學이 바깥세상이 어떻게 변하는지도 모르고 마치 우물 안 개구리식으로 낡은 國粹主義·民族主義 이념에 埋沒(매몰)되어 있다든가, 親北/左傾세력의 溫床(온상)으로 되고 있는 것이나, 또는 人文學이 일대 위기에 처했다는 自嘲(자조)의 목소리가 들리는 것 등이 모두 이런 배경에 연유하는 것이라고 생각된다.

있다는 것이다. 마치 한국 글이 한글 하나만인 것처럼 말이다. 또 다른 한 가지 한국 글인 '漢字'는 아예 외국 글인 양 완전히 배격하고 말이다. 여기에 바로 국어교육의 폐단이 도사리고 있다.

글이란 원래 말을 담는 그릇이다. 그러므로 글은 말을 정확히 담는 데 그 참뜻이 있다. 그럼에도 불구하고 그동안 한국의 國語敎育은 자신의 말을 제대로 담는 '글 공부', 곧 漢字란 글 공부를 시키지 않았다는 데 문제의 근본이 있었다고 할 수 있다.

固有語와 漢字語를 함께 지니고 있는 우리의 말을 올바로 담기 위해서는 한글과 함께 반드시 漢字를 동시에 가르치고 또 사용케 해야 한다. 식민지 시대부터 내려오는 그릇된 폐쇄적 文字鎖國主義로 말미암아 한글專用主義가 得勢하게 되고, 그 바람에 학교에서 漢字를 가르치지 않는 크나큰 문자정책상의 誤謬(오류)를 범한 것이 바로 지금 와서 학생들로 하여금 대학에 들어갈 때 구차스럽게 論述考査를 치르게끔 만들었다고 한다면 크게 잘못일까.

사정이 이러하거늘 비록 晚時之歎(만시지탄)의 감이 없지 않지만, 지금이라도 늦지 않았으니 정부나 대학은 더 이상 아무 쓸모없이 된 論述考査 같은 것을 가지고 마치 '죽은 자식 뭐 만지기' 식의 짓거리는 걷어치우고, 학생들에게 어릴 때부터 한글과 漢字를 동시에 가르치는 '(韓)國語 교육의 正常化'를 통하여 대학 신입생의 언어 자질을 한 단계 업그레이드시키고, 나아가 學業도 제대로 따라갈 수 있게 만들 것을 촉구해마지 않는다.

≪한글+漢字文化≫, 2002년 8월호.

제 V 부

歷史·社會·文化 短評

韓國 現代史, 어떻게 볼 것인가?　267
解放 60주년을 맞는 所懷　278
建國 60周年의 回顧　285
4·19理念과 韓國民主主義　293
한 局外者의 講評(I) : '文化와 全體主義'　303
한 局外者의 講評(II) : '文化와 觀光'　314
『한국 근·현대사』 敎科書에 문제 있다(經濟 편)　327

韓國 現代史, 어떻게 볼 것인가?
－ 몇 가지 論爭點을 중심으로 －

한국현대사는 대체로 3단계 과정을 거쳤다. 이승만의 建國 시대, 朴正熙의 産業化 시대, 1980년대 이후의 開放化 시대가 그것이다. 이제 선진국 문턱에까지 왔다지만, 국민의 의식 수준에 비춰 아직 한참 멀었다고 해야 한다. 시대역행적인 民族主義 理念부터 벗어던지는 것이 급선무가 아닐까.

1. 序 － 史觀이란 무엇인가?

歷史的 존재로서의 人間은 누구나 자기 나름의 歷史를 보는 눈이 있다. 역사를 보는 눈, 그것이 바로 그 사람의 史觀이다. 따라서 史觀은 그 사람의 人生觀이요 世界觀이라고 할 수 있다.

세월이 흐름에 따라 역사는 發展한다고 믿는 경우를 發展史觀이라고 한다. 그리고 발전사관에는 역사를 발전시키는 主體를 누구로 보느냐에 따라 다시 몇 가지 유형으로 갈라진다. 옛날 專制君主 시대의 위대한 君主가 역사를 발전시킨다고 보는 '王朝史觀', 뛰어난 民族을 주체로 하여 역사가 발전한다고 보는 '民族

史觀', 그리고 社會階級 간의 끊임없는 갈등과 투쟁을 통해 역사가 발전한다는 '階級史觀' 등으로 나뉘는 것이 그것이다. 다른 한편 철학적 관점에서 宇宙萬物(우주만물)이 物質로서 이루어진다고 믿으면 唯物史觀 반대로 그것이 精神[의식]으로 이루어진다고 보면 唯心史觀 등으로 된다.

무슨 史觀이든 거기에는 역사를 어떻게 끌고 갈 것인가 하는 '理念'이 깃들기 마련이다. 지금의 정당정치도 따지고 보면 이 이념을 같이하는 사람들끼리 무리(黨)를 지어 그것을 기반으로 다른 이념을 가진 정당과의 싸움을 통해 사회를 이끌어가는 셈이다. 이처럼 史觀이 정치이념으로 무장하게 되면 그것은 사람들의 日常 생활을 규정하는 최고의 통치 이데올로기로 변하게 된다.

戰後 들어 세계가 급속히 脫理念의 시대로 변해가고, 또 '歷史의 終末'이다, '理性의 終焉'이다 하여 史觀의 문제를 稀釋(희석)시키는 경향이 강하게 일고 있음도 사실이다. 최근에는 어느 나라 없이 정당정치가 탈이념으로 흐르고 있는 것도 이런 緣由(연유)에서라고 할 수 있다.

2. 韓國 現代史의 성격

한국 近代史의 기점을 1876년 '江華島條約'으로 잡는다면, 現代史의 기점은 1945년 8·15해방으로 잡을 수밖에 없다. 8·15해방은 타민족에 의한 植民地 지배로부터 민족이 해방되고 동시에 民族分斷을 가져온 매우 중요한 역사적 계기였다. 앞의 民族史觀에 따르면 한국 현대사는 곧 民族分斷史이기도 하다.

한국 현대사를 인식하는 데는 기본적으로 두 가지 길이 있다. 하나는 北韓까지를 넣어서 民族을 단위로 하는 인식방법이고, 다른 하나는 南韓의 역사만을 가지고 인식하는 방법이다. 정치적 입장의 차이에서 오는 것으로 어느 쪽이 반드시 옳다고는 말할 수 없다.

南韓만의 單獨史를 상정할 때는 과거 60년(1945~2006년) 간의 역사를 성격 지으라면 한마디로 그것은 '國民國家/國民經濟의 成立史'라고 할 수 있다. 즉 정치적으로는 국민국가를, 경제적으로는 국민경제를 확립하게 된 시대라는 의미에서이다. 다시 말해 그것은 近代市民國家와 자본주의 시장경제를 성립시킨 시기라는 뜻이기도 하다.

다른 한편 북한까지를 넣은 한국현대사를 다룬다는 것은 그동안의 南-北 간의 관계사를 엮어보는 것 말고는 현실적으로 곤란하다. 왜냐하면 지금까지 역사를 이끌어온 主體가 다를뿐더러 그 결과도 판이하기 때문에 두 가지를 한데 섞어서 인식한다는 것은 죽도 밥도 안 될 것이기 때문이다. 출발지점에서 우리는 이 점을 명심해 둘 필요가 있다.

單獨史의 관점에서, 해방 후의 한국현대사 전개를 일단 經濟史 중심으로 살펴본다면 대체로 다음 4시기로 구분해볼 수 있다. 즉,

① 해방 정국의 혼란 극복과 市場經濟의 기반 형성기(1945~1960년)
~ 해방과 분단, 전쟁과 복구, 미국원조 등으로 資本主義 市場經濟의 기반이 형성된 시기

② 經濟開發計劃 추진과 고도성장기(1961~1979년) ~ 경제개발 5개년 계획의 실시, 외자 도입과 輸出드라이브, 중화학공업화 등 산업구조가 고도화된 시기
③ 政策基調 전환과 시장경제질서의 확립기(1980~1997년) ~ 대내외 균형조건의 충족과 計劃으로부터 市場으로 넘어옴으로써 市場經濟秩序가 확립된 시기
④ 構造調整과 경제의 글로벌화 시기(1998~현재) ~ IMF 위기극복과정에서의 체질 전환을 위한 광범한 構造調整(restructuring)과 경제의 개방화 및 글로벌화가 진행된 시기

로의 구분이 그것이다.

3. 주요 爭點에 대한 評價

1) 8·15해방과 南北分斷

우리에게 '8·15'란 사건은 光復이 아니고 解放이란 인식이 우선 중요하다. 식민지 굴레에서 벗어난 것이 순수히 민족 내부의 力量에 의해서가 아니고, 美-소 연합국 승리의 産物이란 인식이 중요하다는 뜻이다. 민족해방이 연합국 승리라는 외부적 힘에 의해 이루어졌기 때문에 주체적으로 南北分斷을 막을 힘이 우리 내부에 없었다는 것을 올바로 인식할 수 있게 된다는 의미에서이다.

분단을 南과 北 어느 쪽이 먼저 劃策(획책)했느냐 하는 것은 현단계에선 별 의미가 없다. 信託統治(案)에 대한 贊反의 입장도 따지

고 보면 그렇게 중요한 것이 못된다. 아울러 親日派 숙청이나 反民族 행위자 처벌 등의 過去事 청산 요구도 말이 안 되는 소리다. 식민지 시대를 살지 않은 사람은 말할 것도 없고, 설령 그 시대를 살았던 사람까지도 당시의 시대상황에 비추어 남을 감히 숙청·처벌 하겠다고 나설 자격 있는 사람이 과연 있겠느냐고 생각되기 때문이다. 자기 힘으로 독립을 가져오지 못했거늘 親日이냐 아니냐 하는 것을 따지는 것은 도토리 키재기일 뿐이다.

2) 6·25전쟁은 國際戰이다

미국의 한국 현대사 연구가 B. 커밍스류의 修正主義的 한국전쟁관은 전쟁 성격을 '內戰'으로 보고자 하는 데 특징이 있다. 그러나 지나고 보니 그건 크게 잘못된 해석이었다. 전쟁은 철저히 東西冷戰의 산물인 '國際戰'으로 전개되었다. 그렇다고 전쟁을 일으킨 北의 책임이 면제되는 것은 물론 아니다. 外勢를 등에 업고 同族을 희생시키면서 무력통일을 하겠다고 나선 그 자체가 지극히 反민족적 행위였기 때문이다.

남북분단을 국민 정서적으로 고착화시킨 것은 바로 6·25전쟁이었다. 전쟁은 '물(思想)이 피(民族)보다 강하다'는 것을 여실히 보여주었기 때문이다. 만약 피(민족)가 물(사상)보다 강했다면, 그처럼 外勢를 끌어들여 同族의 가슴팍에다 마구잡이 총질을 해대는 잔혹함은 일어나지 않았을 것이 아닌가. 北이 지금 와서 民族共助니 우리 民族끼리니 우리식대로 살자느니 하는 것은 한 마디로 語不成說이다.

여기에 또한 附和雷同(부화뇌동)하여 北의 주장에 맞장구를 치는 南의 친북세력도 僞善(위선)과 假飾(가식)에 가득 차기는 마찬가지이다. 2000년 金大中-金正日이 평양에서 처음 만났을 때, 그리고 '6·15共同宣言'이 나왔을 때 그 어디 한구석에도 6·25전쟁에 대해 민족 앞에 사죄한다는 한마디 언급이 없었다는 사실이 과연 무엇을 의미하는가. 우리는 이 점을 분명히 짚고 넘어가야 한다.

3) 李承晩과 朴正熙의 獨裁를 보는 시각

역사적으로 18세기 서구의 경험에서나 1970년대 東아시아 NIEs 化 경험에서 보면, 국민국가 내지 국민경제의 형성과정에서는 언제나 정치적으로 일정한 獨裁的 手法이 요구되었다. 강제적 자본축적 과정에서 그것은 國民統合이나 노동운동 탄압 등을 위한 어쩔 수 없는 '必要惡的 존재'와 같은 것이었다고나 할까.

李承晩은 해방 정국의 정치적 혼란과 엄청난 전쟁과 휴전을 치르는 과정에서 정치적 독재가 필요했다고 할 수 있고, 朴正熙는 경제적 빈곤 타파와 국민경제 건설을 위해 또한 독재가 필요했다고 할 수 있다. 독재의 겉모습만 볼 것이 아니라, 시대상황에 따른 그것의 정치적 의미, 곧 그것의 경제적 배경까지도 동시에 살펴봐야 한다.

두 사람의 독재가 이념적으로는 다 같이 反共主義에 입각하고 있다. 북한이 지독한 독재체제인 이상, 남한의 경우도 거기에 상응하는 수준의 독재를 필요로 했다고도 할 수 있다. 다만 北韓의 독재는 프롤레타리아 계급독재의 성격이므로 처음부터 부르주아적 자유를 일체 허용치 않은 데 대해, 남한의 李·朴 독재는 친북적 좌경세력에 대한 反共 이념적 독재였다는 데 근본적 차이가 있다.

 북한의 독재에 대해서는 눈감아주면서 유독 南韓 독재만을 문제삼는 것은 바로 프롤레타리아 독재는 허용하면서 부르주아 독재는 안 된다고 하는 식의 이데올로기적 攻勢에 지나지 않는다. 결국 李·朴 독재를 문제 삼는 배경에는 이러한 親北세력에 의한 이념적 정치공세가 가로놓여 있다고 보아야 한다.

4) 1950년대의 時代像

 李承晩 시대라고 할 1950년대를 놓고, 지금까지 사람들은 그 시대를 매우 형편없는 시대로 묘사하고 있으나, 그것은 크게 잘못된 일이다. 거기에는 4·19와 5·16세대가 자신의 정치적 變革運動을 극구 합리화하기 위해 정치적으로 1950년대를 의도적으로 깎아내리거나 歪曲(왜곡)한 측면이 없지 않다. 사람들이 흔히 입에 담는 春窮期(춘궁기), 보릿고개, 不正·부패·부조리의 極致, 그리고 四捨五入 改憲 등을 가지고 1950년대 時代像 자체를 그대로 裁斷(재단)해서는 결코 안 된다.

 1950년대에도 산업철도, 水力발전소, 도로·항만 등 사회간접자본의 건설과 확충이 괄목하리만큼 이루어지고, 또한 소위 3白工業을 비롯한 수입대체적인 공업화도 상당한 수준으로 이루어졌다. 뿐만 아니라 이 시기 租稅·금융·貿易/外換 등 갖가지 市場經濟制度의 定着(정착)을 가져왔다는 점을 특별히 강조해두지 않을 수 없다.

5) 韓日會談과 5개년계획

1965년 6월 韓日會談 타결과 두 나라 간의 국교 정상화조치는 한국의 國家安保, 경제개발, 韓美관계 등에 있어 매우 중요한 의미를 갖는다. 특히 동 회담의 타결은 한국의 5개년계획 성공을 위한 필수적 전제조건이었다.

日本의 자본과 기술 없이는 당시의 무역구조로는 美國市場에 대한 수출도 있을 수 없었다고 하는 점을 알아야 한다. 특히 경제적 관점에서 1960년대 이후 開發年代에서의 장기개발전략, 외자도입과 輸出드라이브정책 등의 성공요인으로 우리는 韓日會談의 의의를 높이 평가하지 않을 수 없다.*

6) 重化學工業化와 財閥

1970년대 중화학공업화정책은 산업구조를 고도화시키는 목적만이 아니라 그를 통한 軍需産業의 육성이라는 또 다른 목적을 동시에 추구한 국책사업이었다. 그것은 군사적 측면에서 自主國防의 제1단계 조치였다.

日本 식민지 시대부터 韓國은 중화학공업화에 매우 적합한 구조와 자연조건을 갖추고 있었다. 물론 식민지 시대 중화학공업화는 주로 오늘의 北韓지역 중심으로 되었지만, 아무튼 이 전통을 이어받아 1970년대 朴正熙 시대 중화학공업화정책이 빛을 보게 되고,

---

* 이에 대한 구체적 내용은 拙著, 『現代韓國經濟論 - 高度成長의 動力을 찾아서 -』, 한울아카데미, 2008, 제III부 제11장 「韓日會談과 外向的 開發戰略」편을 참조할 것.

이를 바탕으로 1980년대 이후 한국 尖端産業과 輸出의 고도화가 가능했다는 것을 인정해야 한다. 이 과정에서 또한 한국의 財閥이 발달할 수 있는 바탕이 마련되었다. 財閥은 한국적, 동양적 전통의 산물이라는 점에서 서구적 잣대로 재벌이란 기업조직을 무조건 부정하는 것은 옳은 태도라고 볼 수 없다.

3. 綜合的 評價

첫째로, 戰後 수많은 新生 제국은 대개 3가지 역사발전의 길이 주어졌다. ① 西方 자본주의화의 길, ② 東歐 사회주의화의 길, ③ 非同盟 中立化의 길이 그것이었다.

이 중 성공적인 길은 ①의 자본주의화의 길이었다. 한국을 포함하는 아시아 NICs가 그 성공의 전형적인 事例이다. ①의 길은 왜 성공하고 ②와 ③의 길은 실패했는가? 우리에게 이 점에 대한 문제의식이 중요하게 요구된다. 세계사적으로 그 유례가 없는 빛나는 經濟發展의 배경을 밝히는 일, 이것이 한국현대사 연구에서 둘도 없는 課業이라 할 수 있다.

둘째로, 한국현대사는 줄곧 이념적으로 左/右翼 대립의 역사였다. 南/北 간의 대립만이 아니라, 남쪽 내부의 대립이 더 중요했다. 1989년 동구권 붕괴 후에도 사정은 마찬가지였다. 정치에서의 여·야당 간의 대립이나 학생·시민운동(NGO 등) 모두가 그런 이념적 배경을 깔고 있다고 할 것이다. 오늘날 親北/좌익적 풍조가 이렇게 성한 데는 그것이 民族主義와 결탁했기 때문이다. 즉 1980년대 이후 階級矛盾이 民族矛盾으로 바뀌고 있는 점을 시대상황에 비추어, 이와 같은 흐름을 무조건 左翼이나 左傾이라고 부르기도 어렵게 되었다.

[附記] '뉴라이트 運動'과 관련하여

한국 현대사에 대한 올바른 인식을 위해서는 다음 몇 가지를 강조해둘 필요가 있다. 그것은 역사적 발전단계에 대한 정확한 인식의 문제와 관련된다. 한국은 지난 1960~70년대를 거치면서 국민국가·국민경제 형성기는 이미 지났다고 생각한다. 이 점에서 朴正熙 패러다임을 계속 밀고 가야 한다는 정통 보수·우익과의 성격 구분이 필요하다고 본다. 그러나 그것은 어디까지나 역사의 斷絶이 아니고 連續이이어야 한다는 점을 강조해두고자 한다.

둘째로는 民族主義는 그것이 어떤 성격이든 더 이상 진보적으로 될 수 없다는 신념이 필요하다. 그것은 오늘의 北韓 실정을 보면 자명한 일이다. 제2차 세계대전 후 世界史의 主流는 어디까지나 國際主義였다고 할 수 있다. 국제주의가 발전하여 요즘은 글로벌리즘이나 리저널리즘으로 되었으나, 어느 쪽이든 우리는 이 글로벌화·리저널화 추세에 적극 동참할 각오가 되어 있어야 한다.

셋째로는 과거 民主化 운동 내지 민주화세력의 성격에 대한 재검토가 필요하다. 과거 민주화세력에는 여러 갈래가 있었고, 그 속에는 歷史反動的인 성격도 포함되어 있었다는 점을 알아야 한다. 民主化 세력이라고 하여 무조건 발전지향적인 성격으로 보거나, 그에 대한 代價로 勳章(훈장)을 달아줄 필요는 없다.

넷째로는 과거 反日/親美노선, 곧 오늘의 反日 민족주의에 대한 재검토가 필요하다. 親美이면서 다른 편으로 反日을 내세운 것은 자기모순이다. 지난날 식민지 殘滓(잔재)의 청산이 아니라 식민지 遺産의 발전적 계승이란 입장이 더욱 필요하다. 이는 지금까지 잘못 인식되고 왜곡된 일본관을 시정하기 위하여 반드시 필요할뿐더러, 次世代에 대한 올바른 歷史敎育을 위해서도 필요하다고 함을 강조해둔다.

뉴라이트全國聯合, 「牧民政治學校」 강의 초록, 2006년 3월 9일.

解放 60주년을 맞는 所懷
— 南-北 合作의 '光復節' 타령에 부쳐 —

어느덧 해방 60주년을 맞는 빛바랜 날(광복절)임에도, 행사는 왜 이처럼 갈수록 요란스러울까? 아마도 南/北이 한자리에 모여 '우리 민족끼리'를 외치고 있기 때문이리라. 6·25의 비극에 대해 民族 앞에 謝罪하지 않는 '우리 民族 찾기'는 과연 무엇을 하자는 소리일까.

1. 南/北 合作의 '光復節' 행사

北韓 대표단의 '국립묘지' 參拜의 의미

2005년, 금년은 '解放(또는 광복) 60주년'이라 하여 그 어느 때보다도 기념행사가 많고 분위기가 무척 요란스럽다. 사람이란 세월이 지날수록 뭐든지 忘却(망각)하는 習性이 있다고 하는데, 일본 식민지 상태에서 벗어난 8·15 解放節[광복절]도 10주년, 20주년, 30주년 등 세월이 지날수록 점점 잊히기 마련일 텐데, 어떻게 하여 금년 60주년을 맞아서는 잊히기는커녕, 忘却의 亡靈(망령)이 다시 되살아난 듯 세상이 이렇게도 시끄러운가? 마치 엊그제 금방 해방(광복)이 된 듯이 말이다.

이런 요란스런 분위기 속에서 특히 단단히 한몫을 한 것이 北韓 대표단의 南韓 '국립묘지' 참배사건이다. 그것도 보통 하는 儀式대로, 예컨대 참배를 하면서 소위 향을 피우고 獻花(헌화)도 하는 그런 식으로가 아니라, 일반적 절차를 완전히 무시한 채 단 5분간의 '默念(묵념)'에 그친 약식 행사인데도, 매스컴에서는 거창하게 그것이 갖는 民族史的 意義라느니, 앞으로 남한 사회에 몰고 올 波長이라느니, 남한 대표가 北에 갈 때 비슷한 참배를 어디에서 어떻게 해야 한다느니, 그렇게 해서는 안 된다느니…, 온통 이 북한 측 국립묘지 참배 건으로 신문과 방송이 도배를 하고 있다.

북한 대표는 그들의 참배 이유로 거기 남한의 국립묘지에 과거 日政 시대 독립운동을 한 愛國志士가 묻혀 있기 때문이라고 했다. 그러나 알고 보면 이곳 국립묘지에는 주로 6·25전쟁 및 월남전쟁 때의 戰死者가 묻혀 있다. 그들이 애국지사 墓를 일일이 찾아가 그 앞에서 개별적으로 묵념한 것이 아닌 이상 결국 6·25 戰死者나 越南戰 전사자에게도 같이 묵념을 한 셈이 된다.

國立墓地 參拜의 僞善的 의미

그럼에도 불구하고 그들은 왜 굳이 식민지 시대 독립운동을 한 愛國志士한테 묵념한다고 했을까. 그것은 아마도 그 엄청난 同族相殘(동족상잔)의 6·25전쟁에 대해선 의도적으로 모른 척하기 위함이었을 것이다. 문제는 바로 여기에 있다. 국립묘지를 참배하면서도 그 속에 묻혀 있는 6·25 英靈들에 대해서는 철저히 무시하는 태도, 바꿔 말하면 6·25전쟁에 대해서는 철저히 아무런 문제의식도, 죄의

식도 갖지 않겠다는 그들의 태도를 읽을 수가 있다. 오히려 그들은 그들의 祖國解放戰爭을 방해했던 6·25戰死者들에 대해서는 참배는커녕 저주를 퍼붓고 싶었을지도 모른다.

그런 가운데서도 더욱 웃기는 것은 이에 대한 남한 당국의 태도다. 북의 그러한 돌출 행동을 모두 수용한 것부터가 못마땅한 일이지만, 한술 더 떠 거기에 오히려 감지덕지하여 머리를 조아리는(?) 남쪽 당국의 저자세가 영 마음에 내키지 않는다. 언제 세상이 이렇게도 변했을까 싶다.

수백만의 同族을 죽음으로 내몰고 1천만이 넘는 離散家族을 만들어낸 전쟁 당사자들이 소위 '민족문제'를 해결하자고 하면서 거리낌 없이 만나는가 하면, 또 民族 한마당 祝祭인가 하는 놀이판을 벌인다면서, 민족 앞에 씻을 수 없는 罪惡을 저지른 6·25전쟁에 대해 잘했다, 잘못했다고 하는 한마디 언급도 없이, 지난날의 抗日 애국지사 앞에 묵념한다는 식의 오리발 내밀기로 얼렁뚱땅 넘어갈 수 있는 일인가. 地下의 영령들이 이런 식의 參拜를 과연 수용할 수 있을까.

2. 民族문제에 대한 철저한 反省

南-北은 6·25 비극에 대한 懺悔(참회)로부터

남과 북이 민족문제, 곧 분단문제를 풀기 위해 만난다면 제일 먼저 풀어야 할 문제가 있다. 그것은 바로 同族相殘(동족상잔)의 6·25전쟁을 일으킨 데 대해 전 민족 앞에 엄숙히 謝罪하는 최소한의 절차다. 돌이켜보면 1974년 朴正熙 정권 시대 7·4공동선언 때도, 그리고 2000년 金大中 정권 시대의 6·15공동선언 때도 반드시 있었어야 할 이 절차가 지금까지 생략되어왔다.

그때마다 필자는 이런 생각이 들었다. 민족 앞에 최소한의 贖罪(속죄)하는 절차도 없이, 地下 英靈(영령) 앞에 최소한의 禮儀도 갖추지 않고, 마치 시중 장사치들이 물건값 흥정하듯이 저렇게 義理 없이 해가지고서 어떻게 민족/분단문제를 풀겠다는 것인가. 참으로 한심한 일이다. 그러던 차에 이번 북측 대표단의 갑작스런 국립묘지 참배 행사를 보고, 아! 그 중차대한 문제가 결국 저런 식으로 처리되고 마는구나 하고 혼자서 놀라움을 금치 못하였다.

생각해보면 수백만의 同族을 죽음으로, 그리고 생이별로 내몬 그런 엄청난 민족적 비극을 저질러놓고 전쟁의 직접 책임자는 설령 아니라 하더라도 代를 이은 전쟁 당사자들인 것만은 틀림없을 건데, 이렇게 한자리에 모였으면 어련히 민족 앞에 빈말이라도 한마디 사죄의 말이 있었어야 하지 않았겠는가.

이것 한 가지만 보더라도 남과 북 양쪽이 진심으로 민족문제를 풀 참된 의지가 없음을 쉽게 짐작할 수 있다. 단지 민족을 팔아서 자기들의 정치적 野心을 채우기 위한 한낱 쇼에 지나지 않는다는 것을 말이다. 그렇게 참혹한 전쟁을 치른 역사적 業報를 마치 지나가던 過客이 아는 집에 들러 선걸음에 잠깐 인사하는 식의 해프닝으로 마무리하는 난센스가 어디에 있는가.

금년 '해방 60주년'을 맞아 우리가 해야 할 일은 이렇게 남북이 한자리에 모여 요란스럽게 축구시합을 한다, 노래자랑을 한다는

등으로 온갖 잔치판을 벌이는 것에 있지 않다. 그것도 左와 右,
保守와 進步 등 이념적으로 갈라져 內戰에 가까운 싸움판을 벌일
일은 더더욱 아니다. 겸허한 마음으로 민족사의 과거를 되돌아보고
다시 한 번 냉철히 반성하는 자세가 필요하다. 뿐만 아니라 전후
분단된 나라들이 죄다 통일되었는데, 유독 한국만이 그대로 분단국
가로 남아 있다는 현실에 대해, 그것도 '北核'이다 뭐다 하여 세계의
耳目을 한몸에 받고 있다는 데 대해 부끄럽게 생각하고 오히려
조용조용히 넘어가야 할 일이 아니겠는가.

두 가지 反省과 覺悟

해방 60주년을 맞는 지금 우리는 다음 두 가지 문제에 대해 철저
한 반성과 그에 따른 올바른 인식의 전환이 필요하다. 하나는 1910
년의 韓日合邦, 곧 어떻게 하여 나라를 일본에 빼앗겼는가. 하루아
침에 갖은 수법으로 일본이 나라를 강탈해갔다고만 하지 말고, 왜
나라를 강탈당할 수밖에 없었던가 하는 자신의 처지를 먼저 성찰하
는 자세가 필요하다는 것이다. 말하자면 나라 잃은 책임을 남에게
돌리지 말고 그것이 자신에게 있다는 철저한 자기반성의 자세가
요구된다는 것이다.

둘째로는 1945년 해방이 과연 우리 민족의 내부 力量으로 이루어
진 것이냐 하는 데 대한 자기반성이다. 과연 그것은 중국이나 만주
벌판에서 또는 하와이나 美洲 대륙에서 민족지도자들이 피 흘려
싸운 독립운동의 결과로 자신이 爭取한 성과물이라고 할 수 있겠는
가, 아니면 연합국의 對日 전쟁 승리의 부산물인가 하는 데 대한

철저한 자기반성이 그것이다.

　지금 韓國이 시급히 해야 할 일은 이 두 가지 역사적 사실에 대해 지금까지의 잘못된 허위의식을 빨리 떨쳐내는 일이다. 언제까지 '日帝 强占'만을 되풀이하며 책임을 남에게 떠넘길 것인가. 언제까지 8·15해방이 남에서는 중국을 떠돌던 金九 주석의 임시정부에 의해, 그리고 북에서는 러시아에 도망가 있던 金日成 부대에 의해 이루어진 것이라고 우길 것인가. 자기 역사라 하여 마음대로 美化하거나 歪曲(왜곡)할 자유가 우리에게 주어져 있지 않음을 알아야 한다.

　필자는 이상의 두 가지 역사적 사건에 대한 올바른 자기 省察 없이는 아무리 남북이 한자리에 모여 회담을 하고 우리 민족끼리 잘해보자고 다짐을 하고 요란을 떨며 잔치를 벌여도 언젠가는 반드시 파탄이 나고 말 것이라는 생각이다. 그것은 민족적 콤플렉스를 다스리기 위한 한낱 '굿판'에 불과할 따름일 테니까.

'光復'이란 이름의 虛僞意識

　필자는 1945년 8·15해방 당시를 어슴푸레하게나마 기억한다. 그때는 누구나, 심지어 좌익이든 우익이든, '8·15해방'이라고 했다. 어디까지나 그것이 사실에 부합하는 표현이라고 생각한다. 그런데 언제부터인가 경제가 좀 먹고살 만해지니까 민족우월주의가 고개를 쳐들면서 슬그머니 '解放'이란 말이 '光復'으로 바뀌었다. 필자는 여기에 한국인의 의식구조에 중요한 虛僞意識이 도사리고 있다고 생각한다. 미-소 연합국(실제로는 미국이지만)이 우리를 해방시켜준 것이 아니라, 우리 힘으로 일본과 싸워서 스스로 광복을 쟁취한 것으로 가르치고 또 그렇게 믿기 시작한 것이다. 이 얼마나 허구적인 자기기만인가!

 광복을 되찾는 과정에서 일본과 싸워 이긴 민족지도자는 누구인가. 이승만인가, 김구인가 아니면 김일성인가. 그가 남쪽 사람인가 북쪽 사람인가. 일을 치른 장본인이 어느 쪽에 있었느냐에 따라 결국 民族의 正統性(legitimacy)도 그쪽에 있는 것으로 돌아갈 것이다. 이 얼마나 중차대한 잘못된 역사해석 문제인가.

 오늘 남쪽에서 이처럼 활발하게 벌어지고 있는 反美/親北운동이다, 역사 바로 세우기 운동이다, 또 親日派/反民族행위자 진상 규명 운동이다 하는 것들은 바로 이 해방이란 용어 대신에 광복이란 용어를 내세워 해방 60주년의 '光復節'을 이처럼 성대히 치르고자 하는 흐름과 한통속임이 틀림없을진대, 어떻게 이런 광경을 바라만 보고 있어야 하는 심정이 축복과 즐거움으로 가득할 수 있으랴. 안타까운 심정으로 여기 한 가닥 所懷(소회)를 적어본다.

2005년 8월 어느 날, 필자의 홈페이지에 올린 글.

建國 60周年의 回顧
－ 高度成長, 大韓民國 성공의 表象 －

'建國 60년'에 되돌아보는 찬란한 경제의 高度成長은 半萬年 韓國史에 걸쳐 그 유례를 찾을 수 없는 영광스런 민족사적 업적이요, 세계적 자랑거리가 아닐 수 없다. 이것이 곧 대한민국 60년사가 갖는 成功의 表象이 아니고 무엇이랴.

1. 建國 60주년과 經濟成長

2008년으로 대한민국 建國 60주년을 맞는다. 개인이나 국가나 나이 60이면 回甲의 해이다. 이제 우리는 대한민국 回甲의 해를 맞아 그것을 어떻게 회고하고 또 어떻게 평가해야 할 것인가?

돌이켜보건대, 지난 60년간 대한민국은 정치, 경제, 사회, 문화, 국제 등 어느 분야 할 것 없이 桑田碧海(상전벽해)란 말이 무색하리만큼 혁혁한 발전을 거듭했다. 植民地 상태에서 벗어나면서 비록 하나의 통일국가를 건설하지는 못했으나, 南과 北으로 分斷國家를 세울 수밖에 없었던 그 당시를 회고한다면, 오늘날 세계 11~12위권의 경제 강국으로 부상한 남쪽(한국)의 位相은 그야말로 '기적이라면 기적'이 아닐 수 없는 일대 국가적 성공을 과시한 셈이다.

　1970년대 들어 OECD 등 국제기구에서는 서구 선진국이 200여 년에 걸쳐 이룩한 산업화 과정을 불과 4반세기 동안의 壓縮成長으로 해낸 한국, 대만 등을 놓고 신흥공업국(NICs)으로 이름붙이고, 이들을 '네 마리의 龍' 또는 '아시아의 奇蹟'(Asian miracle)이라고 불렀다. 네 마리 용 가운데서도 한국이 그 先頭走者로 꼽혔다. 한국의 이러한 빛나는 고도성장은 국제기구에 의해 여타의 개발도상국이 본받아야 할 모델케이스로 선정되고, 사회주의 中國(鄧小平)에게도 개혁/개방의 길로 유도하는 이른바 '黑猫白猫論'의 이론적 기초를 제공해주었다. 한국의 고도성장 경험은 사회주의 계획경제의 붕괴를 가져오게 한 세계사적 의미를 갖는다고도 할 수 있다.

　남·북한 관계에서도 이상과 같은 남한의 성공과는 달리 경제적 파탄을 가져온 북한으로 하여금 남한체제의 優位를 인정하지 않을 수 없게 만들고, 북한의 남한에 대한 일방적 의존관계를 불러오게 했다. 그리하여 이는 북측이 남측에 대해 즐겨 내세우는 민족의 正統性과 自主性의 문제나, 심지어 分斷責任論 같은 것을 완전히 잠재울 수 있게 만들었다. 그뿐만이 아니다. 그동안 북한이 헐벗고 굶주리는 자신의 처지는 인정치 않고, 남조선(?)이 잘사는 것은 오로지 帝國主義 앞잡이 노릇을 한 代價라는 惡意에 찬 비난이 얼마나 거짓이었는가도 백일하에 드러내주었다.

　建國 60년 동안에 이룩한 이 찬란한 高度成長은 한국사 전반에 걸쳐서도 史上 유례없는 영광스런 민족사적 업적이요, 자랑거리가 아닐 수 없음을 전제로 하고 얘기를 풀어가고자 한다.

2. 建國의 初期 條件과 1950년대 經濟

돌이켜보면 1945년 8월 해방 당시 日本 총독부로부터 물려받은 식민지 遺産이라 할 산업시설은 3년 후인 1948년 8월에 대부분 크게 파괴·훼손되기에 이른다. 해방 후 美軍政 3년간의 左/右 대립 등 격심한 정치적, 사회적 혼란은 그런 財産을 제대로 보존하지 못하게 만들었기 때문이다.

생산기반이 이처럼 열악한 상태에 빠지다보니 무엇보다도 국민의 기본적 需要(basic needs)를 충족시킬 生必品을 조달할 길이 없었고, 그에 따라 일반 物價가 천정부지로 뛰는 심각한 인플레 상태에 놓였다. 건국 초기 정부가 할 일은 산더미같이 많은데 그를 위한 豫算 조달(歲入)은 막막한 실정이었으며, 당장 필요한 소비재나 원자재에 대한 輸入 수요는 엄청난데 그를 위한 國內 輸出品은 구할 길이 없는 그런 실정이었다.

설상가상으로 건국 2년도 채 안 된 1950년 6월에 북한군의 南侵으로 6·25전쟁이 발발했다. 전쟁은 長期·消耗戰으로 변하면서 그나마 살아남은 산업시설까지도 깡그리 폐허로 만들었다. 당시 政府(公報部)의 한 전쟁피해상황 조사에 의하면, 산업시설 파괴를 기준으로 제조업의 경우 原狀에 대한 被害率이 건물 44%, 시설 42%에 달하였고, 電力에 있어서도 水力 56%, 火力 52%의 發電施設 피해를 입은 것으로 나타났다. 전쟁으로 말미암아 건국 초기의 경제적 조건은 이처럼 엎친 데 덮친 격으로 가일층 악화될 수밖에 없었다.

이러한 총체적 난관을 극복할 수 있는 유일한 길은 미국의 원조였다. 미국원조는 해방 후 美軍政 실시와 함께 곧장 GARIOA, EROA 등 民生 구호용 원조가 들어오고, 1948년 12월 한국 정부 수립 직후 체결되는 韓美援助協定에 따라 본격적으로 들어오기 시작했다. 특히 1953년 7월 休戰協定 이후 戰災 복구를 위한 復興援助 — ICA, FOA, AID 등 — 가 막대한 규모로 들어왔다. 이에 힘입어 1950년대 한국경제는 民生의 안정은 물론, 綿紡, 製粉, 製糖 등 '3白工業'의 비약적인 발달과 그리고 산업철도 부설, 電源 개발 등 사회간접자본을 확충함으로써 경제의 成長動力을 크게 향상시킬 수가 있었다.

여기서 한 가지 강조해둘 문제가 있다. 흔히들 1950년대 한국경제는 절대적 貧困과 장기 停滯의 늪에서 헤어나지 못한, 마치 '잃어버린 10년'쯤으로 치부하고, 자유당(李承晚) 정권의 정치적 독재만 드러내 강조하는 경향이 있다. 그러나 이는 사실을 왜곡한 크게 잘못된 평가라 아니 할 수 없다. 국민소득(GNP) 통계가 잡힌 1953년부터 59년까지의 연평균 GNP성장률이 5.5%에 달할 정도로 그나마 경제는 건실한 편이었고, 미국 PL480 잉여농산물의 대량도입으로 농업부문이 停滯되긴 하였으나 제조업이나 제3차 산업에서는 놀랄 만한 성장과 구조변동을 가져왔다고 할 수 있다. 1950년대가 흔히 말하는 春窮期니 보릿고개니 絶糧農家니 하는 표현으로만 치부될 수는 없다는 것을 지적해두고자 한다.

3. 高度成長의 要因과 국제적 契機

 이처럼 1950년대는 절망과 정체의 시기로서가 아니라 그 후의 1960년대 朴正熙 시대 고도성장을 가능케 할 산업기반 구축의 시기로 평가해야 마땅하다. 물론 한국경제의 고도성장은 1960년대 들어 본격화한다. 1960~70년대의 박정희 시대 20년간의 開發年代에 한국경제는 연평균 8.3%에 이르는 고율성장을 이루었고, 또한 연평균 40%에 달하는 수출증가율을 달성했음을 잊어서는 안 된다. 이러한 고도성장은 어떻게 하여 실현되었는가.
 일찍이 한국, 대만 등을 신흥공업국(NICs)으로 성격 규정한 OECD에 따르면, 이들 나라가 남다른 고도성장을 가져오게 된 데에는 다음과 같은 조건이 구비되어 있었기 때문으로 풀이한다.
 첫째, 유능한 경영능력을 갖춘 기업가의 존재, 둘째, 잘 숙련된 노동력의 풍부한 존재, 셋째, 경제개발계획을 세우고 또 잘 이끌어 갈 유능한 관료층의 존재, 넷째, 강력한 리더십을 갖춘 지도자의 존재 등의 조건이 그것이다. 그리고 무엇보다도 자유로운 외자도입 및 수출지향적인 개발전략의 채택이라는 정책적 요인을 강조하고 있다(OECD Report, 1979). 그 밖에 아시아적 특수성으로서, 이를테면 국민의 높은 敎育熱이나 貯蓄熱, 家父長制度의 전통 등이 또한 추가되기도 한다.
 그러나 이런 內在的 요인만으로는 설명이 부족하다. 왜냐하면 한 나라가 그러한 높은 경제성장을 이루기 위해서는 그에 걸맞은 외부적 요인, 곧 국제적 계기가 주어져야 하기 때문이다. 한국의 경우, 이러한 유리한 국제적 계기는 일찍이 8·15해방과 더불어 美國에 의해 韓國이 손쉽게 세계자본주의 경제체제에 편입되는 길을 밟았다는 데서 찾을 수 있다.

그것은 해방 후 3년간의 美軍政 시대에 바로 한국이 자유로운 자본주의 시장경제를 자신의 經濟시스템으로 채택할 수 있는 國際的 契機를 맞게 되었다는 의미에서 그러하다. 이는 한국에게는 둘도 없는 행운이라면 행운이었다. 뿐만 아니라 오늘날 남·북한 간에 이처럼 놀랄 만한 경제적 隔差를 가져오게 된 근본원인도 바로 이 건국 초기단계의 체제적 노선의 차이, 곧 資本主義 시장경제체제와 社會主義 계획경제체제의 차이 때문이리라. 여기서 우리는 역사발전에서의 국제적 契機가 얼마나 중요한가를 깨닫게 해준다.

한국경제의 고도성장을 가져온 두 번째 국제적 계기는 1965년에 체결되는 韓日간의 國交正常化 조치였다. 1962년에 시작되는 제1차 5개년계획이 所要 외자의 도입난으로 難航에 봉착했을 때 그것을 타개해준 조치가 바로 이 한일협정이었기 때문이다. 韓日協定 체결을 계기로 일본으로부터 5억 달러의 청구권자금(無償자금 3억 달러, 有償자금 2억 달러)이 들어오고 그 밖에도 대규모의 일본 상업차관과 기술도입이 이루어졌고, 또한 이를 계기로 한국은 소요 外資의 도입은 물론, 한국경제로 하여금 5개년계획 추진전략으로서의 '수출지향적인 개발전략'의 채택을 가능케 했다는 점에서 더욱 중요한 의미를 갖는다.

일본으로부터 자본재 및 원자재를 도입하여 그것으로 국내에서

組立/加工과정을 거쳐 소비재를 만들고 다시 그것을 미국 시장에 내다파는 이른바 '韓-美-日 3角貿易 시스템'을 구축할 수 있게 된 것이다. 솔직히 말해 1960~70년대 한국의 눈부신 高度成長은 바로 이 太平洋을 낀 3角貿易 시스템의 원활한 作動 때문이었다고 해도 과언이 아니다.

4. 高度成長, 대한민국 성공의 表象

흔히들 한국경제는 서구 선진국이 200여 년에 걸쳐 이룩한 산업화과정(産業革命)을 불과 반세기도 채 안 걸려 달성하는 奇蹟을 낳았다고 얘기한다. 이를 겸허히 받아들인다고 하더라도, 이 경우 우리는 지난 朴正熙 시대, 곧 1960~70년대 20년간의 開發年代에 이룩한 고도성장의 성과를 지나치게 강조하는 측면이 없지 않다고 할 것이다. 물론 지난 開發年代에서의 5개년계획의 성공적 추진을 높이 평가해야 마땅할 일이지만, 그것으로 한국경제의 壓縮成長 과정을 모두 설명할 수는 없는 일이다.

그와 함께 우리는 다음과 같은 문제를 간과해서는 안 된다. 첫째로 지난 1930년대 일본에 의한 식민지 공업화의 경험을 무시해서는 안 되고, 둘째는 고도성장 전단계인 1950년대에 이룩한 산업기반 조성을 위한 개발성과를 또한 간과해서도 안 되며, 셋째는 1980년대 이후 중화학공업화 추진이나 금융 대외개방 등 민간자율에 의한 産業構造의 고도화과정을 잊어서는 안 된다는 점 등이 그것이다.

결론적으로 그간의 압축적 고도성장의 결과 지금 한국경제는 세계 경제에서 점하는 位相이 무척 높아졌다. 우선 기술적 측면에서 몇 가지 사례를 보자. 2005년 기준으로 조선·자동차·철강 및 반도체·휴대폰·LCD모니터 등의 분야에서 대체로 세계 1~5위의 技術 强國의 지위를 굳히게 되었고, 原子力, 인터넷, 로봇개발, 高速電鐵 등의 분야에서도 두각을 나타내고 있다. 아울러 기술개발을 위한 R&D투자가 급속히 증대하고, 그 결과 세계 제6위의 發明特許 출원국으로 올라서고 있다. 이리하여 韓國은 지금 국민소득, 수출입 규모, 國防力 면에서 대체로 세계 10위권에 들고 있으며, 특히 외환보유고 면에서는 중국-일본-대만 다음으로 세계 제4위를 마크하고 있다.

이렇게 볼 때 지난 建國 60년간의 경제의 압축적 고도성장은 그야말로 史上 類例 없는 성공을 나타내는 국가적 영광이자 상징이라 아니 할 수 없음을 강조하면서 글을 끝맺는다.

自由公論社, ≪自由公論≫, 2008년 1월호 特輯.

4·19理念과 韓國民主主義
— 한국적 民主化, 무엇이 문제인가 —

1960년의 '4월항쟁'과 1987년의 '6월항쟁'으로 과연 한국의 民主化가 실현되었는가? 민주화는 민주화세력에 의한 일시적 抗爭으로 쟁취된 것이 아니라, 오랜 産業化 과정의 불가피한 所産이라 할 수 있다. 산업화와 민주화는 따로따로 이루어진 것이 아니라 동시병행으로 이루어졌다.

1. 두 번의 '民主化' 경험

해방 이후 한국현대사 전개에서 民主化를 위한 정치적 변혁은 크게 보아 두 번 있었다. 한 번은 1960년 '4월항쟁'에 의한 자유당(李承晩) 독재정권의 붕괴를 가져온 것이고, 다른 한 번은 1987년 '6월항쟁'에 의한 朴正熙·全斗煥정권으로 이어지는 維新體制를 철폐하고 大統領直選制를 관철시킨 일이 그것이다.

전자의 경우를 좀 더 자세히 살펴보면 다음과 같다. 1960년 3·15부정선거에 항거하는 학생시위로 촉발된 反獨裁民主化 운동은 날이 갈수록 격렬해져서 급기야 李承晩 대통령의 下野와 자유당 정권의 퇴진을 불러왔다. 기존의 대통령중심제 憲法을 內閣責任制로 바꾸고, 新헌법에 의거하여 民主黨(張勉)정권을 탄생시켰다.

그러나 일부 민주화 세력은 民主黨 정부까지도 민주적 정권이 아니라고 하여 격렬히 반대하면서 계속해서 2단계 민주화투쟁을 전개함으로써 사회는 격심한 혼란의 도가니에 빠져들었다. 여기에 左/右 양쪽으로부터 挾攻(협공)을 받게 된 민주당 정권은 더 이상 견디지 못하고 1961년 5·16軍事政變으로 무너졌다. 이것이 '4월항쟁'이 가져온 제1차 민주화 과정이다.

6월항쟁의 경우는 대체로 다음과 같이 요약된다. 1979년 '10·26 사태'로 朴正熙 유신체제가 종말을 고하게 되자, 그때까지 군사독재 반대투쟁을 전개해오던 野黨과 在野세력은 1980년대 5共(全斗煥)정권을 상대로 민주화투쟁을 줄기차게 벌이고 그 결과로 1987년 6월에 대통령 直選制 改憲을 쟁취하게 된다.

그러나 그들 야당 및 在野의 소위 민주화세력은 그 해 제13대 대통령 선거에서 정권을 쟁취하는 데는 실패했다. 1987년의 대통령 선거는 民主化 세력에 대해 아직도 '民主化'의 깃발로는 선거를 통해 정권을 쟁취할 수 없다는 것을 票로서 확인시켜준 중요한 의미를 갖는다.

이상의 두 가지 변혁, 곧 1960년대 초 '4월항쟁'과 1980년대 중반의 '6월항쟁'이 가지는 민주화운동사적 의미를 일단 염두에 두고, 다음 몇 가지 문제에 대한 필자의 생각을 밝혀보고자 한다.

첫째, 과연 民主化의 實體가 무엇인가 하는 점이다. 구체적으로 민주화의 이념과 목표는 무엇이며, 그 推進主體는 과연 누구인가 하는 점이다.

둘째, 1960년 '4월항쟁' 당시의 정치적 민주화의 주의주장, 곧 그들이 내건 슬로건이 시간이 흘러감에 따라 어떻게 변하였는가 하는 점, 그리고 그러한 슬로건이 1980년대 민주화과정에 어떻게 投影(투영)되었는가 하는 점이다.

셋째, 오늘의 한국정치상황과 관련하여 현 단계에서의 일부 정치세력에 의해 계속 제기되고 있는 民主化의 요구는 또 무슨 의미인가. 즉 4월항쟁 당시에 내걸었던 民主化 요구의 現在的 의미는 무엇인가 하는 점이 그것이다.

2. 4월抗爭 당시의 民主化 理念

4月抗爭은 4단계로 진행

지난 역사에서나 지금의 상황에서나 '民主化'란 구호는 무슨 의미를 담고 있는 것일까? 이 물음에 답하기 위해 1960년 4월 自由黨 정권에 항거하여 일어났던 4월항쟁 때의 시대상황으로 소급해보자. 1960년의 4월항쟁은 대체로 다음의 4단계로 진행되었다.

제1기는 1960년 2월 大邱 지역 고등학생에 의한 최초 데모에서부터 3월 15일 제1차 馬山사태까지의 학원의 자유, 언론·집회의 자유 등을 내건 순수 학생운동 차원의 초기단계이다.

제2기는 3월 15일 馬山사태에서 4월 19일 서울지역 대규모 학생시위가 벌어지기까지의 不正選擧 규탄과 대통령 再선거 실시를 요구한 시기이다.

제3기는 4월 19일 경찰 發砲사태에서부터 4월 26일 이승만 대통령 下野성명이 나오기까지 1주일간의 自由黨 퇴진과 李 대통령 하야를 요구한 시기이다.

학생층을 主役으로 한 4월항쟁은 사실상 여기서 일단락된다. 李 대통령 下野와 함께 사회는 平穩(평온)을 되찾고 정상으로 되돌아갔다. 국민들은 예상 밖의 李 대통령 下野까지 몰고 온 이번 사태에 대해 좀 어리둥절한 편이었고, 정치판은 民主黨의 獨走(독주)가 예상되는 가운데 7·29 總選 준비에 한창이었다. 이런 가운데 정치·사회 일각에서는 또 다른 성격의 민주화 바람이 불기 시작했다. 이때부터의 흐름을 4·19抗爭의 제4기라 할 수 있다.

제4기, 民主化 理念의 변질

이처럼 한참 후에 나타나는 4·19 제4기는 그 해 7·29총선 및 그 후의 民主黨 집권에서부터 1961년 5·16政變이 일어나기까지의 시기로 보면 된다. 4·19변혁의 연장선상에 있는 이 시기의 민주화 요구는 선거를 통해 정당하게 등장한 민주당 정부를 부정할 정도로 과격한 내용이었다. 그것은 反외세·反買辦·민족통일의 슬로건 아래 革命에 가까운 변혁운동으로 나타났다. 이 제4기 변혁운동에서는 그 主役도 학생층이나 야당이 아니라 과격한 정치이념을 가진 특정 在野세력 중심이었다.

이상 4월항쟁에서 나타난 민주화의 이념을 시기별로 정리해보면 다음 <표 5>에서 보는 바와 같다. 제1기는 학원·언론·집회의 자유

〈표 5〉 4月抗爭 당시의 시기별 民主化의 성격

시 기 별	요 구 조 건	民主化의 성격
제1기(1960년 2월 ~ 3·15 제1차 馬山사태)	학원의 자유, 언론·집회의 자유 등 국민의 기본 인권 보장 요구	의회민주주의를 위한 초기단계에서의 民主化의 성격
제2기(3·15 馬山사태 ~ 4·19 서울 학생데모 사태)	3·15부정선거 무효와 재선거 실시, 책임자 처벌 요구	의회민주주의 발전을 위한 선거 민주화의 성격
제3기(4·19발포 ~ 4·26 李承晩 下野 성명)	자유당 퇴진, 李承晩 하야, 發砲 책임자 처벌 요구	非合法的이지만 부르주아 혁명을 위한 民主化의 성격
제4기(7·29 총선 / 민주당 정부 ~ 5·16 정변까지)	反外勢·反買辦 척결 및 민족통일을 위한 남북대화 요구	민중민주의(프롤레타리아) 혁명을 위한 民主化의 성격

주 : 시기별 시위대의 각종 슬로건(요구조건)을 기초로 필자 작성.

등 국민의 基本權 보장을 요구한 민주주의 기초단계라 할 수 있고, 제2기는 부정선거 糾彈(규탄)과 국민의 공정한 선거권 보장을 요구한 議會民主主義의 초기단계, 제3기는 비합법적인 방법으로 대통령 下野와 정권퇴진을 요구한 혁명적 부르주아 민주화 단계, 그리고 제4기는 反체제적인 민중(인민)민주주의를 앞세운 일종의 프롤레타리아革命 성격의 민주화 단계로 갈라볼 수 있다. 이렇게 볼 때, 4월항쟁 당시의 민주화 성격은 결코 한 가지로 규정할 수 없음을 알 수 있다.

3. 6月抗爭 이후의 民主化

民主化의 성격 변화

1960년 4월항쟁 당시의 이러한 4가지 유형의 民主化 개념은 그동안 약간의 성격 변화는 가져오지만, 20년 이상의 세월이 흐른 1980년대 6월항쟁 당시는 물론, 그 후 다시 20년 세월이 흐른 2000년대의 오늘에 이르기까지 그대로 이어지고 있다는 데서 중요한 의미를 지닌다.

그동안 정치, 경제, 사회, 문화, 심지어 南北관계 등에 이르기까지 한국사회는 몰라보게 변하였다. 그러한 엄청난 사회적 변화에도 불구하고 정치적 民主化의 요구만은 어떻게 하여 지금까지 계속 제기되고 있는가. 더욱이 1993년 이후 金泳三 → 金大中 → 盧武鉉으로 이어지는 3대에 걸친 민주화정권이 계속적으로 민주화를 해왔다고 하는 이 시점에 이르러서도 말이다. 民主勞總(全國민주노동조합총연맹), 民敎協(民主化를 위한 全國교수협의회), 民辦(민주사회를 위한 변호사 모임) 등의 단체가 그 이름에서부터 아직까지 '민주화'를 내걸고 있지 않은가. 아직도 민주화가 덜 됐다면 그들이 내거는 민주화의 실체는 과연 무엇인가?

사회 일각에서는 지금 法治主義가 허물어질 정도로 民主化가 너무 많이 되어 큰일이라는 판에 거꾸로 아직도 민주화를 더 해야 한다고 목청을 높이는 사람들이 있고 보면, 민주화란 정말이지 사람에 따라 입장에 따라 제멋대로 사용되는 한낱 정치구호에 불과한 耳懸鈴鼻懸鈴(이현령비현령)과 같은 그 무엇이 아닌가 한다.

보통 사람들은 앞서 본 4월항쟁 당시의 4가지 民主化의 유형 가운데서 적어도 제1, 2단계 민주화는 완성된 것으로 보는 데 대하여, 앞에서 든 민주노총 등 몇몇 민주화 단체들은 앞의 제4단계 민주화, 곧 민중민주주의 단계의 민주화는 아직 실현되지 않은 것이라는 입장이고 보면, 民主化 개념의 偏差(편차)가 얼마나 큰가를 짐작할 수 있다.

사정이 이러하거늘, 민주화에 대한 정확한 개념 구분도 없이 필요에 따라 民主化란 용어를 더 이상 함부로 사용해서는 안 될 일이다. 그렇게 정확히 구분 사용할 자신이 없는 한 민주화란 용어는 가급적 사용하지 않는 편이 옳을지도 모른다. 그보다도 이제 민주화란 용어는 폐기처분되어야 한다는 것이 시대적 요구일지도 모른다. 그 근거로 우리는 다음 몇 가지 사실을 들 수 있다.

첫째, 민주화의 시기 문제를 보자. 우리가 金泳三 정부 때부터 민주화 정권으로 친다면, 그 시절에 4·19사태나 6·29사태와 같은 어떤 커다란 정치적 변혁이라도 일어났어야 한다. 그러나 우리가 잘 알다시피 金泳三 정부는 3당 合黨을 통해 자신이 그렇게 반대하던 盧泰愚 정권을 이어받는 식으로 정권을 잡지 않았는가. 1987년 6월의 '6월항쟁'을 통하여 新憲法이 만들어지고, 그 헌법질서하에서 노태우 정권과 그 다음 金泳三 정권이 태어났다면 당연히 盧泰愚 정권부터 민주화 정권으로 불러야 마땅한데도 어떻게 盧泰愚 정권은 군사독재정권의 연장이요, 金泳三 정권은 민주화정권이란 말인가. 이처럼 민주화란 말은 아무런 法則的 내지 사실적인 근거도 없는 한낱 허구적인 정치 구호에 불과하다고 해야 한다.

둘째, 民主化가 과연 國民의 편, 正義의 편인가 하는 점이다. 민주화 세력은 걸핏하면 "국민이 원한다면…" 하는 소리를 입에 달고 다니지만, 민주화의 대표적 인물로 손꼽히는 김영삼, 김대중 두 사람은 1987년 13대 대통령선거에서 그들 공통의 政敵이었던 民正黨(盧泰愚) 후보에게 참패했다. 그들이 평소 그렇게 '국민이 원한다면' 하던 그 국민이 바로 그들에게 표를 주지 않았기 때문이다. 그들이 金科玉條(금과옥조)로 내세우는 民主化란 간판이 무색해지고 또한 그것이 결코 국민의 편이 아니었음이 입증된 것에 다름 아니다.

그 후 金泳三은 민주화 깃발로는 정권을 잡기 어렵다는 사실을 일찌감치 깨닫고, 吳越同舟 격인 民正黨(노태우)과의 합당을 통해 비로소 정권을 잡게 되고, 또 金大中은 과거 군부독재정권의 상징이라고 할 金鍾泌과의 '內閣制 개헌'이란 詐欺性 정치연합으로 정권을 잡지 않았던가. 두 번의 이 정치연합과정에서 民主化란 실체는 우리 사회에서 적어도 정치적 개념으로는 사실상 소멸한 것이나 다름없게 되었다고 봐야 한다.

셋째로, 그들 스스로 김영삼-김대중-노무현 3代를 동일한 민주화 정권으로 규정하면서도, 그들은 각자 자기 정부의 성격을 '문민정부-국민의 정부-참여정부' 등으로 달리 부르는 이유는 무엇인가? 솔직히 말하면 그들은 다 같이 그 이전의 노태우 정부와 함께 1987년의 直選制 改憲에 의한 6共體制하의 정권이다. 따라서 政體 면에서는 노태우 정부나 마찬가지의 민주화 정권이어야 한다. 그러면서도 자기들만이 진정한 의미의 민주화 정권인 양 문민정부니 국민의 정부니 하는 엉뚱한 이름을 붙이고 있다. 마치 민주화 정권에도 여러 가지가 있는 것처럼 말이다.

그렇다면 民主化란 과연 무엇인가 하는 본래의 질문으로 되돌아 간다. 민주화 세력 내부에서도 서로 다른 민주화를 주장한다면, 어떻게 그들을 같은 민주화 정권으로 간주할 수 있겠는가. 사람들이 金泳三 정권을 親美·우익으로, 金大中/盧武鉉 정권을 親北·좌익으로 부르는 까닭도 바로 이러한 데 있지 않을까.

4. 結言 - '民主化'란 정치 슬로건

이상과 같이 지금 우리 주변에서 정치 용어로서만이 아니라 일상 널리 사용되고 있는 '民主化'란 용어는 엄밀히 따져보면 분명한 實體가 없는 한낱 虛構에 불과함을 알 수 있다. 굳이 그 용어를 쓰고자 할 때에는 반드시 그 앞에 '의회주의 민주화'라든가, '민중주의 민주화' 등의 수식어를 붙여야 한다. 민주화란 용어는 마치 개혁이다 진보다 하는 말처럼 어떤 정치인이나 정당 또는 사회단체가 자신의 성격을 그럴듯하게 포장하기 위한 한낱 정치적 구호요 僞裝術(위장술)에 불과하다.

둘째로는 해방 후 한국현대사 전개를, 이를테면 1948년 8월 정부수립에서 1950년대까지를 '建國의 시대', 1961년 이후 1987년 6월 항쟁까지를 '産業化 시대', 1987년 新憲法 체제 이후부터를 '民主化 시대'로 구분하고, 또한 한국은 지구상의 수많은 開途國 가운데서 거의 유일하게 産業化와 民主化를 성공적으로 성취한 나라라고 부추기는 경우를 흔히 본다.

필자는 이런 주장에 결코 동조하지 않는다. 왜냐하면 민주화란 特定의 민주화 세력에 의해 特定의 어떤 기간에 그리고 一擧에 이루어지는 그런 현상이 아니라, 사람들의 민주적 의식과 행동이 점진적으로 발전되는 가운데 장기적인 과정으로 이루어진다고 믿기 때문이다.

셋째로는 지난날 6共(盧泰愚) 시절 3당 합당 사건이나 그 후의 金大中·金鍾泌 정치연합 사건은 한국 정치사적으로 매우 긍정적인 의미를 갖는다고 필자는 생각한다. 왜냐하면 이들 사건을 계기로 민주화 세력이 하나의 정치 세력으로 홀로 설 수 없다는 것을 국민의 票로써 확인시켜 주었을 뿐만 아니라, 그들 민주화 세력이 지금까지 극력 반대해온 산업화 세력과의 정치연합을 이루게 된 것은 정치이념 면에서도 일단 進一步했다고 보기 때문이다. 그러한 정치연합에 의해 정권을 잡은 자들이 이전의 산업화 세력을 敵對관계로 몰면서 자기들만이 진보/개혁적인 민주화 세력(정권)인 양 떠드는 것은 정치인으로서의 일종의 사기행각이라고 할 수밖에 없다.

결론적으로 현 단계 우리 사회에서 주장되고 있는 民主化의 슬로건은 앞의 <표 5>에서 보는 제4시기의 민중민주주의 성격의 민주화로 볼 수 있고, 그러한 민주화의 요구는 지금처럼 南/北 간의 대치상황이 계속되는 한 결코 사그라지지 않을 것이란 점을 강조해둔다.

韓國發展硏究院, ≪韓國發展 리뷰≫, 2007년 4월호.

한 局外者의 講評(I) : '文化와 全體主義'
－ 全體主義에서 文化란 무엇인가? －

> 전체주의 사회에 진정한 文學과 藝術이 존재할 수 있는가? 이 물음에 답하기 위한 문학·예술인들이 모인 심포지엄의 결론은 '없다'라는 것이었다. 그럼 남/북한의 文學·藝術人들이 공동으로 만든 '民族作家會議'란 그 實體가 무엇인가?

「문화미래포럼」 심포지엄을 참관하고

 오늘 문화미래포럼에서 "자유주의, 전체주의 그리고 예술"이란 主題로 포럼 創立을 기념하는 심포지엄을 열게 된 것을 진심으로 축하합니다. 文化와는 거리가 먼 그야말로 局外者로서 심포지엄을 참관하게 된 것을 매우 기쁘게 생각합니다. 經濟學을 공부하는 사람으로서 이런 文化포럼을 참관하게 된 데에는 그럴 만한 사연이 있었습니다.
 우선 포럼 대표를 맡고 있는 卜鉅一 선생과는 대학 선후배일 뿐만 아니라 평소 허물없이 지내는 知己 사이이고, 또 포럼 創立의 主役의 한 분인 成均館大學 鄭鎭守 교수와는 학교 시절 비록 專攻은 달라도 아주 친숙하게 지낸 동료 교수란 점 등 남다른 인연이 그런 사연이라 하겠습니다. 저는 成均館大學 經濟學部에 있다가 2년 전 停年하고 지금 집에서 놀고 있는 李大根이라고 합니다.

이런 인연으로 여러분과 자리를 같이한 셈입니다만, 생각해보면 남의 잔치에 와서 珠玉 같은 발표와 질의, 토론 등을 잘 듣고 또 많은 것을 배우고 가면서, 文化와는 거리가 먼 입장이지만 발표·토론과정을 통해 본인 나름대로 느낀 바를 한마디 피력하는 것도 '局外者의 관점'이란 면에서 다소 의미가 있지 않을까 하는 생각에서 이 자리에 섰습니다. 缺禮가 아닐지 모르겠습니다만.

1. 討論마당에서 제기된 몇 가지 爭點

오늘 발표·토론과정을 통해 논의된 爭點이랄까, 문제의 초점은 제가 보기론 대체로 다음과 같은 것이 아니었나 생각합니다.

첫째로 全體主義 사회에 과연 문학·예술이 존재할 수 있는가 하는 이념적 성격의 문제, 아울러 오늘의 北韓도 전체주의 사회일진대 거기에 진정한 의미의 문학과 예술이 존재하겠는가 하는 점.

둘째로 전체주의 사회인 北韓에 문학·예술이 성립할 수 없다면, 그들이 내세우는 문학·예술인과 흔쾌히 만나서 統一을 논하고 南/北韓 공통의 문학과 예술을 논하는 남한 측 문학·예술인들의 正體는 과연 무엇인가 하는 점. 곧 그들 역시 진정한 의미에서의 문학·예술인이라고 할 수 있겠는가 하는 점.

셋째로 그들이 민족문학, 민족예술을 한다고 하는데, 그렇다면 같은 민족인 북한 인민의 人權이나 飢餓(기아), 核문제 등에 대해서는 왜 그처럼 철저히 緘口(함구)하는가 하는 점, 따라서 그것이 진정한 민족문학, 민족예술이라기보다는 오로지 북한정권을 옹호하기 위한 親北/左傾的인 정치색 짙은 문학·예술로 봐야 한다는 점.

넷째로 심각한 북한 人權 문제 등에 눈을 감는다는 것, 곧 보편적 人道主義(휴머니즘)를 벗어난 民族主義란 것이 오늘을 살아가는 한국인에게 과연 어떤 의미를 갖는 것인가 하는 점. 한걸음 나아가 민족주의가 무엇이길래 문학·예술 하는 사람들은 걸핏하면 민족문학, 민족예술이란 허울 좋은 간판을 내걸고 문학·예술과는 거리가 먼 정치적 행위를 서슴없이 행하고 있는가 하는 점. 지금까지 外勢 배격, 곧 民族主義를 최고의 통치이념으로 내걸고 '우리 식대로' 살아온 북한이 지금 저 지경에 처해 있는데도 말입니다.

끝으로 한국의 문학·예술인은 이제 하루빨리 정치적, 이데올로기적 偏向(봉사하는 것)으로부터 벗어나 문학·예술인의 본래적 모습으로 돌아와야 한다는 점.

등으로 일단 간추려볼 수 있다고 생각합니다.

물론 여기에는 局外者가 보는 주최 측의 의도에 대한 일부 偏見과 逸脫(일탈)이 있을 것으로 봅니다만, 중요한 것은 이 속에 오늘의 北韓 실정과 남북관계를 비롯하여, 北核문제나 북한 인민의 人權문제, 민족이나 민족주의 문제, 우리 사회의 左/右 내지 보수/진보 등 편가르기 문제 등 문학·예술 하는 사람들만의 專有物이라고는 할 수 없는 용어와 개념도 많이 등장하였기 때문에, 그런 관점에서 경제학을 공부하는 저 같은 사람도 한몫 끼어들 소지가 전혀 없지는 않다고 생각합니다. 이 자리를 빌려 저는 다음 3가지 문제에 대해 저의 평소 생각을 간추려 말씀드려 볼까 합니다.

2. 經濟發展이냐 民族統一이냐의 문제

'편가르기' 게임의 진실은 무엇인가?

먼저 중요하게 제기할 문제는 우리 사회의 左/右, 보수/진보 등의 이념적 '편가르기' 현상이 아닌가 합니다. 이 편가르기 현상을 놓고 우리는 정치 이데올로기적으로는 여러 가지 원칙과 기준을 제시할 수 있겠지요. 일단 그런 것을 떠나서 지금 지식인 사회에서 제기되는 한 가지 뚜렷한 기준은 다음과 같은 것이 아닌가 합니다.

지금 한국사회가 당면한 최우선 課題가 무엇인가 할 때, 좌경적, 진보적 입장의 사람들은 그것을 民族統一로 보는 것이죠. 통일에 이바지하느냐, 안 하느냐에 따라 네 편, 내 편으로 가르는 것 같습니다. 예컨대 朴正熙식 경제건설이나 민주화 등까지도 그것이 통일에 이바지하지 않는 한 의미가 없다는 식이죠. 정치나 경제 모든 價値의 최상위에 統一을 놓고, 이 통일을 위해, 바꿔 말하면 분단체제의 극복을 위해 모든 것을 바쳐야 한다는 논리인 것 같습니다.

아까 어떤 방청객으로부터 白樂晴 씨 같은 우리 사회의 저명한 지식인이 어떻게 하여 親北·좌경적 행동을 하게 되는지 이해가 안 된다고 하셨는데, 바로 이 백낙청 씨의 경우가 이런 통일지상주의의 標本이 아닌가 생각합니다. 그분의 『한반도식 통일, 그 현재진행형』을 읽어보면 그런 취지를 잘 이해할 수 있습니다.

그 대신 보수/우파 입장의 사람들은 분단체제의 극복 없이도 경제건설은 가능했고, 또 앞으로 한국사회가 지향해갈 장기 목표로서의 先進化도 — 본인은 이 용어를 좋아하지 않지만 — 얼마든지 실현가능하다는 논리를 펴고 있습니다. 우리 사회가 해결해야 할 최고의 당면과제가 統一이 아니라 바로 이런 福祉國家라고 할까 先進化라 할까, 그런 장기 비전의 실현이라는 것이지요.

이상의 두 가지 입장은 최근에 나온 계간 ≪時代精神≫ 겨울호(2006년)에 安秉直 교수의 白樂晴 씨 비판, 곧 白 교수의 분단체제론 비판을 읽어보면 더욱 선명해질 것입니다. 어쨌든 현 단계에서 민족통일을 지상과제로 내거는 사람들은 두말할 것 없이 친북/좌경적, 反美的이지 않을 수 없지요. 그들은 자기네와 다른 성격의 세력에 대해서는 민족통일을 가로막는 反民族·反통일, 소위 反動세력으로 몰아세우지요. 지금 우리 사회에서 反民族行爲者 처벌을 위한 정치적 목적의 특별 기구와 法規를 만들거나 '反民族行爲者辭典'을 만드는 것 등은 모두 이런 취지로 보면 되겠지요.

民族/民族主義, 그 假面 뒤의 實體

그럼 이들 친북·좌파세력이 내거는 통일이다, 민족이다 하는 소위 民族主義 이념을 어떻게 이해해야 할 것인가 하는 문제가 있습니다. 民族主義란 원래 서구의 근대화 과정에서 나타난 부르주아 계급의 이데올로기였습니다. 舊來의 봉건 領主制를 타파하고 근대적 국민경제를 건설하는 과정에서 부르주아 계급이 들고 나온 새 이데올로기가 바로 민족주의였습니다. 여기에는 서구의 'nationalism'을 일본 사람들이 처음 '民族主義'로 번역한 데 문제가 있습니다만, 아무튼 이것이 변질되어 그 후 사회주의 혁명과정에서는 프롤레타리아 민족주의로, 戰前의 피식민지 나라에서는 民族解放을 위한 민족주의 개념 등으로 그때그때 정치적 필요에 따라 발전해왔다고 할 수 있겠지요.

전후에 들어서는 1955년의 인도네시아 '반둥會議' 등을 거쳐 소위 非同盟 블록에 의한 제3세계 민족주의가 거세게 일어나고, 한반도에서는 외세에 의한 남북분단이란 조건 속에서 '外勢 배격, 우리 민족끼리'라는 슬로건과 함께 지구상의 그 어느 곳보다도 강렬한 민족주의 이데올로기가 나라 전체를 온통 뒤덮고 있다고 해도 과언이 아닐 것입니다.

그간의 사정이 어떠하든, 이제 民族主義는 역사발전의 진보적 이념이 될 수 없다는 것이 본인의 생각입니다. 특히 제2차 세계대전 이후 구 식민지체제가 붕괴되고 경제적으로 IMF/GATT체제가 성립된 이후로는 國際分業에 기초한 국제무역이나 국제투자 등을 기피하는 민족주의 이데올로기는 경제발전을 가로막고 나아가 사람들의 삶의 수준을 억제하는 그야말로 守舊的, 反動的 이념으로 전락했기 때문입니다.

民族主義의 化身, 北韓의 오늘

구체적 예를 든다면 전후 제3세계 민족주의를 내걸고 자주·자립적인 경제발전을 위한다는 지난날의 반둥회의의 주역들, 곧 인도나 파키스탄, 인도네시아, 이집트, 유고슬라비아 등을 보십시오. 어느 한 나라도 제대로 경제발전에 성공하지 못했지요. 역시 사회주의 간판 아래 폐쇄적 민족주의 노선을 걸었던 (구)동구권이나 中國 등 사회주의 진영의 처참한 몰락이 또한 그러합니다. 멀리 갈 것도 없이 오늘의 北韓을 보십시오.

입만 벌리면 '우리 식대로'를 외치며 '檀紀'는 물론, 세계 공통의 '西紀' 年號 사용까지 거부하고 '主體'를 年號로 사용하는 북한이 지금 어떤 처지에 놓여 있습니까.

앞에 어떤 수식어가 붙든, 모든 종류의 민족주의는 이제 反動의 주역 자리를 굳건히 하고 있다는 것을 분명히 하셔야 합니다. 한국 사회가 지금 이처럼 정치·사회적으로 혼란과 정체의 늪에 빠져들고 있는 것도 따지고보면 바로 이 역사반동적인 민족주의를 마치 神主처럼 모시고 있다는 데 연유하는 바가 크다고 생각합니다.

문학이나 예술의 경우도 마찬가지입니다. 민족문학이니, 민족예술이니 하는 간판을 걸고 作黨을 하여 남북을 왔다갔다하면서 民族을 외치는 사람들이야말로 따지고 보면 가장 시대역행적이고 수구반동적인 경우임을 알아야 합니다. 문학과 예술이 아무리 타락하더라도 '민족'이란 이름을 내걸고 저렇게 많은 백성들을 굶어 죽이는 데 그런 정치집단의 편을 들어서야 말이 됩니까?

3. 文學·藝術人과 民族主義

그렇다면 문학·예술인은 왜 그렇게 쉽게 민족주의에 感染(감염)되고, 왜 그렇게 쉽게 정치적으로 좌경적인 親北/反美 성향에 빠져들게 되는 것일까요? 한 저명한 作家는 저에게 이런 말을 한 일이 있습니다. 오늘날 한국 文壇의 80~90%는 親北/左傾세력으로 보면 틀림없다는 얘기였습니다. 다른 분야와는 달리 문학하는 사람들 — 넓게 보면 文化界 전반에 걸친 — 의 경우, 왜 이처럼 親北/좌경세력이 드센가 하는 의문이 들지 않을 수 없습니다. 이 점과 관련하여 본인은 다음과 같은 생각을 하게 됩니다.

社會主義 入門의 3가지 길

마르크시즘이랄까, 사회주의 사상에 물들게 되는 길은 사람에 따라 다르겠지만, 그 사람의 專攻에 따라 대체로 다음 3가지 길이 있다고 봅니다. 먼저 경제학도를 비롯한 사회과학도의 경우는 대개 마르크스의 勞動價値說을 통해 빠져든다고 할 수 있고, 둘째 철학·역사학도는 마르크스의 史的 唯物論에 기초한 역사발전 5단계설에 魅了(매료)되어 그렇게 된다면, 셋째로 문학이나 예술 하는 사람들은 노동자·농민 — 소위 프롤레타리아 계급의 — 의 계급해방이라는 人道主義(휴머니즘) 사상에 의해 빠져든다고나 할까요.

인류역사란 계급 간의 투쟁의 산물이라면 거기에는 언제나 피압박 계급이 있을 수밖에 없고, 이들 피압박계급의 이익을 위하는 길이 곧 인도주의(휴머니즘)의 길 아니겠어요. 휴머니즘은 곧 문학·예술 하는 사람들의 몫이라고 생각하게 되겠지요. 그들에게는 南韓 내에서는 자본가 계급보다 노동자 계급을 위하는 길이 인도주의의 길이요, 나아가 잘사는 南韓사람보다는 못사는 北韓사람 편을 드는 것이 또한 인도주의적 길로 비춰지겠지요. 여기에 바로 문학·예술

하는 사람들이 쉽게 좌경적, 親北的으로 흐를 수밖에 없는 현실적 當爲性 같은 것이 주어진다고 하겠습니다.

그런데 앞의 두 가지, 마르크스의 勞動價値說이나 歷史發展 5단계설은 그 동안의 世界史的 경험에 비추어 이미 이론적으로 誤謬(오류)라는 것이 드러남으로써, 예컨대 경제학도나 역사학도의 경우는 대부분 — 한국의 경우는 그렇지도 않지만 — 마르크스주의(사상)로부터 벗어나게 되었습니다. 하지만 세 번째의 문학·예술인의 경우는 그렇지 못한 데 문제가 있다고 봅니다. 현실 사회주의는 망했어도 그 속의 인도주의(휴머니즘)는 망하지 않았으니까요. 그들이 좌경적 이념에서 쉽게 벗어나지 못하는 이유가 여기에 있는 것이지요.

人道主義, 역사발전의 原動力인가?

이 점과 관련하여 본인은 그분들에게 이런 말을 하고 싶습니다. 인류역사를 소급해보건대 '人道主義(휴머니즘)'가 역사발전의 原動力으로 된 일은 별로 없었다는 엄연한 사실입니다. 역사발전의 原動力은 어디까지나 기술의 발달, 生産力의 발달이었지요. 기술·생산력이 발달하여 사람들이 먹고살 만하니까 그 위에 인도주의가 싹트기 시작한 것 아닙니까? 지금 북한 땅에 무슨 인도주의가 있습니까? 사람들이 굶어 죽어가는 마당에 무슨 놈의 인도주의 타령을 할 수 있느냐 말입니다.

처음 社會主義가 인도주의 간판을 내걸고도 저렇게 非인도주의적인 사회를 만들 수밖에 없었던 것은 바로 역사발전의 원동력인 생산력 발달에 실패했기 때문일 것입니다. 문학·예술 하는 사람들은 어설프게 인도주의에 빠져들기 이전에, 먼저 그 인도주의를 가능케 할 生産力 발달에 어떻게 기여할 수 있을까를 고민해주시기 바랍니다. 한낱 局外者의 넋두리에 불과할지 모르지만 말이지요.

4. 統一 / 民族主義를 넘어서

이제 마무리를 해야 되겠습니다. 오늘날 한국사회가 左와 右, 보수와 진보 등으로 첨예하게 갈라져 서로 대립하고 있는 것은 크게 보아 '分斷體制의 산물'이라 할 수 있겠지요. 이 분단체제를 극복하는 길을, 친북/좌경 쪽에서 말하는 것처럼 우리 민족 내부의 역량이라고 할 民族主義의 고양에서 찾으려는 것은 한갓 徒勞(도로)에 불과하다는 것을 강조하고 싶습니다. 당초 분단 자체가 국제적 힘의 논리, 곧 冷戰體制의 성립과정에서 초래된 것이라면, 그 극복과정도 결국 국제적 여건의 성숙을 기다릴 수밖에 없다고 함을 정확히 깨달아야 할 것입니다.

둘째로 民族主義는 세계적으로 이미 낡은 思潮(사조)로 퇴색한 지 오래라는 것, 따라서 그에 근거하는 '통일 至上主義'는 현 단계 한국사회의 발전을 위한 전향적인 길이 결코 아니라는 점을 강조해 두고자 합니다. 극단적 민족주의에 의해 저 모양이 된 北韓을 그냥 두고 그 위에 다시 민족주의 이념으로 그들과 통합하자는 것은 지금 잘사는 남한을 북한처럼 못살게 만들자는 소리 이상의 아무것도 아닐 것입니다.

셋째로 문학·예술 하는 사람들은 하루빨리 虛構的인 민족주의, 인도주의 사상으로부터 벗어나야 합니다. 오늘의 북한체제(金正日)가 세계역사상 유례없는 잔인무도한 정권임에도, 그것을 배척하지 못하고 계속 감싸는 것은 오로지 '한핏줄'이라는 그 얄팍한 민족주의, 아니 氏族主義때문일 것입니다. 이제 그 얄팍한 민족주의의 外套(외투)를 과감히 벗어던질 시점임을 말해두고 싶습니다.

북한이 저렇게 헐벗고 굶주리는 이유가 美國 등 제국주의 세력이 못살게 굴어서가 아니라, 바로 金正日 정권의 反動性 자체에 있다는 것을 분명히 해야 합니다. 다른 사회주의 국가는 다들 개혁/개방의 길로 들어섰는데, 지금 우리가 보다시피 북한 金正日 정권만 끝까지 개혁/개방을 거부하는 이유가 어디 있겠습니까?

결론적으로 오늘의 한국 문학·예술 하는 사람들의 인도주의·민족주의는 비록 스스로의 良心을 위한 얄팍한 自慰(자위)의 수단은 될 수 있을지 모르지만, 오늘의 한국사회의 矛盾과 갈등을 해소시켜주거나 나아가 남북관계를 개선하고 민족의 통일을 가져오는 데는 아무런 도움도 줄 수 없다고 함을 강조해두고자 합니다.

본의 아니게 얘기가 길어져 죄송합니다. 「문화미래포럼」의 무궁한 발전을 기원합니다.

감사합니다.

문화미래포럼(복거일·장원재), 『자유주의, 전체주의 그리고 예술』, 경덕출판사, 2007년 1월 所收.

한 局外者의 講評(II) : '文化와 觀光'
－ 21세기 文化 비전과 觀光振興 －

文化는 商品으로 될 수 있지만 그렇다고 문화의 商品性이 곧 문화의 가치를 결정하는 잣대로 될 수는 없다. 단지 세월이 흐름에 따라 後世 사람들이 文化 가치를 상품으로 만들어 줄 뿐이다. 그렇다고 처음부터 문화를 관광상품으로 개발할 수는 물론 없는 일이다.

1. 文化의 商品化와 觀光

文化와 觀光의 관계는?

한국 문화계의 混濁(혼탁)스러움을 정화한다는 시대적 사명을 띠고 出帆한 문화미래포럼(대표 卜鉅一)에서 제2회 심포지엄 주제로 "文化와 觀光"을 잡은 것을 보고 처음에는 좀 생뚱맞다는(?) 생각을 했다. 寡聞(과문)의 탓이겠지만, 평소 정부 조직에서도 「문화관광부」라는 이름으로 文化와 觀光, 두 가지를 한데 묶어놓은 것을 보고 저 사람들 도대체 文化가 무엇인지를 알기나 하나, 어떻게 문화를 관광과 한데 묶을 수가 있나 하고 고개를 갸우뚱했던 일이 있기 때문이다.

이런 좀 미욱한 생각으로 심포지엄에 참관하게 되었으니 처음에는 자신이 참 한심하다는 생각도 들었다. 그러나 첫머리 朴異汶 교수(연세대 초빙교수)의 基調發題를 듣고서 곧장, 아아 이 두 가지를 한데 묶어도 되겠구나 하는 생각을 하게 되었다. 가라사대, "文化는 '商品'으로 될 수는 있지만, 그 문화의 商品性이 그렇다고 문화의 가치를 규정하는 잣대로는 될 수 없다"는 그의 한마디였다.

필자 나름대로 이를 다시 풀어보면, '문화는 사람들의 관광을 위한 귀중한 상품으로는 될 수 있지만, 그렇다고 관광을 위한 商品性 그것이 곧바로 문화의 가치를 결정하는 것은 아니다'라는 뜻일 것이다. 문화와 관광의 상호 관계를 규정하는 데 이보다 더 명쾌한 해석이 또 어디 있으랴.

자본주의 사회에서는 이 세상의 모든 것을 商品化한다. 거기에는 비단 문화만이 아니라 심지어 인간 그 자체까지도 상품으로 만든다. 예컨대 女性의 美를 상품화하여 팔아먹고 있음은 이미 옛이야기라 할 수 있고, 또한 어떤 畵家의 작품(미술품)이 수십억 원에 팔리면 그 畵家의 상품적 가치가 곧 수십억 원이라는 소리나 마찬가지이다. 또 유명한 운동선수는 年俸 얼마짜리 선수로 값이 매겨지고, 일류회사 CEO의 연봉이 수십억 원이 넘는다는 얘기도 있다.

年俸制가 도입된 이후에는 회사의 CEO만이 아니라 일반회사 직원들까지도 저 친구 '연봉 얼마짜리'라는 식으로 사람값이 매겨진다. 인간에게도 각자 특성을 갖는 상품으로서의 자기 값이 매겨지는 그런 세상으로 변한 셈이라고나 할까.

文化商品의 진짜 價値는?

문화가 상품으로서의 가치를 가지게 되면 그것은 곧 '文化商品'으로 되고, 그런 문화상품은 사람들의 인기를 끌기 마련이다. 어떤 상품이든 인기가 있으면 구경하러 오는 사람들이 생기고, 구경을 위해 사람들이 모여들면 그것이 곧 '觀光'으로 발전하게 된다. 관광하러 많이 오는 문화상품, 그것이 곧 좋은 상품이요 비싼 상품으로 매겨진다.

문화와 관광이 이렇게 서로 사이좋게 接合되지만, 바로 이 점으로부터 또한 양자 간에 좋지 않은 문제를 불러올 素地가 주어진다. 말하자면 문화상품을 만드는 사람들 — 이를 文化人이라고 해두자 — 이 자신의 문화를 만들 때 관광만을 염두에 두고 무조건 商品的 價値만을 따진다면 그 결과는 어떻게 되겠는가. 아마도 진짜 문화는 온데간데 없고, 문화의 탈을 쓴 가짜 문화상품만이 展示館을 가득 채우게 될 것이다.

마치 '껍질과 속살'과의 관계라고나 할까. 文化와 觀光과의 관계는 끈끈하면서도 좀 서로를 배격하는 그런 성질의 것이라 할 수 있다. 문화 자체로서 가치 있는 문화가 반드시 가치 있는 문화상품으로 인정받게 되거나 또한 그것으로 많은 관광객을 불러오리라는 보장은 전혀 없다.

文化商品을 관람하려는 사람이 많으면 많을수록 그 상품의 價値가 올라갈 것은 당연하지만, 그렇다고 관람객을 많이 불러오지 못한다고 하여 그 문화상품이 문화로서의 값이 싸게 평가되어서는 안 된다는 것이다. 곧 문화란 문화 자체로서의 고유한 가치를 지니고 있다는 것, 바로 이 점을 앞의 朴異汶 선생께서는 힘주어 강조한 것으로 풀이할 수 있다.

2. 21세기, 文化글로벌화의 시대

21세기, 文化의 비전

21세기는 보통 情報化 내지 世界化*와 더불어 문화의 시대가 될 것이라고들 한다. 21세기가 과연 문화의 세기로 될 것인가 말 것인가 하는 근본적인 문제는 일단 제쳐두기로 하자. 사회가 날이 갈수록 정보화·글로벌화 현상이 고조될 것만은 틀림없는 일이고, 그와 더불어 21세기는 지난 20세기에서와는 달리 지식·문화산업과 그리고 물질적 생산보다도 정신적 가치의 생산이 더욱 중요해질 것만은 충분히 짐작할 만하다. 그렇다면 21세기 중심 테제로서의 文化의 비전은 과연 무엇일까.

21세기는 국가나 지역, 산업이나 영역 등 갖가지 서로 간의 境界(boundary, border)가 허물어지는, 이른바 '無國境의 시대'(non-

---

* 필자는 영어의 "globalization"을 '世界化'로 번역, 사용하는 데 반대한다. 우선 世界(world)라는 단어를 動名詞로 바꾸겠다는 것은 그 語義상 불가능하기 때문이다. 예컨대 경제나 기업, 또는 문화나 예술이 '세계화'한다는 것이 무슨 의미인가. 그것이 '국제화'한다는 것은 그 나름의 의미를 부여하겠으나, '세계화'한다는 데는 선뜻 납득이 가지 않는다. 참고로 같은 漢字圈인 중국이나 일본의 예를 보면, 중국은 '汎球化' 또는 '全球化'로 번역하여 사용하고, 일본은 아예 '글로벌化'란 영어 표현 그대로를 사용하고 있다. 필자도 오래 전부터 '글로벌화'로 사용하고 있음을 밝혀둔다.

boundary nation) 또는 '脫國境의 경제'(borderless economy)로 한껏 지향할 것이라고들 한다. 경제적으로 표현한다면, 商品·자본·서비스·사람(노동력)이란 4가지 기본 요소가 자기 마음대로 이 나라(지역) 저 나라(지역)로 國境을 넘나들 그런 시대로 변해갈 것이라는 전망을 하고 있다. 흔히 말하는 하나의 '地球村 시대'가 열릴 것이라는 전망이 그것이다. 이런 시대흐름 속에서 그럼 文化는 어떤 모습으로 변해갈 것인가, 이 점을 밝히는 것이 바로 여기서 우리가 풀어야 할 본 심포지엄의 과제라 할 것이다.

글로벌화 시대의 삶의 樣式

정보화다 글로벌화다 하는 것은 인간의 '삶의 樣式(mode of life)'을 그 어떤 한 가지 유형으로 收斂·統一시켜간다는 의미일 것이다. 구체적으로 보면 사람들의 일상생활 양식을 보편화하고, 평준화하며, 단일화하고, 劃一化해간다는 뜻이리라. 결국 文化的 삶의 양식도 다른 인간 삶의 글로벌화의 진전에 따라 그렇게 보편화되고 글로벌화되어갈 것이라는 의미이다. 즉 문화의 통일적 收斂(수렴) 현상이라고 말할 수 있다.

그렇다면 地球상의 각양각색의 문화가 어느 방향으로 그리고 어떤 모습으로 흡수·통합되어갈 것인가. 문명사적 관점에서 보면, 문화 역시 다른 현상과 마찬가지로 인간의 生産力 발달 수준에 따라 낮은 단계의 문화가 높은 단계의 문화로 흡수·통합되어갈 것으로 볼 수 있다. 물론 오늘날 세계경제의 흐름에서 리저널화와 글로벌화란 두 가지 현상이 동시에 일어나고 있듯이, 문화에서도 이 같은 리저널화와 글로벌화 현상이 동시적으로 전개될 것이 아니겠는가 하고 말이다.

한국의 경우, 리저널화 현상은 東北亞의 중국문화·일본문화와의 상호 收斂(수렴)을 의미할 것이고, 후자의 글로벌화 현상은 기타 서구문화 등과의 상호 다기다양한 수렴으로 볼 수 있다. 물론 文化의 글로벌화 현상이란 후자의 경우에 더욱 가깝다고 해야 할 것이다.

文化 글로벌화는 어디까지

문화의 글로벌화 현상은 앞으로 경제에서처럼 그렇게 쉽게 이루어지지는 않을 것으로 전망된다. 역사적 경험을 보더라도, 19세기 西勢東漸(서세동점)의 시대에 東洋의 韓-中-日 3국이 앞서가는 西洋文物을 어떻게 받아들일 것인가를 놓고 각기 東道西器論(한국), 中體西用論(중국), 和魂洋才論(일본) 등의 슬로건을 내걸고 고민한 바가 있는가 하면, 또한 1960년대 말 朴正熙 시절 5개년계획 추진과 더불어 외국자본과 기술이 마구 쏟아져 들어올 때 우리 고유의 전통과 문화적 가치를 지키기 위하여 '國民敎育憲章'을 제정하고, 「精神文化硏究院」— 오늘의 「한국학중앙연구원」의 前身 — 을 만들어 '우리 것'을 지키고자 노력한 바도 있기 때문이다.

이들 역사적 경험은 앞선 선진국(서양)의 기술이나 지식은 흡수하되, 인간의 정신적인 資産이라고 할 문화적 가치는 자기 것을 그대로 지켜나가겠다는 강력한 국가의지의 표현임에 다름 아니었다.

회고컨대 역사는 반드시 그렇게 흐르지 않았음을 엿볼 수 있다. 한 나라 민족문화나 좁은 지역문화는 어떤 형태로든 보다 넓은 범주의 지역문화나 인류문화로 흡수되고 수렴되었다. 이를 두고 정홍익 교수(서울대)는 '文化의 世界化' 현상이라고 불렀다.

"세계화 시대와 우리의 문화정책"이란 글에서 정 교수는 이와 관련한 그야말로 많은 문제를 제기하고 있다. 그 가운데서 특히 눈여겨봐야 할 것은 이러한 문화 세계화 흐름에 照應하여 후진국들이 자신의 문화적 전통을 지키기 위해 문화적 폐쇄주의-국수주의-守舊主義로 나가서는 결코 안 된다는 것, 특히 지난 韓美 FTA 체결과정에서 보듯이 무조건 Anti-FTA 노선을 고집해서는 안 된다는 것을 강조하고 있다. 경제학을 하는 사람 입장에서 정 교수에게 뜨거운 찬사를 보내지 않을 수 없는 대목이다.

3. 韓國 문화정책의 現住所

民族統一에 이바지하는 文化政策

21세기 文化 세계화의 비전이 이러하다면, 현재 한국정부가 지향하고 있는 문화정책은 어떠한가? 완전히 반대방향으로 나아가고 있다는 것이 오늘의 공통된 결론이었다. 시대에 낡은 民族共助論에 입각하여 개방화를 거부하고 폐쇄적, 國粹주의적 문화정책으로 나아가고 있다는 주장이었다. 이런 현상은 盧武鉉 정부 들어서 더욱 심화되었다고 볼 수 있고, 제도적으로는 文藝振興院을 文化藝術委員會 체제로 바꾼 다음, 藝總을 밀어내고 民藝總 중심으로 모든 정부정책이나 재정지원이 이루어지고 있다는 데서 그대로 드러나고 있다.

뿐만 아니라 프로젝트별로는 '光州文化 중심도시' 조성사업이 대표적 케이스라고 한다. 문화관광부 1년 예산이 1조 5,000억 원을 넘지 못하는데 이 光州문화중심도시에 무려 2조 원의 정부지원을 투입한다고 한다. 그렇다면 다른 문화사업은 어떻게 하자는 소리인가. 더욱 중요한 것은 光州란 지방도시에 이런 거대한 한국적 文化都市를 만드는 것이 지금 시대가 요구하는 문화의 글로벌화 비전에 과연 얼마나 부합하는 처사인가 하는 점이다.

다른 한편, 현 정부의 영화정책을 다룬 글(김준덕 영화평론가)에서는 현재로서는 제도적으로 한국영화(邦畵)가 갈수록 위축될 수밖에 없다는 주장이었다. 그것은 정부의 스크린쿼터制 축소와 같은 데도 일단의 이유가 있겠으나, 그보다도 더욱 큰 문제는 오히려 邦畵 가운데서 몇 편의 興行性 영화가 觀客이나 정부지원을 독차지하는 바람에 나머지 마이너 영화(제작사)는 제작비조차 건질 수 없을뿐더러 — 2006년 제작 영화 108편 중 損益分岐點을 넘긴 영화는 22편에 불과 —, 정말 문화적으로 가치 있는 영화나 또는 반드시 만들어야만 할 영화는 오히려 만들 엄두조차 내지 못한다.

소비자를 위한 文化政策

그렇다면 代案은 무엇일까? 여기에 장원재 교수(숭실대)의 발표가 어느 정도 해답을 내려주고 있다.

장 교수의 주장은 이러하다. 문화사업에 대한 지원정책의 방향을 종전과 같은 文化 供給者 위주 지원체제로부터 과감하게 탈피하여 아예 소비자 위주의 지원체제로 바꾸라는 것이다. 영화산업의 경우,

지금까지와 같은 영화제작사에 대한 지원으로부터 영화 관객에 대한 지원으로 바꾸고, 그리고 앞에서 지적한 藝總이냐 民藝總이냐 하는 문제, 또한 光州문화중심도시 프로젝트 등의 문제도 처음부터 정부가 국민 세금을 거둬가지고 문화를 진흥한답시고, 그것도 이념적 코드에 맞춰 예산을 이리저리 갈라줄 것이 아니라, 교육에서의 바우처(voucher) 제도와 같은 것을 문화정책에도 도입할 필요가 있다는 상당히 과감한 주장을 장 교수는 펴고 있다.

그는 이러한 논리를 경제학의 價値理論에서 끌어오고 있다. 경제학 가치이론의 두 가지 조류, 곧 勞動價値說 - D. 리카도, K. 마르크스 등 - 과 效用價値說 - K. 멩거, W. 제본스, L. 왈라스 등 - 을 인용하면서 시간이 흐름에 따라 초기 노동가치설을 뒤엎고 1870년대 새로 나타난 효용가치설에 주목하여 장 교수는 문화지원정책도 文化商品 공급자에게 정부지원이 주어질 것이 아니라, 그것을 소비함으로써 效用을 얻을 수 있는 소비자에게 지원이 돌아가야 한다는 논리를 펴고 있다. 한마디로 이제부터는 문화상품을 소비하는 관객 중심으로 모든 지원방식을 바꾸어야 한다는 주장이 그것이다.

消費者 중심의 支援對策

따지고 보면 자유 시장경제 원리에 부합될뿐더러 또 지원대상을 가급적 넓혀서 公平性을 기한다는 측면에서도, 정부가 국민세금을 가지고 特定의 映畵製作社나 문화·예술인만을 지원한다는 것은 이제 그만둘 때가 되었다. 게다가 거기에는 아무리 공평하다고 할 기준과 원칙을 동원하더라도 지원과정에서 탈락한 사람들의 불평

불만을 잠재울 수는 없다. 그렇다면 오히려 문화상품을 관람하는 소비자의 選擇權을 확대하는 방향으로 지원방식을 바꾸는 쪽으로 해결방안이 모색되어야 하지 않을까 한다.

또 한 가지, 영화 스크린쿼터 축소문제만 하더라도 그렇다. 연간 上映日數의 5분의 2(146일)에서 5분의 1(73일)로 줄이면 당장 큰일이나 날 것처럼 떠들지만, 요즘 같은 글로벌 시대에 1년에 며칠 이상은 필히 自國映畵를 上映해야 한다는 제도를 만든다는 것 자체가 얼마나 속 보이는 처사인가. 차제에 영화제작사(영화인)들은 邦畵와 外畵의 구분을 없애고 영화를 기획하는 과정에서부터 외국 영화사와 여러 가지 형태의 합작영화를 만드는 것이 좋다. 일반 상품을 만드는 데 너무나 많은 외국 원자재나 부품이 들어가 이제 '國産品'이란 딱지를 붙일 수 없게 된 것이 오늘의 현실 아닌가. 영화가 가는 길도 결국 그 길밖에 없을 것이다. 정부 내에서도 유독 經濟部處가 앞장서 스크린쿼터 철폐를 주장하는 이유도 이런 데서 찾아볼 수 있다.

4. 文化觀光으로 가는 길

흔히들 觀光에는 크게 3가지 유형(목적)이 있다고 한다. 첫째는 역사적 전통이나 遺蹟(유적), 곧 문화적 가치를 감상하는 것이고, 둘째는 자연의 아름다움, 곧 自然景觀을 즐기는 것이며, 셋째는 각종 놀이관광의 경우가 그것이다. 중국 여행의 경우, 萬里長城이나 西安 兵馬俑(병마용)을 보고자 하는 것은 첫째이고, 天下絶景 桂林

이나 黃山을 보는 것은 둘째이며, 그리고 海南島에 골프 투어를 가는 것은 셋째 경우에 속한다고 할 수 있다.

韓國觀光의 現住所

한국의 경우, 외국인에게 보여줄 만한 관광거리는 과연 어떤 것이 있겠는가. 문화적 가치나 자연적 풍경 또는 놀이관광 가운데서 자신 있게 내놓을 수 있는 거리가 과연 어떤 것이 있단 말인가. 이를 반영한 탓이겠지만 2006년도 한국 관광실적을 보면, 한국의 아웃바운드(한국인이 외국으로 나간) 관광객은 무려 1,160만 명으로 잡히고 있는 데 반해 인바운드(외국인이 한국으로 들어온) 실적은 690만 명에 지나지 않았다. 또한 관광수지 赤字도 연중 무려 85억 달러에 이르렀다. 따라서 한국은 지금 엄청난 관광 赤字國이다.

그렇다고 하여 한국인이 지금 해외관광을 통하여 외국 문물을 배우고 다소나마 國際化의 수준을 높이고 돌아오는 성과를 거두고 있는 것도 아니다. 김치나 고추장, 김 등은 물론이고 라면이나 밥(햇반)까지 싸가지고 다닐 정도이고, 현지 음식을 즐기는 현장실습이나 체험 같은 것은 眼中에도 없고 오로지 쇼핑이나 놀이에만 정신을 파는 극단적인 소비관광이 되고 있다.

한국의 경우 관광소재가 극히 빈약한 것만은 틀림없다. 그럼 위에서 본 3가지 觀光素材 가운데 어느 것을 먼저 개발해야 할 것인가. 두말할 것도 없이 첫째의 문화적 가치를 개발하는 길일 것이고, 우리가 문화와 관광을 묶어서 다루는 취지도 바로 여기에 있다. 그렇다고 하더라도 지금 땅 속에 묻혀 있는 과거의 文化財가 많이 있어서 그것을 새로 발굴해낼 입장도 아니고 보면, 결국 지금부터라도 뭔가를 새로 만들어내야 할 입장에 있다. 이러한 문제의식에서 새로운 문화관광 素材를 어떻게 만들어낼 것인가를 놓고 고민해야 할 입장에 있고, 다행히 이를 위한 몇 편의 논문이 발표되었다.

韓-中-日 3국의 觀光協力

먼저 全經聯(이병욱 상무)의 '東아시아 관광산업 발전' 문제는 주로 한-중-일 3국 간의 관광을 어떻게 하면 지금보다 더 많이 늘리느냐 하는 데 초점을 맞추었다. 기실 한국의 경우, 2006년 중 총외국관광객 수 615만 명 가운데 일본인 244만 명, 중국인 89만 명으로 이들 두 나라가 전체 관광객의 무려 53%를 차지할 정도이다. 그렇다면 過慾일지 모르지만 이제는 이들 외에 西洋人을 더 많이 유치하는 길을 모색해야 하지 않을까. 뿐만 아니라 이들 3국 간의 관광협력을 강화할 무슨 妙案이 있는 것도 아니지 않는가.

잘 알다시피 지금 3국 간에는 민족적 감정이 너무나 나쁜 상태이다. 3국 간에는 경제적으로 그 흔한 FTA 하나 체결하지 못하고 있는 처지가 아닌가. 아직도 獨島·釣魚島 문제이다, 從軍위안부 문제이다, 야스쿠니神社 참배문제다 하여 3국 간에는 지나간 過去事가 현재의 협력 증진을 가로막는 足鎖(족쇄)로 작용하고 있지 않는가. 미래지향적으로 이런 족쇄를 푸는 일이 상호 관광객을 늘리기 위한 先行 과제일지도 모른다는 생각이다.

京畿開發硏究院에서 진행하고 있는 문화관광 프로젝트의 경우는 京畿道의 지역개발 전략의 일환으로 추진되고 있는 모양으로,

지역개발과 문화산업 및 관광산업을 한데 묶는 3者 클러스트식으로 개발하자는 아이디어이다. 여기에는 외국인의 호기심을 촉발시킬 만한 기발한 프로그램도 많이 제시되고 있다. 중요한 것은 그것이 현실의 소위 '韓流' 바람에서 찾아볼 수 있듯이, 이를테면 일시적인 流行따라 그때그때 一過性으로 끝나고 말거나, 프로젝트의 성격 자체가 普遍性을 띠지 못하고 특정 지역이나 사람에게만 관심거리로 부각되고 말 가능성이 높다는 점이다.

觀光 진흥과 漢字 문제

마지막으로 한 가지 강조해둘 문제가 있다. 한국은 文字생활에서 한-중-일 3국의 共通文字인 '漢字' 사용을 배격한 지 오래다. 편협한 言語民族主義의 산물로 한글專用을 고집해왔기 때문이다.

3국 간의 문화협력이나 관광사업을 확대코자 하는 마당에 한국의 한글 專用主義가 얼마나 큰 걸림돌이 되고 있는가를 깨달아야 한다. 그것은 일본인이나 중국인들의 한국여행을 보다 편리하게 해주기 위한 '漢字 간판'을 달아주는 수준의 문제가 아니다. 근본적으로 문화적 전통이 같은 세 나라가 상호 교류·협력을 강화하기 위해서는 文化를 담는 그릇이라고 할 文字를 같이하는 것이 얼마나 중요한 일인가. 한국 스스로 3국 간 善隣관계를 발전시킨다는 시대적 요구에 부응하기 위해서는 현실의 외눈박이 문자생활에 일대 변혁이 이루어져야 할 것임을 덧붙여둔다. 贅言多謝.

문화미래포럼(박이문·장미진), 『세계화 시대의 문화와 관광』, 경덕출판사, 2007년 6월 所收.

『한국 근·현대사』
教科書에 문제 있다(經濟 편)

책은 아무나 쓰는 것이 아니다. 教科書는 더더욱 그렇다. 이는 현재의 한국 고등학교용 『한국 근·현대사』(6種) 교과서를 종합분석해본 결과 내린 결론이다. 韓國現代史를 기술하면서 '經濟'편을 뒷전으로 미뤄놓고 있다. '經濟'를 빼고 도대체 무엇을 쓰자는 소린가?

1. 問題의 제기 - 푸대접받는 '經濟'

'經濟' 편의 허술한 비중

지금 고등학교용 『한국 근·현대사』 과목의 교과서(6種)를 검토해 본 결과, 한결같이 經濟 관련 내용이 너무나 푸대접받고 있음을 발견하였다. 도대체 8·15해방 후를 일단 韓國現代史로 본다면 이 시기를 기술함에 있어 '經濟의 發展'을 빼놓고 무엇을 어떻게 다루겠다는 것인가. 책을 열고 보면 대부분의 교과서가 정치적 독재에 항거한 '民主化 투쟁'만이 역사의 전부인 양 다루고 있다.

경제 문제가 얼마나 보잘것없이 취급되고 있는가를 책의 기술 페이지를 가지고 한번 검토해보자. 6종 교재 가운데 가장 採擇率이 높다고 알려진 금성출판사 本의 경우, '經濟' 관련 내용을 다룸에 있어 우선 놀라운 것은 "경제발전 및 사회·문화의 변화"라는 이름 아래, 경제만이 아니라 거기에 사회, 문화 심지어 교육, 스포츠, 移民(해외동포), 관광에 이르기까지 온갖 잡동사니를 모두 한데 묶어놓았다는 사실이다.

교과서에서 經濟 문제를 이렇게 잡탕으로 취급해도 되는지 묻고 싶다. 더욱이 해방 이후의 한국사 전개에서 經濟發展 문제가 가지는 의미에 비추어서 말이다. 여기에는 분명 어떤 정치적 의도가 깔려 있으리라. 1960년대 이후 朴正熙 시대 경제발전 성과를 애써 무시하고자 하는 교과서 집필자의 정치적 의도 말이다.

그건 그렇다 치고, 그럼 經濟 관련 분량이 어느 정도인가를 보자. 문제의 제4장(경제를 비롯하여 사회, 문화, 스포츠 등)이 총 32페이지를 차지하여 현대사 전체(108페이지)의 29%를 차지하고, 이 32페이지 중에 순수 '경제' 파트는 다시 11페이지에 불과하다. 현대사 기술 108페이지의 불과 10.6%에 해당하는 단 11페이지를 경제에 할당한 셈이다. 그럼 現代史 기술의 나머지 부분은 무엇으로 채워져 있는가.

유감스럽게도 정치 분야의 '解放과 정부수립'이 전체의 26.9%를 차지하고, '民主主義 시련과 발전'이 21.2%, 그리고 '北韓의 변화와 통일'이 역시 21.2%를 차지하고 있다. 즉 정치 및 통일 문제가 전체의 70%를 차지하는 셈이다. 어느 누가 봐도 이것이 제대로 된 책의 編制라고는 할 수 없을 것이다. 책의 비중이 이 정도로 정치나 北韓(統一)문제에 편중되어 있다면, 아예 책 이름부터 『한국

근·현대사』로 할 것이 아니라,『한국 근·현대정치사』나 또는『한국 근·현대 민족통일사』 정도로 붙여야 옳지 않겠는가.

이 점이 바로 現行 고등학교용『한국 근·현대사』교과서가 마땅히 비난받아야 할 일이다. 무엇보다도 經濟를 너무나 허술하게 다룬 한편 책을 정치·통일 중심으로 만든, 곧 책 編制상의 公正性을 크게 결했다고 하는 사실이 그것이다.

內容상의 심각한 歪曲

이상의 책 편제상의 經濟 문제에 대한 푸대접은 비단 금성출판사 한 가지 本에만 국한되지 않는다. 기타 5종 교과서의 경우도 거의 마찬가지였다. 대체로 경제 문제가 9~12페이지 정도의 분량으로 현대사 편 전체에서 차지하는 비중이 겨우 9.1~12.5%에 불과했다.

경제에 대한 푸대접은 비단 기술 분량 면에만 국한된 것은 아니었다. 내용 면에서도 너무나 허술하게, 오히려 너무나 엉터리로 기술된 대목이 많았다. 6종 교과서가 마치 약속이나 한 듯이 거의 동일한 目次/內容으로 구성되어 있음에 놀라지 않을 수 없다.

이를테면 6種 모두가 제1항으로 '해방 후 경제혼란과 전후 복구', 제2항으로 '경제성장과 자본주의의 발전'이란 2개 항으로 완전히 통일되어 있다. 해방 후 60년간의 경제 흐름을 이 2개 항목으로 모두 담을 수 있을까? 어떻게 6종 교과서가 이처럼 똑같은 제목을 달 수 있을까? 아마도 6종 교과서의 筆陣이 집필 내용을 사전에 통일시켰다고 볼 수밖에 없다. 이 점을 놓고 評者는 그들의 건전한 良識을 의심치 않을 수 없다. 왜냐하면 각기 필자가 다른 6종 교과서가 다 같이 그럴 수는 없을 것이기 때문이다.

　짐작건대 1945년 8월부터 1950년대까지의 경제상황을 '제1항'에 담고, 1960년대 이후 高度成長期로부터 오늘에 이르는 40여 년간의 경제 흐름을 '제2항'에 담고자 한 모양이다. 이를 좀 더 구체적으로 보자.

　제1항의 경우, ① 해방 직후의 경제적 혼란을 살피는 데 있어, 어느 책이나 李承晚 정부의 '農地改革事業'을 중심 테마로 잡아 法條文까지 인용하면서 매우 중요하게 다루고, ② 6·25전쟁 후의 경제재건과 미국원조의 功過(공과)를 또한 중요하게 다루고 있다.

　제2항의 경우는, ① 경제개발 5개년계획의 수립과 그 성과를 잠깐 언급한 다음, ② 경공업에서 중화학공업으로의 구조변동과정에서 정부 특혜에 의한 '財閥'의 성장을 중요하게 다루고, ③ 1980년대 이후 세계적인 貿易自由化와 금융·資本市場의 개방을, ④ 1990년대 후반 外換危機의 발생과 극복, 그리고 몇 가지 당면과제를 결론으로 다루고 있을 정도이다.

　어느 항목이든 전반적으로 서술내용이 허술하기 짝이 없다. 하기야 총 11페이지 분량에 무슨 내용을 얼마나 알차게 담을 수 있을까마는 그런 중에서도 기본적이고 核心的인 내용은 다 빠지고, 별것 아닌 枝葉的(지엽적)인 것들만 끄집어내어 마치 그것이 가장 중요한 것인 양 강조하는 식이다. 더욱이 제2항의 경우, 제목을 "經濟成長과 資本主義 발전"이라 해놓고 막상 자본주의 발전과 관련한 내용은 한마디도 찾아볼 수 없다는 사실이다.

'檢認定'이 아니라 '國定'이라 해야!

형식과 내용이 매우 부실하다는 점과 아울러 또 한 가지 문제 삼아야 할 것은 금성출판사 本을 비롯한 6종 교과서가 극히 세부항목에 이르기까지 책의 編制와 내용이 놀랄 만큼 일치한다는 사실이다.

우선 교과서의 編制가 4개의 큰 단원(編)으로 이루어지고, 한 단원(編)은 3~5개의 章으로, 한 章은 다시 3~5개의 主題(項)로 이루어지는데, 이 경우 4개의 큰 단원(編)과 章의 명칭은 물론이고, 마지막 각 主題(항)의 명칭에 이르기까지 거의 동일하게 붙여져 있다. 뿐만 아니라 각 項 아래 本文 속에 들어가는 세부항목의 이름까지도 약간의 표현상 차이는 발견할 수 있으나 전달하는 의미는 사실상 동일하게 되어 있다. 참고로 제4단원의 제4장 "경제의 발전과 사회·문화의 변화" 속의 '경제' 관련 2개 항과 '사회' 관련 1개 항에 대한 각각의 小項目 명칭을 서로 대비시켜보면 <표 6>과 같다.

<표 6>에서 보듯이, 6種의 전 교과서가 본문 속의 소항목 명칭에 이르기까지 철저하게 통일을 기하고 있음을 알 수 있다. 교과서 당 필자가 보통 4~6명으로 이루어지고, 거기다가 出版社도 모두 다른데 어떻게 하여 이처럼 마지막 항목까지 철저히 통일을 기할 수 있단 말인가. 이는 분명 기획과정에서부터 사전에 어떤 계획적 조정이 이루어졌음을 말해주는 反證이 아닐까.

이상과 같은 계획적 조정은 아무래도 정부 당국의 統制 아래 가능했을 것이다. 그렇다면 정부는 무슨 목적으로 이름은 '檢認定'이라 해놓고, 필자들에게 집필의 자유를 주지 않고 이처럼 철저한

〈표 6〉 6種 敎科書의 '經濟' 관련 細部項目 비교

	1) 經濟 第1項 : 經濟혼란, 전후복구	2) 經濟 第2項 : 경제성장, 자본주의 발전	〈참고〉 3) 社會 변화
두 산	- 광복 직후 경제 혼란 - 자유경제체제 지향 - 6.25전쟁과 전후 복구	- 경제개발5개년계획 추진 - 중화학공업건설과 자본주의 발전 - 오늘의 한국경제	- 산업화·도시화의 진전 - 노동운동·여성운동 - 5개년계획의 영향
천재교육	- 광복 직후 경제혼란 - 농지개혁 - 미국원조와 전후 복구사업	- 경제개발계획 추진 - 중공업정책 전환 - 한국경제성장과 문제점 - 경제개혁과 외환위기	- 산업화·도시화 - 핵가족화·가족계획 - 노동운동·노동문제 - 새마을·농민운동 - 사회문제·시민운동
법문사	- 광복 직후의 경제 - 이승만 경제정책·농지개혁법 - 6.25전쟁과 경제복구	- 경제개발5개년 계획 - 경제성장과 민주주의 발전 - 우리경제 문제점과 가능성	- 산업화·도시화 - 농촌사회의 변화 - 노사관계의 변화 - 사회보장제도 - 환경·여성·시민운동
중앙교육	- 광복 직후 경제혼란 - 이승만 경제정책과 농지개혁 - 6·25전쟁 이후 경제재건	- 5개년계획 추진 - 80년대 안정화정책과 금융시장개방 - 외환위기극복과 오늘의 한국경제 - 경제정책의 빛과 그림자	- 산업화·도시화·정보화 - 새마을운동·농민운동 - 노동운동·시민운동
대한교과서	- 광복 직후 어려워진 나라살림 - 토지를 농민 소유로 - 빈손과 맨발로 일어서다	- 피땀으로 이룩한 경제성장 - 경제성장의 성과와 문제점	- 산업화·도시화로 인한 사회문제 - 시민사회성장과 복지사회 건설
금성출판사	- 광복 이후 경제적 어려움 - 불완전한 농지개혁, 절반의 성과 - 전후복구와 경제정책 - 원조경제의 겉과 속	- 경제개발 5개년계획 - 경제성장, 한강변 기적 - 경공업에서 중화학공업 - 시장과 자본의 개방	- 도시로, 도시로, - 농촌사회의 변화 - 노동운동 대중운동 - 사회보장제도 발전 - 시민운동, 환경운동 - 세계 속의 한국인

필자주 : 原내용을 약간 압축하였음.

事前的 통제를 가했을까. 거기에는 그럴 만한 사유가 있었을 것으로 보인다.

좋게 보면 그것은 정부가 여러 필자의 知的 수준과 개인적 性向을 믿지 못하는 데서 오는, 곧 기대치에 못 미치는 서술내용으로부터 학생들을 보호해야 한다는 교육적 견지에서 그랬을 수도 있을 것이고, 다른 한편 정부가 교과서 編制와 내용을 철저히 통제함으로써 정부 스스로 원하는 한 가지 서술방향으로 이끌어가기 위한 정치적, 이념적 工作으로 그랬을 가능성도 있을 것이다.

후자의 경우, 비록 '檢認定'으로 해놓고 사실은 정부가 원하지 않는 내용의 교과서는 허용하지 않겠다는 강력한 정부 의지의 표현이라고 할 수 있다. 따라서 현재의 고등학교『한국 근·현대사』교과서는 이름은 '檢認定'이지만 실제로는 '國定'이라 해야 마땅하다. 마치 羊頭狗肉(양두구육)격이라고나 할까.

2. 內容 검토와 批評 – '금성' 本을 중심으로

제1항 : 해방 후 경제혼란과 戰後 復舊

8·15해방이 갖는 정치사회적 激變(격변)을 조금만 생각해본다면, 해방 공간에서의 경제적 어려움이란 不問可知의 엄연한 현실이다. 기실 그것은 크게 문제 삼을 필요조차 없다. 그럼에도 모든 교과서가 하나같이 이 문제를 심각하게 제기하면서, 왜 경제가 어려운가, 그 원인이 어디에 있느냐 하는 등등 부질없는 辭說(사설)을 늘어놓고 있다. 그것은 무엇 때문일까.

첫째로, 특히 '금성' 本의 경우, 해방 직후의 경제난이 당시 美軍政의 소극적인 정책이나 李承晩의 잘못된 초기정책 때문인 것으로 몰고 가고 있다. 구체적으로 "美軍政의 쌀 공출"이란 사진과 "동포여, 飢餓(기아)의 靑松 농민을 구하자"(≪대구시보≫ 기사), "황금찬의 보릿고개" 등의 글을 실어 당시의 국민들의 생활난을 크게 부각시키고 있다. 더욱이 미군정 하의 '쌀 供出' 때문에 기아나 경제난이 더욱 가중된 것처럼 사실을 심히 왜곡하고 있다.

여기에는 많은 문제가 도사리고 있다. 먼저 그렇다면 8·15해방이 잘못됐다는 소리인가. 결과적으로 사람들의 貧困과 생활난을 그렇게 가중시켰으니 말이다. 또한 미군정하에서 그나마 막대한 미국원조로 삶을 지탱해왔음은 세상이 다 아는 일인데, 어떻게 미군정정책 — 그 속에는 援助政策도 포함될 터인데 — 때문에 빈곤과 경제난이 가중되었다는 말인가. 더욱이 미군정하에서 쌀 供出이 언제 어디에 있었던가. 이 정도로도 문제의 교과서가 얼마나 사실을 歪曲하고 터무니없는 내용으로 채워져 있는가를 충분히 알 수 있다.

둘째로, '불완전한 농지개혁, 절반의 성과'란 제목으로 이승만 시대 농지개혁 문제를 매우 중요하게 다루고 있다. 농지개혁의 중요성에 비추어 그렇게 다루는 것은 당연하다고 하겠으나 문제는 내용이다.

기술 내용은 대부분 농지개혁이 小作農에 대한 분배원칙을 '有償買收, 有償分配' 방식으로 하여 被分配 농민에게 과중한 부담을 안겨주었으며, 따라서 농민은 얼마 후 곧장 분배받을 농지를 팔고 다시 小作農으로 전락하게 되거나 아니면 도시로 떠나게 되었다는 것을 힘주어 강조하고 있다.

한마디로 '有償買收, 有償分配' 방식이 결정적으로 잘못됐다는 논조로 되어 있다. 이와 함께 '금성'本의 경우 北韓은 농지개혁을 '無償沒收, 無償分配' 방식으로 실시함으로써 농민에게 더욱 유리한 개혁으로 되었다는 것, 그리하여 북한에서는 地主계급이 사라지고 농민들은 中農으로 올라서는 좋은 성과를 가져왔다고 한다(p. 322).

'금성' 本의 저자는 여기서 암암리에 스스로 北韓의 사회주의식 개혁을 지지하는 모습을 노골적으로 보이고 있다. 만에 하나 저자가 북한의 농지개혁은 농민에게 土地所有權은 인정하지 않은 채 집단농장에서 일 할 耕作權만 인정받는다는 사실을 알고도 그렇게 썼을까? 몰랐다면 그것은 無知의 所致이고, 알고도 그렇게 南/北 간의 개혁을 피상적으로 비교하였다면, 그(저자)는 분명 사회주의자다. 물론 사회주의적 개혁을 지지하는 것은 개인의 자유이나, 그건 마치 개와 닭을 서로 비교한 것이나 다름없다는 사실을 알아야 한다.

美軍政이 농민들의 개혁 요구에도 불구하고 농지개혁에 적극적이지 않았다는 설명(p.323)도 사실과 판이하다. 美軍政은 이 농지개혁을 위해 온갖 노력을 다하였지만, 당시 立法會議를 장악하고 있던 韓民黨 地主세력의 끈질긴 반대에 부딪쳐 뜻을 이루지 못하고 1948년 한국을 떠났던 것이다.

'금성' 本의 경우 특히 이 농지개혁 문제를 끈질기게 물고 늘어졌다. 기타 5종의 경우는 그런대로 改革의 의의를 상당히 긍정적으로 기술한 대목도 눈에 띄었다. 특히 '두산' 本의 경우는 이 시대 주요 경제정책으로 1948년 12월의 '韓美援助協定'의 체결과 미국원조의 도입, 歸屬財産의 拂下문제, 韓國銀行의 설립과 금융기관의 정비, 인플레 대책 등을 나름대로 의미 있게 다루고 있다(두산 本 p. 324 및 기타).

셋째로, '戰後復舊와 경제정책' 항에서는, 먼저 6·25전쟁이 가져다준 엄청난 피해를 지적하고, 그를 복구하는 과정에서 이승만 정부는 한편으로는 韓國銀行으로부터의 通貨增發과 다른 편으로는 多量의 미국원조(잉여농산물 등) 도입을 통해 대처하는 길을 밟았다는 것, 특히 後者의 미국원조에 너무 의존함으로써 國民經濟의 對美의 존도를 높이게 되었음을 강조하고 있다. 특히 미국원조의 목적과 관련해서는 미국은 자신의 農業恐慌을 타개하기 위하여 剩餘農産物을 한국에 投賣(투매)하게 된 것으로 해석하고 있다(p.324, 325). 이는 물론 크게 잘못된 해석이다.

당시의 국내 경제사정이 어떠하였는가는 제대로 살피지 않고, 마치 미국원조가 처음부터 한국에 손해를 입히면서 미국 스스로를 위한 것이란 설명은 정치적인 '反美 宣傳用' 책자라면 몰라도 고등학교 敎材用으로는 있을 수 없는 내용이다.

넷째로, '원조경제의 겉과 속'이란 항에서는, 미국원조에 대한 이러한 인식의 기초 위에서 한국에 대한 미국원조는 한국으로 하여금 共産主義를 막아내는 防禦基地 역할을 수행하도록 하는 데 그 기본 목적이 있었다고 규정하고(p. 325), 또 미국원조물자는 대부분 식료품이나 의류, 의약품 등 소비재이거나, 아니면 原麥, 原棉 등 원자재로 구성되어, 그것은 한국의 食糧農業은 물론이고 국내의 밀이나 목화 등 原料農業까지도 모두 사라지게 만들었음을 강조하고 있다. 물론 이런 측면을 부정할 수는 없으나, 당시의 경제사정에 비추어볼 때 격심한 戰時인플레하에서 소비재 우선 공급으로 경제를 안정시키는 것이 급선무라는 미국 측 주장을 무시할 수도 없는 입장이었음을 정확히 알아야 한다.

原棉이나 原麥 등 소비재공업의 원료 도입은 국내의 면방공업이나 제분공업, 제당공업 등 소위 3白工業의 발달을 가져오고, 이러한 원조물자 도입을 통한 3白工業의 발달과 앞의 귀속재산 불하과정의 特惠 등으로 한국기업은 政經癒着(정경유착)의 길을 걷게 되고, 그를 통해 獨占財閥을 형성하게 된 것으로 설명하고 있다. 상당히 사실에 부합하는 내용이긴 하나 그렇다고 당시의 3白工業의 발달이나 귀속재산 불하 등을 그렇게 부정적으로만 볼 필요는 없다.

제2항 : 經濟成長과 資本主義의 발전

1960년대 이후, 소위 開發年代라고 불리는 朴正熙 시대 이후의 경제성장과정을 다루는 이 항에서는, ① 경제개발 5개년계획의 추진과 그 성과, ② 경공업개발에서 중화학공업화로의 開發戰略의 전환과 그를 통한 財閥의 성장, ③ 시장과 자본의 개방, ④ 한국경제의 課題 등을 그 주요 분석대상으로 삼고 있다.

첫째로 5개년계획의 수립 및 추진 관련 내용이다. 5·16군사정부는 그 이전의 民主黨(張勉) 정부에서 수립한 경제개발 5개년계획을 그대로 물려받았다는 것, 그 기본적인 개발전략으로 外國資本을 유치하여 수출지향적인 공업화 전략을 채택하였다는 것, 제1·2차 5개년계획(1962~71년) 기간에 이른바 '漢江邊의 기적'이란 소리를 들을 정도로 눈부신 外形的 성장을 가져왔다는 점 등을 들고 있다. 이 기간에 평균성장률은 두 자릿수에 가깝고, 1인당 소득은 2배로, 수출은 무려 20배로 늘어나고, 그리고 저축률·투자율의 증대 등을 그 구체적인 성공사례로 꼽고 있다(p.327).

다른 편으로는 이런 경제의 高度成長이 외국자본과 해외시장(수출)에 전적으로 의존하는 길을 밟음으로써, 國民經濟의 대외의존도를 높이고, 借款元利金 상환 압박과 국제수지 赤字를 누적시켰으며, 또한 穀物 수입액을 7배로 늘리는 등 많은 문제점이 노출되어 1960년대 말에는 커다란 경제위기를 맞게 되었다는 등 경제성장의 부정적 측면도 그 성과 못지않게 중요하게 다루고 있다.

정부는 이를 타개하기 위한 방법으로 일부 不實企業을 정리하는 등 산업조직의 개편과 함께, 기업부담을 줄이기 위한 금리 인하, 수출자유지역(馬山, 裡里) 설치, 高利私債를 凍結(동결)시키고 은행 융자로 돌리기 위한 '8·3緊急經濟措置'(1972년 8월)를 통하여 대기업에 特惠를 주게 되었다고 설명하고 있다. 이상은 어느 정도 사실에 부합하는 설명이라 할 수 있다.

둘째로 1970년대 제3·4차 5개년계획(1972~81년) 때부터 지금까지 경공업 개발 중심에서 중화학공업 개발로 방향을 전환했는데, 이 기간에도 경제의 높은 성장실적에도 불구하고, 그 대신 농업 등 제1차 산업의 쇠퇴와 公害 유발, 그리고 日本의 자본 및 기술

도입을 통한 공장건설이 이루어짐으로써 경제는 미국만이 아니라 日本에 대한 의존도까지 함께 높이게 되었다고 적고 있다.

1970년대 중 重化學工業에 대한 무리한 투자와 中東 石油쇼크 등으로 경제는 1970년대 말~80년대 초에 또 한 번의 커다란 위기를 맞이하였다. 그러나 5共(全斗煥) 정권은 1980년대 중반 소위 '3低 好況'(低金利, 低油價, 低換率)이란 국제적 好機를 맞아 무난히 그 것을 극복할 수 있었다고 설명한다. 이 역시 대체적으로 사실에 부합하는 설명이다.

'금성' 本의 경우는 그러나 1970년대 중화학공업화 과정에서 '財 閥'의 급속한 성장을 특히 문제 삼고 있다. 각종 통계를 이용하여 — 그것도 연도가 무척 낡은 통계이지만 —, 한국의 5대 재벌, 10대 재벌, 20대 재벌, 30대 재벌 하는 식으로 구분하여 1970년대 이후 재벌기업의 성장추세를, 산하 기업의 수, 부가가치, 기업 소유구조 등으로 세밀히 분석하고 있다(p.329). 재벌은 1970년대 정부의 綜合 貿易商社 육성과정과 내부적으로는 소위 '문어발식' 經營技法 등 을 통해 비약적인 발전을 가져왔다고 설명하고 있다(p.329).*

---

* '금성' 本은 우선 한국재벌은 세계적으로 그 유례를 찾아볼 수 없는 존재라고 惡評하고, 英語 표기에 있어서도 西洋에서의 대규모 企業結合을 나타내는 'financial combine' 대신에 거대 企業群을 의미하는 'conglomerate', 또는 영어 발음 그대로 'jaebul'로 나타낸다는 것이다. 그러나 이런 설명은 전혀 사실과 다르다. 일찍이 '財閥'이란 용어가 日本에서 만들어지고 또 그것이 戰前의 일본 경제 발전에 크게 공헌했으며, 戰後 맥아더사령부에 의한 日本 戰後改革 일환으로 재벌을 해체한 사실 등을 저자는 전혀 모르고 있다.

재벌은 日本 고유의 기업조직이라 영어로 번역하기가 마땅치 않아 日本 발음

이상의 재벌에 대한 설명의 옳고 그름을 떠나서 高校 교과서 '經濟' 관련 설명에서 재벌 문제가 그렇게 중요시되어야 할 이유가 무엇인가? 이는 처음부터 교과서 필자가 재벌에 대한 부정적 시각을 가지고, 또 학생들에게 그간의 높은 經濟成長이 재벌만을 살찌게 했다는 식의 인식을 심어주기 위한 의도로 볼 수밖에 없다.

셋째로, 1980년대 경제개방화 추세와 관련해서이다. '금성' 本의 경우, 1994년의 UR 타결과 1995년의 WTO체제 성립은 선진 자본주의국이 開途國에 대해 시장개방 압력을 강화하기 위한 제도라고 잘못 인식하고 있다. 여기에 한국정부는 이러한 美國 등의 선진국 압력에 굴복하여 국내시장을 전면적으로 개방하여 외국상품과 超國籍資本 — 보통은 多國籍企業(MNC)라고 함 — 이 아무런 제약도 없이 마구 국내로 밀려들게 하였으며, 그 여파로 국내 農業은 외국의 값싼 수입농산물과 힘겨운 경쟁을 벌이게 되었다고 적고 있다.

다른 한편, '중앙교육' 本의 경우는 1980년대 全斗煥 정권 시기의 개방화정책에 대해 매우 긍정적인 평가를 내리고 있다. 1979~80년의 위기국면에서 全斗煥 정권이 강력한 경제안정화정책을 추진하

그대로 'zaibas'로 표기해왔다. 물론 재벌에 대한 부정적 시각은 이 '금성' 本만에 한하지 않는다. 기타 5種의 경우도 대동소이하게 그리고 있다. 예컨대 그간의 한국경제성장은 재벌 중심의 경제구조로 이루어지고, 재벌이 금융을 장악하고 정권과 癒着(유착)하여 부패구조를 정착시켰으며, 不實企業을 量産하는 등이 그것이다. 그리고 정부가 1990년대 후반 構造調整을 통해 재벌을 개혁코자 하였으나, 재벌의 비중이 워낙 커서 성공하지 못했다는 식으로 설명하고 있다(천재교육 p.329).

여 重化學工業 구조조정과 不實企業 정리 등을 과감하게 단행하고, 나아가 이전의 국가주도형 성장전략으로부터 시장경제의 自律性 제고와 자본·금융 측면에서의 자유화정책을 과감히 추진하여 이 시기 危機국면을 잘 극복할 수 있었다고 높이 평가하고 있다. 이러한 것은 다른 교과서에서는 찾아볼 수 없는 예외적인 경우이지만, 아무튼 상당히 사실에 입각한 정확한 기술이라고 할 수 있다. 더욱이 1980년대 중반 국제적 '3低好機'를 맞아 예상 밖의 수출증대를 가져옴으로써 韓國經濟가 1980년대에도 계속 고도성장을 지속할 수 있었다는 설명에는 높은 점수를 주어야 마땅하다고 생각한다(중앙교육 p.344).*

넷째로, 韓國經濟의 당면과제와 문제점 및 그 전망과 관련해서이다. 1997년의 外換危機를 겪으면서 그때까지 잘나가던 韓國經濟가 무엇 때문에 그 같은 비참한 지경에까지 놓이게 되었는가에 대한 반성과, 또한 한국경제가 開放化·글로벌화란 새로운 국제환경에 처하여 과연 어떻게 대응해야 할 것인가 하는 절실한 문제에 직면하였다고 보고, 이 문제에 대하여 '금성' 本은 무엇보다도 都·農 간, 農·工 간, 그리고 사회계층 간 각종 불균형 및 隔差 해소를 강조하고 있다. 그 밖에 재벌 중심의 경제구조 개혁, 노동자의 권익 옹호와

---

* '중앙교육' 本은 한걸음 나아가 이처럼 1980년대에도 경제가 비약적인 성장을 지속하는 사이에 中産層과 근로자가 수적으로 크게 늘어나고, 그것을 기반으로 1980년대 후반 정치적 民主化까지도 가져올 수 있었다고 설명하고 있다. 이는 높이 평가할 만한 독보적인 내용이라 할 수 있다(p.344).

政經癒着(정경유착)의 단절 등을 중요한 해결책으로 내세우고 있다.

'법문사' 本의 경우는 "우리 경제의 문제점과 가능성"이란 題下에 朴正熙 정부 이후 全斗煥-盧泰愚-金泳三 정부에 이르기까지의 歷代 정부별로 제기된 여러 문제점을 나열하고, 그 나름의 극복방안을 제시하고 있다. 과학기술의 발전과 함께 기술자립도를 높이고, 尖端技術 개발을 통한 次世代 산업으로서의 벤처기업을 장려하고, 경제구조조정과 협조적 노사관계의 강화, 失業 구제, 세계 각국과의 경제교류 확대 등을 통하여, 한국경제가 선진경제로 나아갈 수 있는 가능성을 제시하고 있다는 점에서 보면, 이는 앞의 경제성장 설명란에서의 부정적 설명과는 달리 상당히 긍정적으로 기술하고 있음을 발견할 수 있다(p.304).

'중앙교육' 本의 경우는 한국경제의 문제점을 '英國病'과 '韓國病'으로 대칭시켜 한국은 지금 1970년대의 영국병 ― 公企業의 방만한 경영, 격렬한 勞使 간의 투쟁, 財政 악화 등 ― 과 1980년대 미국 경제의 나쁜 症勢(증세) 등이 겹친 것으로 진단하고 있다(p.347).

3. 評價와 問題點

이상으로 해당 교과서 6種 ― 특히 '금성' 本을 중심으로 ― 의 제4단원 : '현대사의 발전' 가운데서 '經濟' 관련 내용을 교과서의 주어진 目次에 따라 대충 살펴보았다. 그리고 교과서가 항목별로 어디가 어떻게 잘못 서술되어 있는가를 비판적으로 검토해보았다. 이를 다시 종합해보면 다음과 같다.

教材 筆陣의 視角 문제

먼저 강조해두고자 하는 것은 어느 경우든 사물을 보는 筆者의 기본 視角에 문제가 있다는 점이다. 해방 직후의 경제적 난관이나 1950년대 경제복구과정, 1960년대 이후의 경제성장과정에 이르기까지 객관적 사실에 입각한 記述을 하려들지 않고, 저자의 理念이나 先入見에 의한 주관적 판단에 따라 서술하고 있다는 사실이다. 즉 모든 것을 否定的으로 보고자 하는 데 문제의 核心이 도사리고 있다. 일부 긍정적 記述을 한 뒤에도 항상 '그러나 …' 또는 '그럼에도 불구하고 …'라는 단서를 붙이고, 그것의 부작용이나 문제점을 더욱 강하게 부각시켜 앞의 긍정적 기술을 스스로 부정하는 서술방법을 구사하고 있다. 참으로 안타까운 일이다.

사물에 대한 이러한 '부정적 視角'은 소급해보면 해방 후 남한, 곧 大韓民國 정부의 正統性을 부정하게 되거나, 아니면 적어도 그것을 깎아내리려는 방향으로 나아가게 만든다. 교과서 이름을 "한국 근·현대사"라고 해놓고, 그 안에 北韓 관련 기술에 많은 분량을 割愛(할애)하고 있는 것이나, 그 기술내용도 또한 상당히 肯定的으로 다루고 있는 점 등이 그러한 사정을 단적으로 말해준다. 이들 교과서가 지금 사회적으로 강한 비판을 받고 있는 까닭도 바로 이러한 南/北韓 간의 기술 내용에 객관성과 공정성이 심히 결여되어 있기 때문이라고 생각한다.

솔직히 북한 실정을 잘 알지도 못하면서 북한에 대한 설명을 그렇게 많이 한다는 것 자체가 객관적이어야 할 교과서 집필자로서는 도저히 있을 수 없는 일이다. 北韓 당국이 펴낸 선전용 책자나 사진 등에 의거하여 北韓 관련 내용을 아무런 濾過(여과) 없이 실어서는 안 될 일이다. 아직 성숙된 비판의식이 없는 어린 학생들에게 그것이 어떤 영향을 미칠 것인가를 한번 신중히 생각해봐야 하지 않겠는가.

敍述方法상의 문제

해방 후 現代史가 이미 60년의 세월이 흐른 지금, 그에 대한 서술은 먼저 객관적 기준에 따른 몇 개의 시기 구분이 반드시 이루어져야 한다. 그리고 그에 따라 段階論的이고 因果論的인 서술이 무엇보다도 바람직하다. 경제 분야를 다룸에 있어서는 언제나 관련 統計나 資料의 응용이 또한 필수이다.

해방 후 경제적 변화추이를 살핀다고 할 때, 흔히 인용되는 주요 경제지표, 곧 ① 국민소득(GDP), ② 1인당 소득(per capita income), ③ 수출입 규모, ④ 物價와 고용 동향, ⑤ 産業構造의 변동 등에 관한 수치는 반드시 도표로 나타내줘야 한다. 몇몇 교과서는 관련 통계를 한두 가지 다루고 있기는 하지만, 그것도 통계 내용이나 처리기법 면에서 대부분 제대로 구색을 갖추지 못하고 있다. 결국 經濟 문제를 제대로 다룰 수 있는가 하는 면에서 筆陣의 자질을 문제 삼지 않을 수 없다.*

---

* 이런 관점에서, 고등학교 '근·현대사' 교과서 집필을 반드시 역사 전공자나 敎育學 전공자에게만 맡겨둘 필요는 없을 것이다. 古代史나 中世史와는 달리, 近·現代史 경우는 현재의 삶과 멀리 떨어져 있지 않다고 하는 점에서 정치·경제·사회 등의 관련 분야를 올바로 다루기 위해서는 이들 社會科學 관련 專攻者가

다른 분야와는 달리, 오늘과 같은 國際化·글로벌화 시대에 경제 문제를 제대로 다루기 위해서는 저자의 경제 실력만이 아니라 국제적 감각까지도 요구된다. 특히 통계처리에서는 성장률이든 수출입이든 經濟지표의 국제적인 비교가 필수라고 할 수 있다. 그럼에도 분석 대상인 6種의 교과서는 本文 서술에서든 통계처리에서든 경제를 다루면서 이러한 국제적 비교 검토가 거의 이루어지지 않고 있다는 데 문제가 있다.

예외적으로 '대한교과서' 本만이 1960년대부터 1990년대 중반까지의 經濟成長率과 1인당 소득의 추이를 美國, 日本, 독일, 대만 등 몇 개 나라의 수치와 비교하는 장기추세 그래프를 삽입한 정도이다. 그러나 이 역시 본문에서는 아무런 설명도 없이 그냥 그래프만 덜렁 던져주고 있어(p.300), 그것이 왜 들어갔는지 그리고 왜 미국, 일본 등과 비교했는지 등에 대해 아무런 설명도 해주지 않고 있다.

經濟成長과 財閥의 발달

처음부터 經濟 영역으로 보기는 어려운 내용이 상당한 분량을 차지하고 있다는 점이다. 모든 교과서가 하나같이 '경제성장과 자본주의의 발전'이란 항목을 설정하여, 資本主義 발전의 문제를 마치 중요한 經濟 문제의 일환으로 취급하고 있는 점이나 또는 중화학공업화와 관련하여 그것이 財閥의 발달을 가져왔음을 필요 이상으로 강조하고 있는 점 등이 그러하다고 할 수 있다.

반드시 집필에 참여해야 한다고 생각한다.

지극히 객관적이어야 할 교과서 집필에 저자의 자본주의와 재벌에 대한 부정적 시각이 그대로 투영되고 있는 셈이다. 경제성장에 따라 자본의 집중이 일어나고 그 결과 財閥과 같은 獨占體가 나타나는 것은 당연한 일이다. 또 자본가·노동자 계급의 성숙과 더불어 자본주의가 발달하는 것도 전혀 이상한 일이 아니다.

참고용 補助資料나 통계수치 인용에 있어서도 문제가 많다. 시각적 효과를 높이기 위하여 각가지 통계나 그래프, 사진, 만화, 地圖 등을 사용하는 것은 좋은 일이지만, 여기에는 분명한 引用의 기준과 원칙이 있어야 하고, 수치의 正確性이 보장되어야 한다. '중앙교육' 本의 경우, 해방 후 220만 명의 해외동포가 귀환하고, 또 15만~25만 명으로 추정되는 北韓동포가 월남함으로써 南韓의 失業이 증가하는 (p.338) 대목에서 220만, 15만~25만이란 수치가 어디에서 나왔는가? 評者가 알고 있는 것과는 너무나 큰 차이가 있다.* 이럴 경우에는 반드시 통계의 出處를 밝혀줘야 하는 법이다.

또한 인용된 資料나 統計가 본문 서술내용과는 직접 관련이 없는 경우가 대부분이다. 설령 관련이 있다 하더라도 수치가 이미 너무 낡았거나 구색 맞추기 위해 채워놓은 느낌을 받는 경우가 허다하다. 특히 사진이나 만화(그림)의 경우는 저자 자신의 부정적 시각을

---

* 해방 직후 해외동포 歸還者는 공식통계에 의하면 日本으로부터 약 112만 명, 中國 등으로부터 약 10만 명 도합 122만 명 정도이고, 북한동포의 越南人口는 北韓을 경유하여 넘어온 중국동포까지 포함하여 약 97만 명(北韓人만으로는 약 65만 명)에 이르는 것으로 알려져 있다(朝鮮銀行調査部, 『經濟年鑑』- 1949년판, p.19). 이 얼마나 교과서 인용 수치와 판이한가.

반영하는 것들로만 채워져 자라나는 학생들의 긍정적 思考나 情緒 함양에도 有害하지 않을까 심히 염려스럽다.

4. 結言

　필자가 이번 작업을 통해 한 가지 절실하게 깨달은 바는, 책이란 아무나 쓰는 것이 결코 아니라는 것, 더욱이 다음 世代를 위한 '教科書'의 경우는 더욱 그러하다는 것이다. 일정한 수준의 지식과 경험을 보유한 자라야 한다는 주장이다.
　검토 대상 교과서의 경우, 내용의 옳고 그름을 따지기 이전에 우선 文章力에 문제가 너무나 많았다. 主語와 述語가 맞지 않는 경우, 또는 용어의 선택, 서술상의 명백한 誤謬(오류)가 많이 눈에 띄었다. 예컨대 '朴正熙 정부는, … 금리를 높였으며 국제경제협정에 가입하였다'(금성본, p.326), 또는 '한국의 경제', '남한의 경제' 등의 표현이라든가(금성본 p.321), 한 페이지에 우리경제, 우리나라 경제, 한국경제, 남한경제 등을 멋대로 섞어 쓴다든가, '成長'이란 단어를 경제성장 외에 무역의 성장, 재벌의 성장, 노조의 성장 등 아무데나 마구 붙이는 것 등이다.
　金利는 올리는 것이고, 국제경제협정에는 署名하는 것이 아닐까. 한국경제, 남한경제이지 그 사이에 소유격 '의'를 넣는 이유는 또 무슨 이유인가. 또 우리경제, 우리나라경제도 말로는 가능하지만 교과서를 집필하는 글로는 곤란한 표현 아닌가.
　둘째로는 필자의 개인적인 이념이나 사상을 그대로 노출시키고 있다는 점이다. 마치 중등학교 교재를 자신의 학문적 입장을 밝히는 硏究書쯤으로 간주하고 있다고나 할까. 논란이 있는 설명에는 이런저런 시각을 동시에 보여줘야 함에도 일방적으로 자기주장만 펴고 있으니 이걸 어디 敎材라 할 수 있겠는가.

끝으로 한 가지 덧붙이고자 하는 것은 『한국 근·현대사』로 묶는다면, 지금처럼 '近代史' 위주의 구성(약 70%)으로 할 것이 아니라, 現代史 위주로 바꾸어야 한다는 점이다. 한국 근대사가 무엇인가? 異民族에 의한 植民地史 아닌가. 그 부끄러운 역사를 그렇게 자랑삼아 떠들 필요가 있는가. 해방 후의 자랑스러운 현대사 중심으로 바꾸어야 하고 적어도 비중을 70% 정도로 높여야 한다. 특히 1960년대 이후의 經濟成長史에 초점을 맞춘다면 그것은 아시아 新興工業國(NIEs)의 일원으로서 결코 남부럽지 않은 역사이기 때문이다.

자라나는 다음 世代에 부끄러운 과거사를 그렇게 상세히 미주알고주알 가르칠 것인가, 아니면 남에게 떳떳이 내놓을 만한 자랑스러운 역사를 중심으로 가르칠 것인가. 회답은 자명하지 않을까.

※ 이 글은, 『한국 현대사의 허구와 진실 : 고등학교 근·현대사 교과서를 비판한다』(교과서포럼 편, 두레시대, 2004)에 수록된 필자의 '제3주제 : 경제성장과 산업화'를 대폭 축소 조정한 내용임.

제 VI 부

書評

書評 (1) : *The Evolution of the International Economic Order*　351
書評 (2) : 『北朝鮮の軍事工業化 : 帝國の戰爭から金日成の戰爭へ』　362
書評 (3) : 『韓國の經濟發展とベトナム戰爭』　373
書評 (4) : 『新稿 韓國經濟史』　383
書評 (5) : 『박정희는 어떻게 경제강국 만들었나』　387
書評 (6) : 『이념의 힘』　395

書評 (1)

The Evolution of the International Economic Order
W. A. Lewis, Princeton University Press, 1978.

【1】 루이스(Lewis, W. A.) 經濟理論의 결정판

　이 책은 금세기의 위대한 경제학자 슘페터(Schumpeter, J. A. 1883~1950)를 기념하기 위한 저자의 特別講演 내용을 한 권의 책으로 묶은 것이지만, 따지고 보면 저자 루이스 자신의 70 평생의 학문적 업적과 사상을 요약, 정리한 結晶版이기도 하다.

　주지하듯이 1950년대부터 '開發經濟學'의 개척에 몸 바쳐온 루이스 교수는 그의 유명한 '2部門 모델(two-sector model)'을 개발하고, 勞動力의 이동을 매개로 하는 두 부문, 곧 近代化部門(modern sector)과 生存部門(subsistence sector) 간의 상호작용을 통해 평생동안 후진국 경제의 발전 메커니즘을 해명코자 했다. 루이스의 2부문 모델은 그 후 후진국 경제개발을 다루는 수많은 사람들에 의해 자주 인용되어왔음은 물론, 최근 들어서는 中南美 중심의 '從屬論(dependency theory)'에 있어서도 흔히 원용되는 기본적 분석틀로 되고 있다.

　이러한 후진국 開發模型을 놓고, 1970년대 이후 급변하는 국제경제질서 속에서 어떻게 하면 후진국 개발을 최선으로 하는 先/後進

國 간의 관계, 곧 새로운 (新)國際經濟秩序(New International Economic Order ; NIEO)를 만들어낼 수 있을 것인가를 정리한 決定版이 바로 이 책이다. 따라서 이 책은 후진국 경제개발 차원에 머무는 것이 아니라, 한걸음 나아가 오늘날 국제정치나 경제적으로 焦眉(초미)의 해결 과제로 되고 있는 '南北問題(North-South Problems)'에 대하여도, 특히 南側 입장에서 그것을 어떻게 해결해야 할 것인가를 밝히고자 한 力著이기도 하다.

【2】産業革命期의 世界의 분할

모두 11개 章으로 되어 있는 이 책은 우선 現存 국제경제질서의 기본 틀을 開發國(선진국) 대 低開發國(후진국) 간의 관계 속에서 찾고, 우리가 살고 있는 이 세계가 언제부터, 어떻게 하여 이 2개 그룹으로 갈라지게 되었는가 하는 것부터 규명하고 있다. 그는 오늘과 같은 1次 산품 수출국과 工産品 수출국으로 세계가 분할된 것은 일찍이 서구의 産業革命과 더불어 그들의 공업화과정과 그를 통한 무역확대과정을 통해서 이루어졌다고 보고 있다.

産業革命은 두 가지 길로 다른 지역에 그 波及效果를 일으켰다. 하나는 産業技術의 模倣(모방)에 의한 것과 다른 하나는 국제무역에 의한 효과가 그것이다. 이 때 前者의 모방의 경우는 해당지역이 先行의 英國과 같이 공업화에 성공하지만, 後者의 경우는 그대로 농업국으로 잔존하게 되었다는 것이다. 루이스는 이를 '溫帶地域 國家(temperate countries)'와 '熱帶地域 國家(tropical countries)'로의 세계적 분할이라고 설명한다. 이 점이 바로 루이스가 힘주어 강조하는 첫 번째 문제의식이다.

둘째로, 이렇게 분할된 2개의 세계는 그 후 양자 간의 상품무역이 심화됨에 따라 交易條件(terms of trade) 문제가 발생하고, 이는 날이 갈수록 전자의 溫帶國家에게 유리하게, 그리고 후자의 熱帶國家에게 불리하게 전개됨으로써 양자 간의 경제적 隔差(격차)를 갈수록 심화시키게 되었다는 것이다.

루이스에 의하면, 交易條件이란 '機會費用의 市場支配力(market forces of the opportunity cost)'에 의해서가 아니라, '同一 勞動에 대한 同一 賃金(equal pay for equal work)'의 원리에 의하여 결정되어야 한다는 것이다. 그러나 현실은 溫帶지역 白人 노동력의 高賃金에 기초하여 交易條件이 결정되기 때문에 그것은 자연히 온대지역에 유리하게 되고, 나아가 그것은 溫帶지역의 所得 증대 → 國內貯蓄 증대 → 敎育投資 증대를 가져오게 된다고 한다. 그리하여 교육의 보급은 물론 또한 경영, 기술, 행정, 관리 등 여러 측면의 능력 제고를 통하여 생산성 향상을 가져오게 된다고 본다. 그리하여 결과적으로 溫帶지역은 화폐금융이나 교육, 기타 경영능력 등 모든 분야에서 中心部(center)로 발전하게 된다는 것이 루이스의 주장이다.

【3】 濠洲와 아르헨티나, 相反된 경험

1900년대 호주나 아르헨티나는 다 같이 밀농사에 급진적인 발전을 가져와 1913년경에는 두 나라 모두 1인당 소득이 세계 10위권 안에 들었다. 그러나 현재 어째서 濠洲는 선진국으로 올라갔으나,

아르헨티나는 후진국으로 전락하고 말았는가? 이 물음에 대해 루이스는 이렇게 답변한다. 濠洲는 그들의 農業剩餘(agricultural surplus)를 공업화를 위한 재원으로 전환시키는 데 성공했으나, 아르헨티나는 거기에 실패했기 때문에 그렇게 되었다는 것이다.

셋째로 루이스가 강조하는 문제의식은 그렇다면 熱帶지역은 언제까지나 불리한 조건의 農産物 수출에 만족하고 있었는가 하는 점이다. 그들은 두 가지 방법으로 대처했다는 것이다. 그 한 가지는 '國際商品協定(international commodity agreement)' 체결을 통한 自國農業 보호의 길이고, 나머지 하나는 '輸入代替的 공업화(industrialization for import substitution)'의 길을 통한 것이었다. 그러나 두 가지 길 모두 한계에 부딪쳤다.

前者에 있어서는 商品協定을 통해 높은 가격을 유지하게 되면 곧 이웃 나라의 생산을 부추겨 그들의 新規參入을 불러오게 되고, 그에 따라 가격인상효과가 머지않아 水泡(수포)로 돌아가고 말았는가 하면, 後者에 있어서는 초기 代替工業化 노력은 외부의 공산품 수출국, 곧 선진국 측의 방해와 또 내부의 1次産品 생산과 거래 당사자의 반대에 부딪쳐 所期의 성과를 가져올 수가 없었다.

후자의 경우, 제2차 대전 후에 들어서는 그 나름의 상당한 성과를 가져올 수 있었는데, 그것은 주로 1950년대 세계자본주의 경제가 黃金期를 맞아 선진국 스스로의 노동력 부족이 생기게 된, 곧 그들의 노동시장 구조 변동 때문이라고 루이스는 분석하고 있다.

루이스는 바로 이 선진국 노동시장 구조변동을 중요시하고 있다. 즉 선진국은 그들의 人口증가율이 제로에 가까워지면서 단순 勞動力 부족과 그로 말미암은 賃金引上 압력에 봉착하게 되자, 그에 대처하기 위한 代案의 하나로 열대지역에서의 수입대체적인 공업화의 길을 허용하게 되었다는 설명이다. 즉 선진국은 人口 감소에 따라 다음과 같은 4가지 강력한 대책을 강구했다는 것이다.

① 女性 노동력의 노동시장 유입 확대,
② 低賃金 직종의 再編을 통한 노동력 수요의 감소,
③ 제3국으로부터 노동력의 流入 확대,
④ 해외로부터의 低賃金 製品의 수입 확대

여기서 ④의 방안이 곧 열대지역으로 하여금 수입대체 공업화를 어느 정도 성공할 수 있게 한 국제적 조건으로 작용했다.

이렇게 보면 熱帶지역의 工業化는 지극히 타율적인 성격을 띠고 출발하게 되는데, 그 결과로 열대지역은 온대지역으로부터 거꾸로 農産物을 수입하는 경우로 바뀌게 되었다는 것이다. 이때부터 熱帶지역은 두 가지 유형으로 나뉘었다. 하나는 1차 산품 수출, 2차 산품 수입형과 다른 하나는 1차 산품 수입, 2차 산품 수출형이 그것이다. 따라서 흔히 제기되는 소위 '1차 산품 交易條件 惡化論'도 해당 1차 산품의 종류에 따라 그 의미가 달라졌다. 열대지역에서 온대지역으로 수출되는 1차 산품에 대해서만 그 적용이 곤란하게 되었다는 설명이다.

【4】 남측의 對북측 金融依存

넷째로 루이스가 강조하고 있는 점은 熱帶지역의 溫帶지역에 대한 소위 '金融依存' 내지 '金融從屬(financial dependence)' ― 여기서는 '금융의존'으로 사용함 ― 의 문제이다. 국제적 금융거래는 19세기부터 있어온 것이지만, 19세기 債權·債務관계의 형성은 부유국→ 빈곤국으로의 자금이동이 아니라, 都市化率(rate of urbanization)에 따른 이동, 즉 都市人口 증가율의 차이에 따라 자금이동이 이루어졌다.

구체적으로 채권국으로서의 영국이나 프랑스는 도시 인구증가율이 연간 3% 미만인 데 비해, 미국 등 당시의 債務國은 대체로 연간 3~5%의 인구증가율을 나타냈다(예, 미국 3.7%, 캐나다 3.9%, 호주 3.5%, 아르헨티나 5.3%). 이에 루이스는 급속한 都市化에 따른 도시 개발자금에 대한 수요, 바로 그것이 외국자본을 불러오는 금융의존의 배경을 이루었다고 하는 설명이다.

産業化가 급속히 전개됨에 따라 人口의 도시 집중현상을 가져오고, 인구집중은 도시의 基盤施設(urban facilities)의 개발 요구와 그에 따른 資金 수요를 불러오게 되는데, 이 경우 소요 개발자금을 결국 유럽 선진국에 대한 金融依存으로 해결할 수밖에 없게 된다는 것이 루이스의 설명이다. 이러한 설명은 제2차 세계대전 후에 일어나는 南/北 간의 금융관계에도 그대로 적용될 수 있다는 것이다.

루이스는 또한 대외적인 '金融依存' 문제와 외국기업의 투자와는 별개의 것으로 다루고 있다. 이를테면 製造技術이나 經營技法을 가지고 들어오는 외국기업투자는 단기적이지만, 金融依存 문제는 오늘날 동구 사회주의 국가까지 포함하여 앞으로 상당 기간 오래 지속될 것으로 보고 있다는 데 그의 이론적 특징이 있다.

　국제정세의 변동과 함께, 이 남측의 對北측 금융의존 문제는 날이 갈수록 심각성을 더해가고 있는데, 그것은 남측 債務의 절대규모 자체가 累積(누적)되어 간다고 하는 점에서 그것을 단적으로 찾아볼 수 있다는 것이다. 예컨대 도마(Domar, E. D.)의 新規借入에 대한 負債償還比率의 공식, 곧

　$<D/F \times L = a+i/a+g>$
　(a=연간 負債상환율, i=이자율, g=연간 債務 증가율)

을 인용하여 루이스는 만약 i=g로 되면 연간 채무 要상환액(D) → 신규 채무증가액(L)로 되어 큰 문제가 없지만, 만약 g>i로 되면 전체 채무액(F)이 누적될 수밖에 없다는 것이다. 기실 오늘날 남측 대부분의 나라가 바로 이런 입장에 처해 있다는 것이 그의 주장이다. 채무국의 외자도입 및 상환과정을 다음 4단계로 구분할 때 적어도 1972년까지는 모든 채무국이 여전히 1단계에 머물고 있었다는 것, 이것이 곧 對선진국 金融依存의 중대성을 말해준다는 것이다. 그의 금융의존 4단계는 다음과 같다.

　① 제1단계 : 新規借入 > 要 상환액(元-利金을 합한 것)
　② 제2단계 : 新規借入 < 要 상환액(단, 新規借入이 元金 상환보다는

큰 단계)

③ 제3단계 : 新規借入 < 要 상환액(단, 新規借入이 元金 상환액보다 적은 단계)

④ 제4단계 : 債權國으로의 전환

루이스는 債務累積 문제 말고도 국제금융패턴의 변화를 중시하고 있다. 채권국(또는 금융기관)은 서로서로 자신이 '마지막 버스를 타는 債權者(the lender of last resort)'의 신세가 되지 않기 위해 융자기간을 갈수록 짧게 잡게 되고(융자의 短期化), 이것이 남측의 채무자들에게는 매우 어려운 문제라는 것이다. 정부 베이스의 長期債나 또는 국제부흥개발은행(IBRD)이나 국제통화기금(IMF) 등 國際機構에 의한 開發金融이 어려워지는 대신에, 民間 베이스의 短期性 공급자신용(supplier's credit)이나 뱅크 론(bank loan) 등이 늘어나고 있는 것이 그들에게는 큰 문제라는 설명이다.

【5】南측의 對북측 成長에진의 依存

이상의 '金融依存' 문제가 오늘의 新국제경제질서(NIEO)를 논함에 있어 그 첫 번째 과제라고 한다면, 그 두 번째 과제는 對북측 '成長엔진의 의존' 문제이다. 1913년 이전까지의 熱帶지역의 成長엔진은 두말할 것도 없이 그들 특산물이라 할 熱帶農産物을 북측 溫帶지역에 수출하는 것이라고 할 수 있다. 이러한 成長엔진 논리는 결국 양자 간의 成長갭을 늘리면서 북측에 대한 남측의 '성장 면에서의 從屬性'을 심화시키게 된다는 것, 그리하여 북측은 남측 농산물에 대한 수입을 무조건 확대해야 한다는 것이 루이스의 주장이라 할 수 있다. 문제는 결국 남측 나라들의 1차 산품 수출확대가 과연 그들의 성장엔진 역할을 수행하고 있는가에 있다.

루이스는 여기에 대해 다음과 같이 反問하고 있다. 결론부터 얘기해서 그는 현재의 南/北 간의 무역 등 국제경제관계는 결코 자연적인 秩序로 볼 수 없을뿐더러 또한 소망스러운 것으로 볼 수도 없다고 간주하고, 모든 남측 나라들은 하루빨리 이러한 對북측 수출패턴으로부터 벗어나 남측 상호 간의 수출패턴으로 전환해야 한다는 주장을 펴고 있다.

이를테면 19세기 말 수출을 內需로 때맞춰 전환하고 農·工産品 모두에 대한 내수 확대에서 成長엔진을 찾은 濠洲나 캐나다 같은 성공사례를 들면서 오늘의 남측 나라들도 輸出 → 內需로의 방향 전환을 시급히 서둘러야 한다는 주장을 펴고 있다.

남측 제국이 순조롭게 자체 통합만 잘 한다면 경제적으로 조금도 부족함이 없다는 것이 그의 결론이다. 다만 한 가지 苦衷(고충)이 있다면 그것은 곧 '食糧不足' 문제라는 것이다. 특히 아시아지역의 식량부족 문제는 인구증가와 더불어 심각한 면이 있으나, 그렇다고 하여 식량수입을 위해 工産品을 내다파는 방식 — 아시아 신흥공업국(NICs)의 수출정책 — 은 止揚되어야 한다고 강조한다.

결론적으로 熱帶지역, 곧 남측 나라들의 단결과 통합, 그것만이 그들의 自立的 經濟成長을 기약할 수 있고, 나아가 그러한 방향으로 국제경제질서가 전환되어야 한다는 주장에서 우리는 루이스의 후진국 開發理論에 대한 확고한 학자적 신념을 찾아볼 수 있다.

【6】理論的 限界와 문제점

수많은 남측 나라 중에서도 상대적으로 더욱 낙후된 中美의 조그마한 나라 자메이카 태생인 루이스는 그 자신 남측 貧困의 절박함을 일찍이 몸소 겪은 인물이다. 그러므로 오늘의 후진국 開發이나 남북문제에 대한 그의 주장과 논리는 그 누구보다도 절실한 바가 있고, 또한 많은 남측 나라 사람들의 胸襟(흉금)을 울릴 수가 있다. 남측 나라 민중에 대한 남다른 愛情과 熱情을 갖고 있는 그는 남측 나라들이 이제 더 이상 북측 선진국에 매달려 살아가려는 '거지근성'을 버리고, 하루라도 빨리 自主·自立적인 길을 스스로 개척해나가야 한다는 것을 힘주어 강조하고 있다.

이러한 그의 절박한 호소를 들으면서 評者는 그의 주장 속에서 다음과 같은 몇 가지 문제를 지적하지 않을 수 없다. 비록 평자의 부질없는 偏見이기를 바라지만 ….

첫째, 루이스는 처음부터 역사적 시각에서 南北問題 등을 다룬다고 전제하고서 19세기 말의 세계경제 사정과 오늘의 그것을 동일한 잣대로 裁斷(재단)하려는 문제점을 스스로 드러냈다고 하는 점이다.

둘째, 19세기 溫帶지역·熱帶지역 간의 경제관계를 因果論的으로 다룸에 있어 제국주의적 植民地 지배·착취관계에서 오는 요소를 너무나 등한시한 것이 아닌가 하는 지적이다.

셋째, 경제적 先進性이니 後進性이니 하는 개념에 대한 인식상의 문제이다. 처음부터 남측, 곧 열대지역에 자리 잡았기 때문에 落後되었다든가 또는 처음부터 農業國이었기 때문에 후진성을 벗어날 수 없었다는 식의 설명방법은 결코 올바른 인식태도라고 할 수 없다는 점이다. 그것은 다분히 運命論的 입장에 빠질 위험이 있기 때문이다.

넷째, 새로운 국제경제질서에 대한 비전과 그것의 실현을 위한 方案 간에 어떤 乖離(괴리)가 발견된다는 점이다. 비전 자체는 감히 혁명적이라고까지 말할 수 있을지라도 거기에 이르는 수단과 방법은 극히 소극적이고 제한적인 현실 改良的 차원을 벗어나지 못하고 있기 때문이다.

이 밖에 각종 수치를 통한 量的 비교분석에 너무 치우치고 있는 점 등의 分析技法 상의 문제점도 지적할 수 있으나 여기서는 생략하기로 한다. 어쨌든 저자 루이스는 이 소책자를 통해 오늘날 북측 선진국 없이는 하루도 못 살아갈 것으로 믿고 있는 대부분 남측 사람들, 특히 남측의 지도자들에게 북측 없이도 결코 남측이 굶어죽지 않을 것이란 어떤 신념에 찬 自立意志를 심어주고자 하고 있다. 그의 이러한 진지한 모습에서 제3세계에 사는 우리들은 찐한 感動을 받게 된다. 뜻있는 경제학도의 一讀을 권해 마지않는다.

成均館大 韓國産業研究所, ≪韓國經濟≫ 제11권(1983년 11월) 所收.

書評 (2)

『北朝鮮の軍事工業化：
帝國の戰爭から金日成の戰爭へ』
木村光彦·安部桂司, 知泉書館, 2003.

【1】植民地 시대 北韓地域 工業化

　기무라 미츠히코(木村光彦)·아베 케이지(安部桂司) 共著의 이 책은 그동안 두 著者가 열정적으로 전개해온 北韓의 경제 및 기술 분야에 대한 의욕적 연구결과의 決定版이라고 할 수 있다.

　植民地 朝鮮經濟 전문가인 木村의 경우, 1990년대 후반부터 해방 직후의 북한경제 전반에 관한 연구, 특히 북한의 농업이나 광공업 등 각종 산업의 실태와 土地改革, 配給制度, 재정금융 등과 같은 정부의 경제제도와 통제정책의 성격에 이르기까지 엄청난 자료의 수집과 정리, 분석 등을 행하고, 그 결과를 論文 또는 資料集 형태로 발표해왔다. 그리고 과학기술 분야의 전문가인 安部의 경우도 일찍부터 韓國科學技術史에 깊은 관심을 갖고, 특히 1945년 해방 후 北韓의 과학기술문제에 대한 많은 論考를 발표해온 기술 관련 전문가로 알려지고 있다.

　木村는 그동안 해방 후 北韓의 산업실태를 조사 연구하는 과정에서 한 가지 중요한 사실을 발견하게 된다. 그것은 다름 아니라 일본

식민지정책의 일환으로 전개된 북한지역 工業化가 당시 일본에 의한 中日戰爭이나 나아가 太平洋戰爭의 수행과 불가분의 관계 아래 전개되었다고 하는 사실이다. 그 이유는 대체로 이러하다.

첫째로 北韓에 세워진 근대적(당시로서는)인 대규모 重化學工業 가운데는 직·간접으로 軍需物資 생산과 有關한 것이 많이 있었고, 둘째로는 그러한 대규모 중화학공장이 시기적으로 대부분 일본의 전쟁준비와 관련되거나 또는 太平洋戰爭 중에 건설된 것이라는 점이다. 이를테면 당시 대표적인 중화학공장이라 할 日本製鐵 兼二浦工場이나 日本高周波 城津工場을 비롯한 13개 공장 가운데 무려 11개가 전쟁기간이라 할 1939~44년간에 일제히 들어서게 된다는 사실이 바로 그러한 사정을 말해준다는 것이다(책 p.102).

식민지하에 건설된 이러한 북한지역 공업시설은 8·15해방과 더불어 고스란히 (구)소련 占領軍에게 귀속되었다가 1948년 金日成정권 등장과 더불어 거기에 이관되었다. 日本 식민지유산이라 할 이러한 산업시설 — 南韓 개념으로는 '歸屬財産' 또는 '敵産'이라 불리는 — 은 당시 북한경제를 지탱하는 둘도 없는 生産力 기반으로 됨은 물론, 나아가 북한정권으로 하여금 단시일 내에 6·25戰爭을 일으킬 수 있는 軍需物資 생산기지로 변했다는 데서 중요한 의미를 찾아볼 수 있다.

책의 副題를 '帝國의 전쟁에서 金日成의 전쟁으로'란 이름으로, 바꿔 말한다면 '太平洋戰爭에서 韓國戰爭으로'라는 이름을 달게 된 所以도 바로 이러한 데 있다고 할 수 있다.

【2】北韓 工業化의 성격

이처럼 그 제목에서부터 특별한 관심을 끄는 이 책은 대체로 다음과 같은 내용으로 구성된다.

먼저 분석 시기를 1910~45년간의 植民地期(前篇)와 1945~50년간의 金日成에 의한 6·25전쟁 準備期(後篇)로 나누고, 前篇에서는 식민지기에 북한지역에 대한 일본 식민지공업화가 각 산업별, 업종별, 특히 주요 기업체별로 어떻게 이루어졌는가를 구체적으로 추적하고 있다. 다루어진 업종은 주요 金屬 및 非금속광물을 채굴하는 鑛業과 그리고 제조업에서는 특히 금속·기계공업 및 化學工業을 중심으로 구성되고 있는데, 이들이 결국 각종 무기류 및 火藥 등의 軍需物資 생산과 직결되기 때문이라 할 수 있다. 그 밖에 輕工業으로서의 섬유·식료품공업과 특히 '補論' 격으로 電力, 鐵道, 항만 등 사회간접자본의 확충을 중요시하고 있는데, 이 역시 군사적 목적과 직/간접적으로 관련되고 있음은 물론이다. 그리고 각 산업별, 분야별로 종사한 당시 技術者 현황에 대한 상세한 분석이 첨가되고 있음도 특별히 주목할 만한 대목이다.

前篇 분석상의 특징이라면, 각 업종별 주요 기업체별로 이른바 '族譜'를 캐듯이 회사의 沿革으로부터 투자 내용(資本金의 구성), 시설 및 생산현황, 기술수준, 영업실적 등에 이르기까지 마치 당해 기업의 成長史를 쓰듯 매우 세밀한 분석을 행하고 있다는 점이다. 뿐만 아니라 당시의 技術者 현황을 다룸에 있어서도 技術者의 전공별·출신학교별 현황까지를 일일이 조사하고 있는가 하면, 한 가지

주목할 것은 당시 北韓에 와 있던 日本人 기술자 가운데는 예상 밖으로 日本의 일류대학(東京帝大, 京都帝大, 九州帝大 등) 출신자도 많이 포함되어 있었음을 밝히고 있다. 당시 日本 정부가 일본 내의 일류 技術者를 北韓 지역으로 파견했다는 사실은 주목할 만한 일이다.

당시 北韓 지역에서의 몇몇 근대적 공장의 건설은 처음부터 유럽의 독일, 오스트리아 등으로부터 최신식 기술 도입으로 이루어져, 日本 본토 기술수준보다도 오히려 앞서는 경우도 많이 있었다고 한다. 이러한 新式 技術을 배우기 위하여 일본 내에서도 우수한 기술자가 북한으로 많이 모여들어, 당시 北韓 지역은 아시아에서는 물론이고 세계적으로도 손색이 없는 그러한 근대적인 공업지대로 변모하게 되었다는 사실을 밝히고 있다. 실제로 1930~40년간의 약 10년 사이에 북한의 공업생산이 무려 4배 이상으로 늘어나는 비약적 발전을 가져왔다.*

後篇에서는 각종 관련 産業生産統計나 제품의 수급사정 등을 통하여 여러 가지 당면의 문제점을 밝히고 있다. 우선 1945년 終戰

---

* 이 수치는 일본의 植民地經濟에 대한 통계추계로 이름난 溝口敏行의 추계에 의한 것으로, 著者(木村光彦)는 이것이 현실보다 훨씬 과소평가되었다고 말한다. 왜냐하면 북한의 경우, 軍事 부문, 곧 軍의 兵器廠(병기창) 등에서의 생산이 큰 몫을 차지하였는데 이들이 모두 누락되었기 때문이라는 것이다. 또한 溝口敏行 추계에는 1940년 이후의 수치는 생략되고 있는데, 북한의 경우, 특히 이 1940년 이후에 工業生産이 현저히 늘어나고 있기 때문에 이 점도 반드시 고려해야 한다고 저자는 주장하고 있다.

과 더불어 당시 북한에 남겨진 이러한 엄청난 규모의 산업시설이 (구)소련軍 및 金日成정권하에서 어떻게, 그리고 얼마나 파괴 내지 毁損(훼손)되었는가 하는 문제, 예컨대 8·15 직후 소련 占領軍에 의하여 北韓에 남겨진 주요 산업시설이 얼마나 소련으로 移送되었는가 하는 문제를 다루고 있다.

둘째로 북한 당국이 소련군으로부터 인수한 각종 산업시설을 어떻게 稼動 및 再建하였는가 하는 점, 특히 시설가동을 위해 당시 北韓 거주의 日本人 技術者가 얼마나, 어떻게 강제 억류되고 또 산업재건을 위해 활용되었는가 하는 점을 밝히고 있다. 그리고 셋째로는 북한 당국의 이러한 발빠른 산업재건 노력이 얼마나 많은 성과를 가져왔는가 하는 점 등을 상세히 다루고 있다.

이상의 本論 내용과 함께, 이 책은 <附錄>으로 다음과 같은 결코 쉽게 접하기 어려운 귀중한 북한 관련 자료 6가지를 첨가하여 싣고 있다.

① 1944~45년 당시 北韓 소재 광공업에 관한 자료, 즉 주요 기업별, 공장별 槪要
② 1949년의 北韓 東北 지역 3개 港口(淸津, 羅津, 雄基)를 소련에 대여하는 데 따른 約定書
③ 한국전쟁을 전후한 (구)소련의 對北韓 기술원조 제공에 관한 소련 측 文書
④ 1950년 7월의 北朝鮮(DPRK)군사위원회 命令書
⑤ 한국전쟁 중의 地下로 疏開(소개)한 兵器工場의 狀況 보고서

⑥ 戰前-戰後 간의 주요 공장의 名稱 변경 등 식민지 工業化의 계승
   면에서 본 北韓 소재 공장 자료

【3】軍事工業化의 事例

이 책이 힘주어 밝히고자 하는 주된 내용, 곧 北韓지역에서의
軍事工業化 문제와 관련한 몇 가지 특징적인 사항을 들면 다음과
같다. 우선 광업부문에 있어서의 통계자료상「'M'精鑛」으로 나타
나는 특수 鑛物의 생산 및 수출과 관련한 문제이다. 「'M'精鑛」이란
아마도 '모나자이트(monazite)' 광석으로 추측되지만, 이 모나자이
트 鑛石은 放射性 元素를 포함하는 중요한 전략물자의 하나라고
하는 점에서 그 의미가 매우 크다고 할 수 있다.*

북한의 이 모나자이트 광석은 平北 鐵山郡의 '鐵山鑛山'에서
주로 채굴되었는데, 1949~50년간에는 연간 무려 1만 2,000톤의
原鑛이 채굴되고, 精鑛을 한 다음에는 주로 소련으로 수출된 것으로
알려지고 있다. 참고로 1949년의 北韓 수출품목에서 이 'M'精鑛
수출실적은 단일품목으로 肥料, 金, 銀 다음의 제4위를 차지하고,
또한 전체 수출액의 약 12%에 달할 정도로 압도적인 비중을 차지한

---

* 모나자이트 成分에는 우라늄 등 각종 元素가 함유되어 있어 태평양전쟁 중에
  이미 日本의 연구소나 군대(陸軍) 등에 의해 原爆제조 구상과 관련하여 北韓
  모나자이트鑛에 관심을 보이고 연구작업에 들어갔는가 하면, 또 해방 후 북한
  으로부터 이를 수입한 소련도 北韓産 모나자이트를 원료로 原爆제조를 계획했
  다는 설도 있으나 확인된 바는 없다. 북한에는 이 모나자이트鑛이 西北지방을
  중심으로 상당한 양이 널리 분포되어 있다고 한다(책 pp.215~217 참조).

것으로 나타나고 있다(책 p.201).

　이 모나자이트 輸出代價로 北韓이 소련으로부터 수입한 물품은 주로 戰車, 小銃, 트럭 등 군수물자로 이루어졌다. 물론 이 모나자이트鑛을 채굴하는 북한의 鐵山鑛山은 해방 전에는 日本窒素鑛業開發의 仙岩鑛山으로 개발되어 '黑砂'를 생산하고 있었던 것으로 알려지고 있다. 해방 후 北韓 당국은 이 모나자이트 생산 확대를 위해 노동력을 집중 투입하는 등 갖은 정책적 노력을 경주하였는데, 아마도 그것은 이 鑛物의 수출을 통하여 소련으로부터 필요한 軍需物資를 손쉽게 수입할 수 있다는 戰略的 필요성 때문이었을 것으로 이해된다.

　둘째로 중요하게 들어야 할 것은 소위 코드 넘버 '65工場'의 존재와 관련해서이다. '65공장'은 식민지 시대 平壤 근교에 있던 '平壤兵器製造所'를 해방 후 북한의 兵器제조업 육성책의 일환으로 파괴된 殘留施設을 수리하여 北韓의 핵심적인 兵器제조공장으로 재건한 것이다. 이 공장에서 1947년 9월에 처음으로 기관총 제조에 성공하게 되고, 연이어 1948년부터는 박격포, 수류탄, 砲彈 등 각종 무기류를 생산할 수 있게 되었다고 한다. 北韓으로서 이 工場이 가지는 중요성이 어느 정도였는가는 당시 金日成의 다음과 같은 談話文을 통해서도 여실히 알 수 있다는 것이다.

"… 해방 직후 나라의 사정이 비상하게 곤란했지만 우리는 많은 노력과 자금을 투입하여 65工場을 건설하여 銃과 彈丸 생산을 개시했다. 祖國解放戰爭(한국전쟁) 때, 비행기와 大砲는 自力으로 만들지 못했지만 自動小銃이나 기관총, 박격포, 彈藥(탄약), 포탄 등은 적지 않게 自力으로 생산, 공급할 수 있었으니 ….."*

이밖에 또 다른 군수물자로서의 火藥이나 爆藥의 생산이 중요하였는데, 이 경우에도 당시 北韓은 식민지 유산으로 日人들이 남기고 간 비료공장이나 기타 化學工場 시설을 최대한으로 활용하였다. 즉 지난날의 구 朝鮮窒素 화약공장을 再가동시킨 것 이외에도 興南窒素 비료공장을 비롯한 많은 화학공장 시설을 火藥이나 爆藥 제조를 위한 시설로 전환하는 조치를 취하였다.

한 자료에 의하면, 이 무렵 북한은 이미 자체 생산한 火藥을 당시 國共內戰에 휩싸여 있던 中國 공산당(毛澤東) 측에 지원할 수 있을 정도로 화약생산이 활발하였다고 한다. 또한 이전의 民間造船所 시설을 이용하여 海軍 경비정을 비롯한 군사용 船舶 제조가 가능하였는가 하면, 다른 편으로는 구 東洋製絲의 沙里院工場 등 민간 방직공장을 통해서 軍服이나 軍靴 등과 같은 군수품 생산도 가능하게 되었다.

【4】 6 · 25전쟁 당시의 北韓軍 武裝實態

1950년 6월 북한이 전쟁을 일으킬 당시의 北韓軍 무장 상태를 보면, 물론 重武裝은 주로 소련제 병기로 이루어졌으나, 輕武裝의

---

* 金日成이 全國兵器工業 부문의 黨활동가회의(1961년 5월 28일자)에서 행한 연설문, 「兵器工業의 가일층의 발전을 위하여」의 일부 내용임 -『김일성저작집』 제15권, 평양, 1983, p.123.

경우는 북한 자체 내 생산으로 많이 커버하였다는 사실은 우리에게 중요한 의미를 던져준다.

北韓의 자체 兵器생산을 가능케 한 시설은 두말할 것도 없이 지난날 일본 식민지 공업화의 유산이라고 할 북한 소재 '歸屬財産(vested property)'이었다는 사실에 우리는 새삼 놀라지 않을 수 없다. 다시 말해 36년간의 植民地 지배의 物的 遺産이 불과 5년 후에 일으키는 金日成에 의한 전쟁놀음의 武器공급원으로 기능하게 되었다는 데 아연실색하지 않을 수 없다는 얘기이다. 이 책이 우리에게 던져주는 파격적인 의의는 바로 이러한 점에 있다.

한걸음 나아가 이 책은 우리에게 더욱 중요한 시대적 의미를 던져준다. 그것은 異民族 지배로부터 벗어난 지 60년이 가까워오는 이 시점에서도 지금 한국사회에서는 아직 '植民地遺産의 청산'이니, '親日派 숙청'이니 하는 정치적 구호가 남발하고 있는 현실의 안타까움과 관련해서이다.

앞에서 본 것처럼 식민지 시기 막대한 日本資本이 무슨 목적에서였든지 줄줄이 식민지 朝鮮으로 건너와 공장을 짓고 광산을 개발코저 했던가. 그것은 상당히 長期 布石으로 이루어진 국가적 사업임에 틀림없었다. 많은 식민지 朝鮮 사람들은 거기에 노동자로 또는 일부 技能工으로 취직을 하여 먹고살았던 것도 사실이다.

1945년 8월 패전과 더불어 朝鮮에 나와 있던 日本資本(家)은 그들이 세운 공장이며 광산을 그냥 둔 채 본국으로 쫓겨가는 신세가 되었다. 朝鮮에 남겨진 산업시설은 해방과 더불어 남과 북으로 進駐(진주)한 美-소 兩軍의 관할하로 잠시 들어갔다가 곧이어 남/북한

정부(南은 李承晩 정부, 北은 金日成 정부)에 넘겨졌다.

여기서 우리는 진정한 의미에서의 植民地 遺産의 淸算이란 과연 어떤 것일까를 다시 한 번 생각하게 만든다. 그들이 남겨준 공장시설을 당장 폐기처분하는 것이 진정한 의미의 깨끗한 유산의 청산일까, 또는 그들 시설을 없애지 않고 오히려 잘 이용하면서 그를 통해 먹고 살아간 사람들을 親日派로 몰아 처벌하는 것이 과연 진정한 의미의 유산 청산일까. 이러한 질문에 솔직하게 답변하자면, 南韓은 식민지 유산을 폐기처분하는 식으로 청산한 전자에 속하고, 거꾸로 北韓은 그것을 최대한으로 활용한 후자 식으로 청산한 경우라고 할 수 있다. 평소 우리가 알고 있는 바와는 너무나 판이한 그리고 아이러닉한 일이 아닌가.

南/北 공히 일본인이 남겨준 시설을 가로채 정치권력도 잡고 기업도 하고 장사도 한 자들이, 심지어 그것을 이용하여 民族이란 이름으로 同族相殘의 전쟁놀음까지 벌인 자들이 어떻게 다른 사람들을 '民族叛逆者'니, '親日派'니 하고 내몰 수 있단 말인가.

이러한 측면에서 이 책은 비록 북한 땅에 남겨진 식민지 유산에 국한된 내용이긴 하지만, 남한에 남겨진 그것까지를 포함하여 우리에게 식민지 유산에 대한 문제를 어떻게 봐야 할 것인가에 대해 다시 한 번 자신을 되돌아보게 하는 좋은 기회를 제공해주고 있다.

【5】 결론적 評價

결론적으로 本書의 論理 자체는 비교적 단순하다고 할 수 있다. 식민지 하 北韓지역에 대한 일본의 중화학공업 건설은 처음부터

中日戰爭과 太平洋戰爭이란 2개의 전쟁과 밀접한 관련을 가진 것이고, 또한 그것은 해방 후 북한 金日成 정권이 6·25전쟁을 일으키는 군사적 발판으로 작용하게 되었다는 주장과 마찬가지이기 때문이다.

물론 어느 정도 군사적 목적을 띠었는가 하는 '정도' 문제는 계속 연구의 여지를 남기고 있다고 하더라도 工業化의 성격 자체는 분명히 그러한 것으로 볼 수밖에 없기 때문이다. 더욱이 책의 내용이 풍부한 情報와 자료적 뒷받침 아래 서술되어 주의주장이나 논리 전개에 별다른 이의를 제기하기 어려운 것도 사실이다.

다만 引用資料 문제와 관련하여 한마디 언급해둘 것은 해방 후 北韓문제를 다룸에 있어 지금까지는 대체로 6·25전쟁 당시 美軍이 북한에서 노획한 자료에 주로 의거하였으나, 지난 1990년대 중반부터 (구)소련의 북한 관련 資料가 풀림으로써 이를 활용할 수 있는 길이 트였다는 점이다. 물론 소련 자료라고 하여 신뢰성에 문제가 없는 것은 아니지만, 아무튼 本書의 집필에 있어서도 공동 著者의 한 사람인 安部는 이 소련 측 자료를 충분히 활용하고 있다는 점에서 높이 평가할 만하다. 특히 後篇의 해방 후 북한경제 내지 산업동향을 다룸에 있어서는 거의 전적으로 이 소련 측 資料를 기초로 하고 있다는 점을 높이 평가하지 않을 수 없다는 점을 添言해둔다.

經濟史學會, ≪경제사학≫ 제36호, 2004년 6월 所收.

書評 (3)

『韓國の經濟發展とベトナム戰爭』
朴根好, 御茶の水書房, 1993

【1】戰爭特需와 베트남전쟁

　전쟁이 軍需用은 물론 民需用에 대해서도 특별 수요를 창출함으로써 어떤 나라의 전쟁이 다른 이웃 나라의 經濟發展에 플러스 작용을 한다는 것에는 어느 누구도 異論이 없을 것이다. 역사적으로 日本의 예를 보더라도, 제1차 세계대전의 戰爭特需를 통하여 엄청난 규모의 채무국 신세를 벗어나 당당히 채권국으로 變身하였으며, 또 1950년대 초 韓國戰爭으로 인한 特需가 일본의 전후 경제부흥에 결정적인 플러스 영향을 미쳤다고 하는 것은 일본인 스스로도 거리낌 없이 인정하는 사실이기 때문이다.

　베트남전쟁에서도 이 戰爭特需 문제는 예외일 수가 없다. 더욱이 이 전쟁은 長期·消耗戰的인 성격이 강하였다고 하는 점에서 戰爭特需의 영향은 그 어느 경우에 있어서보다 컸다고 할 수 있다.

　이러한 관점에서 베트남전쟁의 特需가 韓國經濟에 미친 영향은 어떠했을까. 특히 상당한 규모의 地上軍 派兵을 비롯하여 전쟁에 직접 참가한 한국으로서는 이 문제가 매우 중요한 관심거리로 제기되지 않을 수 없다. 그러나 유감스럽게도 전쟁이 끝난 지 어언 20년

이 되어가는 지금에 이르기까지 아직도 이 문제에 대한 본격적인 연구논문이나 著書를 발견하지 못하고 있던 차에, 이번에 在日僑胞 朴根好 박사에 의하여 이 베트남전쟁의 영향에 대한 주목할 만한 연구업적이 나왔다. 그의 일본 神奈川大學 경제학 박사학위 논문을 일부 改作하여 출간한 『韓國の經濟發展とベトナム戰爭』(御茶の 水書房, 1993)이 그것이다.

【2】베트남戰爭 特需와 韓國經濟

이 책은 모두 4개 章으로 구성되어 있다. 책의 중심은 1960~70년대 韓國의 공업화과정에 있어서 베트남전쟁 特需가 구체적으로 얼마나 큰 영향을 미쳤는가 하는 것을 파헤친 제3장이라 할 수 있다.

著者는 한국경제가 1970년대에 이른바 아시아 NIEs의 일원으로 크게 부상하게 된 직접적 계기가 바로 이 '베트남戰 特需' 문제가 아니겠는가 하는 좀 과감한 문제제기를 하고 있다. 말하자면 저자는 한국적 '壓縮成長의 模型'을 설명함에 있어, 사람들은 그 내부적 요인, 곧 良質의 풍부한 노동력이나 높은 교육수준, 경제계획을 통한 정부의 先導的 역할 등 內在的 조건을 강조하지만, 기실 한국적 加工貿易型의 발달을 가능케 한 유리한 국제적 조건도 결코 무시할 수 없다는 것이 출발지점에서 갖는 저자의 기본 문제의식이다. 이 유리한 국제적 조건의 일환으로 저자는 특히 베트남戰 特需에 주목하는 것이 바로 이 책 집필의 동기라고 할 수 있다.

제2장에서는 한국의 베트남 派兵과 그에 따른 각종 軍需의 규모

와 추이를 다루고 있다. 저자는 1960년대 전반의 한국경제 사정에 비추어 朴正熙 정권은 경제적 필요에 의해서도 베트남 派兵이 불가피했을 것이란 전제 아래, 베트남戰 기간의 特需 규모를 먼저 연도별로 그리고 外換收入 소스별로 구체적으로 산출하고 있다.

여기에 의하면 저자는 派兵 개시의 1965년부터 72년까지의 8년간 모두 10억 2,200만 달러의 戰爭特需를 가져왔다고 주장한다. 附表에서 보듯이, 한국은 전쟁기간에 상품수출과 美軍納(物品)을 보탠 經常收入이 전체의 27.7%인 2억 8,300만 달러이고, 나머지 72.3%인 7억 3,900만 달러가 각종 用役수입으로 구성되어 있다.

후자의 경우, 軍人 및 기술자 送金이 3억 6,800만 달러로 위의 상품수출액을 훨씬 초과하고, 그 밖에 用役軍納이나 建設軍納에서 오는 수입도 큰 비중을 차지하고 있다. 아무튼 이러한 베트남戰 特需는 당시의 한국 외환사정이나 開發資金 조달 면에서 결코 적은 규모라고는 할 수 없다는 주장을 펴고 있다.

제3장에서는 한국공업화과정에서의 베트남전쟁의 영향을, ① 수출의 확대, ② 外債 및 技術도입의 촉진, ③ 정부 역할의 적극화, ④ 新興財閥의 형성이라고 하는 4가지 갈래로 나누어 설명하고 있다. 특히 저자는 ④번의 財閥 형성문제와 관련하여, 오늘의 韓進 그룹을 비롯하여 現代, 大宇, 三星 등이 모두 越南戰을 계기로 대규모 재벌로 성장할 수 있는 발판을 마련하였다는 설명이 있다.

마지막 제4장에서는 1960년대 이후 한국의 높은 경제성장, 곧 아시아 NIEs化의 요인 가운데 하나로 이 베트남戰 特需를 강조하는 것으로 結論에 대신하고 있다.

【3】베트남戰 特需의 경제적 效果

한국은 1966년 3월 韓美 양국 외무장관 간에 조인된 '브라운 覺書'에 의거하여 누계 34만 명(1965~72년간)의 군대를 베트남에 파병하게 된다. 派兵의 대가로 미국은 한국군 현대화계획에 따른 군사원조만이 아니라, 派越軍 유지를 위한 예산지원을 비롯하여 한국으로부터의 직접 軍需品 조달, 기술원조의 강화, 한국 민간기업의 對베트남 수출 지원, 미국의 對韓 財政借款의 조기집행 등 한국이 요구하는 각종 경제원조도 동시에 베풀었다.

뿐만 아니라 미국은 한국에 대해서는 또한 '바이 아메리칸 政策(Buy-American Policy)'의 적용을 완화토록 하는 특별 배려도 베풀어주었다. 당시 한국에게는 베트남이 "戰場으로서가 아니라 市場"으로서의 의미가 더욱 강하였다는 것이 처음부터 저자가 가진 솔직한 입장이었다고 할 수 있다. 이처럼 한국은 군사적, 정치적 동기보다도 경제적 동기에 의하여 베트남전쟁에 파병하게 되고, 그 결과 한국은 다음 4가지 측면에서 예상 밖의 커다란 효과를 거두게 된 것으로 평가하고 있다.

첫째, 각종 現金(달러) 수입을 통한 投資財源 조달상의 효과이다. <표 7>에서 보듯이, 한국은 전쟁기간 중 대체로 10억 달러 이상의 外貨收入을 올렸다. 이 수치는 당시 特需 창출이 한창이던 1967~69년간을 놓고 보면, 기간 중 한국 GNP의 3~3.5%, 총수출의 32~47%, 그리고 外貨보유액의 무려 37~44% 수준에 달하는 대단한 규모로 추정되고 있다(책 p.39).

〈표 7〉 경제활동별 對베트남 收益 구성

(단위 : 백만 달러)

	1965	1966	1967	1968	1969	1970	1971	1972	累計	비중(%)
경상수지	17.7	23.8	23.2	38.0	47.1	70.1	35.7	27.5	283.1	27.7
수 출	14.8	13.9	7.3	5.6	12.9	12.8	14.5	12.5	94.3	9.2
物品軍納	2.8	9.9	15.9	32.4	34.2	57.3	21.2	15.0	188.8	18.5
貿易外收入	1.8	37.3	128.1	130.6	153.3	134.5	97.6	55.7	738.9	72.3
用役軍納		8.3	35.5	46.1	55.3	52.3	26.5	9.2	233.2	22.8
建設軍納		3.3	14.5	10.3	6.4	7.4	8.3	3.1	53.3	5.2
軍人送金		15.5	31.4	31.4	33.9	30.6	32.3	26.8	201.5	19.7
기술자송금	1.8	9.1	33.6	33.6	43.1	26.9	15.3	3.9	166.2	16.3
특별보상지원금			4.6	4.6	10.8	15.2	13.9	12.0	65.3	6.4
보 험 금		1.1	4.6	4.6	3.8	2.1	1.3	0.7	19.4	1.9
합 계	19.5	61.1	151.3	168.6	200.4	204.6	133.3	83.2	1,022.0	100.0

자료 : ① 전국경제인연합회, 『한국경제연감』, 1965~74년판,
② 한국무역협회, 『무역연감』, 1965~73년판,
③ 주월한국군사령부, 『월남전종합연구』, 1974, p.1142.
④ 아산사회복지사업재단, 『한국의 해외취업』, 1988, p.215.

따라서 이 현금 수입은 당시 미국원조가 급속히 감소되고 있던 추세에서 제1차 5개년 계획상의 소요자금(外資) 조달을 위하여 韓日會談을 서둘고 있던 한국으로서는 너무나 유익한 투자재원 調達 源으로 되었다는 것이다. 구체적으로 1968년 2월에서 1970년 7월 사이에 건설되는 京釜고속도로는 거의 베트남戰 特需 자금에 의하여 만들어졌다고 해도 과언 아니라는 주장이다.

둘째, 組立加工型의 수출지향적인 성장 패턴을 定着시켰다는 효과이다. 베트남 參戰과 더불어 베트남에 대한 수출확대는 물론이고 다른 한편 미국에 대한 수출도 동시에 급증하게 된 계기를 마련하게 된 것에 매우 중요한 의미를 부여하고 있다. 수치를 통해서 보면, 1964년에 3,600만 달러에 불과하던 對美 수출은 1967년에 1억 3,700만 달러로 무려 3.8배 늘고, 다시 1969년에는 3억 1,200만 달러, 1972년에는 7억 6,000만 달러로 늘어나 1964~72년간 한국의 對美 수출이 무려 21배로 급팽창하게 되었다(책 p.56).

1965~73년 중에 한국은 연평균 49.8%의 對美 수출신장률을 가져와, 같은 기간에 아시아의 다른 나라, 예컨대 대만의 44.7%, 싱가포르 23.1%, 홍콩 20.5%, 日本 20.6% 등과 비교하여 이 시기 한국이 가장 빠른 수출증가율을 나타내었음을 알 수 있다.

이러한 對美 수출 증대는 우선 미국 측의 한국에 대한 '바이 아메리칸 정책' 적용을 완화한 데 힘입은 바가 크다. 그 밖에 1965년의 韓日 간의 국교재개로 말미암은 일본 상업차관에 의한 국내 생산기반 확충이 또한 큰 몫을 했다고 볼 수 있다. 특히 이때부터 일본으로부터의 자본재 및 원자료 수입으로, 국내에서 組立/加工 공정을 거쳐 완제품으로 만들어 그것을 미국시장에 수출하는 '韓-美-日 3角貿易構造'가 형성되기 시작하였다고 주장한다. 이른바 太平洋을 사이에 둔 成長의 트라이앵글 구조가 이 무렵부터 작동하게 된다는 것이다. 여기서 저자는 베트남戰 特需가 한국의 수출지향적 공업화의 길을 지향하는 데 있어 매우 중요한 初期條件을 마련해 주었다는 사실을 특히 강조하고 있다.

셋째로는 베트남戰 특수가 5개년 계획을 통한 공업화과정에서는 정부의 역할을 강화시켰을 뿐만 아니라, 민간부문에서는 대기업의 성장, 곧 財閥 형성을 촉진시켰다는 점을 들고 있다.

1960년대 韓國의 고도성장과정을 정부주도형 성장의 길로 나아가게 한 데는 이 베트남 특수가 일정한 몫을 했다는 주장을 펴고 있다. 구체적으로 정부가 ① 國家資本의 형태로 주요 기간산업은 물론 각종 사회간접자본에 대규모 설비투자를 직접 담당하고, ② 민간부문에 대해서도 外資流入을 알선해주거나 재정투융자계획으로 內資의 조달을 지원해줌으로써 강력한 영향력을 행사하며, ③ 특히 후자와 관련하여 대기업의 해외진출을 장려하는 등 신흥재벌의 급속한 발달을 유도하게 된 것 등을 베트남 特需가 가져온 직접적인 결과로 보고 있다.

이 가운데, ①번의 國·公有(營) 기업의 팽창과 관련해서는 특히 공업화 초기에 나타나는 각종 토목·건설 수요를 정부가 앞장서서 담당해야만 되었기 때문이라 할 수 있다. 이를테면 1964년의 國·公有 企業 54개가 1972년에 무려 120개로 급증한 사실이 바로 이를 말해준다는 것이다(책 p.92). 뿐만 아니라 1963~72년간 연평균 GNP성장률 9.5%를 훨씬 초과하는 14.3%의 國·公有 기업 성장률을 가져왔다고 보고 있다(책, p.93).

넷째로는 부수 효과로 베트남전쟁을 통하여 韓國의 국제적 지위가 크게 제고되었다는 점을 들고 있다. 세계의 이목을 집중시킨 베트남 전쟁에 美國과 함께 직접 전투에 참가함으로써 좋은 뜻으로든 나쁜 뜻으로든 한국이란 이미지는 세계에 널리 알려졌다. 그와 함께 경제적으로도 한국 상품에 대한 국제적 신뢰가 높아짐은 물론, 한국 건설업에 대한 인식은 몰라보게 높아진 것이 사실이다. 한국 건설업은 처음에는 東南아시아 시장에서 그 다음에는 中東시장으로 뻗치면서 그 명성을 떨치게 되었다는 것이다.

또 한 가지 중요한 것은 越南戰을 계기로 미국을 비롯한 다국적기업의 투자대상지역으로서의 한국의 지위가 크게 제고되었다는 점이다. 1960년대 후반 韓日 간 國交정상화로 인한 일본기업의 對韓 진출도 활발하였지만, 1960년대 말부터는 精油, 석유화학, 化學肥料 등 생산재공업을 중심으로 미국기업의 진출도 상당히 활발하였다. 제2차 5개년계획기간(1967~71년)의 輸入代替的 공업화과정은 바로 이러한 외국기업의 활발한 국내투자 – 借款보다는 直接投資 형태로 – 에 의해 뒷받침된 것으로 보고 있다.

【4】結論的 評價

이상과 같이 1960년대 후반부터 1970년대 초까지 한국은 베트남전쟁에 직접 참가함으로써 정치·외교·군사적으로 많은 영향을 받았지만, 특히 그 가운데서도 경제적으로 더 큰 영향을 받게 된 것만은 틀림없는 사실이다. 월남전 參戰기간이었던 1965~73년간에 있어 연평균 GNP성장률 9.8%, 수출증가율 49.8%라고 하는 이 한 가지 사실만으로도 한국경제에 미친 베트남戰 特需 효과가 어느 정도였는가를 충분히 짐작하고도 남음이 있기 때문이다.

冒頭(모두)에서도 언급한 바와 같이, 베트남戰 特需가 한국경제에 가져다준 영향이 이처럼 매우 컸는데도 불구하고, 지금까지 국내에서 그에 상응하는 연구가 제대로 이루어지지 못하였다는 것은 참으로 유감스러운 일이 아닐 수 없다. 오히려 이웃 나라 일본에서 이에 대한 몇 가지 연구업적이 나왔을 뿐이다. 이러한 점에서도 朴根好 박사의 이 책은 비록 일본어로 출간되기는 하였으나, 우리에게 많은 示唆点을 던져준다고 할 것이다.

끝으로, 이 책에 대한 몇 가지 寸評을 가해보고자 한다.
첫째로 들어야 할 것은 대체로 1965~72년간의 기간을 설정하고 이 시기의 영향을 주로 다룸으로써 1970년대 중반의 終戰 이후에도 계속되는 베트남 특수의 영향은 별반 다루지 못했다는 점이다. 예컨대 월남전 이후에 그 쪽에 진출했던 한국 건설업체들은 中東지방으로 사업방향을 바꾸었고, 이는 1970년대 후반 한국의 中東建設붐을 불러일으켰다. 이 中東건설붐이 한국경제에 가져다준 영향 또한 대단한 것이었다고 한다면, 이 中東건설 진출은 바로 베트남전 特需의 연장선상에서 이해될 수 있다. 한마디로 1970년대 이후 한국 해외건설업의 발달은 그 뿌리가 월남전 수행과정에 있었다고 해도 결코 과언이 아닐 것이다.

둘째로, 이 책은 베트남전 特需의 派生效果를 너무 확대 해석한 측면도 없지 않다는 점이다. 저자 스스로는 또 다른 일본인 연구논문「한국경제에 대한 베트남 전쟁의 영향」(佐野孝治, 『三田學會雜誌』 84권 4호, 日語版)을 평가함에 있어, 동 논문이 베트남전 특수의 카테고리를 너무나 포괄적으로 잡고 있다고 하지만(책 p.8), 그 자신도 제3장의 "한국공업화와 베트남 전쟁" 내용에서는 戰爭特需를 너무 과대 해석한 측면이 없지 않다고 본다. 일례로 같은 기간에 외국자본과 기술의 도입이 급증하게 된 점이나, 또는 韓進·현대·大宇·삼성 등 국내 재벌이 비대하게 된 배경을 모두 베트남전 특수와 연결시키고 있다는 점에서 그런 사정을 충분히 이해할 수 있다.

1960년대 후반부터 한국경제가 고도성장 軌道(궤도)에 진입할 수 있게 된 요인은 우선 미국의 無償援助가 有償借款으로 바뀌면서 상업 베이스의 미국자본과 기술의 도입, 그리고 1965년 韓日 간의 國交再開에 따른 일본자본(有·無償 청구권자금 및 상업차관 등)의 도입이 급증하고, 내부적으로도 그러한 외자의 受容을 위한 개발체제가 정비되었다는 점 등에서 찾아야 할 것이다.

셋째로는 베트남戰 特需가 1960년대 후반 한국경제의 테이크오프(take-off) 단계에서 하나의 중요한 成長의 動因을 마련해준 것임에는 두말할 것 없다. 그러나 저자가 강조하는 바와 같이, 지금까지 논의되고 있는 고도성장 요인을 재평가할 만큼 그렇게 결정적인 역할을 했다고까지 말하기는 어렵지 않을까 생각한다.

결론적으로 지금까지 누구도 중요하게 다루지 않았던 베트남戰 特需 문제를 이처럼 체계적, 실증적으로 분석 정리하고, 그것으로 한국경제의 高度成長 배경을 재조명하였다고 하는 점에서 이 책이 가지는 선구적 연구성과는 높이 평가받아 마땅한 일이다.

成均館大 韓國產業研究所, ≪韓國經濟≫ 제20권 제2호, 1994년 4월 所收.

書評 (4)

『新稿 韓國經濟史』
金玉根, 新知書院, 1998

【1】40여 년에 걸친 韓國經濟史 연구의 決定版

　그동안 韓國經濟史, 특히 그 중에서도 韓國財政史 연구에 독보적인 업적을 쌓은 金玉根 명예교수(釜山 慶星大)가 이번에 또다시 『新稿 韓國經濟史』란 巨作을 출간함으로써 그의 경제사 연구에 또 한 층의 金字塔을 쌓았다. 喜壽(희수)를 바라보는 高齡(고령)임에도 불구하고 식을 줄 모르는 그의 연구열은 젊은 경제사 연구자들에게 분발을 촉구하는 無言의 채찍을 가하고 있는 셈이다.

　이번의『新稿 韓國經濟史』는 著者가 지난 1990년에 通史로 펴낸『韓國經濟史』(民族文化社 간)를 전면 개정한 訂正版이라고 할 수 있을뿐더러, 저자의 지난 40여 년에 걸친 韓國經濟史 연구의 마지막 決定版이라고도 할 수 있다. 初版이 나온 이후 8년이란 세월이 흐르는 동안 새로운 자료의 發掘(발굴)이나 이론·주장의 변천 등으로 처음에 미처 다루지 못한 내용을 보완·추가하고 또 해석상의 잘못이나 미흡했던 점들을 대폭 수정·보완하여 이번에 '新稿'란 이름으로 새로이 간행하게 된 것이다.

【2】原始共同體에서 近代 資本制까지

우선 방대한 볼륨의 책의 체제부터 살펴보자. 모두 8編 53章으로 이루어져 있는 本書는 한국역사 전개과정을 총체적으로 4개의 시대로 나누어 설명하고 있다.

그 시대별 구성을 보면, ① 최초의 原始共同體 사회에 1편 4개 章을, ② 古代 奴隷制 사회에 1편 2개 章을, ③ 中世 封建制 사회에 5편 37개 章을, 그리고 ④ 近代 資本制 사회에 1편 10개 章을 각각 할애하고 있다.

本書의 내용은 볼륨 면에서 보아 ③의 中世 封建制 사회에 대한 분석에 치중하고 있는 셈이다. 3國시대부터 封建制 사회로 보는 저자는 삼국시대와 統一新羅時代까지를 '前期 봉건사회'로, 高麗-朝鮮-開港期(1876~1910년)까지를 묶어서 '後期 봉건사회'로 구분하고 있다. 즉 신라-고구려-백제 3국의 성립에서부터 日本 침략으로 國權을 상실하게 되는 '韓日合邦'(1910년)까지의 長久한 세월을 中世 봉건주의단계로 규정하고, 이 시대의 연구에 전체 볼륨의 무려 4분의 3을 할애하고 있는 점이 우선 이 책의 編制상의 특징이라 할 수 있다. 그리고 近代史에 해당하는 일본 植民地史에 대해서도 무려 10개 章을 설정하여 상당히 깊이 있게 다루고 있는 점도 특징이지만, 반대로 해방 후의 現代史에 대해서는 전혀 언급을 하지 않았다는 점도 편제상의 또 하나의 특징이라면 특징이라고 할 수 있다.

【3】歷史發展 5단계설

이상 책의 구성을 통해서도 알 수 있듯이, 本書의 기본 입장은 마르크스 唯物史觀에 입각한 歷史發展 5단계설을 그대로 따르고 있다는 점일 것이다. 一般史든 經濟史든 우리가 역사를 공부하는 데는 무엇보다도 '史觀'의 문제가 매우 중요하게 제기된다. 이러한 관점에서 이 책은 처음부터 저자 나름의 확고한 史觀에 입각하여 집필되었다고 하는 점이 높이 평가되어야 할 것이다. 특히 한국의 경우, 일본 식민지 시대의 植民史觀이나 停滯史觀으로부터 빨리 벗어나 民族史觀이나 發展史觀으로 지향해야 한다는 저자의 요구가 강하게 스며있다는 점에서 더욱 그러하다고 할 수 있다.

따라서 本書에 대한 평가는 기본적으로 저자가 디디고 선 역사발전 5단계설에 따른 韓國經濟史의 시대구분 자체를 어떻게 봐야 하느냐, 나아가 그에 대한 역사 해석 그 자체부터 문제로 삼지 않을 수 없을 것이다.

구체적 내용상의 是是非非를 따지는 일보다는, 이를테면 한국에서도 과연 서구식의 古代奴隸制 사회 또는 中世封建制 사회가 과연 존재했다고 할 수 있느냐 하는 문제라든가, 또는 일본 식민지기를 과연 서구식 資本制 사회와 동일한 것으로 간주할 수 있느냐 하는 문제 등 근본적인 물음에 부딪칠 수밖에 없다고 하는 점이다.

그러한 5단계설에 따른 저자의 史觀 문제를 인정하고 들어간다고 하더라도, 예컨대 韓國史 시대구분을 이 책에서처럼(앞의 II항에서 본 것처럼) 그렇게 하는 것이 과연 옳은가 아닌가 하는 것에 대해서도 많은 論難이 있을 수밖에 없다. 그러나 이 짧은 寸評에서 그러한 근본적인 문제까지 충분히 다룰 겨를은 없고, 다만 다음 몇 가지 문제를 제기하는 것으로 만족코자 한다.

첫째로, 각 시대 구분에 따른 원칙과 기준 설정에 대해 충분하게 설명하고 있지 않다는 점이다. 특히 저 멀리 3국 시대부터 開港期까지를 하나의 中世로 규정한 것이나, 開港期를 그 전과 동일한 後期 봉건사회로 규정한 것 등에 대한 설명이 너무 부족하다는 점이다.

둘째로, 1910년 이후의 일본 식민지 시대를 곧장 자본주의 단계로 보는 데 대해서도 이론적 설명이 부족하다고 할 수밖에 없다. 당시 자본주의 사회인 일본에 강제 편입되었다고 하여 곧장 자본주의로 볼 수 있느냐 하는 점에 대해서는 지금까지 국내외적으로 학문적 입장에 따라 각기 견해를 달리해온 것이 사실이기 때문이다.

셋째로는 근자 韓國 出版文化의 병폐 때문이기도 하지만, 이처럼 어려운 漢字式 用語나 槪念을 동원해야 하는 經濟史 전문서적을 집필함에 있어, 전문용어를 대부분 한글 表記로 처리하고 있다는 점도 반드시 지적해야 할 문제라고 아니할 수 없다. 차제에 과연 우리가 '한글專用'으로 經濟史 공부를 제대로 할 수 있겠는지에 대해 깊이 반성해봐야 할 일이라고 생각한다.

끝으로 그러나 이 책이 그동안 저자의 深度 있는 韓國財政史 연구를 토대로 엮어진, 우리 주위에서 몇 안 되는 通史로서의 韓國經濟史라는 점에서 出刊의 意義는 높이 평가받을 만하다.

學術院, ≪대한민국학술원통신≫, 1998년 5월 1일자.

書評 (5)

『박정희는 어떻게 경제강국 만들었나』
吳源哲, 동서문화사, 2006

【1】重化學工業化의 산 證人

이 책은 1960~70년대 朴正熙 시대를 상징하는 開發年代의 '산 證人'과도 같은 저자(吳源哲)가 당시에 겪었던 사실을 중심으로 해설을 곁들여 펴낸 일종의 체험적인 '경제개발 보고서'라 할 수 있다. 저자는 이 책을 펴내기 전에 이미 1990년대『한국형 경제건설 - 엔지니어링 어프로치』라는 題名으로 박정희 시대 경제개발에 대한 생생한 資料·解說·證言集을 총 7권의 시리즈로 펴낸 바가 있다.

좀 더 구체적으로 얘기하면, 1961년 5·16군사정변 당시 상공부 化學課長으로 근무하던 저자는 5·16 직후 곧장 혁명정부의「國家再建最高會議」에서 朴正熙 의장과의 인연을 맺게 되고, 그 후 상공부 工業제1국장, 鑛工次官補 시절 및 청와대 제2경제수석비서관 등으로 약 18년간을 박정희 대통령 麾下(휘하)에서 일했다. 한마디로 1960~70년대 한국경제개발의 전 과정에 걸쳐 주요 정책의 立案 및 執行 담당자로서 직접 참여한, 그야말로 흔치 않은 경험의 소유자이다. 특히 저자의 경력 가운데서 중요한 것은 1970년대 한국의

防衛産業 및 重化學工業化 정책을 직접 입안, 추진한 당사자로서 1974년 2월~79년 12월까지 청와대 重化學工業企劃團 단장으로 근무하였다는 사실이다.

이처럼 특이한 경험의 소유자인 저자가 과거 자신이 직접 겪었던 체험을 되살려 1992년 7월 27일부터 1994년 4월 1일까지 장장 207회에 걸쳐 "産業戰略軍團史"란 題名으로 ≪韓國經濟新聞≫에 연재를 하고, 거기에 미처 싣지 못했던 개발 경험담은 그 후 다시 ≪月刊朝鮮≫, ≪新東亞≫, ≪自由公論≫, ≪WIN≫ 등의 월간 잡지에 몇 달씩 연재한 바 있다.

위에서 말한 『한국형 경제건설』 7권 전집은 이들 신문과 잡지에 연재했던 내용을 시대별·성질별로 분류하고 또 일부 내용을 수정·보완하여 시리즈로 엮어낸 책이다. 따라서 1992년 처음 신문 연재를 시작한 이후 1999년 마지막 제7권이 발간될 때까지를 잡으면, 저자는 1990년대를 완전히 1960~70년대 '한국형 경제건설'의 전 과정을 파헤치는 데 온 힘을 쏟았다고 할 수 있다.

저자의 이러한 刻苦(각고)의 노력으로 우리는 지난 개발연대에 있었던 생생하고도 풍부한 資料와 證言을 접하게 되었다. 특히 일반에게 잘 알려지지 않았던 에피소드나 경제외적인 여러 秘史 등을 접할 수가 있어 더욱 좋았다. 저자 스스로 先頭에 서서 이끌어간 韓國型 경제개발방식, 곧 테크노크라트의 역할을 강조하는 '엔지니어링 어프로치'에 대한 많은 지식과 정보를 제공해주고 있다는 점에서 우선 이 책만이 가지는 커다란 特長을 찾아볼 수 있다.

【2】本書의 來歷과 先行研究

本論에 들어가기 전에 이 책이 나오기까지의 來歷에 대한 설명을 좀 장황하게 늘어놓은 이유는 이 책이 바로 이전에 나온『한국형 경제건설』의 縮小版 내지 決定版 비슷한 성격으로 되어 있기 때문이다. 다만 이전의 著作이 자신의 경험을 토대로 박정희 시대 경제건설 과정에 대한 일종의 '報告書' 같은 내용이라면, 이번 저작은 朴正熙 시대 경제개발에 대한 일종의 '成功談' 같은 것이라 할 수 있다.

이 책의 章, 節 구성부터 보기로 하자. 이 책은 총 6부 24개 장에 걸친 670여 페이지에 달하는 大作이다. 제1부 "朴正熙 대통령의 행정방식과 한국의 산업혁명", 제2부 "조국의 근대화", 제3부 "1970년대 경제정책과 조국근대화의 결산서", 제4부 "한국인 : 經濟戰의 戰士들", 제5부 "2000년대를 위한 국토개발", 제6부 "박정희 대통령의 위대한 구상 : '加露林 灣' 세계 최대 산업기지 건설"로 되어 있다. 제1부와 제3부는 2개 장밖에 되지 않는가 하면, 제2부(조국의 근대화)는 무려 10개 장으로 되어 각 부 간의 균형이 잡혀 있지 않다는 점이 눈에 뜨인다. 책의 절반 정도를 제2부(祖國의 근대화)에 바칠 정도로 제2부가 책의 중심을 이루고 있다.

제2부의 내용을 좀 더 구체적으로 보면, 한국 산업화의 大長征(경제개발 5개년계획)에서 시작하여, 수출제일주의의 선택, (구)서독 鑛夫 및 看護士 파견, 국가안보와 방위산업의 개발, 중화학공업화의 추진, 공업구조 개편과 100억 달러 수출 달성, 오일 쇼크와 에너지 위기 대처, 中東 건설업 진출, 8·3긴급경제조치 발동, 플랜트

건설과 엔지니어링 산업의 육성 등 1960~70년대 주요 경제정책의 개요가 고스란히 여기에 담겨 있다.

제4부의 내용도 상당히 특이하다. 경제건설에서의 인력의 중요성에 주목하여 著者는 지난날 국내에서는 물론이고 해외에서까지 노동자들이 얼마나 중요한 일을 해냈는가를 힘주어 강조하고 있다. 또한 정부가 각종 技能工 양성계획을 얼마나 강력히 추진하였는가 하는 점, 노동자 生計 보장을 위해 쌀값과 勞賃 간의 惡循環 고리를 어떻게 단절하였는가 하는 점 등을 심도 있게 다루고 있다.

【3】 朴正熙 시대, 未完의 開發프로젝트

이 책은 성격상 크게 세 부문으로 나뉜다. 제1부~제4부까지는 박정희 시대 각종 경제개발정책과 관련한 내용이고, 제5부와 제6부 일부(제3장)는 당시에 구상했던 長期 개발계획과 관련된 내용이며, 제6부의 나머지 일부(제1, 2장)는 박정희 시대에 이룩한 중화학공업화 정책에 대한 그 이후 정권 - 주로 5共 全斗煥 정권 - 의 비판을 反비판하는 내용으로 되어 있다.

여기서는 첫째의 제1부~제4부 내용에 대해서는 저자가 책의 序文에서 얘기하고 있듯이, 26년 전으로 되돌아가서 18년간 朴대통령에게 브리핑한 것과 같은 기록물 성격의 내용이기 때문에 여기서 크게 문제 삼을 만한 내용이 없다. 다만 둘째의 2000년대 長期計劃 구상과, 셋째의 박정희 시대 정책에 대한 後世의 비판이 잘못됐다는 주장에 대해서는 그 나름의 검토가 필요하지 않을까 한다.

첫째로 제5부의 2000년대를 위한 국토개편에 관한 내용을 살펴보자. 향후 統一을 전제로 한 行政首都 신설계획을 비롯하여 子孫萬代까지 살아가야 할 국토에 대한 강력한 장기 종합개발계획을 수립하고 의욕적으로 추진코자 했던 것으로 되어 있다. 全國土의 효율적 활용을 위하여, ① 에너지 절약방안이라든가, ② 物動量 감소를 위한 수송체계 개선방안, ③ 國土環狀線 개발 등을 구체적인 地圖나 다이어그램 등을 곁들여 상세히 설명하고 있다. 이런 장기계획은 당시의 '2000년의 國土 構想案'에 의거한 내용이라고 하지만(책 p.490), 과연 그 당시 그런 구체적인 계획이 어느 단계까지 구체화되었는가 하는 문제에 대해서는 여전히 의문으로 남겨놓고 있다.

둘째로는 서해안에 자리 잡은 소위 '加露林灣(가로림 만)'의 개발 프로젝트 문제이다. 2000년대 한국 제조업의 국제경쟁력 강화를 위해서는 그 당시 6개 중화학공업단지 정도로는 턱없이 부족하고, 새로운 대규모 공업단지의 신규개발이 필요하다는 것, 또 그를 위해서는 적어도 20만 톤급 이상의 대형 선박이 接岸할 수 있는 조건이어야 한다는 것이었다. 이런 조건을 구비한 곳이 바로 서해안의 天惠의 加露林灣이고, 이 해안에 적어도 東洋에서는 물론 세계적으로도 최대 규모의 산업도시(인구 400만 이상 800만 명이 入住할 수 있는 규모)를 조성한다는 내용을 세우고 있었다고 밝히고 있다 (책 p.628).

이 계획은 1979년 당시 朴 대통령의 지시로 산업도로를 닦는 수준에서 중단되고 말았는데(朴正熙의 죽음과 함께), 현재는 現代

精油를 비롯하여 현대석유화학, 삼성석유화학 등 몇 개 공장이 개별적으로 들어서 있다고 한다(p.634). 저자가 직접 계획한 이 가로림만 프로젝트는 그 당시 그야말로 國運이 걸린 '위대한 구상'이었다고 하면서, 朴 대통령의 逝去(서거)와 함께 계획이 중단되고 만 것을 저자는 못내 아쉬워하고 있다.

셋째로는 朴正熙 시대 대표적 공업화 프로젝트라고 할 중화학공업화에 대한 논의이다. 잘 알다시피 1980년대 초 5共 全斗煥 정권이 등장하면서 이 중화학공업화 계획이 크게 잘못된 정책이란 비판과 함께 계획을 대폭 축소 조정하는 조치를 취하였다. 이른바 5共 정권의 '중화학공업 調整計劃'이 그것이다.

당시 5共 정권은 중화학공업화 계획이 대단히 심한 過剩投資이면서 또한 重複投資라는 점에서 문제를 삼았지만, 저자는 결코 그렇게 보지 않는다는 反論을 펴고 있다. 저자가 보기론 5共 정권에 의한 동 조정계획은 결국 실패로 돌아갔을 뿐만 아니라, 1980년대 중반 한국수출의 급신장과 貿易收支 黑字로의 전환을 가져오게 된 것 등이 모두 이 중화학공업화의 성과 위에서 비로소 가능했다는 것으로 결론내리고 있다.

【4】朴正熙 批判에 대한 反批判

일부에서는 1997년 IMF 외환위기 역시 朴正熙 시대 잘못된 경제정책 때문이란 식으로 비판하고 있지만, 여기에 대해서도 저자는 한마디로 語不成說이라고 반박한다. 외환위기란 결국 全斗煥 정권

들어 초래한 것이라는 입장에서, 구체적으로 지난 朴正熙 시대 그렇게 강조한 '수출제일주의' 정책을 포기하고 섣불리 무역자유화의 길로 들어선 것, 金泳三 정권에 와서 성급하게 금융·외환자유화를 추구한 것 등이 그 주된 원인이라는 설명을 덧붙이고 있다. 다시 말해 IMF 외환위기는 朴正熙 시대 정책 잘못 때문이 아니라 오히려 그것을 유지·발전시키지 못했기 때문에 당하게 되었다는 주장이다. 이 점과 관련해서는 評者가 보기로도 충분히 이유 있는 抗辯이라는 생각을 하게 된다.

결론적으로 이 책은 박정희 시대 경제성장의 主役의 한 사람이었던 저자가 그 시대 개발계획, 정책 등에 대한 생생한 資料와 證言을 기록으로 남긴다고 하는 점만으로도 충분한 연구사적 의의가 있다고 본다. 또한 우리에게 더욱 중요한 것은 박정희 시대 그러한 빛나는 경제성장을 가능케 한 기본 전략은 바로 다름 아닌 '輸出指向的 工業化戰略'이었다는 사실이다. 그것은 당시 수출 목표 달성을 위한 정부(상공부) 당국과 업계의 피눈물 나는 노력의 結晶이었음은 두말할 나위도 없다. 심지어 1970년대 중반의 중화학공업화 계획까지도 궁극적으로는 수출진흥에 일차적인 개발목표가 주어졌다고 할 수 있다.

한 가지 아쉬운 점이 있다면, 지금까지 일반에게는 잘 알려지지 않은 生硬(생경)한 내용이 많이 들어 있는데, 그런 내용에 대해서는 좀 더 구체적인 저자의 추가 설명이 필요하다는 점이다. 그리고 먼젓번의 책, 『한국형 경제건설』에서부터 저자는 한국형 경제개발 모형으로서의 소위 '엔지니어링 어프로치'란 저자 特有의 방식을 힘주어 강조하고 있는데, 이 점에 대해서도 좀 더 구체적인 설명이 아쉽다고 하는 점이다.

끝으로 한마디 덧붙이고자 하는 것은 이 책이 최근 들어 朴正熙 개인에 대해서건, 또는 그의 시대, 그의 정책에 대해서건 우리 사회 일각에서 보이는 심각한 수준의 '反朴正熙'論에서 보이는 偏見(편견)과 誤謬(오류)를 바로잡는 데 실제 자료적 측면에서 크게 기여하게 될 것이라는 점을 강조해두고자 한다.

뉴라이트재단, ≪季刊 時代精神≫, 2007년 봄호 所收.

書評 (6)

『이념의 힘』
복거일, 나남출판, 2007

【1】 小說家이자 사회평론가로서의 著者

  우리가 잘 아는 卜鉅一 씨는 소설가이자 사회평론가이다. 그런 면에서 그는 소설보다는 오히려 사회평론 쪽의 글을 더 많이 쓴다. 이번에 펴낸 『이념의 힘』이란 책도 그의 대표적 評論集의 하나다.

  그는 대학에서 '經濟學'을 공부했다. 당초 專攻이 경제학인 만큼 평론의 대상도 자연히 경제(학) 관련 내용이 주류를 이룬다. 그의 경제학 실력, 특히 하이에크(Hayek, F. A.)나 프리드먼(Friedman, M.) 류의 自由主義 경제이론에 대한 실력은 웬만한 경제학 교수보다 훨씬 앞서 있는가 하면, 또한 영어에 능통하여 原書를 널리 접할 수 있기 때문인지 그 누구보다도 국제화·글로벌화의 입장을 견지하고 있다. 그는 한국이 하루빨리 英語를 公用語로 하고, 달러를 法貨로 해야(dollarization) 한다고까지 주장할 만큼 우리 주변에서 시대를 앞서가는 그야말로 보기 드물게 확 트인 인물이다.

  그는 너무나 시대를 앞서가는 바람에 본의 아니게 사람들로부터 욕을 먹는 수가 많다. 左측으로부터는 南北 對峙(대치) 상황 속에서 民族을 너무 등한시한다는 비판을 받고, 右측으로부터는 그렇게 국가의 기능을 부정하고 자유주의 시장경제만을 부르짖는다면 安保나 敎育 등 다른 國策분야는 누가 책임질 것이냐는 비판이 그것이다.

【2】 책의 編成과 '머리말'

이 책의 편성은 우선 머리말에 이어 모두 4부로 구성되고, 각 부별 12~15개 정도의 時事문제를 중심으로 한 中·短編의 글로 이루어지고 있다. 각 부별로 글의 성격이 확연히 구별되는 것은 물론 아니다.

이 책의 특징이라면 우선 '머리말'에서 찾아볼 수 있다. 보통의 경우, 머리말이라면 그 책의 집필 동기나 목적, 책의 구성이나 내용 등 독자를 위한 가이드라인의 성격을 띠기 마련이다. 한마디로 '著者의 辯'과 같은 것이라 할 수 있다. 그러나 이 책의 머리말은 전혀 그렇지가 않다. 하나의 완전한 論文 형식을 띠고 있을뿐더러, 총 수록된 56개 글 가운데서 머리말이 차지하는 비중이 대단히 크고 또 이해하기도 힘들다. 마치 卷頭 論文이나 總論 같은 성질의 것이라고 함이 좋을 것 같다는 생각이다.

머리말에서 책의 이름대로 理念(ideology)이 곧 힘이라는 사실을 주로 저명한 외국학자들의 글을 통하여 살피고 있다. 예컨대 케인스(Keynes, J. M.)의 '一般理論'이나 슘페터(Schumpeter, J. A.)의 '經濟分析의 歷史' 등을 통해서 말이다. 그리고 지금이 언제라고 한국의 정책당국자들은 이미 죽은 경제학자 헨리 조지(George, Henry)를 다시 끄집어내어 부동산정책의 根幹으로 삼는, 그야말로 얼마나 시대에 낡은 理念의 포로가 되어 있는가를 고발하고 있기도 하다.

제1부(자유주의 이념으로 정치하기)에서는 모두 15개 時事評論 격의 짧은 글들이 실려 있다. '대통령의 짧은 시평(時平)'*을 비롯 하여, '자주국방의 손익계산서', '도박추문의 본질', '박근혜 후보의 전략', '망명정부의 깃발' 등이 그런 것이다. 이 글들에서 저자는 한결같이 오늘의 한국 현실이 자유주의와는 거리가 먼 反자유주의 이념에 치우쳐 돌아가고 있음을 비판하고 있다. 북한에 대한 햇볕정 책이 그러하고 평등 원리에 입각한 反기업주의가 그러하다. 곧 자유 주의 이념으로 정치하지 않음을 힘주어 고발하고 있는 것이다.

제2부(경제도 이념에서 자유롭지 않다)에서는 '세계화 시대의 세 계적 표준', '법률서비스시장의 개방', '교복 파동', '독점은 부패한 다' 등의 12개 단편이 실려 있다. 이들 글에서 저자는 경쟁원리에 입각한 자유무역·자유기업주의 이념을 되살려야만 자유무역협정 (FTA), 換率 및 獨占문제 등은 물론이고, 심지어 學校 給食문제나 校服 파동, 賭博(도박)문제나 疾病의 공개, 그리고 법률서비스(변호 사) 등 사회적으로 문제되는 각종 이슈를 개선하거나 해결할 수 있다고 강조하고 있다.

제3부(자본주의의 올바른 이념)는 이를테면 '부동산 災殃(재앙) 의 교훈', '상속과 세금', '재벌을 위한 변호', '선진화에 대한 성찰' 등 총 14개의 중편이라 할 비중 있는 글들로 이루어져 있다. 여기서 저자는 자본주의의 올바른 이념으로서의 '私有財産權의 보장'을 특별히 강조하고, 이 사유재산권을 훼손하려는 현실의 한국정부의

---

* 本文에 '時評'이 아니고 '時平'으로 되어 있음.

정책이 얼마나 죄 없는 국민에게 무서운 災殃(재앙)을 불러오고 있는가를 설명하고 있다.

제4부(문제의 뿌리는 이념이다)에서는 '자유주의의 철학적 토대', '북한 자유화를 위한 선언', '성범죄를 줄이는 길', '문학과 정치' 등 모두 14편의 중·단편의 글이 실려 있다. 글 속에는 저자의 기존의 글에 대한 어떤 評者(故 정운영)의 비평에 대한 反論의 글도 함께 실려 있다. 정치문제든 사회문제든 우리 주변의 각종 문제 제기는 그 根底에 理念이란 존재가 뿌리깊이 도사리고 있다는 사실을 강조코자 한 것이 저자의 결론적인 메시지가 아닌가 한다.

【3】理念과 理論의 관계

이제 책의 내용과 관련하여 몇 가지 느끼는 대로 所感을 적어보고자 한다. 冊名이 말해주듯이, 이 책의 내용을 올바로 이해하기 위해서는 무엇보다 理念이란 무엇인가 하는 개념 문제를 먼저 알아야 한다. 이념의 의미를 정확히 알아야만, 오늘 우리 사회의 정치, 경제, 문화 등을 끌고 가는 데 '理念의 힘'이 과연 얼마나 세게 작용하고 있는가를 정확히 파악할 수 있을 것이기 때문이다.

책 속에서 저자는 이 이념에 대한 자기 나름의 어떤 槪念 규정이나 用例를 구체적으로 밝힌 바는 없지만, 評者가 보기로는 그 의미를 상당히 넓게 잡고 있는 것같이 보인다. 바꿔 말하면 통상 사회과학에서 말하는 정치적 理念/이데올로기로서의 의미보다는 상당히 넓은 범주로 보고 있다는 것이다. 과학의 발달, 그 중에서도 遺傳學이나 心理學 내지 進化生物學 등이 고도로 발달함에 따라 현실의 사회주의 사상가들이 디디고 서는 假定이 근본적으로 잘못되었음을 명백히 밝혀준다는 설명에서 바로 그러한 면을 찾아볼 수 있다(책 p.22). 그에 의하면, 과학의 발달이 未知의 세계를 벗겨서 새로운 이념을 창출함으로써 기존의 사회주의 이념 같은 것을 퇴출시킨다는 주장이다.

이렇게 보면 여기에는 당연히 문제가 제기된다. 저자의 말대로라면 과학의 발달이 새로운 理念을 만들어내느냐 아니면 새로운 理論을 만들어내느냐 하는 것, 곧 그것이 理念(思想)의 영역이냐 아니면 理論(知識)의 영역이냐 하는 논쟁거리를 유발시킨다는 뜻이다. 이런 관점에서 평자가 보기로는 저자가 이론/지식의 영역과 이념/사상의 영역을 엄밀히 구분하지 않고 있음을 발견하게 된다.

예컨대 리카도의 比較生産費說이다, 다윈의 進化論이다 하는 것처럼 '… 說이다', '… 論이다' 할 때는 이론의 영역으로 보고, '… 主義다', '… 思想이다' 할 때에는 이념의 영역으로 보면 크게 잘못이 없지 않을까. 그러나 비교생산비설이 自由貿易主義로 되고, 또 進化論이 다윈이즘(Darwinism)으로 바뀌면 그것은 곧 이론의 영역에서 이념의 영역으로 넘어간다고 말할 수 있다.

지식은 순수이론의 영역이고, 이념은 실천의 영역이라고도 할 수 있지만, 어디까지나 이념은 이론의 바탕 위에서 형성된다고 할 수 있으나, 그렇다고 이론이 언제나 이념으로 昇華(승화)된다고는 말할 수 없다. 아울러 이론을 같이하는 集團을 學派(school)라고 하면, 이념을 같이하는 집단을 政派(政黨, party)라 할 수 있다. 어렵기는 하겠지만, 사회과학을 하는 사람은 이 이론과 이념의 영역을 분명히 구분하여 사용할 필요가 있지 않을까.

【4】英語 公用化와 달러通貨 채택

둘째로는 내용상에 있어 대표적인 것으로 다음 두 가지, 곧 英語 公用化 문제와 달러를 法貨로 채택하는 문제에 대해서만 잠깐 검토해보고자 한다.

우선 영어 公用化 문제는 평소 저자의 줄기찬 주장임을 評者도 잘 알고 있기 때문에 새로운 바가 없다고 하겠으나, 후자의 '달러채택'(Dollarization) 문제는 뜻밖의 문제 제기임에 틀림없다. 영어의 경우, 많은 나라가 자기 나라 國語로 채택하거나 또는 複數言語(bilingual)로 하는 경향이 많이 있어 한국도 이런 물결을 타자는 데 평자도 굳이 반대할 의향은 없다. 그러나 자국통화를 廢絶(폐절)하고 그 대신 미국 달러를 자기 나라 통화로 채택하는 경우는 현재로선 中南美의 몇 개 小國 말고는 아직 찾아보기 어려운 실정이다.

저자는 국제수지 문제를 근원적으로 해결하기 위해서는 이 길밖에 없다는 논리이고, 또 오늘 같은 글로벌화 시대에 모든 것을 國際的 標準에 맞추는 것이 좋다고는 하지만, 그러나 현재로선 거기에 선선히 동의할 마음이 내키지 않는 게 사실이다. 현재 國際收支 악화에 시달리는 지구상의 수많은 나라들이 잘 몰라서 그런지는 모르되 아직 그 길을 택하지 않고 있음에 유의할 필요가 있고, 아마도 그렇게 하면 새로이 수많은 골치 아픈 문제가 제기될 가능성이 있을 것으로 보기 때문이 아닐까?

【5】'先進化'의 實體는 무엇인가

셋째로는 '先進化' 슬로건의 문제이다. 기실 이 선진화란 용어는 그 개념의 模糊性(모호성)으로 말미암아 누구나 사용하지 않는 편이 좋지만, 저자는 한국사회가 선진화되어야 한다는 데 깊은 의미를 부여하고 물질적 豊饒(풍요)와 도덕적 사회풍토의 확립이란 관점에서 지속적 경제성장이나 財産權의 완전한 확보 등을 그를 위한 중요한 전제조건으로 제시하고 있다. 그러나 따지고 보면 이런 것들은 꼭 先進化를 위해서만 요구되는 것은 아니고, 어느 사회, 어느 단계에서나 공통으로 요구되는 필요조건의 일환으로 보아야 마땅한 일이 아닐까.

評者가 보기로는 산업화와 민주화 다음 단계로 마치 先進化 단계가 오는 것처럼 사람들이 떠들고 있지만, 그건 처음부터 잘못된 발상이라고 생각한다. 산업화, 민주화와는 달리, 선진화는 實體가 없는 애매모호한 용어이기 때문이다. 소득 2만 내지 3만 달러가 되면 선진화된 것이란 말인가? 公企業을 민간에게 拂下하고 재산권 보장이란 명분에서 相續稅 등을 폐지하면 선진화된다는 말인가? 정부가 앞장서서 선진화를 시킨다고 될 일인가? 어쩌면 先進化라는 용어 자체가 처음부터 虛像에 불과한 것인지도 모를 일이다.

【6】文語體와 口語體는 다르다

끝으로 글 쓰는 요령과 관련하여 한두 가지 지적해두고 싶은 게 있다. 卜鉅一 씨의 다른 책에서도 공통적으로 느끼는 바이지만, 卜鉅一 씨 글의 특징은 남의 글 飜譯이 너무 많다는 점이다. 마치 자기 著述이 아니라 飜譯이라고 할 수밖에 없을 정도이다. 더욱이 페이지 하단에 번역·인용한 原文을 '脚註' 형식으로 통째로 실어주고 있으니 더욱 그렇다고 봐야 할 것 같다(책의 '머리말' 참조).

아울러 자기주장의 뒷받침을 위한 남의 글 인용이라기보다는 남의 글을 통해 자기주장을 세운다고 하면 그건 主客이 전도된 것이 아닐까. 더욱이 인용하는 사람(글)이 세상에 잘 알려진 著名한 경우라면 또 모르지만, 그렇지 않는 경우 그 사람의 한낱 主見에 불과한 것을 가지고 자기 立論의 근거로 삼는다는 것은 좀 생각해볼 문제가 아닐까.

둘째로는 用語의 선택문제와 관련해서이다. 예컨대 '전체주의'란 말의 경우, 저자는 독재주의, 사회주의, 공산주의 등과 유사한 개념으로 쓰고, 현 盧武鉉 정권도 일부 전체주의로 규정하고 있다. 그럴 수 있을까? 또한 저자가 民族主義를 무척 싫어하면서도 말끝마다 우리나라, 우리사회, 우리경제, 우리기업 등 '우리'라는 표현을 즐겨 사용하고 있음은 自家撞着(자가당착)이 아닐까? 그리고 '한글전용'을 선호하는 탓이겠지만, 그 많은 복수 표현 '…들'이 원래 한국어에 있는 표현인지, 또한 '물가가 가파르게 오른다든가, 재벌[三星]이 늘 비판을 받는다든가, 보다 너른 맥락에서 본다든가' 하는 표현이 文語體로 과연 적합하다고 할 수 있을까? 우리가 글을 쓸 때, 文語體와 口語體는 엄연히 구별되어야 한다는 점을 강조하면서 筆을 거두고자 한다. 贅言多謝(췌언다사).

뉴라이트재단, 《時代精神》 37호(2007년 겨울호) 所收

제 VII 부

인터뷰 記事

인터뷰 記事(1) :「保守와 進步」그 位相이 바뀌어야 한다　405
인터뷰 記事(2) :「自虐史觀에 멍드는 高度成長의 神話　411

인터뷰 記事 (1)

「進步와 保守」 - 그 位相이 바뀌어야 한다

≪朝鮮日報≫(2002년 5월 27일자)

對談 : 金基哲 기자(朝鮮日報 문화부)

〈序言〉

 이대근(李大根, 63) 성균관대 경제학부 교수의 새 저서『해방후·1950년대의 경제』는 한국 현대사 인식상의 혁명이라 할 만한 내용들로 가득하다. 1980년대 대학생들의 필독서였던『해방 전후사의 인식』이나『사회구성체 논쟁』을 기억하는 30~40대는 물론, 이승만 정권을 넘어뜨린 4·19세대에게도 깜짝 놀랄 만한 내용들이다.
 ▲ 이승만 정권이 통치한 1950년대는 궁핍과 혼란의 시대로 인식됐으나, 실제로는 연평균 5% 이상의 견실한 경제성장을 이룩한 시기였다는 것, ▲ 설탕, 밀가루, 방직 등 소비재공업뿐 아니라 시멘트, 비료, 판유리 등 생산재공업 공장이 건설됐고, ▲ 전력, 도로, 철도 등 사회간접자본 확충과 국민교육 확대 등으로 상당한 수준의 자본과 기술 축적이 이어졌으며, ▲ 특히 당대보다는 1960년대 이후 공업화를 위한 기반 구축이 활발하게 이뤄졌다는 사실을 들고 있다.

李 교수는 해방 직후 미군정은 물론 이후 미국의 역할에 대해서도 적극적으로 평가한다. 미군정은 한국경제를 일찍부터 '외향적 발전의 길'로 나아가도록 틀을 잡았고, 1950년대 말까지 30억 달러 이상의 무상원조를 통해 경제 재건에 앞장서면서 한국경제의 도약을 가능케 한 중요한 '국제적 계기'를 만들어주었다는 주장이다.

1980년대 진보적 학술운동의 핵심에 있었고, 실증을 중시하는 경제사학회 회장을 역임한 李 교수의 종합 분석이기에 그 무게가 만만찮다. 5월 22일 오후 성균관대에서 李 교수를 만났다. (金基哲 기자)

― 1950년대가 궁핍과 혼란으로 각인된 이유는 뭔가?

"4·19세대는 자신들이 넘어뜨린 이승만 정권에 대한 反感이 강했기 때문에 1950년대를 의도적으로 폄하했다. 또한 5·16으로 집권한 朴正熙 정권은 자기네의 1960년대 경제개발 성과를 추켜세우기 위해 1950년대를 일부러 깎아내렸다. 하지만 경제개발 계획 추진, 계획 부서의 설치(기획처 → 부흥부 → 경제기획원), 경제개발 예산의 편성, 적극적 수입억제 및 수출장려정책 등 1950년대의 개발경험은 1960년대에 그대로 이어진다."

― 이번 저서의 가장 중요한 쟁점 중 하나는 이승만 정권의 50년대와 60~70년대를 단절로 볼 것이냐 일련의 연속적 과정으로 파악할 것이냐가 아닐까? 그런데 이 교수는 후자 쪽을 택했다.

"그렇다. 1960년대 이후의 고도성장은 먼저 1930년대 일본의 식민지 공업화 과정에서 출발하고, 해방 후 1950년대 미국원조에 의한 경제재건과정을 거치면서 성장을 위한 내재적 조건과 역량이 갖춰짐으로써 가능했다. 역사에는 斷絶이나 飛躍은 있을 수 없다. 金泳三 정부의 '역사 바로 세우기'나 현 정권의 '제2의 건국운동' 같은 것은 잘못된 슬로건이다. 정권의 정당성 확보를 위해 역사를 제멋대로 부정하거나 단절하는 것은 크나큰 오류를 범하는 것이다."

― 1930년대 식민지 공업화 과정이 현재 경제성장의 밑거름이 됐다는 얘기는 일제 식민 지배를 긍정적으로 인식하는 것처럼 보일 수 있다.

"누가 뭐래도 있는 사실 자체를 부정할 수는 없는 일 아닌가. 일본은 1930년대 만주사변 이후 군수산업을 위해 조선의 공업화를 강력히 추진했다. 1930년대 전반에는 대략 연평균 9.4%, 후반에는 12.8%라는 경이적인 공업부문 성장률을 기록했다. 1960년대 이후의 고도성장과 비교해도 손색이 없을 정도이다. 이 식민지 유산은 해방과 6·25전쟁을 거치면서 상당부분 파괴됐으나, 人的, 物的인 상당한 공업화 유산과 각종 제도적, 행정적 측면의 유제(遺制)는 1960년대 개발연대까지 그대로 이어진다고 봐야 한다."

― 하지만 지금도 일제 잔재를 청산해야 한다는 주장이 끊임없이 나오고 있지 않는가?

"그 사람들 다른 정치적 의도가 있겠지…. 이제 와서 무슨 일제 청산인가. 식민지 유산(遺産)은 청산할 수 없는 것도 있고, 청산되어선 안 되는 것도 있다. 예컨대 60년대 박정희 정권 때 육성한 九老·영등포·富平·인천 등 공업단지는 식민지기에 일본에 의해 공장지역으로 이미 만들어진 곳이다. 해방 직후 南韓에선 일본인들을 마구 내쫓았지만, 식민지 유산을 철저히 청산했다는 北韓에선 오히려 그렇게 안 했다. 북한은 일본이 만든 공장들을 계속 운영하기 위해 일본인 기술자 860여 명을 잔류시켜, 공장을 돌리고 기술을 전수받았다. 내국인보다 급여를 50% 이상 더 주면서 특별대우까지 했다. 북한이 1960년대까지 남한보다 경제력이 앞섰던 것은 이런 이유들 때문이었다."

- 비판적 지식인들은 1960년대 이후 박정희 정권의 경제개발 등 근대화 성과를 인정하는 데 인색하다.

"지식인들은 원래 비판적이니까…. 이들은 朴 대통령이 외국자본과 외국시장에 의존하는 외향적 개발전략을 통해 경제개발을 추진한 것을 비판하지만, 그런 주장은 현실적으로 커다란 오류라는 게 드러났다. 인도와 파키스탄, 북한 등은 모두 자립경제를 추구하다가 실패한 것 아니냐. 하지만 박정희 시대의 개발성과를 오직 박정희 개인의 리더십이나 그의 공적만으로 돌리는 것에는 물론 찬성할 수 없다."

― '종속이론'과 '주변부 자본주의론'에 입각, 한국경제를 비판적으로 보다가 생각을 바꾼 계기는 뭔가?

"1977년부터 2년간 미국 유학을 하면서 한국역사나 경제를 다시 봐야 한다는 생각을 하게 됐다. 귀국 후 미군정기와 1950년대 경제를 연구하는 동안 자료를 통해 그 시대의 성과를 확인하면서 이념적 偏見을 극복할 수 있었다. 여기에 1980년대 중반 무역수지가 흑자로 반전되면서 후진국이 외자도입을 통해 자본축적을 하고 공업화를 할 수 있다는 아주 중요한 가능성을 확인했다고나 할까."

― 1980년대 사회구성체 논쟁은 숱한 '이념적 사생아'를 양산하고 흐지부지 사라졌다. 논쟁에 참여한 지식인 누구도 책임지지 않았다. 논쟁의 불길을 댕긴 주역으로서 공과(功過)를 정리한다면?

"우리 사회의 성격을 파악하고 지식인들이 현실 변혁에 앞장서야 한다는 점을 일깨운 것은 소득이다. 하지만 결과적으로 한국 사회의 발전에 무익(無益)한, 오히려 知的 혼란만을 가중시킨 논쟁이었다."

― 지식인들을 둘러싼 외부조건이 1980년대보다 훨씬 개선됐음에도 불구하고, 지식인들의 공론 형성 기능은 더 떨어지는 것 같다.

"이념의 시대가 가서 그런지 지식인 사회에 제대로 된 토론문화가 사라졌다. 여기에 지역갈등의 바람까지 몰아쳤다. 지식인이 현실

문제에서 도피하거나 냉소주의에 흐르고, 비판을 위한 비판만을 일삼는 군상(群像)으로 전락한 지 오래이다. 知的 사보타주를 하고 있다는 지적까지 있다. 다 옳은 말이라고 생각한다.”

- 보수와 진보를 가르는 기준이 뭐라고 보는가?

“동구 사회주의권 붕괴의 교훈은 보수와 진보를 가르는 기준을 바꿔놓았다는 점에 있다. 예전에는 생산관계를 기준으로 보수·진보를 갈랐지만, 지금은 생산력을 기준으로 구분한다. 경제성장을 이룬 근대화 세력이 진보이고, 오히려 그것을 막고 생산관계 변화를 앞세운 세력이 보수로 자리매김돼야 한다는 논리다. 그리고 식민지 경험을 가진 나라에선 보통 민족주의 세력이 진보로, 국제주의·개방주의 세력이 보수로 간주되는데 아시아 '新興工業國'(NICs)이 또한 자리바꿈해야 한다.

이는 현재의 남/북한의 實相을 비교해보면 어느 쪽이 진정한 보수이고 어느 쪽이 진정한 진보인가는 금방 알 수 있다.”

(金基哲 기자)

인터뷰 記事 (2)

'自虐史觀'에 멍드는 高度成長의 神話
≪月刊朝鮮≫ (2005년 10월)

對談 : 金基哲 기자(朝鮮日報 문화부)

〈序言〉

"1945년 제2차 세계대전 후 식민지 상태에서 해방된 新生 제국을 놓고 볼 때, 한국경제의 고도성장은 하나의 '奇蹟(miracle)'이라고 할 수 있다. 한국의 고도성장은 세계 그 어느 나라와 비교하더라도 先例를 찾아보기 어려울 정도이기 때문이다. 하지만 이런 경제발전 성과에 대해 지금 우리 사회 일각에서는 그것을 제대로 인정하지 않으려는 풍조가 있다. 정치적 관점에서 '獨裁'를 비판하는 것은 또 모르겠으나, 경제적으로까지 이처럼 무모하게 자행되는 이데올로기적 공세는 이제 마땅히 바로잡아져야 한다." (李大根)

李大根(이대근, 66) 성균관대 명예교수가 다시 공개 발언을 하고 나섰다. 10월 초순 '낙성대경제연구소'의 연구자 15명과 함께『새로운 한국경제발전사』(나남출판사)를 펴내면서부터다. 李 교수는 또한 이 책 출간 직후인 10월 6~7일 국사편찬위원회(위원장 李萬烈(이만열))가 한국역사연구회, 경제사학회, 한국근현대사학회, 한일관계사연구회 등 역사 관련 4개 학회와 공동으로 개최한 '광복 60주년 기념 학술회의'에서도, 식민지 유산의 긍정적 평가, 1950년대의 높은 경제적 퍼포먼스 인정, 對日(대일) 청구권자금의 경제개발에 대한 기여 등 한국 현대사 및 한국경제발전과 관련된 민감한 이슈를 제기하여 열띤 논쟁을 불러일으켰다.

낙성대경제연구소는 1987년 李 교수가 당시 安秉直(안병직) 서울대 교수(현재 일본 후쿠이현립대 특임교수)와 함께 공동으로 설립한 연구단체로서, 구체적인 통계수치와 자료에 입각한 실증적 연구로 조선 후기부터 20세기에 이르기까지 한국경제의 장기 발전추세와 그 성격을 규명하는 작업을 펼쳐왔다. 동 연구소는 개항 이후 외부로부터 건너온 자본주의의 충격 및 일본 식민지 지배과정에서 한국사회의 근대화가 이뤄졌다는 '식민지 근대화론'을 제기하여, 만만찮은 파장을 불러일으켰다.

국사학계는 대부분 한국사회의 자생적 (자본주의) 발전을 중시하는 '내재적 발전론'을 지지하는 쪽에 서 있기 때문이다. 특히 일제 식민지 지배 시기에 높은 경제성장이 이뤄졌다는 경제사학계의 주장은 국사학계의 반발을 사고도 남을 만한 일로, 지금도 논쟁이 이어져오고 있다.

李 교수는 이번 책 앞부분의 '총론'을 작심하고 쓴 듯했다. 그는

먼저 "한국사회는 남의 식민지 지배를 받은 탓인지는 잘 모르겠으나 언제부터인가 자기 역사를 쓸데없이 美化하거나 국민으로 하여금 자신의 역사에 대한 허황된 자부심을 갖게 하고 있다. 이러한 경향은 국민의 민족감정을 자극하여 정치나 경제를 함에는 물론 예술, 학문을 함에 있어서까지도 자기옹호와 방어를 위한 민족주의 이데올로기로 이용해왔다"라고 썼다. 비판은 이어진다.

"이러한 민주화 정권의 이념적 지향은 무엇보다도 일반 국민으로 하여금 자기 역사의 객관적 사실에는 눈을 멀게 하고, 반대로 나르시시즘(narcissism)적 자기도취사관에 빠져들게 하고 있다.

말하자면 지난날의 역사에 대해서만이 아니라 오늘의 정치, 경제, 사회, 문화 등 모든 것에 대하여도 오로지 '민족이란 窓(창)'을 통하여 사물을 바라보게 하고 있다는 것이다. 현실의 이러한 민족주의적 요구는 정치적인 통치 이데올로기로서의 공세로 나타남은 물론, 학문이나 언론에서의 표현의 자유까지도 '反(반)민족적'이란 딱지를 붙여 마음대로 억압하기에 이르렀다. 뿐만 아니라 자라나는 2세 교육을 위한 중등학교 역사교과서 내용까지도 이러한 시대착오적인 이데올로기적 편향에 젖어 역사적 사실에 대한 심한 왜곡과 해석상의 오류를 범하고 있는 실정이다.

이러한 역사적 왜곡과 오류는 다른 분야보다도 특히 '경제' 쪽에서 심각하게 나타나고 있다. 1960년대 이후 한국이 거둔 높은 경제발전에 대해 국제적으로는 '기적'이라고까지 평가하고 있음에도 국내적으로는 제대로 인정하지 않으려는 실정이니 말이다. 눈에 보이는 경제적 성과에 대해서까지 이처럼 눈을 감고 인정하지 않으려는 이데올로기적 왜곡과 편향에 대해 그것을 다소나마 바로잡아야 되겠다는 충동, 곧 사실을 사실대로 알려야 되겠다는 지적 욕구가 이 책을 펴내게 된 동기이자 배경이라 할 수 있다."

1980년대에 대학을 다닌 386세대에게 '李大根(이대근)' 교수는 낯익은 이름이다. 당시 대학가를 풍미한 중남미 '종속이론'을 국내에 앞장서 소개했고, 한걸음 나아가 '주변부 자본주의론' 등을 도입한 인물이기 때문이다. 그는 1985년 ≪창작과 비평≫ 복간호에 '민족경제론'을 편 故(고) 박현채 전남대 교수와 함께 한국 자본주의의 성격과 변혁 방향을 둘러싼 '사회구성체논쟁'을 주도, 학계와 운동권을 격론으로 몰고 갔다.

李 교수는 한국을 포함하는 제3세계는 서구의 중심부 자본주의와 같은 발전의 길을 걸을 수 없고, 한국경제의 대외 종속성은 좀처럼 벗어날 수 없는 종속적 발전의 길을 걸을 것이란 전망을 내리기도 했다. 당시 中南美(중남미) 국가들은 천문학적인 外債(외채)에 허덕이면서 종속과 저개발의 악순환을 거듭하고 있었다. 수백억 달러대의 막대한 외채를 갖고 있던 한국경제도 결국 중남미처럼 몰락하게 되지 않을까 하여 '外債亡國論(외채망국론)'이 활개를 치기도 하였다. 지난 9월 말 기준으로 2,067억 달러의 외환보유고(세계 4위)를 갖게 된 요즘 형편을 생각하면 격세지감을 느끼게 하는 대목이다.

사람들이 다시 그의 이름을 듣게 된 것은 2002년에 미군정(美軍政)과 이승만 시대의 경제성장을 긍정적으로 평가한 저서『해방 후·1950년대의 경제』(삼성경제연구소)를 출간하면서부터다. 당시

李 교수는 "경제성장을 이룬 세력이 진보요, 성장을 가로막는 세력이 보수"란 제목의 조선일보 인터뷰(2002년 5월 27일자)를 통해 이념에 따라 나누는 보수와 진보의 이분법을 뛰어넘는 통찰로 지식 대중에게 신선한 충격을 안겨줬다. 특히 "1960년대 이후의 고도성장은 식민지 시대의 공업화와 1950년대의 개발 경험을 토대로 가능했다"는 그의 주장은 장기 독재와 부패, 빈곤과 실업 등 부정적으로만 각인된 해방 직후와 1950년대에 대한 일반의 인식을 바꾸게 하는 전환점이 됐다.

李 교수는 이 책에서 이승만 정권이 통치한 1950년대는 '춘궁기(春窮期)'와 '보릿고개' 등 궁핍과 혼란의 시대로 인식됐으나, 실제로는 연평균 5% 이상의 경제성장을 거듭한 그 나름의 역동적인 시기였다는 것을 밝혀냈다. 또한 설탕, 밀가루, 방직 등 소비재공업(3白공업)뿐만 아니라 시멘트, 비료, 판유리 등 생산재 공장도 함께 건설됐다. 전력, 도로, 철도 등 사회간접자본 확충과 국민교육 확대 등 상당한 수준의 자본축적과 기술향상이 이뤄졌다면서 특히 이 시기에 1960년대 이후 공업화를 위한 기반구축이 이뤄졌다고 높이 평가했다.

종속이론과 주변부 자본주의론에 몰두해 있던 李 교수가 한국경제발전을 적극적으로 평가하는 쪽으로 돌아서게 된 결정적 이유는 뭘까. 그는 당시 《조선일보》 인터뷰에서 미국 유학 경험과 1980년대 중반 무역수지 흑자기조로의 전환에서 인식 변화의 계기를 찾았다고 했다.

"1977년부터 2년간 미국 뉴욕주립대학에 유학하면서 책으로만 보던 미국사회를 직접 접하게 되고, 또 (구)소련이나 중국 등 사회주의 국가에서 온 교수나 유학생까지 접하면서 인식의 시야가 넓어졌다고 했다. 지금까지 공부해온 세계사나 한국사 그리고 한국경제를 바라보던 시각을 근본적으로 바꿔야겠다는 생각을 갖기에 이르렀다. 귀국 후 미 군정기와 1950년대 경제를 연구하면서 자료를 통해 그 시대의 성과를 확인하면서 이념을 앞세운 사회과학 공부가 얼마나 허구인가를 깨달을 수 있었다.

1980년대 중반 이후 무역수지가 만성적 적자구조로부터 흑자로 反轉(반전)되면서 개도국이 만성적 채무상태로부터 벗어날 수 있다는 가능성을 발견했다. 투자재원이 없는 개발도상국이 외자 도입을 통해 경제개발을 하고 그 성과를 가지고 外資의 元利金을 상환할 수 있으며, 또 남는 잉여(剩餘)를 가지고 자본축적을 할 수 있다는 가능성을 확인하게 되었던 것이다."

1960년대 이후 박정희 시대 경제발전과 개발 모델에 대한 평가는 여전히 우리 사회의 뜨거운 이슈이다. 보수·진보 진영은 이 문제를 둘러싸고 현격한 시각 차이를 드러내고 있다. 진보 진영 학자들은 박정희 시대의 장기 독재와 인권 탄압, 노동자 억압과 착취, 소득 불균형 심화 등에 비판의 초점을 맞추고, 경제발전에 대해서는 언급조차 하지 않거나 하더라도 심히 평가절하한다. 그 대신 보수 진영에선 박정희야말로 '漢江의 기적'을 일군 주역일뿐더러 한국현대사에서 그 누구보다도 위대한 인물로 추켜세우면서 추모 운동까지

벌이고 있다.

 이런 가운데 진보진영의 대표 학자인 白樂晴(백낙청) 서울대 명예교수가 계간 《창작과 비평》 2005년 여름호에 "박정희 시대를 어떻게 생각할까"란 제목 아래 박정희 시대의 경제성장을 인정하는 글을 실어 지식인 사회에 상당한 파장을 불러일으켰다.

 白 교수는 이 글에서 "박정희식 경제발전이 지속 불가능한 것이기는 했어도, 오늘날 우리가 그때 이룩한 경제성장과 자본축적을 토대로 좀 더 지속 가능한 발전을 논할 수 있게 된 점은 무시할 수 없다"고 썼다. 그는 박정희에 대해서 "전제적이며 포악하기까지 했지만 유능하고 그 나름대로 헌신적이기도 했던 '주식회사 한국'의 CEO"라고 부르면서 "마르크스주의와 종속이론의 영향을 받은 급진적 분파들이 박정희 시대의 수출주도형 성장 모델을 배격하고 '내포적인' 발전노선을 제창했지만, 개방형 모델이 더 현실적으로 들어맞았다"고 했다.

 한때 '외채망국론'으로까지 불리다가 그 후에는 '東아시아의 奇蹟'으로까지 부추겨진, 그리하여 아직도 여전히 논쟁거리인 박정희 시대의 경제발전에 대한 평가를 듣기 위해 李大根 교수를 만났다. 인터뷰는 각각 방문 인터뷰(10월 10일)와 서면 인터뷰(10월 14일) 등 2차에 걸쳐 진행됐다.

(金基哲 기자)

 - 박정희 대통령에 대한 개인적 평가가 그 시대의 경제발전에 대한 정당한 평가를 가로막고 있다고 생각하는가.

"그런 면이 없지 않다고 본다. 개인적으로 박정희는 일본 陸士를 나오고 일본군(만주군) 장교를 한 친일파이고, 쿠데타를 일으키고, 장기 독재를 하고 등등 나쁜 면을 총동원하여 평가한 결과가 그의 경제발전에 대한 공헌을 깎아내리게 하는 경향이 없지 않다고 본다. 설령 朴에 대한 그러한 개인적 측면에서의 평가가 일부 사실이라 하더라도 그것으로 그 사람의 경제발전에 대한 정당한 평가를 가로막아서는 안 된다고 생각한다. 박정희의 경제발전에 대한 공은 그런 것을 다 덮고도 너무 크기 때문이다.

혹자는 박정희 대통령이 아니고 당시 장면(張勉) 총리나 기타 누가 그 자리에 있었다 하더라도 그런 경제발전을 가져왔을 것이라고 주장하지만, 그러나 그것은 있어보지도 않는 일을 마치 있었던 일처럼 꾸미는, 또는 꾸며낸 架空的인 얘기에 불과하다. 일말의 가치도 없는 무책임하기 짝이 없는 주장이다. 그리고 박정희가 정치적으로 심한 독재를 했다고 하는데, 그러면 東아시아 다른 신흥공업국을 보자. 대만의 장제스나 장징궈, 싱가포르의 리콴유 등 경제성장에 성공한 나라치고 우리만큼 독재 안 한 나라가 있는가. 선·후진국을 막론하고 산업화 초기에는 어느 정도 정치적 통제와 억압은 불가피한 것 아닌가.

역사적으로도 영국이나 프랑스 등 先發 몇 나라를 제외하면 독재를 안 하고 산업화를 그렇게 성공적으로 추진한 나라는 찾기 힘들다. 특히 전후에 들어 개도국의 경우는 산업화도 못하면서 정치적으로 독재만 한 나라가 대부분 아닌가. 그런 외국의 일반적 사정도 모르고 우물 안 개구리처럼 왜 박정희만 독재했다고 매도하는가. 공정하게 평가한다면 박정희 시대 정치적 독재나 인권탄압의 정도는 유사한 다른 나라에 비하면 상대적으로 훨씬 덜했다고 볼 수 있다. 그리고 그의 경제적 업적이 정치적 과오를 덮고도 남음이 있다는 사실이 중요하다."

― 朴대통령의 독재가 불가피했다는 뜻인가.

"조속한 경제개발이란 관점에서는 분명 불가피한 측면이 있었다고 본다. 정치적으로 독재했다는 것만 강조하는 것은 그럼 산업화도 경제개발도 하지 말고 중세 封建 농업사회에 머물러 있자는 소리나 마찬가지다. 경제사적으로 보면, 산업화에 필요한 초기 자본을 확보하기 위해서는, 즉 '자본의 原始的 축적과정'에서는 국민으로부터의 강제저축이 필요하고, 자원배분 면에서도 중화학공업을 조기 육성하기 위해서는 국가에 의한 투자의 우선순위 결정이 반드시 필요하다. 그 과정에서 국가의 일정한 억압과 통제는 불가피하게 수반될 수 있다고 생각한다.

그 밖에 또한 우리에겐 북한의 존재가 있다. 북한 정권의 성격과 그것의 대남전략을 무시하고 일방적으로 이승만과 박정희의 독재만을 비난할 수는 없다. 父子 世襲(세습)을 이어오면서 북한의 독재가 어느 정도인가를 조금만 생각한다면, 그와 맞선 李承晩과 朴正熙의 독재가 어느 정도 불가피할 것이란 점은 금방 이해할 수 있다. 박정희 시대 경제개발의 필요성으로 말미암은 독재보다도 남북관계로 말미암은 독재의 불가피성이 더욱 컸다고 해도 좋을 것이다."

— 산업화 초기 필요한 재원을 확보하기 위해 정치적 독재가 필요하다는 것은 지나친 합리화 아닌가.

"그렇게 보지 않는다. 초기 개발과정에서 자본의 효과적인 동원과 배분을 위해 불가피하다는 얘기이다. 소위 후발자본주의의 길을 걸은 독일이나 일본, 러시아 등도 모두 그랬다. 전후 개발도상국의 경우도 물론 그러하다. 정부가 경제개발 5개년계획을 수립하고 추진한 나라치고 정도의 차이는 있을지라도 대부분 그랬다. 1972년 박정희 유신체제의 경우는 좀 색다른 면이 있다고 본다. 유신체제의 성립과 당시 중화학공업화 정책의 추진은 동시적으로 이루어졌다. 첨단기술을 요하는 대형의 중화학공업을 일으키기 위해서는 막대한 外資 유치가 필수적이다. 그것도 기술적 요인 때문에 차관방식이 아닌 외국인 직접투자 방식으로 외자를 끌고 와야 했다.

여기서 직접투자 방식으로 들어오는 외국자본의 요구조건을 충족시켜주기 위해서는 勞動統制 등의 억압조치가 불가피했을지도 모른다. 외국자본의 가장 큰 요구조건은 아무래도 국내 노사관계의 안정을 위한 노동운동의 억제가 아닐까. 이런 시각에서 당시 유신체제의 성립을 볼 필요가 있다. 즉 유신체제의 성립은 경제적으로 중화학공업화나 방위산업의 육성과 밀접한 관계가 있지 않겠는가 하는 생각이다.

또 한 가지 지적해 둘 문제가 있다. 당시의 중화학공업화 정책은 처음에는 경제기획원이 대외경쟁력이나 투자의 효율성 문제를 내세워 반대한 것으로 알려지고 있다. 경제기획원에서 작성한 당초

제3차 5개년계획상에는 중화학개발계획이 포함되어 있지 않았다. 그러나 朴 대통령은 중화학공업화를 시급히 해야 한다고 판단하고, 계획주체인 경제기획원을 밀치고 상공부를 동원하여 추진했던 것도 눈여겨 봐야 할 대목이다.

여기서 朴은 왜 그런 便法을 동원했을까를 생각해봐야 한다. 아마도 중화학공업 가운데는 民需공장 외에, 예컨대 정상적인 5개년계획 틀 속에 넣을 수 없는 軍需공장 건설 같은 것도 포함돼 있었다고 하면 그런 점들을 종합하여 평가해야 할 것이다. 유신체제를 안 하고도 중화학공업화를 원활히 추진할 수 있었을까. 누구도 여기에 그렇다고 쉽게 대답할 수 없을 것이다.

― 하지만 노동자에 대한 억압이나 소득 불균형, 정경유착(政經癒着)이나 재벌 폐해 등의 문제를 낳지 않았는가.

"최초의 산업화 선진국이란 영국을 보자. 초기 영국 산업화 과정에서 얼마나 많은 방직공장 女工들이 저임금과 폐결핵 등으로 심한 착취와 설움을 당했는가. 오죽하면 노동자들이 공장기계를 파괴하는 '러다이트 운동(Luddite movement)'까지 벌이게 되었을까, 독일이나 일본 등 후발국도 압축적 성장과정에서 노동자들에 대한 억압과 착취는 이루 말할 수 없었다고 봐야 한다.

한국은 오히려 이들의 경우와 비교한다면 그 정도가 훨씬 덜했다. 노동착취의 정도가 훨씬 덜했음은 물론 착취의 기간도 무척 짧았다고 봐야 한다. 그것은 爲政者나 자본가가 더 유능하고 인심이 좋아서가 아니라, 국제적 여건이 변하여 선진 기술을 도입하여 기계를 돌리는 바람에 소위 '後發者 利益(later comer' benefits)'을 향유할 수 있었기 때문이다. 쉽게 말해 시절을 잘 만나 노동착취가 덜할 수밖에 없었다는 논리다. 일반적으로 사회비판론자들은 국제적인 비교사적 자세가 너무나 부족하다. 소득불균형 문제만 하더라도 그렇다. 구체적 수치에 의존하지 않고 자본주의 사회란 원래 貧富隔差(빈부격차)가 심한 법이니까 아예 그러려니 하고 근거 없는 주장을 많이 펴고 있다. 소득분배 불균형을 나타내는 지니(Gini)계수를 통해 보더라도 한국은 다른 개도국보다 그 불균형도가 훨씬 낮은 편이었다."

― 박정희 시대나 1980년대까지 한때 '외채망국론'이 지식인들 사이에서 유행했다. 그것이 현실의 경제개발과정에서 어떻게 극복될 수 있었는지에 대해 이론적인 설명이 가능한가.

"그것은 국제분업 구조의 변화 속에서 찾아야 한다. 예컨대 戰前의 식민지 시대, 소위 '식민지 무역'에 있어서는 기본적으로 식민지 모국의 공산품과 피식민지의 一次産品 간의 교환이었다. 이를 수직적 분업구조라고 부른다. 이런 분업구조하에서는 식민지가 무역을 통한 자체 자본축적의 길을 찾기 어렵다. 전후 제3세계 무역도 기본적으론 이런 유형이었다. 소위 선·후진국 간의 南北貿易이란 것이 그런 수직적 분업구조로 이루어졌기 때문이다. 세월이 지남에 따라 이런 수직적 분업구조에 변화가 일어났다. 일부 개도국은 더 이상

이런 수직적 분업구조에 얽매이지 않고 낮은 단계이지만 스스로 공산품을 만들어 수출하는 선진국과의 수평적 분업구조로 나아갈 수 있었다. '캐치 업(catch-up) 理論'이나 '製品週期理論(product-life cycle theory)' 등은 이런 사정을 기초로 성립된다.

한국도 운 좋게 이 대열에 포함된 것이지만, 여기에 경제개발을 위해 도입한 외채를 갚고 스스로 자본을 축적할 수 있는 가능성이 열리게 된 것이다. 말하자면 수출지향적인 개발전략을 통한 무역흑자를 가지고 당초의 外債더미로부터 벗어날 수 있는 길을 찾게 됐다는 얘기다."

— 그렇다면 1997년의 외환위기는 어떻게 설명할 수 있는가. 그것도 일종의 외채에 대한 支拂不能사태에 빠진 것 아닌가.

"그 경우는 성격이 좀 다르다. 1997년의 외환위기는 개발자금으로 빌려온 長期 외채 때문이 아니고, 短期性 투자의 差益을 노리는 핫 머니로 들어온 외채로 말미암은 것이다. 한국이나 다른 동남아 제국이 심한 외환위기에 빠진 것은 당시 홍콩의 중국 반환이나 국제단기금융의 움직임 등 외부적 요인도 크게 작용했다. 그러나 내부적으로 준비 없이 국내 금융업을 너무 성급하게 개방시켜 국제 투기성 단기자본의 과도한 도입이 그 주된 원인이었다고 본다. 그런 현상은 국제 핫 머니의 이동을 자유롭게 허용하는 IMF제도하에서는 언제나 다시 있을 蓋然性(개연성)을 안고 있다. 이는 물론 한국만에 국한된 일은 아니다."

金基哲 기자 - 일본 식민지 시대 경제성장이나 식민지 유산에 대한 李 교수의 평가를 보자. 李 교수는 박정희 시대에 대한 평가는 日政 하의 식민지 시대 경제성장을 보는 시각과 일맥상통한다고 말한다. 이를테면 식민지 시대 경제성장을 부정하거나 하찮은 것으로 보는 사람은 박정희 시대의 경제성장에 대해서도 역시 그것을 인정치 않으려거나 설령 인정하더라도 되도록 과소평가하려는 입장을 취하고 있다는 것이다.

李 교수는 지난 10월 6일 국사편찬위원회 학술대회에 내놓은 "경제성장과 구조변동"이란 발표문에서도 식민지 遺産(유산)에 대한 청산을 반대한다는 입장을 분명히 했다. 그는 식민지 유산을, 實物的 유산 : 철도-도로-항만 등 사회 인프라, 광산-공장-농장 등 산업 및 생산시설, 주택-학교-병원 등 공공시설 등 소위 귀속재산으로 알려진 物的 價値의 총칭으로 보고, 精神的 유산 : 학교 교육, 기술, 행정 및 경영 능력의 개발 등과 국제관계, 산업구조, 직업·직능구조 등의 변화에 따른 인간의 가치관이나 의식구조의 근대적 변화가 가지는 정신적 가치의 총칭으로 보며, 制度的 유산 : 각종 법규나 행정 시스템을 비롯하여 재정-금융-무역-교육-의료-건축·토목 등에 이르기까지 정치-사회-경제-문화-학문-기술 등 전 분야에 걸친 사회제도적 측면에서의 유산이란 3가지로 구분했다.

첫째의 實物的 유산에 대해 그는 "해방 당시 이 땅에 남겨진 유수의 광공업 사업체의 거의 대부분(80% 정도)이 지난 날 일본인 소유의 귀속사업체(재산)이었고, 또한 그것이 8·15 직후의 혼란과

6·25전쟁통에 많이 파괴되었다고는 하지만 그래도 1950년대까지는 이들 귀속재산이 한국경제를 떠받치는 물적 기반이었다고 해도 과언이 아니다"라고 적극적으로 평가했다.

제도적 측면에 대해서도 "오늘날 한국이 필수적으로 사용하고 있는 不動産登記制度(부동산등기제도)만 하더라도 1910년대 조선총독부가 무려 10년에 걸쳐 실시한 '토지조사사업'의 결과로 우리에게 남겨진 대표적 식민지 유산의 하나"라고 했다. "그렇다면 오늘날 우리가 사용하는 부동산등기제도를 식민지 유산이라 하여 버린다면, 무슨 재주로 국민의 財産權을 인정하고 또 부동산 거래를 할 수 있겠는가"라고 반문하면서, "식민지 유산이란 무조건 나쁜 것으로 여기고 청산해야 한다지만, 이미 우리 것으로 되어 우리 몸속에 흐르고 있는데, 무슨 재주로 그것을 청산하자는 것인지 이해할 수가 없다. 좀 심하게 말하면 한국 사람을 다 죽이기 전에는 청산이 안 된다"라고 잘라 말했다.

李 교수는 "민주화 정권 등장 이후 이런 식민지 지배의 정신적, 제도적 유산까지 청산해야 한다는 주장이 대세인 것 같다"고 하면서, 그는 "정신 나간 사람들이지 이미 우리 몸속에 배어 분명한 歷史性(역사성)으로 된 것을, 어떻게 쉽사리 청산하자는 것인지 모르겠다. 청산될 리도 없고 또 청산해야 할 성질의 것도 아니다"라면서 淸算論에 분명히 반대하는 입장을 취했다.

끝으로 李 교수는 본인이 직접 겪은 에피소드를 한 가지 예로 들었다. "본인이 1964년에 한국산업은행에 처음 입행했을 때, 당시 대출, 예금 등 은행장부가 이전의 朝鮮殖産銀行(조선식산은행)이 넘겨준 일본어 그대로 된 장부를 그때까지 사용하고 있었다. 1964년이라면 해방된 지 20년이 가까워오는데도 말이다. 그러고도 일본의 식민지 유산이 8·15 후 단절되었다느니, 조금 남아 있는 것도 청산해야 한다느니 그런 엉터리 소리를 하고 다닌다. 그 후 朝鮮殖産銀行의 일본어로 된 장부를 우리말로 번역하여 — 번역이래야 漢字 표기는 그대로 두고 중간에 있는 접속사 등 몇 가지를 일본어를 한글로 바꾼 정도이지만 — 사용했다.

한글로 번역하여 사용한다고 하여 그것이 식민지 유산의 청산인가. 잘 알다시피 한국에게는 원래 은행이나 기타 금융 용어가 없었다. 貸付(대부)다 預金(예금)이다 하는 금융용어는 죄다 일본이 가져다 한국에 심어준 것이다. 그럼 식민지 유산이라 하여 이런 용어를 전부 버리고 이제 와서 새 용어를 만들자는 소린가. 일본이 들어와 이전의 우리 것을 강제로 밀어내고 그 자리에 자기네 것을 앉혔다면 그것을 다시 原位置로 돌릴 필요야 있겠지만, 또 그것이 진정한 의미에서의 식민지 유산의 청산이라 하겠지만, 사실은 전혀 그렇지 않다는 것을 확실히 알아야 한다."

뿐만 아니라 그는 이렇게 덧붙인다. "지난 60년간 한국인 생활 속에서 저절로 사라지지를 않고 지금까지 우리들 생활 속에 살아남아 있다면, 싫든 좋든 그것은 이미 한국인 삶의 일부로 봐야 한다. 실제 삶의 일부로 된 것을 왜 청산하자는 것인가. 그럼에도 식민지 지배로부터 벗어난 지 어언 60년의 세월이 흘렀음에도 아직까지

식민지 잔재 청산 타령을 외치고 있는 것을 보면, 아마도 거기에는 다른 무슨 꿍꿍이속이 있는 것이 아닌가 한다." 이는 그야말로 상당한 논란을 불러올 수 있을 것으로 보아 그에게 다시 물었다.

― 식민지 유산을 청산해야 한다는 주장에 대해 무척 비판적인데, 잘못된 유산은 지금이라도 바로잡는 게 좋지 않을까.

"솔직히 말해 잘못된 유산은 별로 없다고 본다. 그 이유는 이렇다. 우선 식민지 유산의 문제를 36년간의 일본 식민지 시대에 일어난 유산이란 좁은 유산 개념으로 보지 말기 바란다. 적어도 1876년 개항 이후 일본으로부터 입은 유산이라는 넓은 개념으로 봐야 한다.
그렇다면 한국의 근대화과정이란 무엇인가. 근대화란 서구의 근대적인 機械製 상품으로부터 각종 근대적 文物이나 학문, 기술 등을 받아들이는 것일 텐데, 우리가 그것을 누굴 통해 받아들였는가. 우리가 서구와 직접 교섭하여 받아들였는가, 아니면 대부분 일본을 통해 받아들였는가. 회답은 명확하지 않는가.
식민지 殘滓(잔재)를 청산해야 된다고 주장하는 사람들이 이 점을 한번 생각해봤는가. 어디 그뿐인가. 서구의 근대적 문물을 받아들이려면 거기에는 그것을 담는 그릇이 필요하다. 그 그릇을 누가 만들어주었는가. 만약 일본 사람들이 서구의 그 어렵고 복잡한 학술용어나 전문적인 개념을 '漢字語'로 번역해놓지 않았더라면 한국인이 무슨 재주로 영어나 불어 또는 독어 등으로 된 그 어려운 학술용어를 우리말로 번역할 수 있었겠는가. 아마도 영어나 독어 등 原語

그 자체로 읽고 이해할 수밖에 없었을 것이다. 그랬다면 한국은 지금쯤 한국어는 아예 사라지고 영어나 불어 原語民이 되었을지도 모른다. 그 경우, 과연 지금과 같은 이런 수준의 산업화나 근대화에 성공할 수 있었겠는가. 어쩌면 역사 전개가 완전히 딴판으로 흘러갔을지도 모른다. 마땅히 이런 점까지 생각해봐야 한다.

식민지 유산 문제와 근대화 문제를 이렇게 한 묶음으로 논의를 전개하고 보면, 우리가 섣불리 '식민지 유산이다, 잔재다'라 한다든가, 또는 그것을 '청산한다 어쩐다' 하는 소리를 함부로 입에 담을 수 없다는 것을 잘 알게 될 것이다."

― 東아시아 신흥공업국(NIEs)의 경제발전 배경으로 이들 국가의 역사적 조건과 문화적 요인을 강조하고 있다. 다른 개도국과 달리 東아시아 신흥공업국이 戰前의 식민지 시대에 상당한 수준의 경제개발(공업화) 경험을 갖고 있었다는 것 그리고 일종의 문화적 요인으로 '아시아적 價値(가치)'를 얘기하는데 ….

"수많은 개발도상국 가운데 東아시아 몇 나라만이 공업화에 성공할 수 있었겠는가. 이것이 소위 OECD류의 '東아시아의 기적(奇蹟)론'이다. 여기에는 경제제도나 정책 또는 5개년계획의 개발전략 등 경제적 요인만으론 설명하기 어려운 측면이 꽤 있다고 생각한다. 문화적 요인이 등장하는 배경이 여기에 있다. 문화적 요인으로 자주 입에 오르내리는 것이 소위 '아시아적 價値'論 아닌가.

아시아적 가치를 보는 시각은 대개 두 가지로 갈라진다. 하나는 유교적 전통과 관련하여 사람들의 높은 저축열이나 교육열 그리고 家父長制度의 전통 같은 것을 아시아적 가치로 규정하고자 하는 것이고, 다른 하나는 아시아 사회는 서구 사회와는 달라서 서구의 민주주의나 자본주의제도를 그대로 받아들일 수는 없다는, 즉 경제개발과정에서 경제개발과 서구식 민주화를 동시적으로 추구할 수도, 또 추구할 필요도 없다고 하는 입장이 있다(李光耀 싱가포르 前수상의 말). 그것은 아시아는 아시아 고유의 가치를 가지고 있기 때문이라는 것이다. 여기에 본인은 아시아적 가치로 한 가지 더 추가하고 싶다.

한국과 대만, 싱가포르, 홍콩은 일본과 함께 漢字 문화권이다. 이들 나라들은 앞에서 지적한 바와 같이, 일찍이 일본 지식인들이 그들의 근대화과정에서 번역해놓은 '漢字 槪念語'를 통해 서구의 근대적 문물을 도입할 수 있었다고 하는 사실이다.

말하자면 서구의 근대적 문물을 도입함에 있어 영어나 독어 등 原語 그대로 도입하지 않고 漢字를 매개로 자기 나라 언어로 그 뜻을 번역하여 도입하게 된 문화적 가치, 바로 이것이 본인이 강조코자 하는 또 하나의 '아시아적 가치'라고 믿는다. 이 점에서는 지금 경제적으로 급부상하고 있는 중국도 마찬가지라고 생각한다. 따라서 지금 아시아 NIEs 및 중국의 급속한 공업화에 끼친 일본의 先驅的(선구적) 역할이란 엄청난 것이라고 해야 한다. 한 가지 덧붙여놓을 것은 개발도상국 가운데 영어나 독어 등 原語 그대로 서구 문물을 받아들인 나라치고 제대로 경제발전에 성공한 경우를 지금까지의 경험으로는 찾아보기 어렵다고 하는 사실이다."

― 1965년 韓日協定 체결로 들어온 청구권자금(무상 3억 달러, 유상 2억 달러), 그리고 상업차관 3억 달러가 경제개발에 중요한 역할을 했다고 평가하는데 과연 그런가.

"1967년 이후 제2차, 제3차 5개년계획 추진에서 중요한 역할을 했다고 생각한다. 구체적인 사례를 보더라도 京釜高速道路 건설을 비롯하여 浦項제철이나 소양강(昭陽江) 다목적 댐이나 기타 화력발전소의 건설과, 특히 어업 근대화 사업 등이 주로 청구권자금에 의해 이루어졌다. 상업차관은 민간의 시멘트, 화학비료, PVC, 화학섬유 등 공장 건설을 위해 주로 투입됐다. 또 한 가지 중요한 것은 韓日協定으로 일본자본이 본격적으로 들어오게 되자 한국경제의 국제적 신뢰도가 크게 높아지고, 이에 세계은행(IBRD)이나 아시아개발은행(ADB) 등 국제금융기구로부터 우리가 필요로 하는 자금을 유리한 조건으로 조달할 수가 있었다고 하는 점이다. 상업차관 포함 8억 달러가 지금 보면 별것 아닌 것 같지만, 韓日協定 당시 우리 연간 수출액이 1억 달러 수준임을 감안하면 그것은 대단히 큰 규모였음을 알아야 한다.

그것의 경제적 효과를 생각지 않고 민족감정만으로 당시 굴욕외교니 제2의 韓日合邦이니 하고 떠들었던 것은 지금 와서 생각하면 창피하기 짝이 없는 일이었다. 지금 북한이 일본과 수교하기를 원하는 것도 일본 청구권자금(?)이 북한에 들어가게 되면 이 역시 일본자본 진출을 계기로 기타 세계은행(IBRD)이나 아시아개발은행(ADB) 등 국제기구로부터도 자금 지원을 받을 수 있기 때문이다. 솔직히 말해 북한경제는 이렇게 될 때만이 살아날 수 있는 길이 열릴 것으로 본다.

1965년의 韓日協定은 결론적으로 그때까지 비정상적인 對日(대일)무역을 정상화시키고, 그를 통해 1970년대 이후 한국의 수출 드라이브 정책을 가능케 한 '태평양을 낀 韓-美-日 3각무역 구조'를 형성시킬 수 있었다고 하는 면에서 그것은 한국경제개발에서 대단히 중요한 의미가 있다고 해야 한다."

― 하지만 35년간의 식민지 지배에 대한 賠償으로는 너무 적은 금액이 아닌가.

"請求權資金이란 것이 35년간의 식민지 지배에 대한 賠償金(배상금) 성격이 전혀 아니라는 것을 알아야 한다. 그것은 당시 한국정부가 국민에게 청구권자금의 성격을 잘못 알려주었기 때문에, 지금까지 사람들이 본의 아니게 오해를 해 온 셈이다. 일본은 그 돈을 한국에 대한 '賠償金'이 아니라 경제협력자금으로 준 것이고 한국도 이를 양해하여 협정문의 정식 이름이 '청구권자금·경제협력자금'으로 明記되어 있다. 지금이라도 그것은 바로잡아야 한다. 그래야 한국인의 일본에 대한 불필요한 오해도 씻을 수가 있다. 35년간 식민지 지배에 대한 '청구권자금'식으로 이해하니까, 그것이 많으니 적으니 하는 금액의 過多(과다) 문제가 자꾸 제기되는 것 아닌가.

영국이 인도를 100년 가까이 지배하고 프랑스도 베트남을 우리보다 훨씬 오래 지배했다. 그렇다고 전후 그들 간에 식민지 지배에 따른 배상금을 주고받은 일은 없다."

― 1997년 이후 IMF식 구조조정 이후 우리 경제가 '중진국 함정'에 빠졌다는 지적이 자주 나오고 있다.

"중진국 陷穽(함정)이 솔직히 무슨 뜻인지 잘 모르겠지만, 한국경제가 IMF식 구조조정을 겪으면서 체질이 크게 바뀐 것만은 사실이다. 특히 노사관계와 기업의 경영방식이 크게 변화한 측면을 강조하고 싶다. 두 가지 모두 종전의 일본식 패턴에서 미국식 패턴으로 많이 바뀐 건 사실이고, 그 과정에서 또한 많은 문제가 발생하지 않았나 생각한다. 整理解雇制라든가 노동시장의 柔軟化(유연화), 또는 CEO제도다, 팀制다 하는 것들이 많이 도입되었는데, 이런 것들이 과연 한국사회, 한국 기업문화에 잘 들어맞는 것인지 아닌지에 대해 사전 검토도 제대로 하지 않고 마구잡이로 끌고 들어오다 보니 많은 폐단을 불러온 것이 아닌가 생각한다.

무엇보다 IMF식 구조조정으로 전통적인 기업 문화라고 할 기업의 家族공동체적 성격이 많이 사라졌다는 것, 그로 말미암아 회사와 근로자 간의 不信의 골이 깊어지고 근로자의 離職率(이직률)이 높아지고 그 결과 근로의욕이 떨어지는 등 많은 문제점이 야기된 것으로 생각한다. 직장이란 곳이 기회만 있으면 사람을 자르려고 하는데 종업원이 어떻게 온몸을 던져 일할 수 있겠는가. 특히 최근 非정규직 노동자가 마구 量産되고 있는 현실을 보라. 일은 똑같이 하면서 임금은 정규직의 3분의 1 정도라니 그들이 어떻게 흥이

나서 열심히 일하겠는가. '동일노동, 동일임금'의 원칙이 너무 무참히 깨진 것 아닌가 싶다. 지금 일본도 많이 변하고 있다고는 하지만, 우리같이 이렇게 무질서하게 변하는 것은 결코 아닌 것으로 알고 있다.

기업경영 패턴의 변화를 보자. 원래 일본식을 배운 한국은 기업의 타인자본(금융기관으로부터 차입) 의존비율이 높다. 비록 외부에서 자금을 끌어오더라도 기업은 매출을 늘리고 시장점유율을 높이고자 한다. 그 대신 미국의 경우는 다르다. 미국 기업의 경우는 매출액, 곧 시장 셰어가 중요한 것이 아니라 기업의 순이익을 극대화하는 데 기업경영의 목표를 둔다. 이는 CEO제도하에서 株主資本主義 전통의 산물이라 하겠지만, 아무튼 한국기업은 IMF식 구조조정 과정을 겪으면서 미국식으로 급속히 바뀐 것은 사실이다.

구조조정 이후의 한국기업의 경영방식은 어떻게 변했는가. 돈 좀 벌면 그것으로 신규투자는 하지 않고 기존의 은행 빚을 갚거나 증권시장에서 自社株를 매입하여 소각하는 등으로 회사의 경영권을 방어하는 데에만 정신이 없다. 또한 가능한 한 사업확대가 아니라 축소경영으로 나아가고 있는 것이 현실이다. 이래가지고서야 어떻게 한국경제의 성장 잠재력이 떨어지지 않을 수 있겠는가. 성장이 정체되고 있다는 것, 바로 이 점에서 지금 말하는 '중진국 陷穽(함정)'이 나타나고 있는 것이 아닌가 생각한다."

— 김대중 정부 등장과 함께 햇볕정책을 앞세운 남북관계의 기조 변화가

한국경제의 발목을 잡는다고 했다.

"제2차 세계대전이 끝나고 독립을 이룬 수많은 신생제국이 한결같이 경제개발에 나섰다. 여기에는 크게 3가지 유형이 있었다. 서구 자본주의 모형을 따른 경우가 있었고, (구)소련권으로 편입되면서 사회주의 모형을 따른 경우, 그리고 非同盟 그룹으로 알려진 제3의 길을 걸은 경우가 그것이다.

이들 3가지 모형을 경제적 분업론적 관점에서 보자면, 국제분업을 거부하고 국내분업에 치중한 둘째의 사회주의 모형은 완전히 실패하고, 반대로 국내분업보다도 국제분업을 앞세운 서구 자본주의 모형을 따른 첫째 나라들은 많은 경우 성공했다. 非동맹그룹의 경우 역시 인도, 파키스탄, (구)유고슬라비아 등에서 보듯이 국내분업을 강조하다가 실패한 케이스라고 해야 한다. 오늘의 북한경제가 저 모양 저 꼴로 된 것도 바로 사회주의 모형 가운데서도 그들의 主體思想 때문이랄까 철저히 국내분업에 치중했기 때문이 아닐까 생각한다.

2000년의 남/북 간의 6·15선언을 보라. 5개 항 중의 하나에 '민족경제'를 강조하는 대목이 나온다. 이는 지금까지 국제분업체제로 성공한 남한이 실패한 북한식의 국내분업체제로 넘어가자는 소리나 마찬가지다. 정신 나간 소리 아닌가? 이래가지고서야 어떻게 경제가 잘 되기를 기대할 수 있겠는가. 지금 한국경제가 어려워지고 있는 것과 그리고 햇볕정책에 따른 남북관계의 급속한 진전 사이에는 밀접한 관계가 있다고 본다. 물론 負의 관계로서 말이다.

말이 나왔으니 말이지만, 지금 정권(노무현)을 잡고 있는 민주화

(?) 세력은 경제보다는 민족을 앞세운다. 지난 시절 민족보다 경제에 우선순위를 둔 산업화 세력과는 이 점에서 정반대라 할 수 있다. 지금의 상황은 집권 민주화 세력이 민족통일을 앞세워 경제를 억누르고 있는 그런 판도라고보면 된다. 산업화 세력의 주역격인 박정희 대통령을 그렇게 비난하는 까닭도 바로 이런 데 있다. 그러나 중요한 것은 국민이 무슨 생각을 하고 있는가이다. 국민은 민족을 앞세우는 지금의 민주화 세력(정권)보다는 반대로 경제를 앞세운 산업화 세력(정권)을 훨씬 더 지지하는 것 같다. 여론 조사 때마다 존경하는 인물 1위는 朴正熙가 차지하는 걸 보면 알 만하지 않는가."

― 북한과의 경제교류 확대를 통해 북한사회를 개혁/개방으로 이끌어내야 한다는 주장이 진보 진영을 비롯, 정부에서도 힘을 얻고 있다. 시민단체나 정부에서 북한 정치범 수용소나 탈북자 등 북한 인권문제를 제기하지 않는 이유도 북한정권을 쓸데없이 자극해서 남-북한 간에 긴장관계를 조성하는 것이 평화에 도움이 되지 않기 때문이라고 설명한다.

"그것은 정치문제이고 통일문제라 나로선 함부로 대답하기란 어렵다. 그러나 평소 본인은 북한 문제를 다룰 때는 다음 두 가지 원칙만은 반드시 지켜야 한다고 본다. 하나는 우리가 '북한'이라고 할 때 그것이 북한의 정권(김정일)을 지칭하는 것인지, 아니면 북한 인민을 가리키는 것인지를 분명히 해야 한다는 점이고 ― 여기서 두 가지를 합친 개념은 성립하기 어렵다 ―, 다른 한 가지는 오늘날 민족주의란 이데올로기가 과연 역사발전에 진보적인가 아닌가 하는 史觀(사관)의 문제이다.

　전자의 원칙은 오늘의 북한정권이 세계에서 그 유례를 찾기 어려운 극히 '非正常의 體制'라는 데 문제가 있다. 북한정권을 도와주는 것이 곧장 북한인민을 도와주는 것으로 볼 수 있느냐 하는 것이 문제의 관건이라고 본다. 만약 북한정권이 비정상의 정권임을 인정한다면 그런 비정상의 정권 밑에서 신음하는 북한인민을 먼저 해방시켜야 한다. 지금 북한을 도와주는 것이 과연 이런 북한인민의 해방에 도움을 줄 수 있느냐, 없느냐가 우선 따져져야 한다. 김대중의 햇볕정책은 이 점을 분명히 하지 않은 채 무조건 도와줬다는 데 기본적으로 문제가 있었다.

　두 번째 원칙과 관련해서는 오늘의 글로벌라이제이션(汎球化 현상) 시대에 어느 모로 봐도 민족주의는 결코 진보적 이데올로기로 될 수 없다는 것이 본인의 평소 확고한 신념이다. 제2차 세계대전 후 선/후진국을 막론하고 민족주의를 앞세운 나라치고 경제고 뭐고 간에 제대로 된 나라를 하나도 찾아볼 수 없기 때문이다.

※ 本稿는 ≪月刊朝鮮≫, 2005년 11월호에 게재키로 약속하고, 朝鮮日報 문화부 金基哲 기자와 2차에 걸쳐 인터뷰한 것인데, 잡지사 측 긴급 사정으로 게재치 못하였음을 附記해 둔다. – 필자

〈索 引〉

〈事 項〉

間接金融制度　188
減量經營　190
甲午改革　138
江華島條約　46, 135
開墾사업법　166
開發獨裁型　19
開發援助委員會　171
經濟相互援助會議　50
經濟安定 15원칙　150
經濟聽聞會　126
階級史觀　268
古代奴隸制　385
供給者的 역할　124
관광상품　314
교과서포럼　348
交易條件　353
教育改革委員會　199
國家再建最高會議　387
國境 없는 經濟　237
國民經濟 缺如型　30
國民經濟 類型論　30
國民敎育憲章　200
國籍 있는 교육　201
國際商品協定　354
窮迫販賣　163
그린 라운드(GR)　171
近隣窮乏化　174
글로벌 패러독스　187
金 - 오히라 메모　155

基軸通貨　63
金·달러本位制　97

낙성대경제연구소　28, 412
南農/北工政策　48
남미공동시장　33
內在的 發展論　9, 47
冷戰의 十字軍　156
네오마르크시즘(Neo-Marxism)　21
年功序列型 임금제　192
勞動價値說　310
農産種苗法　166
農漁村 高利債 정리사업　158
農業剩餘　354
農業增産 5개년계획　152
뉴라이트 運動　276

다윈이즘(Darwinism)　399
單作經營　80
大企業主義　188
代位辨濟　165
對充資金計定　153
도미노 현상　125, 180
도하개발협정　109
獨島문제　156
돕·스위지(Dobb-Sweezy) 論爭　48
동남아시아국가연합　33
東道西器論　319
東아시아 경제협의체　59

東아시아의 奇蹟　36
豆滿江(圖們江) 유역 개발계획　106
러日戰爭　101
로렌스 曲線　87
로메協定　77
마셜계획　78
無償沒收, 無償分配　335
文字鎖國主義　223, 244
民辨(민주사회를 위한 변호사 모임)　298
民族史觀　267
民族作家會議　303
民族的 콤플렉스　225

바우처(voucher) 제도　322
바트貨　178
반둥會議　308
反民族行爲者辭典　307
베네룩스3국　57
丙寅洋擾　136
複眼的 어프로치　24
封南通美　135
불균등발전의 법칙　30
블록경제(bloc economy)　141
블루 라운드(BR)　171
比較生產費說　30
非同盟 中立主義　10
費用 - 收益(cost-benefit) 원리　40
貧困의 惡循環　163

砂防사업법　166
四捨五入 改憲　273
社會主義 市場經濟論　110
산업의 空洞化　247
샌프란시스코 講和條約　154
石油모노컬처 經濟　92

石油사태(oil-shock)　16
석유생산국기구　74
先發資本主義型　30
世界大恐慌　178
世界시스템論　21
需要者的 역할　124
輸出드라이브정책　274
輸出所得에 대한 安定化制度　84
스태그플레이션　94
新國際經濟白書　74
新國際經濟秩序　73, 82
辛未洋擾　136
新自由主義　57, 113
信託統治(案)　270
身土不二　174

俄館播遷　138
아랍石油수출국기구　92
아시아·유럽정상회의　31
아시아적 停滯性　23
아시아태평양경제협력체(APEC)　31
아시아通貨基金　106
안데스共同體　85
雁行型 成長理論　51, 115
알지에 宣言　81
야스쿠니神社 참배문제　325
語文바로잡기 汎國民運動協議會　224
언어민족주의　220
엔지니어링 어프로치　387
歷史發展 5단계설　311
歷史의 終末　268
緣故主義　38
熱帶地域 國家　352
英日同盟　101
溫帶地域 國家　352

索引　439

王朝史觀　267
外部發注　190
雲揚號事件　136
原始共同體　384
儒教文化圈　241
唯物史觀　268
有償買收, 有償分配　334, 335
유엔軍 貸上金　153
유엔무역개발협의회　74
乙巳保護條約　100
一般均衡理論　29
日本高周波 城津工場　363
日本製鐵 兼二浦工場　363
臨時土地收得稅　162
立稻先賣　163
剩餘노동력의 풀　26

資源主權宣言　81
再建國民運動本部　168
再生産表式　30
低開發宿命論　21
敵對的 M&A　193
電源開發 3개년계획　152
整理解雇制　41
政府開發援助　174
製品生産週期　18
從屬的 發展論　21
終身雇傭制　40, 192
周邊部資本主義論　21
主體思想　9
重商主義　22
中世封建制　385
中蘇분쟁　50
中心·周邊理論　81
中體西用論　319

中華經濟圈　108
지니集中係數　87

斥邪衛正派　136
請求權資金　50
淸算計定　156
淸日戰爭　104
追跡理論　51

코스트 푸시(cost push)　184

太平洋 성장의 트라이앵글 構造　28
테크노크라트　388
트레이드오프(trade-off)　70

팍스 아메리카나　239
平和線(李라인)　156
포츠머스條約　101
프롤레타리아　273
플라자 合意　90
플랜테이션(plantation)　79

韓·칠레 FTA　247
한글/漢字倂用論　230
한글專用主義　206
韓美同盟派　105
漢字能力級數試驗　250
漢字使用 勸獎을 위한 敎授모임　225
海洋主權宣言　156
和魂洋才論　319
擴散理論　21
環東海경제권　106
황금찬의 보릿고개　334
後發者利益論　20, 51
後發資本主義型　30

黑猫白猫論　286
2部門 모델(two-sector model)　351
3不政策　211
3白工業　26, 273
4월항쟁　293
5·14 斷電조치　44
6·15 共同宣言　111
6월항쟁　293
77개국 會議　83

8·3긴급경제조치　389
ACP(Africa, Caribbean, and Pacific)　83
ASEAN(10)+3 회의　58
GARIOA/EROA원조　142
IMF/GATT體制　141
NIEs　17
PL 480호　156
UN開發의 10년　78
UN특별자원총회　82

〈人 名〉

姜廷鐸　151
溝口敏行　365
金基哲　405
金泳三　35
金玉根　383
金日成　160
金正日　111, 160
金鍾泌　300
盧武鉉　55
大塚久雄　30
渡邊利夫　20
鄧小平　286
毛澤東　10
木村光彦　362
박근혜　397
朴正熙　111, 158
박현채　414
裵義煥　155
白樂晴　307
卞榮泰　153

卜鉅一　303
山縣有朋　101
申翼熙　163
安秉直　307
安部桂司　362
吳源哲　387
佑野孝治　381
柳永益　150
尹潽善　166
李光耀　111
李大根　304, 414
李萬烈　412
李承晩　141
林松本　154
蔣介石　111
張　勉　155
장미진　326
全斗煥　199
정운영　398
鄭鎭守　303

曺奉岩　151

거셴크론(Gerschenkron, A.)　20
넉시(Nurkse, R.)　163
로스토(Rostow, W. W.)　21
루이스(Lewis, W. A.)　351
리카도(Ricardo, D)　30
마르크스(Marx, K.)　30
삭스(Sachs, J.)　181
슘페터(Schumpeter, J. A)　351
아민(Amin, Samir)　21

에번스(Evance, P.)　21
왈라스(Walras, M. E. L.)　29
월러스타인(Wallerstein, I.)　21
웨스트팔(Westphal, L. E.)　20
조지(George, H.)　396
케인스(Keynes, J. M.)　396
프랭크(Frank, A. G.)　21
프뢰벨(Fröbel, F.)　21
프리드먼(Friedman, M.)　395
하이머(Hymer, S.)　21
하이에크(Hayek, F. A.)　395

著者 紹介

1939년 慶南 陜川 출생
서울대학교 商科大學 및 同 大學院 졸업(경제학박사)
美國 뉴욕州立大學(SUNY at Albany) 大學院 유학(경제학석사)
日本 京都大學 유학
中國 北京大學 유학
韓國産業銀行 調査部 근무
國際經濟研究院 근무
成均館大學 貿易學科/經濟學部 근무
現在 成均館大學 名譽教授

<주요 著書>
『韓國資本主義論』(共著), 까치사, 1984
『世界資本主義論』(共著), 까치사, 1984
『한국경제의 구조와 전개』, 창작과 비평사, 1987
『韓國戰爭과 1950年代의 資本蓄積』, 까치사, 1987
『한국경제론』(공저), 까치사, 1987
『近代朝鮮의 經濟構造』(共著), 비봉출판사(韓國語版), 1989, 日本評論社(日本語版), 1989
『世界經濟論 - 글로벌化와 國民經濟 -』, 初版(까치사, 1993), 全訂版(博英社, 1998),
　　　　　　　　　　　　　　　　　　　제2全訂版(博英社, 2004)
『韓國貿易論 - 韓國經濟 NIEs化의 길 -』, 初版(法文社, 1995), 第2版(法文社, 2003)
『解放後-1950年代의 經濟 - 工業化의 史的 背景 硏究 -』, 삼성경제연구소, 2002
『새로운 한국경제발전사 - 조선 후기에서 20세기 고도성장까지 -』(共著), 나남, 2005
『한국 현대사 이해』(共著), 경덕출판사, 2007

<連絡處>
住所 : 경기도 과천시 과천동 461-5호(우 427-060), 전화 02) 502-8805
硏究室 : 서울시 관악구 남현동 1059-10(우 151-800), 전화 02) 582-8809
E-mail : daeklee@hanmail.net
홈페이지 : cafe.daum.net/daeklee(韓國經濟)

李大根 교수의 隨想/評論集 Ⅰ
民族主義는 더 이상 進步가 아니다

ⓒ 李大根, 2008

저　자 ｜ 李大根
발행인 ｜ 김종수
발행처 ｜ 도서출판 한울

편집책임 ｜ 김현대

초판 1쇄 발행 ｜ 2008년 5월 30일
초판 2쇄 발행 ｜ 2008년 7월 15일

주소 ｜ 413-832 파주시 교하읍 문발리 507-2(본사)
　　　121-801 서울시 마포구 공덕동 105-90 서울빌딩 3층(서울 사무소)
전화 ｜ 영업 02-326-0095, 편집 02-336-6183
팩스 ｜ 02-333-7543
홈페이지 ｜ www.hanulbooks.co.kr
등록 ｜ 1980년 3월 13일, 제406-2003-051호

Printed in Korea.
ISBN 978-89-460-3917-9　03320

* 가격은 겉표지에 있습니다.